这样做供应链

——集成供应链和工业4.0

主　编：深　蓝
副主编：曹　昭　刘一迪　李　杰　陈晓聪

Zheyangzuo
Gongyinglian

SPM
南方出版传媒
广东经济出版社
·广州·

图书在版编目（CIP）数据

这样做供应链——集成供应链和工业 4.0/ 深蓝主编 . —广州：广东经济出版社，2016. 11
ISBN 978 - 7 - 5454 - 4346 - 2

Ⅰ. ①这… Ⅱ. ①深… Ⅲ. ①制造工业 - 供应链管理 - 研究Ⅳ. ①F407. 469

中国版本图书馆 CIP 数据核字（2015）第 303428 号

出 版 人：姚丹林
责任编辑：高文彪
责任技编：许伟斌
装帧设计：李康道

出版发行	广东经济出版社（广州市环市东路水荫路 11 号 11 ~ 12 楼）
经销	全国新华书店
印刷	广州市岭美彩印有限公司 （广州市芳村区花地大道南海南工商贸易区 A 幢）
开本	730 毫米 × 1020 毫米　1/16
印张	24　2 插页
字数	430 000 字
版次	2016 年 11 月第 1 版
印次	2016 年 11 月第 1 次
印数	1 ~ 4 000
书号	ISBN 978 - 7 - 5454 - 4346 - 2
定价	68. 00 元

如发现印装质量问题，影响阅读，请与承印厂联系调换。
发行部地址：广州市环市东路水荫路 11 号 11 楼
电话：（020）38306055　37601950　邮政编码：510075
邮购地址：广州市环市东路水荫路 11 号 11 楼
电话：（020）37601980　营销网址：**http://www.gebook.com**
广东经济出版社新浪官方微博：**http://e.weibo.com/gebook**
广东经济出版社常年法律顾问：何剑桥律师

前言1　工欲善其事，必先利其器

这是一个供应链搏杀的时代，工欲善其事，必先利其器。在笔者多年工作中，从最初的入门非常缓慢和效果很差，到最后很爱自己的职业，乐在工作中。我想将我多年在国内企业和美国上市公司的供应链职业经验和个人感悟的精髓都传授给其他供应链的从业人士。

本书是一本供应链沙盘操练总结得非常好的工具书，通过非常详实的案例分析和个人经验总结提炼了很多有价值的知识亮点和浓缩的精髓。

本书在提高供应链技术的同时，更加强供应链角色认知的学习和提炼。通过角色认知来指导供应链人才更好地理解自己的定位和自己的价值，从思想上解放自己，真正地领悟供应链的精髓，了解整个供应链的全局，做到运筹帷幄，决胜千里。

21 世纪是一个竞争惨烈的世纪，也是一切皆有可能的时代。特别是当下的外部环境不可测，供应链已上升到经营层面去快速反应，同时做到低成本和低库存。这个双赢的局面的确可以通过不断学习、体系的打造、团队的打造来做到。供应链通过市场的不确定性应对可确定性。

当下企业之间的竞争是人才的竞争，也是供应链的竞争，特别是当下时代和电子商务的一日千里和爆发式发展。可以预见这个无边界的世界，谁掌握了供应链这个强有力的资源、能力、手段，谁就掌握先机，先发制人。以客户为中心，以市场为中心就是供应链打造核心竞争力的最佳时代。

供应链的确是一个很有挑战性的角色，需要广博的知识，如财务管理、电脑技术、信息技术、英语国际沟通能力、项目协调能力、管理能力、创新能力，结果导向能力和胆量、营销理念、服务意识等。本书包括供应链全模块，从供应链的历史，集成供应链 ISC 的各模块（计划、S&OP、采购、认证、跨进电商、工业 4.0 和 TQC 技术认证，MRP 核心逻辑和 CAS 复杂自适应系统），甚至包括了供应链关联的财务知识，后续会将 BI 增加进去，BI 在当今品牌企业的供应链运作中非常关键，后续会完善本书。的确，未来 50 年，随着中国国际化地位的提升和中国改革开放的深入和城镇化进程的启动。供应链会有更多的机遇，但也面临更大的压力。

在 DELL 时代，VMI 技术，让我们知道 DELL 供应链是一个猎杀者。近 10 年，供应链酝酿了下一个创新的新时代，我们这个时代是一个变革的时代，供应链必将在新的机遇中得到创新和突破。复杂自适应系统在军事工业的仿真发展，供应链会将全球制造业、电子商务、移动时代、云技术、IT 技术、工业 4.0 进行多方协同、可视和集成，同时在加速供应链联盟的形成中引领大供应链新时代的到来。

当今中国，供应链在系统变革，风险控制能力，整体把控能力方面较薄弱，缺乏精英级的领袖型人才。

近 15 年来会有一群供应链的人才进行专业学习，但真正将 APICS (CPIM)、CSCP、CPM 等知识的精髓领悟、得到实践检验和创新的人才很少。何况在 APICS、CSCP、CPM 上的知识也不是很全面，哈佛大学的 MBA 运作管理也有很多精彩的地方，例如产能 4 种策略和成本等，甚至更优于 APICS。还有很多业界的创新在书上都没有体现，例如反定位系统等。能力和胆量也不可少，没有胆量，一个人即使具备了能力，也不可能出现奇迹。不打常规牌，不按常规出牌就是特工的潜质，例如乔布斯。风险把控在供应链中非常重要，早期预警，早期介入，整体控制，推动解决，提前到达目标。一个资深的供应链人才一定具备一个很强的风险识别能力和整体的把控能力，将一切风险放在早期预防和解决。推动能力是风险识别能力的前提和必要条件。

近两年来，笔者越发感觉到集成供应链在很多产业链中的加速布局。一如千树万树梨花开，供应链金融一夜之间变得不期而至。在工业 4.0 下，我们需要更多的人去学习集成供应链 ISC 和需要供应链的人才去演绎自己的不凡。

在中国，H 公司是 1999 年以来在 IBM 的合作中将集成供应链 ISC 运作得最成功的企业，H 公司也是在供应链领域最成功的企业。

本书就是为了将普通打造成非凡！成就卓越！

前言2　集成供应链下的采购管理之道

人类社会的发展历史是一个不断分工协作的历史，从早期的男女分工到后来的西方工业革命过程中对学科的分工，直至社会化大生产中企业间在工业链条中的角色分工，企业中各个职能部门的分工，直至后来的以福特T型车流水线为起点的生产流水线分工。分工后专人做专事，生产效率得到大幅提升。

伴随着航海大发现以及铁路、电报、通信行业等拓展交易空间，提升交易效率的交易手段和渠道在近两百年的大发展，物资的交换变得更加高效，协作也不仅仅限于邻里之间，城市之间，而是国与国之间。全球化成为不可避免的趋势。尤其是互联网、物联网等行业的兴起，分工协作将会越来越频繁和高效。产业链的垂直整合和水平拓展将会越来越成为产业发展的新常态，而企业的采购与供应链的运作水平将直接影响企业在产业链中的发展。

采购与供应链作为衔接卖方与买房的桥梁，在未来的企业管理中必将会越来越重要。对于从事采购与供应链领域的专业人士，如何在细分领域成长为专家，在当今社会化大分工的历史背景下发挥出本领域的专业化价值进而实现个人的人生价值将越来越成为一个不得不面对的问题。

本书的采购管理集作者多年的从业经验及梳理总结。重点面向企业老板、总经理、采购与供应链领域的从业者以及希望在此领域施展抱负的有为人士。有句话讲得好，高度决定视野，角度改变观念，尺度把握人生。思路决定出路，希望本书能为读者提供一种打开思路，拓展业务能力，提升业务视野及高度的方法。本书着重从宏观及中观角度讲述采购管理原则、方法论。道可道非常道，名可名非常名，请读者根据实际出发吸收和使用。

刘一迪

前言3　工业4.0

制造业是国民经济的主体，是立国之本、兴国之器、强国之基。

经过改革开放30多年的洗礼，制造业持续快速发展，建成了门类齐全、独立完整的产业体系，有力推动工业化和现代化进程，显著增强综合国力，支撑中国的世界大国地位。中国经济总量从占全球2%增长到10%，成为世界第二大经济体，这令许多西方国家刮目相看。

但是与世界先进水平相比，我国制造业仍然大而不强，在自主创新能力、资源利用效率、产业结构水平、信息化程度、质量效益等方面差距明显。最重要的是，关键核心技术缺失。

而今资源和环境约束不断强化，劳动力等生产要素成本不断上升，投资和出口增速明显放缓，主要依靠资源要素投入、规模扩张的粗放发展模式难以为继，调整结构、转型升级、提质增效刻不容缓。

尤其是国际金融危机后，欧美发达国家纷纷推出“再工业化”战略，力图抢占国际竞争的制高点，同时，新兴国家也不甘落后，印度在2014年发布“印度制造”战略，将制造业作为立国之本，这就更使中国制造业发展面临发达国家和发展中国家的“双重竞争”。

现在经济发展进入新常态，制造业发展面临新挑战，转型升级和跨越发展的任务紧迫而艰巨。2015年5月19日，由李克强总理签署的《中国制造2025》明确：通过政府引导、整合资源，实施国家制造业创新中心建设、智能制造、工业强基、绿色制造、高端装备创新等五项重大工程，实现长期制约制造业发展的关键共性技术的突破，提升我国制造业的整体竞争力。

第四次工业革命即工业4.0时代的到来，将新一代信息技术与制造业深度融合，正在引发影响深远的产业变革，形成新的生产方式、产业形态、商业模式和经济增长点。全球各国都在加大科技创新力度，推动三维（3D）打印、移动互联网、云计算、大数据、生物工程、新能源、新材料等领域取得新突破。基于信息物理系统的智能装备、智能工厂等智能制造正在引领制造方式变革；网络众包、协同设计、大规模个性化定制、精准供应链管理、全生命周期管理、电子商务等正在重塑产业价值链体系；可穿戴智能产品、智能家电、智能汽车等智能终端产品不断拓展制造业新领域。我国制造业转型升级、创新发展迎来重大机遇。

空谈误国，实干兴邦。提升制造业并不是一朝一夕的事，需要强化工业基础。包括核心基础零部件（元器件）、先进基础工艺、关键基础材料和产业技术基础这4个工业基础能力，这也是制约我国制造业创新发展和质量提升的症结所在。

如何突破瓶颈，政府也提出了四项基本原则，包括简政放权、战略部署、整合资源和自主发展。

市场主导，政府引导。全面深化改革，充分发挥市场在资源配置中的决定性作用，强化企业主体地位，激发企业活力和创造力。积极转变政府职能，加强战略研究和规划引导，完善相关支持政策，为企业发展创造良好的环境。

立足当前，着眼长远。针对制约制造业发展的瓶颈和薄弱环节，加快转型升级和提质增效，切实提高制造业的核心竞争力和可持续发展能力。准确把握新一轮科技革命和产业变革趋势，加强战略谋划和前瞻部署，扎扎实实打基础，在未来竞争中占据制高点。

整体推进，重点突破。坚持制造业发展全国一盘棋和分类指导相结合，统筹规划，合理布局，明确创新发展方向，促进军民融合深度发展，加快推动制造业整体水平提升。围绕经济社会发展和国家安全重大需求，整合资源，突出重点，实施若干重大工程，实现率先突破。

自主发展，开放合作。在关系国计民生和产业安全的基础性、战略性、全局性领域，着力掌握关键核心技术，完善产业链条，形成自主发展能力。继续扩大开放，积极利用全球资源和市场，加强产业全球布局和国际交流合作，形成新的比较优势，提升制造业开放发展水平。

站在时代的风口，我们每个人和企业都需要与时俱进、开放合作，充分发挥自身的优势，整合他人资源共同发展，在未来世界中占有自己的一席之地。

曹　昭

导读1　访谈（集成计划下的角色认知）

●问1：供应链在整个公司中处于什么样的角色？

●答1：在我心里，供应链可以打造成企业的核心竞争力。经过专业训练和锤炼，供应链队伍就是一支特种部队，是擅长闪电战、快速运动战的超级特工。让企业无往不胜。逐步蚕食竞争对手，取得市场份额。

●问2：供应链计划和供应链执行的关系。供应链执行环节中如果不够reliable，如交货期不稳定等，是否会对供应链计划带来巨大的挑战。是否只有有了稳定的供应链执行后，供应链计划才能真正发挥其威力？

●答2：供应链计划广义上是指S&OP销售运营计划或MPS，供应链执行广义上是指S&OP的输出（可执行性计划包括生产计划、物料计划、采购执行、库存控制等），不过相对于供应链战略（指SOURCING战略采购）来说，供应链计划和供应链执行都统称为供应链执行。整个供应链管理从层面上分为供应链战略和供应链执行，过去30年供应链执行基本占70%～85%，近5年和未来，供应链战略会占70%～85%。通过这种倒金字塔的供应链战略来实现一个强有力的供应链战略管理，包括供应链联盟、多方协同、整合供应链链条上所有资源形成联盟，这个时候CAS会应运而生，技术在新一轮裂变革命后会加速供应链变革，这也是历史的发展规律。

供应链计划和执行的关系：如果没有一个稳定、高效、可靠的供应链执行，供应链计划就没有意义。S&OP最重要的输出就是可执行性计划，有效的执行和动态的执行就是一个最重要的成果。

在整个供应链中，计划是一个OVERALL全局控制的角色，是开火车的角色，是将公司带领到一个辉煌之地，不是不归路。所以只有精通做供应链计划的人最有潜力做供应链管理的负责人，供应链计划的人才需要具备包括S&OP销售运营计划和供应链执行两方面的知识。

●问3：快速变化的市场给供应链计划带来哪些挑战？你的解决建议是什么？

●答3：一个人思想的高度决定了行为的高度，着眼共同利益，不难发现供应链的客户就是销售，对于客户是支持和推动，但大部分应该要支持。但推动也必不可少，谈推动不如说“引导”，甚至有时候很苛刻，企业在推动和支持中不断前进，在支持下让销售在市场惨烈的竞争中无往不摧。将需求链转化成企业的市场份额。这是新的市场规则。供应链这时候就成为企业的核心竞争力。

这个世界，是多变的世界，需求也不例外。在不能 leading 市场的情况下，即使北电 NORTEL 技术当时是 LEADING 市场，但还是被市场抛弃。所以格局已经改变，当前的世界，是需求链的世界，企业必须具备闪电战、快速运动战的能力才能在市场的博弈中游刃有余。NOKIA 是又一个明显的例子。

供应链要打造本身的能力。也就是供应链需要具备这个能力，需要从角色认证、供应链系统、信息化系统方面去打造。包括队伍的领导者的思想认知对整个队伍起决定性的作用，H 公司的狼性文化让这个企业的 DNA 进行遗传。供应链管理和供应链人才需要具备能力、胆量、创新、变革才能出现奇迹。《乔布斯传记》《浪潮之巅》《领导梯队》可以多读。

打造一个快速反应系统，让系统在运作，加上领导者的发动机作用，这个供应链组织就富有狼性的潜质。通过优化总交付周期、开发工具进行多方协同，打造一个多赢的供应链协同模式，分析 BOM 结构，从 S&OP 到 SCOR 和 CPFR，多种制造策略的深入运用。结合 VSM，将 DRP、PULL、PUSH 结合在 SCOR、ISC 中，立体的控制强化供应链执行、得到精细化的管理和输出。

●问 4：从跨部门，到跨企业，供应链计划覆盖的范围越来越广。系统覆盖的范围越广，优化改进的空间越大，但同时复杂性也越高。对此你如何看待？

●答 4：要通过优化供应链流程和企业 ISO 流程，结合 ERP 和 IT 固化下来，进行持续优化。流程是企业基业长青的基础，不断创新也是企业不被淘汰的必备条件。同时将需求链的动态调整提供输入到供应链策略。这个世界一切都在变化。供应链的手法和思路也会不断变化。供应链管理者应该有这个知识应对新的挑战并进行创新。

●问 5：目前中国企业在供应链计划方面的薄弱环节在哪里？是供应链计划的工具不够先进？还是各部门之间的协调不够？还是其他？

●答 5：系统变革、打造精英人才、风险控制能力、整体把控能力较薄弱。因为需求的多变，导致 ERP 系统无法有效地指导自动化和准确的 MRP，手工处理 MRP 输出结果还是很普遍。

具备供应链能力的人才不多，精英级的更少。

●问 6：供应链计划领域未来的发展趋势是什么？

●答 6：热点如下：

（1）电子商务，供应链金融，供应链管理加速融合。

（2）多方协同和可视。CPFR 深入的多方协同是未来的趋势，共同应对牛鞭，共同取得市场份额。

（3）智能化的可自我修复和进化的协同工具，可视是协同的一个体现，没有可视难指导协同的有效决策。

（4）未来迫切需要精英级别的计划人才，有胆量，有国际化视野，敢于变革，同时计划人才要有 BUSINESS 的意识和行动，走向市场，同市场一起作战。

（5）有创新意识的计划人才，将龙头的 S&OP 做极大的创新，形成 S&OP2 或 S&OP3，真正将 AOP，FOP，S&OP 有效地运作和创新来指导企业的经营和决策。

（6）IT 技术和 ERP 技术在未来 30 年内会有突破，任何一场革命在酝酿前都是艰难的，当前的 ERP 水平还不足以支持快速的 REAL TIME 的多方协同，会随着竞争加剧出现革命性的 ERP 改变。

（7）基于 CAS 的博弈法则，CAS 复杂自适应系统是一个不错的归宿。这个是我非常重视的课题，CAS 是供应链要关注和学习的一个极其重要的课题。CAS 因为自适应而变得复杂。仿真博弈在大型军事和其他领域得到巨大的应用，我相信供应链会有更好的吸收和创新！

●问 7：SCOR 模型在中国企业中的应用情况如何？

●答 7：估计占 20% 企业在探索或实行了部分的 SCOR。近 10 年来，我发现很多中国企业在尝试。特别是中型和大型企业，甚至 1 亿～3 亿元的小型上市公司也有案例。SCOR 的精髓就是端到端的控制，将 ISC 集成供应链有效进行落地，就是 SCOR 的一个表现。通过计划主导一切来实现一个整体协同。所以供应链计划非常重要。

中国的企业，极少的大企业真正去落实了 SCOR 和 ISC，其中唯独 H 公司，在流程和供应链布局、设计等都完全进行了 SCOR 和 ISC 的打造。还有大部分尝试进行供应链 SCOR 实施的企业，目前都处于组织结构的改变，流程还在尝试和摸索中，真正从体系、文化、实战上做到 SCOR 和 ISC 的还不多。这个进程是正常的，取决于谁最快，谁真正领悟了 SCOR 和 ISC 的精髓。谁就能将供应链打造成企业的核心竞争力。

导读2　解决服装行业供应链的利器

电子行业的供应链比较成熟，因为电子行业经过30年改革开放的发展。服装行业因为自身的特点，产品沿用性不强，季节性强，售罄率很难把控，BI在服装行业非常重要，供应链在服装行业非常薄弱，人才也匮乏，目前还没有一个电子行业的供应链专家能成功地改造服装行业的供应链难题，同时服装行业的供应链难度相对于电子行业也更难，所以本文专门就这个难点去分析。

中国的服装业从2008年北京奥运会开始得到了飞速的发展，5年中有安踏、鸿星尔克、361°、特步等一批运动服装企业借奥运契机成功地运作了品牌。随即全国各地广开门店让营业额大涨，也取得了成功！

近5年来，服装企业进入了同质化竞争和价格战竞争的时代，类似手机和电视机当年的竞争，代理商过高的库存和无法快速满足终端市场需求的现状导致了一个恶性循环的供应链的存在！具体表现在：

第一，终端代理和门店的库存过高；第二，同质化竞争下的价格战让门店和代理的利润挤压；第三，供应链无法做到根据门店或市场的即时变化做出快速补货，导致滞销的和已经订购的产品不能快速地修改、调整、取消以减少滞销的损失。

所以我们无论是期货制和直销制，我们都看到美邦、李宁、361°、雅戈尔等企业的高库存现状，同时也衍生出了广州石井镇的专门消耗品牌服装的库存的产业链！

在目前，中国服装行业的订货会大期货模式，品牌商一般会提前6个月开产品发布会和订货会，代理商下订单订货，很多是有订货任务要求的，所以过量订货导致了终端无法消化，直接影响下一季度新品的订货量。

但品牌服装企业采用这种期货批发模式，极大地保护了品牌服装公司的现金流和利润率。这些都推动服装品牌企业加速门店和代理扩张。让这些服装品牌企业在短短的5～8年得到了飞速的发展，很多企业都上市了。

提前6个月的订货，是无法准确把握6个月后的市场状况的。供应链鞭长莫及，何况在敏感的潮流服装行业，这些市场的库存消耗压力大部分都由门店或代理商自己承担，所以最下游的终端面临一个微利润和亏损的状态，特别是在当下，很多企业的当季售罄率在 20%，第二季在 31%，经过一年的滚动销售售罄率才 78%，ZARA 当季的售罄率是 80% 左右。

所以服装行业要想发展，必须在品牌力下快速反应和在创新基础上提升商品力，才能让服装行业走向蓝海！

让我们分析一下服装行业供应链的现状：

第一，产业链发展起来不到 10 年，这个行业的供应商基础非常薄弱，在如此薄弱的情况下，其中还面临 NIKE、ADIDAS 等国外大品牌（处在对优质供应商资源分配）的竞争挑战。供应商管理非常薄弱表现在供应商战略和供应商考核、引进非常不透明和不专业化，客户和供应商之间的份额和资源分配信息不对称，导致供应商合作关系非常不稳定，一旦条件发生变化，这种关系就会随即变化和终止。

第二，服装行业的供应链高级人才匮乏，大部分都是服装行业类的人才通过二次学习和长期实践摸索出来的供应链知识，或者从其他部门转移过来，他们都很难用长远的战略眼光去架构一个类似于电子行业和高科技行业成熟和稳定的健康供应链。当然一个行业在利润率还可观或还不错的情况下，OEM 电子代工行业毛利润是 5%～8%，电子品牌行业也不过 10% 左右，这些对于品牌服装行业的毛利润率实在是不能比。所以经过未来 10～15 年的惨烈竞争和洗牌，这些服装行业也会逐步引进电子行业和搞科技行业的供应链人才去改造薄弱的供应链，但我们必须看到大部分的品牌服装企业都在福建和浙江等地，一个敏感的供应链需要这些企业的董事长和老板有勇气放下权力让这些职业经理人经营供应链，特别是采购和谈价等。

第三，同样我们看到另外一个现象，在当前一直采用大批量生产的服装生产模式中，会降低服装行业的生产成本，这些生产成本在品牌服装公司会考虑到采购报价中，所以这些额外的成本是无法让供应商去承担的，所以整个链条上利益关系明晰的各个个体都很难去接受一个需要自己付出额外成本去赶制一些翻单和改单。

第四，服装行业是一个消费品行业，更需要一个即时和可视的 IT 系统和 ERP 系统，他们对 MRP 和 DRP 和高级计划功能有更高的要求，但由于服装行业快速发展的历史才 5 年多，导致了 IT 系统不健全，无法消除和解决来自于终端的信息不对称，也无法对终端做出快速反应。

第五，一个巨大的不同是服装行业的无产品沿用性，材料沿用率做得最好的才达到 60%！所以无法基于供应链的历史销售数据来建立有效的预测模型。

只有基于智能分析BI来模拟一个商品结构预测，但这些能否真正兼顾终端市场的反应和提前准备采购材料都是一个挑战。

所以基于目前服装行业供应链的现状，我们需要如何解决服装行业供应链的问题呢？

服装品牌企业需要花1～2年建立一个稳固的基于材料簇的供应商战略基础来支撑未来，基于快速反应、柔性、可适用性、协同性、高度信息化的供应商基础，包括新材料创新优化、整个端到端的链条，这些需要通过强有力的IT技术到达实现，提高协同平台，提高整个服装供应商的协同能力和可视化能力。虽然利润率的下滑或市场份额的挤压和重新洗牌，商业模式还保持批发模式和门店直销模式，但比重根据企业的核心竞争力不同而不同。

总之会围绕一个供应链的解决方案展开：

在快速和高度整合的供应链下，配合提高细分市场来提高商品力，围绕一个目的：聚焦终端客户的拉动补货模式来满足消费者的多变需求，最终打造企业核心竞争力来赢得一个稳定的市场份额。

第一，通过供应链的管理和战略，包括材料簇战略，同时优化供应商基础让供应商具备快速反应能力、精益生产能力、信息技术提升，这里的快速反应是在5～10个单位时间内完成整个链条上的材料到成品的交付，这是一个挑战，但必须开始去推动行业的快速反应思维和意识，这一步必须要开始走下去。逐步从一些供应商试点，从一些材料簇开始。将供应商管理中的谈价、成本、份额、采购招标合并到一个供应商管理部门。同时借助一个可靠的供应商考核基础来实现网上电子招标、下单、交付的供应商管理和协同平台。另外加强对供应商成本的核算和管理来获得一个品牌公司稳定的成本控制能力，这也是在供应商管理战略中必须考虑的。这里我要重点说说供应商管理，甚至可以将材料认证也并入供应商管理中，打造一个SCOR模型的端到端的完整供应链才能高效处理供应商管理中提到的倒金字角的平台。需要逐步开始，整合和利用信息技术去做好制度流程的审计和采购电子审批流程，杜绝流程漏洞！形成一个良性的供应链流程！

第二，整合一个端到端的供应链，类似于SCOR模型下的端到端供应链，SCOR模型的精髓是端到端的由计划主导整个供应链从下单到材料和成品交付。通过信息技术实现数据的及时性和可视性。包括ERP和POS系统和BI智能分析的支持。当下服装行业的供应链各个模块都很分散，导致无法高效地推动稳定的交付和快速的交付。将生产计划、采购和物控整合到一个部门，将供应商管理、成本、谈价整合到一个部门，可以优化MRP输出，将物控和采购合并。

第三，不管未来是采用大期货（批发模式）还是直接到门店的直营店模式，刚才讲过了，需要在“PULL（拉动式）”和“ON DEMAND DRIVEN（需求拉动）”中将PUSH（推动式）+PULL（拉动式）结合使用，也有基于BI智能分析的商品结构类的历史百分比来决定首次20%左右的成品投放市场，ZARA是这个量，国内的品牌服装公司采用多少百分比将首次的成品投放到终端门店，需要基于历史售罄率来决定投放百分比。剩余的80%需要采用快速补货、翻单、买手、补充盘的迭代方式来消除终端滞销的问题。这些都需要一个计划来主导高可视的信息系统和信息技术。在供应链信息技术推动供应链管理方面，“以纯”服装公司做得不错，值得学习！

第四，在“PULL（拉动式）”和“ON DEMAND DRIVEN（需求拉动）”中将PUSH（推动式）+PULL（拉动式）结合使用，整个供应链采用POST-PHONE（延迟制造）+DRP（分销计划）+多种制造策略+PULL（拉动式）的模式，将延迟制造结合多种制造的策略一起打造一个并行的内部和外部的供应链的生产，包括品牌工厂和供应商自己的工厂，实现一个链条上的协同。另外DRP在POS系统需要对接到ERP中完成一个MRP的功能，实现一个快速的信息在门店到品牌工厂再到供应商之间的协同。DRP有两大功能，在服装行业得到广泛的应用，一个是成品的分销功能，一个是由成品到材料的分解的MRP功能，这些需要再ERP设置对接POS来驱动每天两次的MRP，实现快速的需求调整、需求，并下达到工厂和供应商。

以上所说的不同于ZARA的重资产也不同于NIKE的纯粹轻资产，另外的一种复合供应链模式就是当下的供应链解决之道：SCOR（计划运营模型）+DRP（合销计划）+PULL（拉动式）+ POSTPHONE（延迟制造）+各种迭代。

同时供应链需要有一个角色认知，需要基于智能分析来推动商品结构的优化来提高商品力，例如通过供应链和智能分析来推动优化商品结构的材料沿用率、抛量比、价格带、SKU结构等。

总之，未来5～20年是一个以消费者为中心的快速反应服装供应链和拉动式的需求模式。谁能基于市场的快速变化，提供高质的性价比服装产品，谁就可以在服装市场中占有大份额。服装供应链就是核心竞争力，也是市场化的利润中心。服装供应链的复杂自适应系统CAS会是未来20年甚至以后的话题，博弈法则和影子法则的仿真模型逐步建立。

供应链，一个新的时代赋予了新的使命，在这个世纪供应链会整合多个行业，不仅包括制造业和一些实体产业，还会包括代表金融的银行、保险、信息技术、地产等。

导读3　如何打造供应链的核心竞争力

回望工业革命，科学技术的发展必然带动供应链的发展，回顾历史，从MRP到MRPⅡ花了30～40年，MRPⅡ到ERP花了10年，也就是20世纪90年代，ERP开始发展。

的确从ERP到现在已经有30年了，供应链从PUSH到PULL，由SCOR到VMI再到CPFR多方协同，到目前，已逐步发展起来的供应链智能分析BI，有代表性的是从DELL的VMI到APPLE的供应链联盟的雏形。总之，供应链在这30年内本质上没有革命性的突破，目前看当下只有那种真正的基于供应链复杂自适应系统CAS的协同才能真正做到可视，多企业节点下的仿真、协同，才能在当下复杂多变的外部环境下很好驾驭各种不可测因素，包括电子商务同样适用，甚至更需要CAS去发挥作用。

即便我们谈论CAS，也会觉得如此遥远和陌生，但在当下的时代，我们也看到一个鲜明的事实：科技发展催生供应链变革，在摩尔定律作用下，紧跟其后的供应链的创新结合科学技术反过来促使利益得到重新划分，类似案例让我们思索打造供应链核心竞争力的迫切性！

供应链提高企业的核心竞争力，会让企业在科技领先的基础上步步领先。甚至在技术不占优的情况下也能打造供应链的核心竞争力，让企业立于不败之地，甚至逐步超越竞争对手。业界这样的案例比比皆是，H公司是一个鲜明的代表。20年来H公司同CISCO、NSN、ALU、爱立信等企业相比在高端产品中技术有差距。H公司通过供应链的变革，通过IBM来帮忙打造SCOR端到端的供应链，通过CEG采购专家团的战略规划和战略领导，通过端到端的计划主导结合ORACLE和协同中心ISC来打造高性价比、快速交付、提供贴身服务的供应链体系。最近的5年我们看到H公司逐步在供应链的核心优势下带动了整体生意超越这几大通信国际巨头。这种供应链的DNA让H公司在狼性的文化下熠熠生辉。

整个供应链管理从层面上分为供应链战略和供应链执行，过去30年供应链执行基本占70%～85%，近5年和未来，供应链战略会占70%～85%，通过这种倒金字塔的供应链战略来实现一个强有力的供应链战略管理，包括供应链联盟、多方协同，整合供应链链条上所有资源形成联盟，这个时候CAS会应运而生，但目前时机还不成熟，技术在新一轮裂变革命后会加速供应链变革，这也是历史的发展规律。

如何打造一个核心的供应链管理体系，如何将供应链打造成企业的核心竞争力呢？

第一，我们必须有一个很明晰的角色认知，过去供应链人才有一个很固执的认知：供应链推动营销改善，甚至都走订单型才能够让内部供应链和运营管理稳定，才能够让公司内部运营波动小些。

但现在我需要同大家一起分享，供应链管理者需要有一个全新的角色认知来看待这个多变的外部环境，供应链需要同营销一起并肩战斗，兼顾内外，供应链高级管理者需要供在应链认知和考核要上升到公司经营层面，要多从企业生意层面去认知供应链的ROLE，达到双赢和多赢。

当今外部市场波动巨大，在这个消费者善变的年代，波动中的外部需求需要通过供应链的整体柔性、敏捷反应能力来消除或减少这种波动。

供应链对于营销是内部客户的角色，是推动和支持并行的互动关系，笔者认为：支持营销占大部分，推动也必不可少。这种推拉结合促进公司的逐步壮大，拥有一个核心竞争力的供应链，营销在战场上才可以抢占一切可能的经营机会。才能让小生意做大，大生意形成战略合作伙伴，小客户才能做成大客户。

第二，如何打造？

（1）首先要打造一个健康的ERP系统。优化ERP各参数设置，包括ITEM MASTER各种参数，优化MRP的输入和输出，确保MRP能健康运作。

●在中国70%～90%的企业包括外资企业都无法非常健康运作MRP，手工的提报需求占大部分，这与多变的外部需求和缺乏非常实战专业的ERP人才密切关联。我们需要很好的基于企业的情况去设置ERP中的参数，同时通过外部协同的手法和工具去运作MRP来指导供应的可执行性输出。

●MRP非常成功的企业有BAAN和ORACLE。我们知道SAP的优势是具有强大的功能和流程固化能力，但SAP二次开发和兼容性是需要突破的。虽然BAAN很多年前被收购了，但BAAN在制造业的确是很有优势，他的经典让笔者难忘。记得10年前4.0的BAAN，他们很早就实现DRP和SAP，能用的DRP也完美地在BAAN中得到，ECN自动通过BOM整合到MRP的输出也只有BAAN可以做到。现在，他们也将集成的供应链嵌入到ERP中。

●在近10年，ORACLE在强大的二次开发能力的实现和兼容，也让它闪耀着光芒，甚至可以将 S&OP 通过无约束到约束变成可执行的计划，连同多种制造策略的外挂方式也可以对接到 ORACLE 去运作 MRP。同时 ORACLE 收购研究系统软件 AGILE，通过和 ORACLE 融合，也在逐步完善。

●这些 ERP 系统对终端零售业的把握还是非常弱的，POS 系统需要对接到 ERP 中才能实现内部 MRP 循环。否则体外的数据链太多不能更好地通过 MRP 或通过 DRP 并考虑 MRP 运行的 3 种输入条件来实现一个即时和准确的 MRP 输出。甚至会出现多个信息孤岛！

（2）建立一个强大和专业的供应链战略队伍，通过材料簇的供应商战略来实现供应链的使命，供应链战略是通过供应商管理去实现的，是供应链的灵魂。所以 H 公司称这个模块为采购专家团 CEG，通过打造一个端到端的 SCOR 体系，将 TQC 技术认证和 SQE 供应链质量管理和供应商管理整合到一个完整的供应商管理模块中。可以方便和全流程协助战略实施并提供有力保障。在角色上供应商管理就是一个战略家，一个指挥官。它需要兼顾企业的外部风险和内部挑战去完成企业的供应链使命。笔者看到中国一些其他企业也在慢慢借鉴和吸收这方面的管理经验，也正在走改变之路。

（3）打造一个世界级别的成本控制系统。一个高效专业的供应商管理体系，在战略下实施采购招标和各种供应链战略活动，一定离不开一个有世界级的成本控制中心来指导，并得到很好的实施。

●如果中国的大型企业提到电子招标和 VMI 平台的效果，这表明我们需要更完美的精神去打造供应链成本控制体系。的确业界也有一些可以值得学习的，如：无论是 H 公司的供应商招标体系（结合端到端的 SCOR 模型），还是 APPLE 公司的供应链联盟等都值得借鉴。

●笔者发现其他公司在成本控制上有其他的尝试方法，有失败也有成功的案例。深圳一家著名外资电器企业，几年前成立一个全球的成本中心，通过独立软件达到成本控制模型，通过搜集多级供应商的最底层成本来建立模型，推算出材料总成本。通过软件来得到模拟总成本的能力，当时有 100 ～ 200 人，但最终结果不知道如何了。现在在实践中，我们得到的验证是成功的：将材料分解到最底级（例如 PCBA 到各零件；例如 PCB，再通过 PCB 分解到最原始的材料），通过行业材料的动态数据分析来得到一个材料的市场行情，通过 IE 来推算各具体机器和损耗率来得到生产成本，加上物流成本和人工成本等，需要深入了解各供应商的作业现场（包括供应商的供应商），建立模型、共用数据、持续更新，这需要一个专家级的 IE 人才和 COMMODITY 技术人才，才能有效提取一些有价值的数据，才能确保整个模型运作符合实际。模型中，最终计算材料成本，包括管理成本。可以设定每个供应商自己的利润率和各材料模块的供应商自己的利润率。如果无法达到这个利润率，供应商就得通过提高管理来降低管理成本，维持这个利润率。

（4）打造一个强有力的计划体系，我们知道供应链有两个使命：一个是交付，一个是成本。上面讲的都是成本和战略。现在我们需要做到在准时交付前提下还能面对各种急单去做到有竞争力的快速交付。

●大家知道很多供应链高级管理者出生于计划，因为计划是一个 OVERALL 全局控制的角色，具有全局控制的视野和使命。

●计划专家通过计划去打造计划体系，IBM 在很多年前就提出“随需而变”，的确当下的供应链同样非常适合，当下的供应链是个需求链。在拉动式下和多种制造策略下借助 CPFR 多方协同的快速反应去打造以计划主导的供应链计划体系，通过供应链技术等方法推动 S&OP 改善预测准确性和考核预测准确性，最终通过柔性的供应链体系来实现多赢的局面。通过结合 S&OP 的总库存的约束模型来实现一个动态的库存模型需要考虑预测准确性，S&OP 相关的各种因素、E&O、PROVISION、安全库存和制造策略的权重等。这里笔者想分享的是 VSM，在精益生产中，VSM 价值流程图非常有用，通过详细分析后的 VSM 可以将生产环节的生产时间得到极大的优化，更好地实施多种制造策略，避免过量生产无法监控，同时推动了品质、工程、研发的持续改善。是一个闭环优化下支持计划体系的有效实施。

培养一个强有力的供应链队伍和专业人才的狼性文化，让他们彻底了解 MRP 核心逻辑以及 MRP 的输入输出，DOS 和库存周转率的精髓和控制方法，S&OP 的精髓和 SCOR 的精髓，DRP 的庞大功能如何实现，如何彻底了解 MRP 中各种参数设置包括 TIME FENCE，ITEM MASTER 等，如何了解和认知供应链计划和采购和 SOURCING 的角色认知，如何了解 VMI、CPFR、JIT、CAS 的精髓，如何彻底领悟招标和供应商管理中的手法来指导供应商战略得以实施，让他们在实践中掌握从抽象 SCOR 模型的端到端的精髓。

最终我们实现的是一个敏捷供应链的 3A 特征。

的确只有那种真正的基于复杂自适应系统 CAS 的协同才能真正做到可视，做到在多企业节点下和在博弈法则下的仿真、协同。才能做到复杂自适应系统下的共赢—利益体现在整个供应链条中各方利益的最大化，这也是 CAS 可自我学习和进化的最值得认可的地方，这需要 IT 技术的突破，需要 IT 技术在多企业节点下如何基于博弈法则和影子理论去打造一个复杂自适应系统下的供应链联盟体系。蜂巢就是一个典型的例子，数以万计的蜜蜂在各自的小蜂房中，他们都各自适应地生存下来了，他们的兼容性无比高超，他们的系统无比牢靠。近100年来，科学界都是用线性来分析问题，这些都是弊端，只有非线性才能分析目前多变的外部环境和进行自我进化的仿真。当下所有的ERP就是一个线性的理论，无法实现在非线性下的自我进化，非线性才有代表意义，非线性才能在多企业变化法则下做出最佳的判断。

CAS理论的基本思想认为CAS的复杂性起源于其中的个体（Agent）的适应性。系统从混沌状态中涌现秩序的过程是一个自组织过程，在多变的供应链涉及多个企业链条中，这些无序的输入在混沌中和在博弈法则下必然走向有序，这种有序就是系统自我进化的结果，所以笔者不得不说供应链复杂自适应系统CAS是未来多方协同的方向！

最后笔者想强调的是供应链的确是一个很具挑战的角色，需要广博的知识，如财务管理、电脑技术、信息技术、英语国际沟通能力、项目协调能力、管理能力、创新能力、结果导向能力和胆量、营销理念、服务意识等。未来50年随着中国国际化地位的提升、中国改革开放的深入和中国城镇化进程的启动，中国会迎来后10年的高速发展期，国内外的商机无限。供应链会有更多的机遇和面临更大的压力。让我们把握这个时机去创造自己的供应链人生的美丽篇章。

在DELL时代，VMI技术让我们知道DELL供应链是一个猎杀者。在这种个性化的产品明显胜于批量制造的产品时，我们就要调整产品策略、供应链策略、营销策略了。在产品无法引领消费者的时候，能做的就是关注消费者，满足消费者，打造一个纯需求链的技术可以无往不胜。供应链需要围绕需求链酝酿下一个创新新时代，我们这个时代是一个变革的时代，供应链必将在新的机遇中的得到创新和突破。

导读4：中国资源采购战略

战略分享1　采购战略详解

在美国供应管理协会（1SM）的注册供应管理师（CPSM）知识结构中，以及过去的注册采购经理（C. P. M.）的知识体系中，均有不同程度地提到采购战略、供应商战略等知识点。经过过去几年的教学积累，觉得这部分知识不够全面。

战略的定义

要讨论采购战略，我们必须要从更高层次的战略入手，否则读者可能无从下手。根据百度搜索，其中一个战略的定义为：战略泛指重大的、带全局性的或决定全局的谋划、方案和对策。同时，该定义还附带解释了战略的特征：决定全局性、长远性和宏观性。对于战略的定义或阐述，笔者更喜欢引用全球著名管理学家亨利·明茨伯格（Henry Mintzberg）的5P论述，即战略为：

●计划（Plan）：战略是一种计划，是指战略是一种有意识、有预计、有组织的行动程序，是解决一个企业如何从现在的状态达到将来位置的问题。

●计谋（Ploy）：战略是一种计谋，是指战略不仅仅是行动之前的计划，还可以在特定的环境下成为行动过程中的手段和策略，一种在竞争博弈中威胁和战胜竞争对手的工具。

●模式（Pattern）：战略是一种模式，是指战略可以体现为企业一系列的具体行动和现实结果，而不仅仅是行动前的计划或手段。即，无论企业是否事先制定了战略，只要有具体的经营行为，就有事实上的战略。

●定位（Position）：战略是一种定位，是指战略是确定一个组织在其所处环境中的位置，对企业而言就是确定自己在市场中的位置，并据此正确配置资源，形成可持续的竞争优势。战略的定位观认为，一个事物是否属于战略，取决于它所处的时间和情况，今天的战术问题可能成为明天的战略问题。

●观念（Perspective）：战略是一种观念，是指战略表达了企业对客观世界固有的认知方式，体现了企业对环境的价值取向和组织中人们对客观世界固有的看法，进而反映了企业战略决策者的价值观念。

企业战略模型

讨论完战略的定义后，我们现在来看一下经典战略学中的企业战略模型。一般认为，企业的战略模型为：

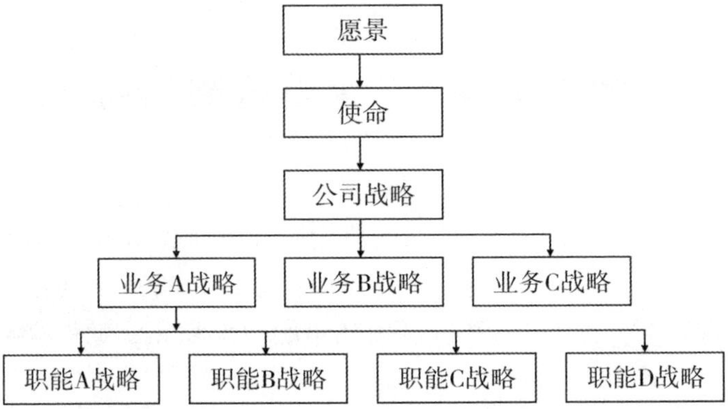

根据上述模型，战略学家认为一个企业的战略是由它的愿景驱动，然后愿景驱动着企业使命。企业使命再驱动着企业的战略，由此再推动着企业的业务战略。这些业务战略会需要各职能部门的战略来支持。

要想完全理解这个模型，我们有必要对上述每个元素逐一介绍：

●企业愿景：指企业战略家对企业前景和发展方向一个高度概括的描述。由企业核心理念（核心价值观、核心目的）和对未来的展望（未来10～30年的远大目标和对目标的生 动描述）构成。

●企业使命：企业在社会经济发展中所应担当的角色和责任。是指企业的根本性质和存在的理由，说明企业的经营领域、经营思想，为企业目标的确立与战略的制定提供依据。

●公司战略：企业战略是指企业根据环境的变化，本身的资源和实力选择适合的经营领域和产品，形成自己的核心竞争力，并通过差异化在竞争中取胜。

●业务战略：业务战略就是用你最具竞争力的优势，实现你和竞争对手之间的产品、服务差异化，并给你的顾客带来更大的价值。

我们这里暂时不再讨论企业愿景及企业使命这两个战略术语，有兴趣的读者可以上百度文库等地方去继续阅读。我们集中精力讨论下公司战略及业务战略。一般战略学家认为，企业战略关注的是企业的大方向，比如资产的剥离、兼并及收购、企业是否进入新的行业、企业是否进入新的地域等方向性的问题。而业务战略更多关注的是该具体业务的竞争环境、市场空间、目标客户、竞争优势以及如何与同行业的竞争对手来竞争。根据哈佛商学院著名教授迈克尔.波特的理论，业务战略只有三种：成本领先战略、差异化战略及客户集中战略。这里我们不难看出，成本领先战略在某一特定行业最多只能被一家或不超过两家使用。如果整个行业的大部分厂家都想实施成本领先的战略，这个行业将会非常难受，其结果是互相杀价，行业利润非常低，甚至亏损。因此，在大多数行业，我们认为大部分企业都会采用差异化战略来经营自己的业务。这类差异化可以体现在任何方面，比如设计、质量、品牌、技术、交付及时性、售后服务等。这类例子在我们的生活中比比皆是，如在手机行业中，三星就采用了大屏幕这一显著的差异化特点，来慢慢获取它在智能手机上的市场份额。客户集中战略更多见于特定的行业。我们熟悉的奢侈品营销基本上都采用这种战略，他们通过长期的品牌积累，并将产品定很高的价格或通过限量版这类营销手段，只为了它的那部分目标客户。LV 或 GUCCI 肯定不希望大家都在用它的包或皮带！

采购战略模型

通过上述的介绍，我希望读者已经有了一个基本的战略概念。到这时候我们可能已经明白，采购战略是业务战略下属的一个职能战略，它的目的就是支持业务战略的达成。比如，业务战略要求实施成本领先战略，那么自然地采购战略必须响应，努力将成本作为选择供应商的首选条件。但是，当企业需要实施差异化战略时候，比如通过产品创新或设计，那么供应商的技术或质量就变得跟成本一样重要了。或者供应商的创新能力或技术力量会成为供应商选择的首要标准。

根据我对采购战略的思考，我将采购战略的模型定为：

在上面模型中，采购职能战略只是一个标签，不会有太多的具体内容。就

象我们说人力资源战略一样，它主要由人力资源规划、招聘战略、薪酬战略、培训及发展战略、及绩效考核战略等组成。采购职能战略更多的是由下属的商品晶类战略来支撑。当然，这只是我个人对采购战略的思考，其他同行可能有自己的不同见解。

供应商开发战略及供应商战略

在采购职能战略中，我提到了商品品类战略、供应商开发战略、及供应商战略。这里我想详细展开讨论。

供应商开发战略是指采购根据所要购买的材料性质、数量、年度采购金额等要素结合供应商市场的情况来规划一个合适的供货渠道的战略。更具体地来说，供应商开发战略需要解决以下问题：

- 供应商的数量（独家、两个货源、或多货源）。
- 选择直接跟厂家采购还是跟渠道采购。
- 国外采购还是国内采购。
- 全国性采购还是区域性采购。
- 大型供应商采购还是中小型供应商采购。

当然，有些情形下我们采购也没法完全选定。比如，我们在跟一些知名的国际大企业采购东西时候，多半时候你得通过它的代理来进行，而不是我们希望直接跟厂家购买。但大多数情况下，采购是可以选择上述供应商因素的。

供应商战略是为了达到商品战略要求的目标而制定的供应商间或针对某一供应商的战略。由于每个供应商跟企业的交往时间长短不一、企业实力不一、企业规模不一、绩效不一、或企业对某一类别下的每个供应商定位不一等一系列因素，我们就产生了只针对某一供应商的供应商战略。典型的供应商战略图示如下：

战略	供应商 A	供应商 B	供应商 C	供应商 D
价格/成本	在下一季度 达成 3%	在下一季度 降价 1%	达标	达标
质量	提高失效 分析能力	提高质量问题 响应速度	来料检验合格率 提高 3%	产线 PPM 降低 200
交付	提高 5%	提高 1%	提高 2%	维持
售后服务	改善发票 正确性	提高退货 响应速度	达标	达标

这部分的内容也在CPSM或C. P. M. 识结构中提到过。

商品品类战略

商品品类战略（Commodity Strategy或Category Strategy）应该是整个战略采购的核心工作，也是采购中最重要的一个技能之一。当然，采购的其他核心技能有报价分析、成本分析及建模、持续降本、谈判、采购合同及管理、绩效管理等。

但非常奇怪的是，在我几乎翻过的所有采购教材或看到过的培训大纲中，都很少提到这部分内容。CPSM也没详细介绍这部分知识。但这恰恰是战略采购工作中最重要的基础工作。我在过去的职业面试中，也会经常用这个问题来考核应聘者——如果入职后给你两周时间，让你制定一个商品品类战略，你会考虑哪些因素？如何去完成？结果大家可想而知，大多数求职者只会给我介绍一个典型的采购流程，从如何开始找供应商到供应商绩效考核。

一般来说，商品晶类战略应该解决：

●企业的需求描述（商务及技术层面/现在及未来）。

●供应市场的调研（厂家数量、历史、优劣势、目标客户群等）。

●当前及未来的匹配度（商务及技术）。

●企业的采购价格水平。

●供应商基地的绩效表现。

●该类商品过去阶段的工作总结。

●该类商品未来季度或半年的工作重点。

在制定商品品类战略前，我们通常认为企业采购部门应该知道如何去进行商品品类划分（commodity segmentation）及采购金额分析（spendan alysis）。如果部分读者不熟悉这两个基础工作的话，可以上网去找相关知识点或参阅CPSM相关知识点，我在这里只作简单介绍。一般来说，商品品类划分就是将我们所采购的所有东西根据原材料、加工工艺或其他相关特性划分为可管理的类别。比如在一个机械制造企业，有可能安排原材料来划分商品品类，比如铸铁件、铸铝件、铜件、不锈钢件等。在一个典型的电子、电器企业，商品的晶类划分可能有塑胶件、五金件、电子料（主动）、电子料（被动）等等。但如果你的企业足够大，即使在同类机械件中，你有可能继续细分，比如锻造件、冲压件、压铸件、精密加工件等。采购金额分析（spendanalysis）基本上就是将过去一段时间的某一品类的采购订单进行汇总，并根据自己制定的相关条件去归类，以便自己非常清楚在这个品类中的总采购金额及特定标准细分下的其他采购金额。

下面我们来详细讨论商品品类战略的各个要素：

企业的需求描述——作为采购部门，我们通过上述的采购金额分析应该非常清楚企业的当前及未来业务及技术需求，比如采购金额多大、零件或材料的技术或工艺要求、质量或性能要求、特殊资质要求等。在多数企业中，通过与技术部门的沟通，采购也应该能知道未来1～2年（甚至3～5年内）公司的未来业务对零件或材料的技术要求。

供应市场调研——作为战略采购的一部分，供应市场调研成了我们做采购的基本一课。我们从一开始做采购时候，就学会供应商搜寻（sourcing）o但作为供应市场调研，我们除了解了该行业有多少厂家外，更应该花精力去了解各个厂家的历史、产品线、优劣势及当前服务的目标市场等因素。

当前及未来的匹配度分析——在有效完成上述两项工作后，我们很自然就会发现我们所需要的供应商，或判断我们现有的供应商是否匹配。同样地，我们可以将目光放远一点，我们也可以基本得出结论，我们当前的供应商能否在未来3～5年内在业务及技术层面继续匹配。如果结论是否的话，那开发新供应商就成为我们的必然工作。

企业的价格水平——这是采购最重要的交付元素。采购的基本职能是要确保"物有所值"（fairvalue determination）。一般来说，我们衡量企业自身的采购价格水平最好的办法是通过标杆（benchmarking）。标杆的对象当然是同行、或市场基准价格信息。在国外，因为咨询业的发展，这比较容易实现。但在国内，这可能有些困难。在我过去工作过的IBM公司，我们一般用采购竞争优势（Procurement Competitive Advantage）这个概念来衡量采购是否为企业创造价值。最简单的例子，如果是同一CPU或内存，IBM比DELL的价格如何？如果是低于DELL或HP的，我们认为采购已经做得不错了。作为专业采购，我很少使用降价X%来衡量我们的采购价格水平。如果你在一个季度内能降10%，只能说明你过去你多花了公司冤枉钱！没有做到"物有所值"这一基本工作！当然，行业性的普遍下降例外。

供应商基地的绩效表现——这部分内容比较容易理解。我们在制定或评审商品品类战略时候，肯定需要考虑当前的供应商绩效表现（技术、成本及价格、质量、交付、服务等）。采购部门会根据这些指标的健康情况制定下一阶段的工作重点。同时，这些指标也会驱动每个供应商的供应商战略。

工作总结——这是总结该类商品在过去一段时间（一个季度或半年）中的工作亮点。大致内容如：开发了X新供应商、提高了Y供应商的交付水平、解决了Z供应商的质量问题等等内容。

工作规划——这是根据上述的匹配度分析、价格水平比较及供应商基地的绩效表现来确定的该商品品类在下一个阶段（季度或半年度）中的工作重点。基本内容会跟工作总结中的一样。这里我就不再重复了

通过以上篇幅，我希望将采购战略这个课题基本讨论透，也希望这能给中国的采购同行提供一个有效的方法去管理我们的战略采购工作。太多时候，我们发现我们的很多战略采购内容是存在各个采购人员的脑袋中，而不是放在文字上，可以进行讨论或评审！

战略分享 2 浅谈采购职业的知识及技能要求

在过去 20 多年的采购职业生涯中，带过很多不同公司的采购团队。同时，也接触过很多不同行业的采购人员。总体来说，采购人员的学科背景几乎涵盖了大学的所有不同专业，而且文科背景的人员不在少数，学历层次也是以本科及以下为主，而且绝大多数人员会在专科、职业教育层次。

随着对采购职业的认识加深，本人觉得社会对采购职业的要求有一定程度的偏差。下面就来谈谈专业采购人员所需的知识及技能要求。

在制造业及大部分商贸企业，采购所掌控的成本通常占到企业成本的 50%，甚至更高，比如商贸企业的 70～80%。对于一个有 10 亿元销售收入的工业企业，采购可能掌控着将近 5 亿元的成本，而对于一个同样规模的商贸企业，采购或许掌控着高达 7 亿～8 亿元的成本。这实际上使采购成为企业最重要的职能之一。

这么重要的一个职能部门应该配备怎样的人才才能有效运行，并使企业效益最大化？一个理想、职业的采购人员应该具备以下所需的知识/技能：

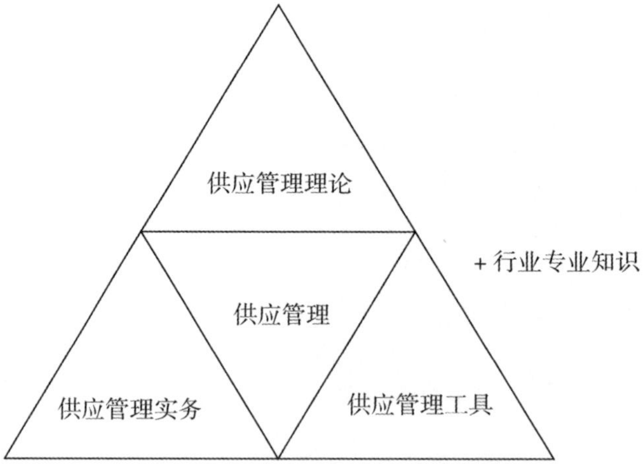

下面我将依据上述模型展开，并讨论每个方面的具体要求。

供应管理理论

大多数从业者都会同意采购其实是一个实践性非常强的职业，几乎没有任何所谓的采购“理论”可言。但因为采购是企业与企业之间的重要交易活动，所有有关企业、交易、经济领域的其他学科都对采购有一定的理论指导作用。

供应管理能借用的其他学科理论基础应该为：

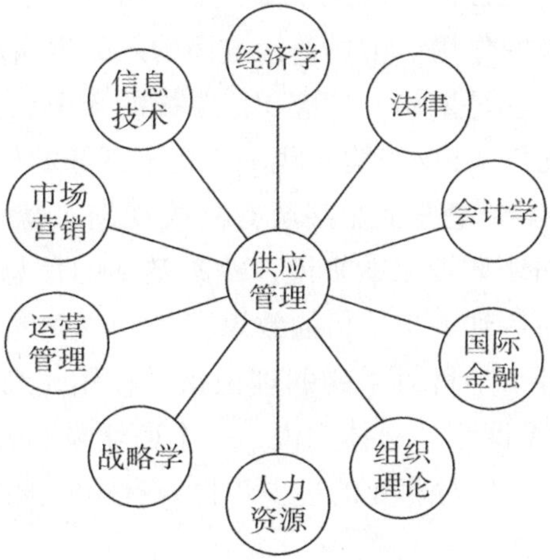

经济学——经济学是一切其他社会学科的基础。对于采购人员来说，经济学中可以借用的理论知识点有：市场结构、供需价格关系、交易成本等。

法律——采购非常重要的一个工作就是与供应商订立供货合同，并确保合同能顺利执行。法律学科对于采购的理论指导不言而喻。法律学科中的法律基本知识、合同法、招投标法、国际交往之间的法律知识对采购有直接的指导作用。

会计学——会计学中的成本概念、财务报表分析、盈亏平衡分析、固定资产折旧等知识点对于采购了解供应商所在行业及其所供产品、零件的价格有重要的指导作用。

国际金融——国际金融对于采购的主要贡献在于其汇率理论。这将决定采购所用的合同货币及其风险控制。另外，汇率也将决定在全球范围内的供应商基地分布。

组织理论——组织理论中对采购有指导作用的知识点包括组织架构形式、分权组织或集权组织更适合、组织中的团体理论等。

人力资源——人力资源学科对于任何一个职能都有重大的指导作用。采购职能中也存在招聘、绩效考核、薪酬、人才规划、培训及技能发展等一系列问题。

战略学——战略学对采购职能的指导作用也是显而易见的。首先，整体战略概念、战略层次、企业战略、业务战略、职能战略等的区分。另外，战略学中提到的“学习曲线”对采购的降本也有重大的指导意义。

运营管理——运营管理包含很多内容，比如产能规划、各类制造策略、整个计划体系、质量管理等。这些知识点对于掌控并指导供应商基地有非常重要的作用。

市场营销——采购每天面对的主要群体均是来自各类供应商的营销人员。如果采购能熟知市场营销方面的理论及实践，对于把控整体关系及获取最佳产品服务肯定有非常积极的作用。市场营销方面的产品生命周期理论、定价原则、销售人员的销售实践等都是采购人员应积极掌握的知识点。

信息技术——好的供应链/采购实践一定离不开好的信息技术。一定规模的企业均有 ERP 系统，有些先进企业甚至有高级规划系统（APS）、供应商关系管理（SRM）系统。对于职业采购来说，熟悉基本的信息技术发展，并能熟练掌握各类系统的应用能达到事半功倍的效果。

上述简单介绍了各个学科对采购的理论指导作用，细心的读者不难总结出其实这是一个微型 MBA 课程。总体来说，一个职业采购做到一定程度后（比如 5 年），攻读一个 MBA 学位对职业的进一步提升有非常大的帮助。

供应管理实务

供应管理实务方面的知识/技能基本上围绕着采购的整个活动周期，如下图：

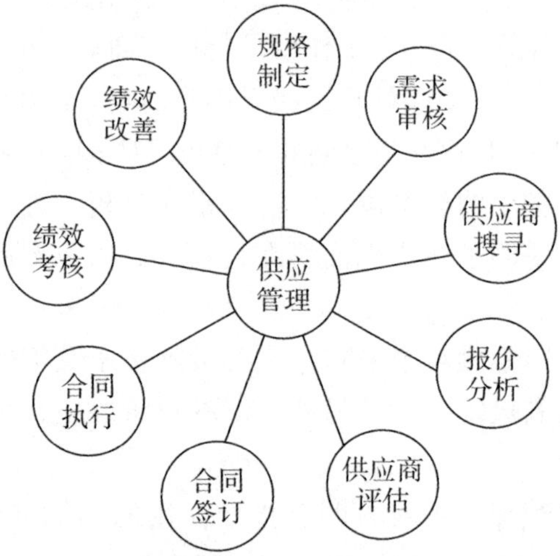

这些活动基本上从一个采购人员入职第一天就在开始做，并周而复始地让自己变得非常熟练。

规格制定——对于用户部门提出来的采购需求，采购部门应该认真分析，并确定所提的需求有足够的信息支持采购进行供应商搜寻活动。必要时候，采购人员应该会同用户部共同制定所需产品、部件的规格。总体来说，规格可分为设计规格及性能规格。每种规格对采购企业及供应商的要求都不同，尤其体现在责任、成本、验收标准上。

需求审核——这是采购工作的第一步。一般企业都有对用户部门需求描述的相关规定，尤其在采购需求审核、审批方面。采购人员只要按照企业规定执行就可以了。

供应商搜寻——在网络及资讯如此发达的今天，供应商搜寻或许对于采购是一个非常容易完成的工作。互联网、行业杂志、展会等都是非常好的供应商搜寻手段。

报价分析——在分析并确定潜在供应商后，采购一般会要求潜在供应商做试探性报价。报价分析是采购工作中的又一核心技能。对于大部分初入行的采购人员或大部分小企业采说，通常采用的都是“货比三家”的方法，也就是专业采购所谓的“竞争性报价”方法来确定价格的合理性。实际上，根据采购的类别及所采购的产品/部件性质，专业采购可采用的方法有10多种，比如成本分析、成本建模、总拥有成本、生命周期成本等不同方法。这里不展开讨论。

供应商评估——在确定最终的合作供应商后，采购人员一般都会组织质量、技术、工程等职能人员一起对供应商进行实地考察并评估。每个企业都有自己的评价体系。应该说这部分的内容对于采购来说是非常容易的。采购在其中的关键作用是组织整个考察，并根据对供应商的评价协同相关部门做出客观结论。有必要时候，督促供应商整改、提高以达到企业对供应商基地的最低要求。

合同签订——在完成潜在供应商评估及确定报价合理性后，采购就该进入合同签订阶段。通常来说，一个企业均有现成的各类采购合同模板。这类模板均经相关法务部门的审核。只有当其中重大条款修改的时候，需要法务部门重新把关。

合同执行——合同签订或采购订单下单后，合同执行或管理就成为非常关键的一项工作。采购人员必须按照合同的要求对供应商的交付时间、质量、售后服务等进行监督，确保企业获取合同规定的所有交付元素。

供应商绩效考核——每个企业都会对供应商进行定期考核。一般的周期有季度考核，外加最后一次的年终供应商考核。考核后，对同一类别的供应商进行排名处理，并根据考核结果对来年的采购份额进行分配。同时，绩效考核也提供了供应商未来改善的依据。

供应商持续改善——根据上述的考核结果，采购一般应对自己管辖的供应商提出阶段性的整改、提升要求。通常情况下，采购会会同技术、工程及质量部门对供应商的某一方面绩效提出整改计划。

上述基本上是一个典型采购人员的采购实践活动周期。在这里，采购人员应该根据自己所处的行业特性制定相应的最佳实践。同时，也应关注有关其他行业在各个方面的最佳实践，并应用于本行业中。

供应管理工具

供应管理工具包含以下诸多内容，如下图：

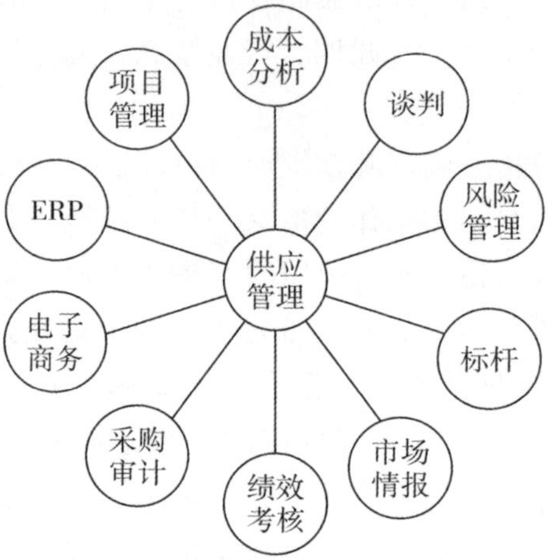

成本分析——成本分析、建模是采购领域核心技能之一。一个优秀的采购人员应该能对自己所购的产品/部件进行成本分解，明白各项大的成本要素，比如原材料成本、制造费用成本、人工成本、物流包装费用等。

谈判——同样，谈判也是采购人员最核心的技能之一。首先，谈判之前应有谈判目标的设定。其次，需要分析谈判双方的优劣势。再次，才是谈判团队的组成，谈判策略的选择等内容。一个没有经过认真规划分析的谈判只能算是“讨价还价”。

风险管理——供应管理中的风险管理涉及三个层次：宏观/行业层次的风险，比如供需产能、宏观政策等因素；企业层次的风险，比如供应商的瓶颈产能、员工稳定性、以及可能的突发事件等；最后一个层次的风险才是产品/部件，这应当在研发阶段就予以考虑，从成本及可供性方面进行设计，确保所需产品/部件面临最小的供应风险。

标杆——标杆是对比同行或借鉴其他行业最佳实践的工作。系统的标杆工作应该能根据相关市场情报体系建立一整套完成的标杆指标，然后根据标杆结果驱动本部门的绩效提升。

市场情报——大部分采购人员都会有自己的市场情报体系。根据所采购的产品、部件类别，一般都会追踪大宗商品（原材料）的市场行情。同时，如果有国际采购的话，一般也会关心汇率的变化，以保证企业获取最大利益。在很多企业中，也会要求对竞争同行进行一定程度的情报活动，确保自己企业获取的价格不会有竞争劣势。

绩效考核——除上面提到的供应商绩效考核外，采购通常还有部门绩效考核及部门内部采购人员的绩效考核。如何设置有效的绩效考核指标，并设定有意义的目标，对采购部门的绩效提升有直接的贡献。

采购审计——在一个大型企业中，审计工作通常由审计部门承担。但是，作为采购职能部门，应该熟悉采购业务流程中的核心审计点，并根据业务流程杜绝潜在的风险。同时，业务审计也能帮助提升业务流程效率。

电子商务工具——越来越多企业使用互联网、电子商务或EDI等工具连接供应商基地。通过这些工具企业可以与供应商互相分享需求预测、交付承诺等，有的甚至通过ERP对接直接将采购订单推送到供应商的ERP系统。采购人员应该与时俱进，掌握这些最新工具的应用。

ERP——一般规模企业都会使用ERP，作为企业内部资源管理的平台。其中采购、物料管理及计划模块是采购日常使用最多的功能。作为采购人员，应该熟练使用这些工具来做采购金额分析及降本分析。另外，MRP逻辑及原理也应该熟练掌握。

项目管理——在日常采购工作中，很多情况下工作是以项目形式开展的，比如新供应商开发、降本活动等。这时，必要的项目管理知识或经验对于及时、圆满完成采购工作是非常有帮助的。

上述基本列出了采购工作最常用的工具或手段。有些工具，比如成本分析、谈判等应用的频率还非常高，而且还是采购最核心的技能之一。另外一些工具根据工作环境才会使用到。

采购的行业知识要求

根据过去20多年的采购实践，笔者对采购人员的行业知识要求总体如下：

- 供应商行业的技术发展。
- 供应商行业的竞争态势（各厂家的发展历史、优劣势、目标客户等）。
- 产品/部件的制造工艺。
- 典型的质量问题及处置方法。
- 成本构成及价格行情。

综上所述，采购作为一个职业应该具有非常高的知识、技能要求。尤其作为一个企业的采购负责人，应该具备上述所列的各项知识、技能。只有这样，才能将占公司成本一半以上的资产管理好。

最后，希望这篇文章能起到抛砖引玉的作用，为采购人员的知识、技能提升提供一个方向。

战略分享3　战略采购的职责

采购简介

采购，是指企业在一定的条件下从供应市场获取产品或服务作为企业资源，以保证企业生产及经营活动正常开展的一项企业经营活动。同时，采购作为职能也是任何一个企业（甚至政府）不可或缺的职能部门。

采购分类

在一个较大的企业中，采购部通常有各类不同岗位设置。从纵向看，有采购文员、采购员、采购主管、采购经理、采购高级经理、采购总监，有时甚至采购副总等分工。从横向看，我们有采购员、战略采购经理、MRO采购（员）经理、固定资产采购员（经理）、研发采购员（经理）、供应商管理经理等不同分工。总体来说，大部分企业都能理解“采”与“购”的区别，将采购分为战略采购和日常运营采购。这两个职业的学历、专业、从业经验要求有巨大的差别。本文主要集中精力讨论战略采购的职责。

采购的杠杆作用

美国通用电气前董事长杰克·韦尔奇说：采购和销售是公司唯一能“挣钱”的部门，其他任何部门发生的都是管理费用。下面我们就来看下采购是如何帮助企业赚钱的。

提到采购职能帮助企业赚钱，大家都会想到采购的杠杆作用。以下的数据摘自本人工作过的一家民营上市企业的2012年年度报告：

类别	L集团2012年实际	正常情况（每一百万元收入）	采购降本5%情况下	降本5%后的模拟数据	达到同等效果的销售情形
营业收入	100%	1 000 000	100%	1 000 000	2 633 986
销货成本	76.23%	762 300	71.23%	712 300	2 007 887
毛利	23.77%	237 700	28.77%	287 700	626 099
管理、销售、研发费用	19.80%	198 000	19.80%	198 000	521 529
息税前利润	3.97%	39 700	8.97%	89 700	104 570
利税	0.91%	9 100	0.91%	9 100	23 970
纯利润	3.06%	30 600	8.06%	80 600	80 600

说明：降本5%后的利税做了简化处理。实际上，随着息税前利润的增加，利税也会相应增加。

从上述案例不难看出，在3.06%的纯利润水平上，采购的5%降本贡献需要销售增加163%的营业额才能达到。

我们也可以将纯利润提高，再来看采购的杠杆贡献。对于当前中国的大多数企业来说，8%～10%的纯利润已经是非常不错的业绩了。

类别	模拟正常情形	正常情形下的数据	采购降本5%下的情形	达到同等效果的销售情形
营业收入	100%	1 000 000	1 000 000	1 500 000
销货成本	70%	700 000	650 000	1 050 000
毛利	30%	300 000	350 000	450 000
管理、销售、研发费用	20%	200 000	200 000	300 000
息税前利润	10%	100 000	150 000	150 000
利税	1%	10 000	15 000	15 000
纯利润	9%	90 000	135 000	135 000

即使在9%纯利润的情形下，采购的5%降本贡献的效果等同于销售的50%额外销售收入贡献。

在当今中国大部分行业产能过剩、供过于求的时代，采购的5%降本可能远比销售的增加百分之几十的额外收入来得容易。因此，采购的贡献在任何一个企业都不应该被低估。

当然，我们也不应该由此得出结论：采购的重要性高于销售。这个结论肯定本末倒置！任何一个企业的源头在于其产品创造部门（研发）及销售。没有这两个部门的活动，其他部门就成了无源之水。

采购的职责

在大多数人眼中，采购只要做到以下5R或7R就算达标了。这几个R的内容如下：

- Right Price（合理的价格）。
- Right Quality（合格的质量）。
- Right Quantity（所需的数量）。
- Right Time（要求的交货时间）。
- Right Place（要求的交货地点）。

随着这个职业的发展，有些人添加了以下两个R：

- Right Product（所需的产品/部件）。
- Right Service（满意的售后服务）。

对于大多数采购来说，大部分职业生涯都会放在这几个R上。确实，即使完成上述的几个R也需要花费很大精力。

Right Price（合理的价格）。本身就包含至少量大采购核心技能：供应商报价分析、成本分析及建模。除每天所用的“货比三家”方法外，供应商报价分析手段多达十几种。而且，每种所使用的场景都有一定的对应要求。比如，完全定制的，并且只能由供应商独家供应的产品/部件可能没法使用“货比三家”方法。同样地，一般办公用品或日常偶尔采购的MRO可以采用“货比三家”或单纯的目录比价方法、历史比价方法等。

RIght Quality（合格的质量）。要求采购从一开始就选择有技术能力、质量能力、装备能力、质量体系及质量改善手段的供应商。这在供应商搜寻及评估阶段尤其重要。

Right Quantity（所需的数量）。要求采购熟悉供应商的制造工艺、产能情况、其他客户需求、瓶颈产能等，同时，采购还必须保证定期与供应商沟通需求预测，并掌握供应商所需的原材料供应局面。

Right Time（要求的交货时间）。是采购日常工作中花费最多的时间。合同/订单下达给供应商后，总有各种因素能让供应商没法准时交付。这时候，采购就需要跟催。其实，跟催也是一门学问。很多入门级采购人员可能只打个电话，然后就被告知没法满足要求，就结束了。一脸无奈！好的跟催需要抽丝剥茧，将影响交付时间的根源找到，并协同供应商尽量满足企业的交付时间要求。

Right PIace（要求的交货地点）。一般比较容易达到。在日常采购中，很少供应商会犯低级错误，在有货并能准时交付的情况下将产品/部件发错地方。

最后，我们也将其他两个R做个简单的说明。

Right Product（所需的产品/部件）。要求采购在需求审核过程中认真理解使用者的规格。同时，也需要采购人员具备一定的技术、工程知识，确保在供应商搜寻过程中用尽量少的精力满足. 使用部门的要求。

Right Service（所需的售后服务）。要求采购人员结合企业使用部门的要求，能将售后服务要求写入供货合同。必要时候，采购人员必须通过谈判手段获取企业使用部门所需的售后服务。

战略采购的职责

经过20多年的采购从业经验，及对采购职业的思考，笔者认为除了上述的5R或7R以外，战略采购应该至少达到以下几项目标：

●有竞争力的价格。

●识别最有价值的合作伙伴，并管理好关系。

- 识别供应市场的创新，以形成企业的竞争优势。
- 供应风险管理。
- 市场情报。
- 持续改善。

有竞争力的价格

采购的基本职能是要做到“物有所值”（fair value determination）。也就是说面对任何一个采购情形，采购需要应用到各类供应商报价评价手段来判定企业所付的钱是公允的。采购没有浪费企业的每分钱！但是，作为战略采购，其要求就得提升一个档次。做到“物有所值”应该是其起码的标准。在多数情况下，战略采购应该要做到能获取有竞争力的价格，尤其相对自己的同行！

有价值的合作伙伴

绝大多数行业表现为充分竞争或最多寡头垄断，这就意味着供应市场上的潜在合作厂家很多。作为企业的战略采购，我们应该去找“门当户对”的潜在供应商合作。当然，有时我们需要高攀，有时需要特别扶持一些发展中的潜在供应商。这完全取决于企业的业务发展需求、潜在供应商的资质及资源及其采购人员的个人技能。如果我们能在众多潜在供应商中识别最有价值的合作者，并在随后的业务交往中将关系管理到位，这将为企业的发展提供很大的帮助。

供应市场创新

任何一个企业不可能具备所有领域的专长，尤其是与其产品完全不相关的领域，比如一个机电产品企业，它就不太可能具备化工领域的专家。同样地，一个IT产品企业也不太可能完全精通微电子技术。在很多时候供应商有其自己的技术或工艺创新。在这种情况下，战略采购人员应该能协同企业的技术工程人员及时识别此类供应市场的创新，并将其结合进自己的新产品开发中。当然，供应市场的创新有时不太可能会被独家使用。但是，如果你的企业是最初支持供应市场的创新，多半你会有一定的时间优势或价格优势，或者两者同时存在。

供应风险管理

正常情况下采购可能很少关心供应风险管理。但一旦重大供应风险事件发生，那么这类事件对企业的供应链会有非常大的影响，有时甚至彻底改变行业格局。供应链管理中最著名的风险管理案例或许是飞利浦半导体的一场大火成就了诺基亚，而很大程度上伤了爱立信。供应风险来源于几个层次：政府法规、自然灾害、流行疾病、行业、企业等。

市场情报

采购人员作为企业在供应市场的触角，每天面对各色的供应商销售人员、技术工程人员等。在日常交往中非常容易了解供应市场的技术\工艺、产能\价格行情等信息。同时，也不难透过供应市场了解本企业的竞争对手动向。战略采购应该扮演这类角色，为企业的市场营销部门及高层管理提供合适的市场情报。

持续改善

持续改善可以说是战略采购最主要的职责。在完成前期的供应商报价分析、供应商评估、合同执行、绩效评估后，采购人员就应该对供应商的各个方面进行分析，并协同公司内部资源（主要质量、工程、技术）与供应商制定一个持续改善计划。持续改善的主要点应该是成本、质量、交付等因素，有时也会涉及库存、交付灵活性等。

以上简单介绍了笔者对战略采购的职责的思考。希望能对这个职业的发展起到一定的帮助。

朱士魁

目 录

第一章　供应链的“穿越”

第一节　集成供应链和工业 4.0

从 20 世纪 60 年代的开环 MRP 问世到今天才半个多世纪，供应链发展的时间不长，但人类科技却在高速发展。1996 年美国人提出 SCOR 模型，到 1999 年 H 公司的冬天，H 公司和 IBM 一起打造了 H 公司的集成供应链，15 年过去了，到了 21 世纪，企业竞争加剧，2008 年金融危机以来，笔者看到了从 2013—2016 年企业在面对外部竞争变得比 2008 年更加艰难，冬天真的来临了。

中国改革开放多年，MRP 和 ERP 近 20 年在中国接受消化和吸收。在欧美众多的企业都无法很好地自动化运行 MRP 的状况下，中国的企业也一样。加上中国的供应链人才也有一个学习、消化、吸收、改变、提高、创造的过程。不过在 1999 年，笔者接触过一些有供应链专业知识的香港人，对 ERP 和供应链有着深刻的认识和实战经验。那是我们学习供应链知识的一个捷径。

就在几年前，绝大多数的供应链人才在谈及集成供应链时都会感觉到很陌生。

现代社会，全球竞争在近 10 年加速融合，时代不会等待中国。企业的竞争在全球范围内和在今天变得可怕和残酷。2015 年是很多中国企业最受考验的一年。

当今世界，企业的竞争还是回归到一点，企业的竞争就是需求链的竞争。就是争夺客户的竞争。NORTEL 和 NOKIA 的倒下就是这个根本原因（纵使他们的技术很超前，例如 NORTEL，当今的 10G 在 NORTEL 时代早就有产品了，但它远离了客户，也就是说没有需求链做基础）。

APPLE 公司、GOOGLE 公司、MICROSOFT 公司都是围绕需求链在深度发掘客户的需求，在技术变革的基础上满足动态、多变的客户需求。客户需求从来没有像今天那样变得如此的善变。移动 2.0 时代死掉了 NOKIA，移动 3.0 时代快过去了，估计有一些大企业无法延续。4.0 时代快来了，笔者说的是工业 4.0，不是移动 4.0。

没有永远的巅峰，这个话对于企业真的是一个真理。

企业之间的竞争就是供应链的竞争。企业的核心竞争力代表一个圆圈，客户需求代表一个源泉，重叠的部分就是市场份额。企业的核心竞争力满足客户需求越多，市场份额就越大。这是一个经典的理论，是香港的一个学者提出来的。

供应链加速了从金字塔向倒立金字塔的转变，从供应链操作和执行到完善，包括专业人才、专家人才的队伍搭建和 ERP 的深入优化，将合适自己的业务流程固化到 IT 和 ERP 中，既需要时间和很大的代价，也需要人才去推动和实施。

在这个基础上，实施集成供应链 ISC，配合研发的 IPD，配合营销共同面对市场，“以市场为中心”“以客户为中心” 就可以取胜。这个过程，从 2013 年到 2014 年笔者发现有些行业，例如家具、文具、电子等行业，都在考虑做“大供应链”，就是我们提到的集成供应链。集成供应链就是体现从市场中来到市场中去的端到端的管理精髓。在组织结构中包括供应链、制造中心等。供应链包括 S&oP、计划、采购履行、集成采购认证（技术认证和采购认证）、物流等，制造中心包括生产制造、品质、制造工程、工业工程等。实际就是过去欧美企业提到的运营管理（OPERATION MANAGEMENT），在哈佛大学的 MBA 教材中也提到。

最精髓的是集成的采购认证和计划两大部分。集成的采购认证将认证体系做到端到端的整合，快速实施供应链战略。通过计划实施 SCOR 模型中的统筹全局的角色。构成一个真正意义上的从市场中来到市场中去的集成供应链 ISC。通过集成战略，通过轻资产模式，让企业轻松参与竞争，通过多平台化和供应链多级管道的设计来将供应链金融嵌入，达到多倍的金融杠杆的效果。控制管道，控制核心，让企业在集成供应链下成为企业的核心竞争力，让企业无往不催。

未来，笔者认为 CAS 复杂自适应系统是供应链和企业发展的核心竞争力，这个需要 30 ～50 年的磨炼。只有信息技术得到彻底的革命，CAS 才有机会大显身手。大自然（包括动物和植物）在 CAS 法则下和谐生活，科技中的企业也会有这个能力。

在中国，笔者看到了 H 公司的表现而感到骄傲。H 公司的狼性文化也是笔者赞同和推崇的。供应链人才需要狼性的精神和乔布斯的意志，乔布斯也是笔者的偶像。笔者相信中国的供应链人才辈出，中国企业在这次4.0工业革命下有好的表现，关于工业4.0会有更详细的章节去深度介绍，可以说本书的工业4.0是国内最顶级的4.0成果输出。

第二节 供应链的发展史

在人类的历史中，可以通过研究工业和科技的发展和供应链的发展看清世界的发展脉络，也能更好地理解当下的世界格局和历史发展的根源。学习历史可以明鉴。大家看看几个时间表：

让我们回顾一下在清朝270年历史中（清：1636—1912年，270多年），欧洲和世界发生了什么，世界上有两次工业革命：

●第一次工业革命（清朝初和中期）：18世纪60年代到19世纪60年代，也叫产业革命。从18世纪60年代首先发生在英国，是从发明和使用机器开始的，到19世纪上半期60年代，机器本身也用机器来生产，标志着工业革命的完成，英国之后，法国、美国等欧美国家也相继进行了工业革命，代表标志是蒸汽机的广泛应用。

●第二次工业革命（清朝中）：19世纪70年代，电力的广泛应用。

在清朝过后的100年历史中，世界和中国在供应链领域又发生了什么：

●1944年，世界上第一部真正可以操作的自动电脑于1944年诞生于哈佛大学。制造这台电脑的人是哈佛大学的艾坝教授和国际事业机器公司的一群工程师。这台电脑被称作“哈佛电脑一号”，它能保留23位数的和，在4秒钟内算出积。但是，这台电脑主体是电器零件和机械零件，而没有电子零件。

在第二次世界大战中，制造业快速发展，最终导致了初步信息技术的出现，最初的库存管理，类似于统计方式来控制库存（“固定订货点”的库存管理），基本MRP阶段（开环MRP），打破了“发出订单，后跟催交付”的状况，通过固定订货点，提前准备库存。

●1945年，27个美国人创立了APICS协会。全世界的计算机系统还没有出现，APICS在后续大力推广MRP2和ERP中立下最大功劳，包括世界上第一本《物料需求计划 material requirement planning》就是出自APICS。

●1946年2月15日，第一台电子计算机叫ENIAC（电子数字积分计算机的简称，英文全称为Electronic Numerical Integrator And Computer），在美国宣告诞生。承担开发任务的“莫尔小组”由四位科学家和工程师埃克特、莫克利、戈尔斯坦、博克斯组成，总工程师埃克特当时年仅 24 岁。从 1944—1946 年，才诞生了第一代电脑——电子管计算机。发展至今，它已经连续经历了电子管、晶体管、集成电路等五代。

●20 世纪 50 年代，计算机带来了人类历史上信息处理的新纪元。

的确，信息技术的发展，在科技硬件发展的基础上，也快速地催生了供应链的初期发展。那就是软件，所以软件的革命才是最划时代的革命。当今的时代也一样，硬件和软件随着时代在迭代创新。

●第三次工业革命：20 世纪 60 年代。科技在原子能、电子计算机、微电子技术、航天技术、分子生物学和遗传工程等领域取得重大突破，标志着科学技术革命的到来，这次科学技术革命在人类历史上被称为第三次技术革命。

●1957 年，APICS 推出了一套 MRP 软件。

●20 世纪 60 年代，随着计算机技术的发展，IBM 的一个博士提出独立需求和相关需求。提出了在需要的时候提供需要的东西。这就是 MRP 的物料需求计划理论（开环 MRP）。

●20 世纪 70 年代，闭环的 MRP 出现。

●20 世纪 80 年代，出现了 MRP II。

●20 世纪 90 年代，出现了 ERP。

●1996 年，两个美国人提出来了 SCOR 模型。

●1997—1999 年，H 公司引进了 IBM 基于 ISC 集成供应链，ISC 就是对 SCOR 最好的实践。

几个名词解释：

MRP：Material requirement Planning 物料需求计划，包括生产计划、物料计划、采购等。

MRP II：Manufacturing resource Planning 制造资源计划，包括一个地点范围内，整个公司各个部门的计划。

ERP：Enterprise Resources Planning 企业资源计划，包括集团公司的多地点、多区域的管理。

人类历史中一共有三次世界工业革命（18 世纪 60 年代到 20 世纪 60 年代）奠定了人类工业发展的摇篮和基础，这 300 年让制造业的快速发展拉动了世界经济的快速发展，完成了欧洲和美洲的资本积累。

第二次世界大战让世界制造业快速发展和革新。在第二次世界大战中，产生了库存控制和“固定订货点”。这些看起来如此简单的库存控制方法，但在当时信息技术不先进的时候，是如此的超前。

第二次世界大战后，供应链得到快速的发展：

1945 年，美国的 APICS（美国库存管理协会）成立，27 个人的小团队，1957 年 APICS 推行了一套 MRP 软件，MRP 有了初步运行。主要运行生产计划、物料需求、库存控制等，并只能运行于物料管理。世界上第一本《MRP》就是出自这个 APICS 协会，包括后来大力推广的 MRP2 和 ERP。时至今日，APICS 是当今供应链最顶尖的协会，他的 CPIM 和后来的 CSCP 都是供应链爱好者需要努力学习的。虽然 ERP 软件在当今还有很多问题，一如 SAP、ORACLE、BAAN 等软件中的各种不足。

在 MRP 出现之前，人们常常在没有物料需求计划的条件下，讨论对物料的需求总是建立在一种粗糙的估算上，这样得出的需求计划是不准确的。而物料需求计划解决了何时订货以及订货数量的问题，减少订货的盲目性。MRP 按反工艺顺序来确定零部件、毛坯直到原材料的需要数量和需要时间。

随着计算机系统的发展，使得短时间内对大量数据的复杂运算成为可能，人们为解决订货点法的缺陷，提出了 MRP 理论，作为一种库存订货计划——MRP，即物料需求计划阶段，或称基本 MRP 阶段。

这个时候还是开环的 MRP，开环的 MRP 无法基于市场的动态变化和产能信息等约束条件处理例外信息（MRP 的 3 个输出），所以开环的 MRP 不是 100% 准确的结果，但一旦订单确定后，产能无问题的情况下，物料在之前承诺的采购周期能达到的情况下，开环的 MRP 还是准确的，一旦条件发生了变化，开环的 MRP 无法自己调整计划。

直到 20 世纪 70 年代，才有闭环的 MRP 出现，可以运行生产计划、物料计划、BOM 等，在 MRP 的基础上，对其功能进行了扩充，加上了优先顺序计划、能力计划、优先顺序控制与能力控制等四大基本功能，即：把能力需求计划 CRP（Capacity Requirements Planning）、采购计划和车间作业等纳入，从而使计划更加切实可行。围绕物料需求计划而建立的系统，包含生产规划、主生产计划和能力需求计划与其他计划功能。当计划阶段完成并且作为实际可行的计划被接受以后，执行阶段随之开始，这包括投入/产出控制、车间作业管理，派工单以及来自车间及供应商的脱期预报。“闭环”一词所指的，不仅包括整个系统的这些组成部分，并且包含来自执行部分的反馈信息，目的在于使计划在任何时候都保持有效。涉及的部门有生产计划、采购、物料计划、车间作业等，主要是一个供应链的系统。

这个时候是为了解决采购、库存、生产、销售的管理，发展了生产能力需求计划、车间作业计划以及采购作业计划理论，作为生产计划与控制系统——闭环 MRP 阶段（Closed－loop MRP）。在这两个阶段，出现了丰田生产方式（看板管理）、TQC（全面质量管理）、JIT（准时制生产）以及数控机床等支撑技术。

闭环的 MRP，可以完整地解决供应链发生的各种异常，通过 MRP 的 3 个输出（包括一个例外信息的输出）来实现调整。

20 世纪 80 年代，MRP II（Manufacturing resource Planning），涉及企业全部部门，包括人力资源、质量、供应链、研发、制造、销售等。随着计算机网络技术的发展，企业内部信息得到充分共享，MRP 的各子系统也得到了统一，形成了一个集采购、库存、生产、销售、财务、工程技术、人力行政、研发、质量等为一体的子系统，奠定了完整的 MRP Ⅱ 理论。但他的局限性很快就体现出来了，企业之间的竞争需要在物流、信息流、资金流展开跨地域的集团公司的整体竞争。包括集团公司和子公司在多地点等的关联交易。

20 世纪 90 年代，欧美企业出现围绕怎样有效利用和管理整体资源的管理思想，ERP（Enterprise Resources Planning 企业资源计划）随着跨国公司的发展，多地点工厂布局和多地点的管理，让 ERP 应运而生，ERP 是由美国 Gartner Group 咨询公司首先提出的，作为当今国际上最先进的企业管理模式，它在体现当今世界最先进的企业管理理论的同时，也提供了企业信息化集成的最佳解决方案，它把企业的物流、人流、资金流、信息流统一起来进行管理，以求最大限度地利用企业现有资源，实现企业经济效益的最大化。

ERP 是企业资源计划，在 MRP2 的基础上，包括多个地点的管理和多个国家不同工厂的管理。

ERP 是由美国加特纳公司（Gartner Group Inc.）在 90 年代初期首先提出的，当时的解释是根据计算机技术的发展和供需链管理，推论出各类制造业在信息时代管理信息系统的发展趋势和变革。随着人们认识的不断深入，ERP 已经被赋予了更深的内涵，它强调供应链的管理。

它是从 MRP（物料资源计划）发展而来的新一代集成化管理信息系统，它扩展了 MRP 的功能，其核心思想是供应链管理，它跳出了传统企业边界，从供应链范围去优化企业的资源，是基于网络经济时代的新一代信息系统。它对于改善企业业务流程、提高企业核心竞争力的作用是显而易见的。ERP 是在 20 世纪 80 年代初开始出现的。从 20 世纪 90 年代开始，以 SAP、Oracle、BAAN 为代表的国际著名 ERP 产品进入中国，并迅速扩展。

ERP 时代有 VMI、JIT、CPFR 协同工具得到了大力推广，但直到当今还没有革命性的创新。

第三节 近现代逐鹿：ERP在当下的发展和供应链的未来之路

全球各ERP公司成立时间如下：

SAP：1972年，从IBM公司跳槽出来的4个年轻工程师创办了SAP公司。

ORACLE：1977年在美国硅谷成立。

J. D. Edwards：由John Thompson、Dan Gregory及Ed McVaney三个人，共同于1977年的美国科罗拉多州丹佛市成立。

QAD：成立于1979年。

BAAN：1987年，由Jan Baan，Paul Baan两兄弟在荷兰创建。

I2：1990年，总部位于英国剑桥，ONSEMI和一个著名的国际鞋服巨头等企业用过这个软件。

金蝶：1991成立于中国深圳。

用友：1988年成立于北京中关村。

易飞：2001年12月由神州数码（中国）有限公司与鼎新电脑股份有限公司合资组建。

可以看出国外的ERP成立时间领先中国15～20年。供应链在国内ERP公司发展更是这5～8年的事情。所以国内的ERP软件在供应链管理方面有更多的经历和经验去累积和逐步完善自己的系统。

目前的ERP II也是随着互联网的发展，涉及电子信息的多方协同和垂直整合等，让ERP II更包括协同和交互的方面（JIT，VMI，CPFR等），如可视、协同、联盟等，都是ERP II的产物，甚至包括复杂供应链模型。

以上可以看出，国际供应链是工业化过程的产物。伴随着信息化计划的进一步发展，经历了300年的工业革命。供应链从MRP，MRP2到ERP，逐步产生，花了50年。中国的供应链发展更晚。各种创新的理论，如JIT、VMI、CP-FR、EDI、DRP都是从美国和欧洲发展起来的。甚至之前提起的复杂自适应模型也是国外先发展起来的。基本来说，中国的供应链还是在借鉴和学习阶段。但H公司和海尔等企业近20年也在逐步走从事业部到本部和从纵向一体化到横向一体化的供应链道路。H公司公司擅长的SCOR模型，效果也是国外一流企业无法比拟的。

所以从人类历史的发展过程来看，唯有信息技术是划时代的革命。

一如从硅谷开始的软件和硬件的回归，当下我们经历的是硬件在引领技术变革，等到真正的信息技术革命，软件就是真正革命性的历史变革。信息技术的革命是历史最彻底的革命，ERP 经过几十年的发展，一直都停滞不前，例如 SAP、BAAN、ORACLE 等，笔者一直认为 BAAN 是制造业最好的软件，那是在 15 年前，近 10 年来，笔者发现 ORACLE 有巨大的改变，它的创新和二次开发的兼容能力让笔者喜欢了这个软件，虽 ORACLE 这几年在 CRM、AGILE 和门户做了很多并购软件，但面对很多行业，例如零售行业，如何对门店管理，如何将 DRP 和 MRP 有效结合起来确实是一个大挑战，包括 SAP 也一样。总之，离真正 CAS 复杂自适应系统还有很大距离。这是整个 ERP 行业面临的巨大的问题，这个需要信息技术革命，目前还看不到这个革命很快就可以到来，笔者估计未来 30～50 年吧。

总之，供应链未来 50 年是在复杂自适应性系统下借助 IT 技术真正运用于企业管理，供应链联盟会伴随出现。军事工业成熟地运用这些模型和仿真。我们期望在运筹管理的博弈法则和影子法则的作用下，复杂自适应系统能尽快运用到制造业中，实现真正的协同，并非一直以来企业间简单的线性关系。

我们知道当今世界很多人都在提及以德国为主的工业 4.0，暗示人类在进行第四次工业革命。希望中国在这第四工业革命中迎头赶上科技的发展。

第四节　BAAN、SAP、ORACLE 的比较

美国和欧洲在供应链理论技术上领先中国 30 年，体现在先进的 ERP 软件上，如 SAP、BAAN、QAD、ORACLE 等，中国的软件金蝶、用友、易飞等都在中低端，国内的大部分软件还无法解决复杂的供应链问题，如 DRP 如何运用到 MRP 中，特别是产能规划 CRP 还无法很好地运用在 ERP 中，更不用谈 CRM 对 S&OP 前期预测的过滤和管理，还有对于研发模块如何更好地嵌入到 ERP 中，甚至 10 年前，金蝶还无法很好地解决 MRP 运行中的很多问题，时至今日，金蝶和用友已经在集团管控、MRP、移动数据管理等方面有很多进步，但涉及根本的 CRP、DRP、MRP 的功能还无法高效地运行在 ERP 中，SAP、BAAN、ORACLE 在这 10 年也得到了飞速的发展，特别是 ORACLE，10 年前几乎只有报表的功能，10 年的发展，ORACLE 取得了巨大的进步，在 ERP 的二次开发、兼

容、升级、协同、财务管理、产能控制、VMI等方面非常不错，通过收购 AGILE，将研发模块也融入到 ORACLE 中，但对接问题和覆盖问题影响到了 AGILE 系统和 ORACLE 之间的效果，目前进一步优化得不错。BAAN 和 SAP 系统有共同点，都有庞大的 DRP 功能。DRP 有 MRP 功能和分销功能，但 DRP 功能对于零售行业的门店管理也还是无法通过 DRP 实现 MRP 功能，门店管理对于 ERP 来说是一个难点，BI 也是难点，很多零售行业通过自己的 BI 部门实现营销、供应链的优化、公司的高层决策，最终通过 BI 来优化商品力，目前笔者看到有极少数企业是成功的，笔者也发现一些 BI 方面有能力的人才。

另外，ORACLE 这几年在 CRM 模块上通过并购将产品线和模块扩充了，但 CRM 对项目管理，对于营销和销售的各区域和各细小招标项目管理等方面，还有零售行业各门店的 DRP 和 MRP 结合管理方面还需要更大的优化，特别对于从 S&OP 的最底层的预测管理方面从不确定的招标项目如何过滤和管理是一个挑战。SAP 和 ORACLE 在 SRM（供应商关系管理）中都有庞大功能，包括：供应商门户、招投标和寻源等。

SAP 在二次开发、兼容、升级是一个瓶颈，SAP 有一套非常成熟的业务流程体系，需要企业去适应它！对于企业需要基于企业自己的实际情况，企业要做大量的二次开发就面临升级的问题，ORACLE 就做得不错，笔者之前的企业用的就是 ORACLE，通过印度第三方公司，将 ORACLE 二次开发报表和集成功能自动汇总、电子审批，将 S&OP 嵌入到 ERP 中，将预算嵌入到 ERP 中，优化 MRP 和模拟能力等都非常不错。不足之处是 DRP 的弱项。对 IPR 和 ISO 关联交易也处理得很好，上市公司对关联交易有严格管控，特别是 SEC。SAP 对 CRM 管控弱于 ORACLE，毕竟 ORACLE 收购了 Agile 和 CRM 专业软件公司，极大强化了完整性，覆盖品牌企业，从研发到客户端全部需求都能用。ORACLE 覆盖，特别是研发：Agile。

ORACLE 二次开发的兼容性强，使得很多企业将 S&OP、AOP 等对接和嵌入进去，使得 ORACLE 更灵活、更庞大、更好用。二次开发能力强大的公司在印度，很多美国企业都将二次开发外包给印度。后台经过实地测试后推行到 PRODUCTION 状态，非常方便。

15 年前，BAAN 是笔者觉得最好用的软件，不过可惜很多年前被收购了，现在应该是 6.0 版本了，BAAN 软件在伟创力、精电国际和很多公司使用，是笔者个人觉得最好的制造业 ERP 软件。在 DRP 和车间管控和其他各方面都有庞大的能力，在 MRP2 时代和 ERP 时代，BAAN 表现卓越。

当今，笔者觉得 ORACLE 是一个很有潜力的软件，包括二次开发能力的兼容系统和逐步完整的模块，从 AGILE 到 CRM 再到门户等。

今天，笔者发现 H 公司等企业在软件和信息技术已经迎头赶上国际一流的软件企业。下一个 ERP 的革命性产品会是中国吗？笔者相信当今 SAP、ORACLE、BAAN 等产品还不是如此巨大到能解决当今世界面临的众多企业问题，例如外部协同可视、企业联盟、CAS 等都是期待解决的问题，所以革命性的 ERP 到来不是很快，个人估计也要 30～50 年的时间。这个同 CAS 一样，因为从硬件的竞争看，ERP 软件的革命还有一段很长的路要走，软硬件的循环回归是一个目前看得到的规律。以上只代表笔者对 SAP、ORACLE 等软件的个人观点，无任何其他偏见，欢迎交流及指正。在以后会用重大章节进行非常详细的案例分析、横向和纵向对比。

第五节　供应链技术和复杂自适应供应链

复杂适应系统（CAS）理论的提出：

当今时代，智能机器人处在发展的关键时期，也是复杂适应系统 CAS 研究的课题，智能机器人的成功会加速 CAS 的突破。

霍兰·J（Holland John）于 1994 年提出复杂适应系统（CAS）理论，迅速引起学界关注，CAS 被尝试用于观察和研究各种不同领域的复杂系统，成为当代系统科学引人注目的一个热点。

复杂适应系统（Complex Adaptive systems，简称 CAS），也称复杂性科学（Complexity science）。霍兰认为，作为系统组成部分的要素是具有适应能力的个体或主体，而且这种适应性造就了系统的巨大复杂性，或者说，系统的整体性主要来源于系统内个体间的主动适应性，是在要素间的相互适应和制约的自组织中呈现。显然，系统整体与要素之间的关系绝非简单的线性因果或主次关系。

在复杂适应系统中，所有个体都处于一个共同的大环境中，但各自又根据它周围的局部小环境，并行和独立地进行适应性学习和演化。在环境中演化着的个体为了生存的需要，不断地调整自己的行为，修改自身的规则，以求更好地适应环境。大量适应性个体在动态的环境中以一种约束的形式对个体的行为产生约束和影响，如此反复，个体和环境处于一种永不停止的相互作用、相互影响、相互进化的过程中，个体的变化成为整个系统的变化基础。

CAS 理论最核心的精髓是主体同个体之间的交互影响和作用，不断地学习和累积经验，让主体和个体都具有适应性和自我进化，霍兰适应性造就复杂性，霍兰通过遗传算法处理复杂适应系统，让随机变化成为通过学习和固化进行进化，让系统具有强大的整体自适应能力，是从下而上的非线性特征。

主体和个体之间的博弈学习理论非常重要，是个体与共享机制相互转化的理论基础。另外，在多层次决策机制中，如果个体机制不能完全转化为共享机制以及如何有效地进行供应链管理复杂自适应系统中合法系统和影子系统的相互作用。最终主体基于博弈法则做出最优决策，整个系统是利益最大化，供应链系统效益下降来源于联盟成员的非理性决策。

主体和个体之间是有合作和竞争关系的，在多级和多资源交互作用下，供应链节点企业的关系在博弈法则和博弈策略形成的博弈模型中有第一、第二和第三版本，在三层/回声模型中为供应链管理者提供的仿真预测技术具有可行性，计算机模型可以被用于仿真供应链管理系统中的主体运作方式。

的确，在复杂适应系统中主体和个体追求利益的最大化，如果每个个体在与环境、其他个体以及自身进行交互作用时，不断调整自身的行为规则，使之不断进化，一直按照这种职能学习方式进行行为准则的优化，该系统将不断趋于稳定和成熟，这就是 CAS 的最精髓结论。

供应链需要达到的终极效果是联盟的稳定和成熟，系统利益的最大化。

可以看出蚂蚁的聚集就是一个典型的复杂自适应系统。蚂蚁的蜂巢是一个熟悉的例子，单个蚂蚁的行为很墨守成规，环境变化之后就只有死路一条，但蚂蚁的聚集/蚂蚁的蜂巢的适应性极强，可以在各种恶劣环境下生存很长一段时间，蚂蚁的蜂巢越来越大，最终系统也越来越稳定、可靠、成熟，这是一个非常奇妙的自然现象，也是对 CAS 最精妙的解释。

另外一个例子，人的智能分为七类：语音能力、逻辑能力、视觉能力/空间感、音乐感、形体姿态调节、人际交往能力、内省能力。人之所以具有如此丰富和复杂的智能表现，是因为来源于人类的大脑的复杂性，大脑中枢神经系统中约含有 1000 亿个神经元，在大脑皮层中就有 140 亿个，这些神经元之间具有高度复杂的相互联系，正是大脑的这种复杂性，为智能复杂表现提供了生物基础。每个神经元之间同周围的神经元有直接的相互联系，并不存在对所有其他神经元的统一控制，若干个神经元的相互共同作用形成大脑的其中一个功能区，大脑各个区域各司其职，协同作用，最终形成智能，这些都是复杂自适应系统的表现。复杂自适应系统的另一个重要表现是涌现，所谓涌现是指复杂系统的多个要素组成系统后，出现了系统组成前的单个要素所不具有的性质，这个性质并不存在于单个要素中，而是系统在低层次构成高层次时才表现出来，所以对于人类神经元而言，智能就是涌现现象。

这就是CAS复杂适应系统要解决的问题和研究的问题。

全球经济一体化是近10年来加速融合的一个最高速阶段，特别是2014年，2015年。一切才刚刚开始，企业面临巨大的挑战，也伴随无限的机遇。但竞争惨烈，自然法则在当今是如此的残酷，要求供应链缩短交货期，降低成本，提供最具核心竞争力的产品来满足动态和善变的消费者，企业经营环境在当下是恶劣的，面对资金压力，面对订单压力，面对研发技术压力，面对供应链压力，面对人才的压力，面对信息技术等管理压力。要在竞争中解决生存问题，必须与其他企业建立战略上的合作关系，所以倒立金字塔的供应链管理模型是很迫切的，在紧密的战略伙伴关系下实行优势互补，发挥各自企业的核心能力，在一种跨企业的集成管理模式下（更广义的集成供应链），把各个企业协调起来，只有这样，企业在新的环境下才有机会生存下去。

如果从集成的角度定义供应链，供应链就是广义的网链。供应链从供应商到最终客户，每一个企业就是一个节点，节点间的所有企业就是一种供应关系，也是一条价值和增值链，各节点企业围绕核心企业的网链结构组织。

供应链管理就是对供应链中的信息流、物流、资金流进行设计、规划和控制，从而增加整个供应链的竞争力，提高各成员的效益和效率，信息不对称是常见的现象。

适度的资源共享和供应链系统资源优势整合具有重要作用。

最终系统具有高度统一的共同体特征，这个就是供应链所需要的，广义供应链的特点同CAS类似，供应面临的问题就是CAS要解决的问题，也是很多学科要解决和研究的问题，目前CAS复杂适应系统的研究还在起步阶段，但军事领域和仿真领域都在大量运用。

从历史来看，供应链建模从简单到复杂，都集中在算法研究上，成果不多见，基本是建立在简单的线性基础上的合作关系。从客观上看，当前企业所在的网链中，一定有一个最核心的企业，供应关系的各节点企业和核心企业是相互依赖的。如何让核心企业越来越强大，各节点企业越来越强大，就需要核心企业和各节点企业之间，各节点企业之间都需要具有共同的目标才能让这个网链具有更稳定、更健康的发展。例如蚂蚁的聚集，蚁巢的适应性极强，可以在各种恶劣环境下生存很长一段时间。由于个体具有这样的属性，他们可以在一定条件下，在双方彼此接受的时候，组成一个新的个体——聚集体。新的聚集体在系统中可以像一个单独的个体那样行动，近代科学之所以遇到很多困难，重要的原因是把自己局限在线性关系的狭窄范围内，从而无法描述和理解丰富多彩的变化和发展，个体和个体之间不是简单，被动的。是反复交互作用的。以往的历史会留下痕迹，以往的经验会影响未来的行为，在这样情况下，线性和简单的直线式因果链就不复存在。

当今和未来对供应链提出新的要求就是：广义的供应链需要一个整体的自适应能力和模型，这个就是 CAS 复杂自适应系统研究的课题和方向。当今世界，在供应链领域很有必要去研究 CAS，能否实施还需要漫长的时间，需要软件技术变革和联盟的水到渠成。

长期以来，对供应链资源流的研究主要局限于一般系统的研究，主要采用还原论的方法对系统进行分析，获得一些比较准确的结论。然而，还原论本身是一种自上而下的研究过程，因此存在一些难以避免的弊端，在系统分析时，如果上一级的系统分解出现一些漏洞或出现重复，那么最终的结论必然存在一些问题，子系统一般是按照线性相加的思想进行分解的，并没有考虑系统之间的交互影响，因此遗漏许多深层次上的本质特征，供应链的各企业具有非线性特质。

在整个供应链的网链中（从供应商到最终客户的整个网链，各个企业是各节点，是个体，核心企业是主体），最核心的企业就是适应性主体，各供应的企业就是各自的子系统和个体，个体和主体之间，个体和个体之间是复杂的、动态的、面向用户需求的、交叉性的等非线性特征（不是简单的线性特征）。如何保证供应链上的企业间协调运作，即企业从自身利益的角度出发促使相关企业加强合作与交流，分享成本与需求等方面的信息，削弱信息不对称，并通过在企业间进行收入再分配削弱“双边际化”效应，引导各企业按照系统最优的决策行事，从而使系统达到最优，同时，保证各成员利益最大化（至少得到改进）。

基于这个想法，国内和国际很多机构和专家都做了大量的研究和实践，但这些研究存在不足，也代表了当今的实际情况：

（1）供应链管理系统的复杂性原因没有得到统一的认识。

（2）供应链的协同化程度（供应链结构模式）与供应链复杂性是一个相互制约的关系，但所有研究都把协同化程度作为外在变量建立数学模型，使得研究结果失真。

（3）缺乏对假设条件下的多产品、多阶段、多企业、多重联系的更符合实际情况的网状供应链系统中各种内部模型的研究。

（4）缺乏对由于供应链成员非理性行为引起系统紊乱时转换机制的研究。

（5）缺乏对供应链管理复杂系统的预测与控制技术的研究。

这也是当今智能机器和计算机模拟的难题。专靠人工的方法是无法解决复杂自适应系统的问题，智能模拟和建立非线性模型是解决的必由之路。

从20世纪80年代初“混沌”潮与“耗散结构”热的兴而复衰，到如今“系统生物学”在大江南北走红。在国内的一些学术会议上，经常能听到要把现代“系统论”“复杂性”“非线性”方法用于传统医学研究，以整体论认识中草药的功能等观点，却极少见到具体的科学实践和成果。有人说，西方的还原论已经走投无路，现在到了发扬东方整体论的时候。其实，还原论和整体论并不是对立的概念。把狗的某些内脏逐个切除，观察其生理变化，偶然看到苍蝇聚集在切除了胰脏的狗所排的尿液上，最终认识到胰岛素与糖尿病的关系，这可以算是还原论了吧？然而西方医学已经发展到对糖脂代谢综合征的全面研究和治疗上，这难道不包含整体论的思维？

CAS的世界观认为：

运动与变化是世界的根本属性，因而认识世界的本质就是把握运动与变化的规律，必须以整体论的思想认识变化。除非割裂地观察个别事物，我们面对的主要是整体的系统问题，此时我们必须以CAS的观点理解和把握事物的变化，就是事物的整体表现（而非机制），最需要把握的概念就是混沌与秩序。

秩序源于系统远离平衡态的混沌边缘的涌现。

系统的演化并非总是无规律的，演进的历史存在分叉，系统从一个分叉点到下一个分叉点之间的变化是确定的，不确定性发生在分叉处对路径的选择上，系统选择了哪一个分叉是一个历史事件，必须在事后才能确认，而无法在事前预测。

系统从混沌状态中涌现秩序的过程是一个自组织过程，这是一个抵抗熵增的过程，依赖能量和低熵的注入。反之，当能量和低熵停止注入，系统的秩序则瓦解，这是一个自然的过程。自组织过程的一个基本特征是远离平衡（均衡）态，系统远离平衡态显然需要注入额外的能量。

第二章　工业 4.0 时代的中国智能制造发展分析

第一节　迎接智能制造时代的来临

从 18 世纪中叶以来，人类历史上先后发生了三次工业革命。第一次工业革命开创的“蒸汽时代”（1760—1840 年），标志着农耕文明向工业文明的过渡，是人类发展史上的一个伟大奇迹；第二次工业革命进入了“电气时代”（1840—1950 年），使得电力、钢铁、铁路、化工、汽车等重工业兴起，石油成为新能源，并促使交通迅速发展，世界各国的交流更为频繁，并逐渐形成一个全球化的国际政治、经济体系；两次世界大战之后开始的第三次工业革命，更是开创了“信息时代”（1950—？），全球信息和资源交流变得更为迅速，大多数国家和地区都被卷入到全球化进程之中，世界政治经济格局进一步确立，人类文明的发达程度也达到空前的高度。第三次信息革命方兴未艾，还在全球继续扩散和传播。

在过去 200 多年世界工业化、现代化的历史上，中国曾先后失去过三次工业革命的机会。在前两次工业革命过程中，我们都是边缘化者、落伍者，急剧地衰落，由于错失工业革命的机会，中国 GDP 占世界总量比重由 1820 年的 1/3 下降至 1950 年的不足 1/20。之后中国在极低的发展水平上，发动国家工业化。伴随改革开放，利用人口红利优势成为全球经济引擎，中国工业也实现了成功追赶，已经成为世界最大的 ICT（信息通信技术）生产国、消费国和出口国，正在成为领先者。进入 21 世纪，中国第一次与美国、日本等发达国家站在同一起跑线上，在加速信息工业化的同时，引入了第四次工业革命，即工业 4.0 智能制造时代。

德国总理默克尔及俄罗斯总统普京于 2013 年 4 月 8 日在汉诺威工业博览会

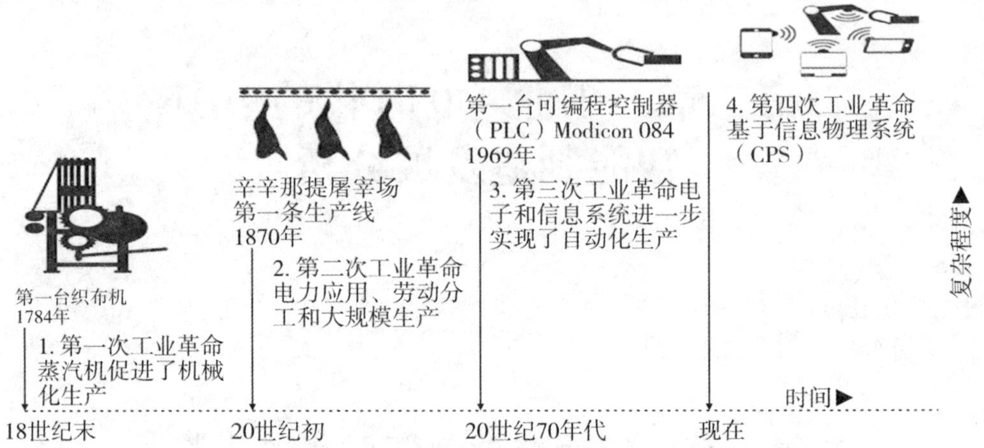

上指出未来工业的发展方向是工业智能化生产制造。中国国家主席习近平也在 2014 年两院院士大会上的讲话中提到，“机器人革命”有望成为“第四次工业革命”的切入点和重要增长点，将影响全球制造业格局，而且我国将成为全球最大的机器人市场。作为衡量一个国家科技创新和高端制造业水平的重要标志，机器人产业上升为国家战略产业。

在 2014 年 10 月举行的第三轮中德政府磋商后发表的《中德合作行动纲要》中宣布，两国将开展“工业 4.0”合作，该领域合作有望成为中德未来产业合作的新方向。双方表示将就构建面向未来的现代医疗卫生体系开展合作，共同寻求应对老龄化等本国和全球性问题的创新措施。还宣布两国将开展以智能制造为主导的“工业 4.0”合作，该领域合作有望成为中德未来产业合作的新方向。

作为推进中德“工业 4.0”合作的具体举措，双方明确了负责双方开展该领域合作的牵头部门，决定建立中德“工业 4.0”对话，欢迎两国企业在该领域开展自愿、平等的互利合作，支持两国企业集团及行业协会之间加强交流。为此，两国政府将提供更为有利的框架条件和政策支持，并在中德标准化合作委员会框架下着眼“工业 4.0”，开展更具系统性和战略性的合作。双方将以中国担任 2015 年德国汉诺威消费电子、信息及通信博览会（CeBIT）合作伙伴国为契机，进一步深化两国在移动互联网、物联网、云计算、大数据等领域的合作。

工业 4.0 智能制造，可以从四个方面解决人类的发展需求：萎缩的生态资源、人口的老龄化、智能社交的出现、商业模式的变化。

萎缩的生态资源是由于人们对工业发展的需要，对高度发达的负面影响预料不够、预防不力，地球很多不可再生资源被消耗殆尽，煤炭、石油、稀矿过度开采，导致了全球性的三大危机：资源短缺、环境污染、生态破坏。中国的环境问题非常严峻，各类污染物排放总量居高不下。根据 2011 年的数据统计，中国二氧化硫年排放量高达 1857 万吨，烟尘 1159 万吨，工业粉尘 1175 万吨，大气污染仍然十分严重。中国大多数城市的大气环境质量超过中国规定的标准。中国 47 个重点城市中，约 70% 以上的城市大气环境质量达不到中国规定的二级标准；参加环境统计的 338 个城市中，137 个城市空气环境质量超过中国三级标准，占统计城市的 40%，属于严重污染型城市。时至今日，大气污染已是中国第一大环境污染问题，还有随之而来的水环境污染问题、垃圾处理问题、土地荒漠化和沙灾问题、水土流失问题、干旱和水灾问题、生物多样性破坏问题，全是由于无序的工业发展造成的生态破坏。工业 4.0 以智能环保方式进行预见型和规划型制造，防止生态的进一步恶化。

人口的老龄化问题是全球所有国家都要面对的，而人口大国中国的情况更加严峻。中国人口红利的消失，而且比预计的要快。2006 年公布的《国家人口发展战略报告》指出，15 ～ 64 岁总劳动力要在 2016 年才达到高峰。但是 2011 年人口普查显示，总劳动力在 2012 年达到顶峰后将开始负增长，创造了无数的廉价商品的劳动力已不复存在。原本廉价的劳动力出现短缺，用工成本上涨，已经成为越来越多企业的“老大难”问题，逼迫制造业产业升级，使用自动化生产设备，提高生产效率和产品品质。再进一步使用智能化柔性生产设备，将会满足日益多变的个性化市场，真正做到零库存。

互联网的出现让全球信息化已成为现实，网络社交与智能电子产品迅猛发展，已经深深地影响了所有人的活动。人们拿着移动智能产品随时随地进行通信联系、学习娱乐，足不出户就可以在网上买卖任何需要的产品。同时也推进了政府网络监管、公务活动方式，如空气污染监测、电子税收监管、公共安全监控。

商业模式的变化，由技术的革新带来商业信息透明，导致经营模式也发生了很大的变化。互联网上数据爆炸式增加，可以查询到产品的相对成本，并梳理出产品的需求度。人们对产品的性能体验，由原来单纯买卖，变成了已经自我价值的实现。而且拓展到世界每个角落的供应链，任何人都可以参与产品的研发设计。用户个性化的性能体验成为“自我经济”的基础，只有拥有客户群的供应商才能取得成功。

基于互联网的平台信息传递，将无序发展中的资源浪费进行智能分析统计、监控管理或制造生产，以满足人类的各种需要。当互联网、物联网和务联网建立完善体制，整个工业制造将升级到智能制造。

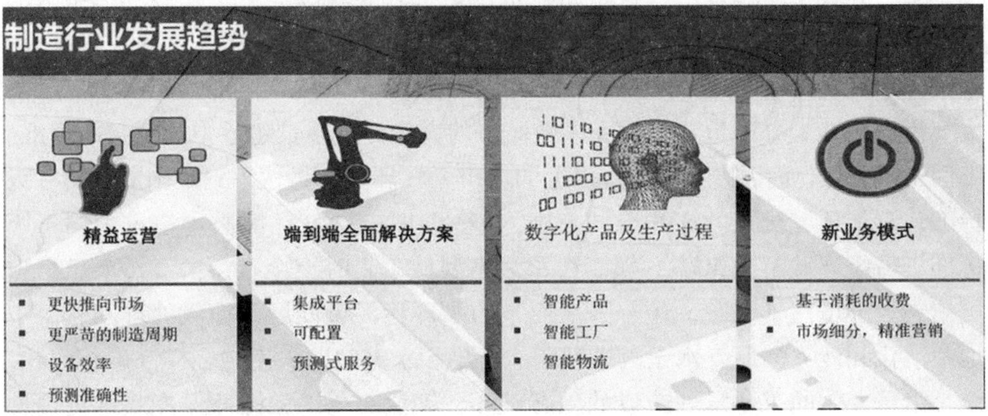

第二节　工业 4.0 架构参考体系

“工业 4.0”研究项目由德国联邦教研部与联邦经济技术部联手资助，在德国工程院、弗劳恩霍夫协会、西门子公司等德国学术界和产业界的建议和推动下形成，并已上升为国家级战略。德国联邦政府投入达 2 亿欧元。德国政府提出“工业 4.0”战略，并在 2013 年 4 月的汉诺威工业博览会上正式推出，其目的是为了提高德国工业的竞争力，在新一轮工业革命中占领先机。该战略已经得到德国科研机构和产业界的广泛认同，弗劳恩霍夫协会将在其下属 6 ～ 7 个生产领域的研究所引入工业 4.0 概念，西门子公司已经开始将这一概念引入其工业软件开发和生产控制系统。

“工业 4.0”概念包含了由集中式控制向分散式增强型控制的基本模式转变，目标是建立一个高度灵活的个性化和数字化的产品与服务的生产模式。在这种模式中，传统的行业界限将消失，并会产生各种新的活动领域和合作形式。创造新价值的过程正在发生改变，产业链分工将被重组。

德国学术界和产业界认为，“工业 4.0”概念即是以智能制造为主导的第四次工业革命，或革命性的生产方法。该战略旨在通过充分利用信息通信技术和网络空间虚拟系统—CPS 信息物理系统（Cyber - Physical System）相结合的手段，将制造业向智能化转型。

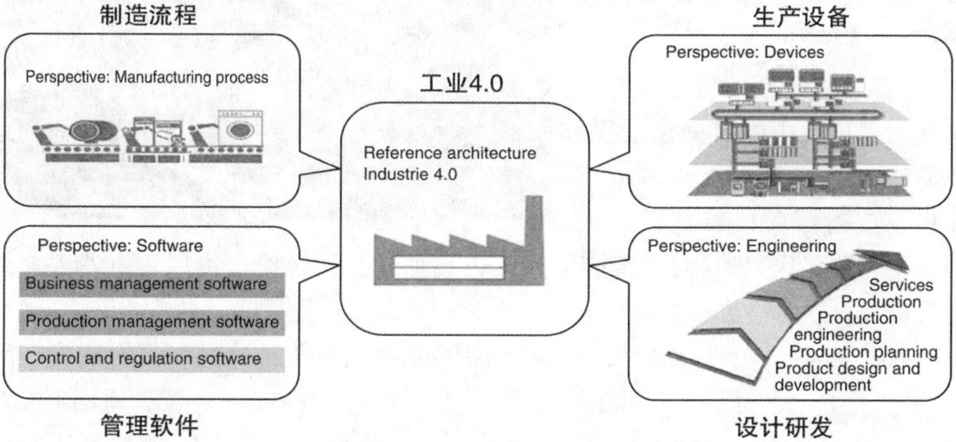

“工业 4.0”项目主要分为三大主题，一是“智能工厂”，重点研究智能化生产系统及过程，以及网络化分布式生产设施的实现；二是“智能生产”，主要涉及整个企业的生产物流管理、人机互动以及 3D 打印技术在工业生产过程中的应用等。该计划将特别注重吸引中小企业参与，力图使中小企业成为新一代智能化生产技术的使用者和受益者，同时也成为先进工业生产技术的创造者和供应者；三是“智能物流”，主要通过互联网、物联网、务联网，整合物流资源，充分发挥现有物流资源供应方的效率，而需求方则能够快速获得服务匹配，得到物流支持。

这里的“智能工厂”已经不是传统意义上工厂，可以理解为网络数据搜集处理中心。它可以搜集统计互联网上的各类供销信息，自动进行统计并分派加工指令，让对应的生产设施运动起来生产制造。

“智能生产”则是信息化与自动化共同创造出的加工单元，而且所有的加工单元都是智能化的 FMS 柔性生产设备，其中包括工业机器人、数控加工设备、3D 打印机、数据采集装置、工控机等，用于满足产品族的加工制造。只要

收到处理中心的指令，加工单元就可以按要求自行地加工生产，并由物料管理系统统一指挥，便于实时数据搜集和异常处理。

“智能物流”则是最后将产品送到客户手中的自动化过程。产品生产完毕后，智能加工单元将完成指令反馈给数据处理中心“智能工厂”，这时“智能工厂”将数据信息再传给送货用的机器人，如无人机或自导航物流小车。

这些无人机或自导航物流小车收到指令后将自动抓取产品，根据读取产品上的条形码再匹配物联网上GPS坐标定位，将货物派送到客户家门口。谷歌、亚马逊公司已完成无人机配送技术，而阿里巴巴集团近期将与上海圆通速递物流有限公司合作进行首次无人机试验，向450名北京志愿者递送姜茶包裹。

在此，笔者提出一个新的概念GRGR（GPRS + RDIF + GPS + ROBOT）物联网，即GPRS（General Packet Radio Service）移动互联网、RDIF（Radio Frequency Identification）无线射频识别技术、GPS（lobal Positioning System）全球定位系统，来控制整个加工单元和物流运输系统的所有ROBOT。简单的理解就是利用移动互联网的移动设备控制RDIF网络中的ROBOT动作，并及时通过网络系统反馈。

第一步，使用移动互联网GPRS的基础上，将智能移动设备同时成为GPS和RDIF移动设备，即GRGR移动控制端，并根据需要设置不同的安全等级。

第二步，将所有的加工单元加上有源RDIF，每一台设备都有唯一的识别码，成为GRGR系统制造端。

第三步，将所有的物流运输无人机或导航物流小车加上半有源RDIF和GPS，而且每一台都有唯一的识别码，成为GRGR系统物流端。

第四步，将所有制造出的产品附加上无源RDIF和条形码，成为GRGR

系统物品。

这样 GRGR 物联网就成为一个可移动控制的 CPS 信息物理系统，人们将能够在移动过程中控制产品加工和物流配送，并且可以随时查询产品货物所在情况。GPS 实时定位系统可以改善供应链的透明性，船队管理、物流和船队安全等；而 RFID 标签可以解决短距离尤其是室内物体的定位，可以弥补 GPS 等定位系统只能适用于室外大范围的不足。

RDIF 无线射频识别可通过无线电信号识别特定目标并读写相关数据，而无需识别系统与特定目标之间建立机械或光学接触。它是通过接收端和发送端非接触共振产生无线电频率的电磁场，把数据从附着在物品上的标签上传送出去，以自动辨识与追踪该物品。某些标签在识别时从识别器发出的电磁场中就可以得到能量，并不需要电池；也有标签本身拥有电源，并可以主动发出无线电波（调成无线电频率的电磁场）。标签包含了电子存储的信息，数米之内都可以识别。

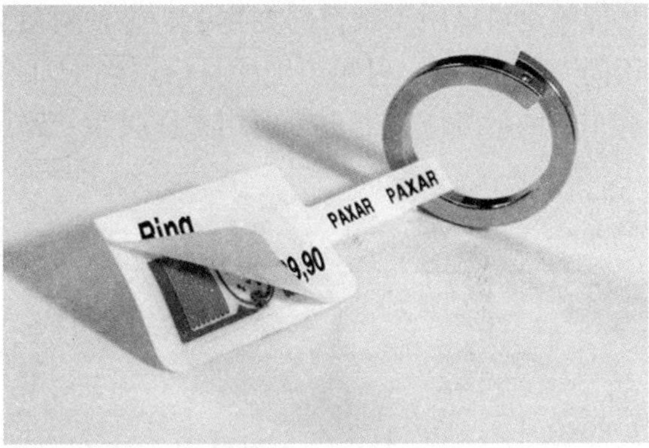

RDIF 射频识别系统最重要的优点是非接触识别，它能穿透雪、雾、冰、涂料、尘垢和条形码无法使用的恶劣环境阅读标签，并且阅读速度极快，大多数情况下不到 100 毫秒。射频标签不需要处在识别器视线之内，也可以嵌入被追踪物体之内。具有以下优点：

（1）快速扫描。RFID 辨识器可同时辨识读取数个 RFID 标签。

（2）体积小型化、形状多样化。RFID 在读取上并不受尺寸大小与形状限制，不需为了读取精确度而配合纸张的固定尺寸和印刷品质。此外，RFID 标签更可往小型化与多样形态发展，以应用于不同产品。

（3）抗污染能力和耐久性。传统条形码的载体是纸张，因此容易受到污染，但 RFID 对水、油和化学药品等物质具有很强抵抗性。此外，由于条形码是附于塑料袋或外包装纸箱上，所以特别容易受到折损；RFID 卷标是将数据存于芯片中，因此可以免受污损。

（4）可重复使用。现今的条形码印刷上去之后就无法更改，RFID 标签则可以重复地新增、修改、删除 RFID 卷标内储存的数据，方便信息的更新。

（5）穿透性和无屏障阅读。在被覆盖的情况下，RFID 能够穿透纸张、木材和塑料等非金属或非透明的材质，并能够进行穿透性通信。

（6）数据的记忆容量大。一维条形码的容量是50Bytes，二维条形码最大的容量可储存2～3000个字符，RFID最大的容量则有数个MegaBytes。随着记忆载体的发展，数据容量也有不断扩大的趋势。未来物品所需携带的资料量会越来越大，对卷标所能扩充容量的需求也相应增加。

（7）安全性。由于RFID承载的是电子式信息，其数据内容可经由密码保护，使其内容不易被伪造及删改。

（8）目前的ISO/IEC 18000－6信息技术是基于单品管理的射频识别，适用于超高频段860～960MHz，规定读写器与标签之间的物理接口、协议和命令再加上防碰撞方法。它包含TypeA、TypeB和TypeC三种无源标签的接口协议，通信距离最远可以达到10米。

许多行业都运用了RDIF射频识别技术。将标签附着在一辆正在生产中的汽车，厂方便可以追踪此车在生产线上的进度。仓库可以追踪药品的所在。射频标签也可以附于牲畜与宠物上，方便对牲畜与宠物的识别（防止数只牲畜使用同一个身份）。射频识别的身份识别卡可以使员工得以进入锁住的建筑部分，汽车上的射频应答器也可以用来征收收费路段与停车场的费用。

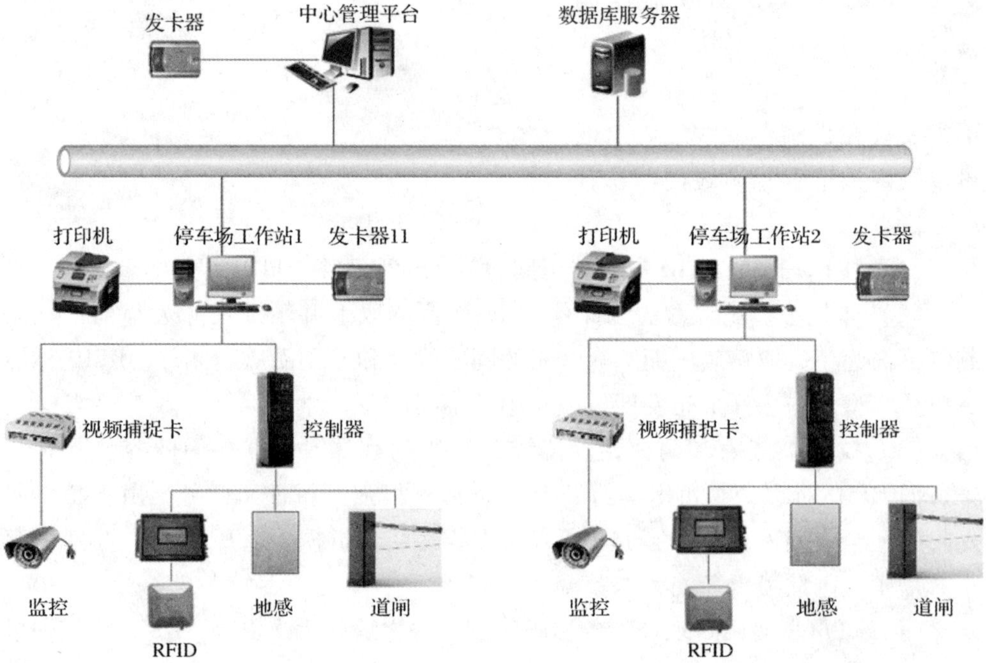

RFID 技术中衍生的产品有三大类：无源 RFID 产品、有源 RFID 产品、半有源 RFID 产品。有源 RFID 产品和无源 RFID 产品，其不同的特性，决定了不同的应用领域和不同的应用模式，也有各自的优势所在。

无源 RFID 产品发展最早，最成熟，是市场应用最广的产品。比如，公交卡、食堂餐卡、银行卡、宾馆门禁卡、二代身份证等，这个在我们的日常生活中随处可见，属于近距离接触式识别类。其产品的主要工作频率有低频125KHZ、高频13.56MHZ、超高频433MHZ，超高频915MHZ。

有源 RFID 产品，是最近几年慢慢发展起来的，其远距离自动识别的特性，决定了其巨大的应用空间和市场潜质。在远距离自动识别领域，如智能监狱、智能医院、智能停车场、智能交通、智慧城市、智慧地球及物联网等领域有重大应用。有源 RFID 在这个领域异军突起，产品主要工作频率有超高频433MHZ，微波2.45GHZ 和5.8GHZ。

半有源 RFID 产品，结合有源 RFID 产品及无源 RFID 产品的优势，在低频125KHZ 频率的触发下，让微波2.45GHZ 发挥优势。利用低频近距离精确定位，微波远距离识别和上传数据，来解决单纯的有源 RFID 和无源 RFID 没有办法实现的功能。简单地说，就是近距离激活定位，远距离识别及上传数据。

GRGR 物联网利用 GPRS 通用分组无线服务技术、GPS 全球定位系统、RDIF 无线射频识别技术、ROBOT 工业机器人高度融合，做到采购端、供应的制造端、物流端互联，可以帮助企业大幅提高货物信息管理的效率，准确地接收反馈信息，控制需求信息，从而优化整个供应链。

在制造业领域，利用 GRGR 来实现 CPS 包括能自主交换信息的智能机器、存储系统和生产设施，它们能独立运行和相互控制。这有利于从根本上改善工业过程，包括制造、工程、材料使用、供应链和生命周期管理。

智能工厂现在开始采用这种全新的方式来生产产品，智能产品有唯一的特征被识别，在任何时候都能被定位，我们知道它的发展历程，了解它的当前状况，以及实现其目标状态的方式。从通过出口物流下订单的那一刻起，纵向与工厂和公司业务流程联网，横向连接则可实时管理衍生价值体系，这两者共同构建了嵌入式制造系统。此外，这些指令都要求启用终端间工程（模式）流经整个价值链。

第三节 工业4.0的应用

德国制造业是世界最具竞争力的制造业之一，尤其是装备制造业在全球处于领先地位。这在很大程度上源于德国在创新性制造技术方面的研究、开发和生产，以及复杂工业过程管理的专业性。德国拥有强大的机器和设备制造业，在信息技术领域表现出很高的水平和能力，在嵌入式系统和自动化工程方面也颇有建树，这些因素共同奠定了德国在制造工程行业中的领军地位。因此，德国能以其得天独厚的优势开拓新型工业化的潜能即工业4.0。

为了实现工业生产向工业4.0的转变，需要采取双重策略。德国装备制造业应寻求稳固在全球市场的领导地位，一如既往地把信息通信技术与其传统的高科技战略进行整合，使自己成为智能制造技术的主要供应商。与此同时，还有必要为CPS技术和产品创建新的领先市场，并为之服务。要实现上述CPS双重策略的目标，以下工业4.0的基本特征必须应用：

（1）通过价值网络实现横向集成。

（2）工程端到数字集成横跨整个价值链。

（3）垂直集成和网络化的制造系统。

这些特征是制造商在面对变幻莫测的市场能够取得稳固地位的重要因素，同时使它们的价值创造活动适应变化的市场需求。双重物理网络系统战略中提到的特征将允许制造企业在高度动态的市场中达到快速的、准时的、无故障的生产。

这里举一个简单的例子，原来在网上挑选DELL电脑，客户可以根据自身需求，将CPU、主板、内存、显卡、屏幕尺寸、外观颜色等参数进行设定，工厂按要求进行配件挑选，然后组装，最后配送到客户家门口。现在已经有不少产品都可以进行网络订制，如房屋装修，门窗、地板、吊顶、灯饰的颜色、材质、款式等都可以按设计后加工制造，按特定工艺装修。

未来，所有的产品全部是根据客户需求订制的，走在大街上就可以用手机订购货物，大如家具、汽车、飞机，小到皮包、衣服、拉环，所有的一切都可以个性化设计，并且是智能化生产。不必担心与人相同，不必担心自导航汽车丢失。甚至用无人机跟踪拍摄婚礼，然后3D打印出新人金属模型。这便是工业4.0的实际应用，基于信息化基础的智能制造，但是也给我们提出了诸多挑战。

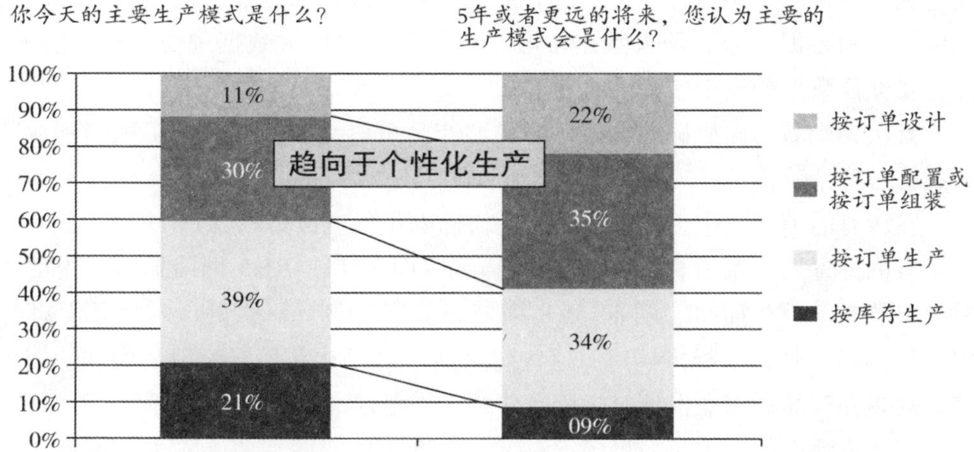

首先，信息化数据统计应用，互联网、物联网的建设已成规模但远远不够，未能有统一数据处理中心，即大数据中心。通过价值网络实现横向集成，整合购销信息。

现在追求个性化制造，虽然满足了不同人的不同需求，但是却破坏了工业的规模效益，即产量极少的物品会造成制造单价偏高。就像人们购买手工打造的一套首饰，或者购买特制加大号左撇子棒球套，物以稀为贵的结果是价格高昂。而制造成本、物流成本过高就会抑止消费，进而无法满足人们需求。而信息时代全球一体化的今天，将采购、制造、运输等信息全部统一到供应链网络，整合物流资源，整个生产过程变成智能生产、加工、分类和物流配送，更好地控制成本使客户适宜消费，满足人们生活。

亚马逊、阿里巴巴集团的成功，事实上就是信息化网络的商业模式成功，

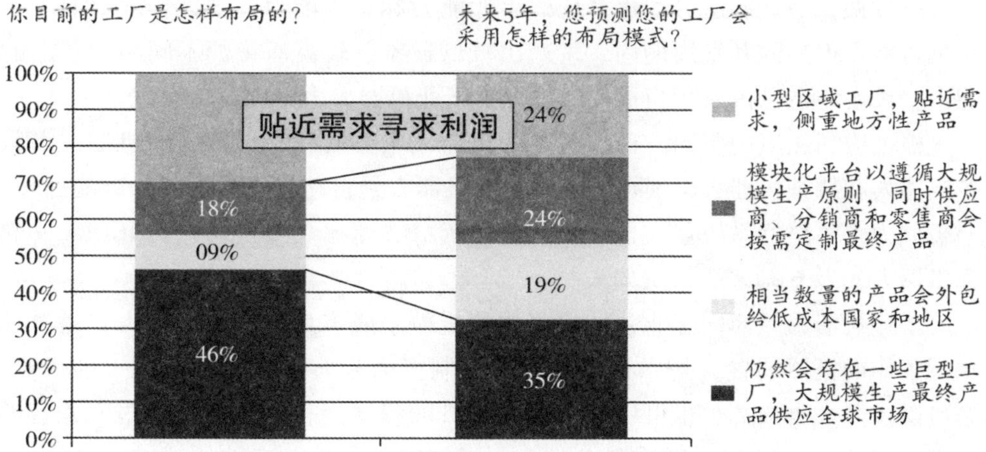

通过数据平台进行供销直联。当交易的数据过多成为数据库，而不同产品的数据库统一到数据中心，即大数据中心。但是全世界的大数据中心还没有统一，而且要保证数据的安全性和及时性。

其次，产品的模块标准化，让同类型产品可以无限组装。从工程端到数字集成横跨整个价值链。

在所有的消费品中，电子产品的模块标准化程度最高。以PC电脑为例，几乎所有的外置插口都有标准的USB插口、COM插口、RJ45网线插口，内部主板上有硬盘SATA插口、网卡AGP插口、显卡PCI－E插口、内存条PATA、CPU的Socket插口等标准插口，这些防呆插口可以让新手轻松地装配和使用电脑。这是在产品的工业设计时，已经建立了规范标准。

现实生活中的各种产品很多没有统一标准，例如同类型A产品的零件用不到B产品上，这就给制造带来问题，但也是商机。只要需求量足够多，可以在AB之间增加转接口，也可以重新设计某一部分使其完美，并且在互联网上所有客户都可以参与工业设计，真正做到创新技术源于需求。

再次，有智能工厂柔性制造技术，垂直集成和网络化的制造系统。例如数控加工中心、工业机器人的大规模应用。定制商业模式的广泛应用，这种以消费者为导向的供应链，按需定产方式，不同于传统大规模量产的生产模式。在柔性制造中，考验的是生产线和供应链的反应速度。包括以下两个方面：

一方面是指生产能力的柔性反应能力，也就是机器设备的小批量生产能力：

其优点是生产率很高，由于设备是固定的，所以设备利用率也很高，单件产品的成本低，但价格相当昂贵，且只能加工一个或几个相类似的零件，难以应付多品种中小批量的生产。随着批量生产时代正逐渐被适应市场动态变化的生产所替换，一个制造自动化系统的生存能力和竞争能力在很大程度上取决于它是否能在很短的开发周期内，生产出较低成本、较高质量的不同品种产品的能力。柔性制造已占有相当重要的位置，工业机器人也由此应运而生。

根据应用领域的不同，目前我国的机器人主要有三种，即工业机器人、服务机器人和特种机器人，现在所讲的工业机器人是自动化生产线中关键的一环。一般分为直角坐标系机器人、4轴（包括SCARA水平关节机器人、DELTA蜘蛛手机器人）及6轴多关节机器人。

工业机器人是面向工业领域的多关节机械手或多自由度的机器人，是自动执行工作的机器装置，是靠自身动力和控制能力来实现各种功能的一种机器。它可以接受人类指挥，也可以按照预先编排的程序运行，还可以根据人工智能技术制定的程序行动。包括在机器人上增加视觉传感、声纳传感、激光传感、压力传感等，自动判断生产过程中的各种情况，并将数据反馈给控制器，再传送到 ERP 数据中心进行数量统计和异常处理。

美国国家标准局把 FMS 定义为：由一个传输系统联系起来的一些设备，传输装置把工件放在其他联结装置上送到各加工设备，使工件加工准确、迅速和自动化。中央计算机控制机床和传输系统，柔性制造系统有时可同时加工几种不同的零件。国际生产工程研究协会指出，柔性制造系统是一个自动化的生产制造系统。在最少人的干预下，能够生产任何范围的产品族，系统的柔性通常受到系统设计时所考虑的产品族的限制。简单地说，FMS 是由若干数控设备、物料运贮装置和计算机控制系统组成的并能根据制造任务和生产品种变化而迅速进行调整的自动化制造系统。

只有工业机器人可以满足这种生产效果，工业机器人在工业生产中能代替人做某些单调、频繁和重复的长时间作业，或是危险、恶劣环境下的作业，如在冲压、压铸、热处理、焊接、涂装、塑料制品注塑成形、机械加工和简单装配等工序，以及在重工业中，完成对人体有害或重复物料的搬运、码垛工艺等操作。机器人本体寿命可以连续使用十年，且可以用在不同制造工艺上，比起其他设备，它的性价比非常高。

另一方面，指的是供应链的敏捷和精准的反应能力：

在柔性制造中，供应链系统对单个需求做出生产配送的响应。从传统以产定销的产—供—销—人—财—物，转变成以销定产，生产的指令完全是由消费者独个触发，其价值链展现为人—财—产—物—销这种完全定向的具有明确个性特征的活动。在这个过程中不仅对生产的机器提出了重大的挑战，也对传统的供应链进行了革命性的颠覆。而工业机器人中的无人机、自导航小车 AIV 则可以满足这两点，融合了信息化和自动化，成为智能化生产。

智能生产工厂的制造结构将不是固定的和事先定义好的，而是定义一系列信息技术组合规则，这些信息技术组合规则可以被应用到不同的案例中，为不同情况自动形成特定的结构，包括模型、数据、通信和算法。

如果再普及到全供应链，则可以掌握从根本上去解决单个生产的成本控制。不断改良自动化生产工艺，优化生产流程，在流程中提高效率，精准化生产达到零库存，以此来压缩消费者需要付出的库存代价；信息化从根本上解决了库存隐形成本的问题。利用 CPS 物联网技术的供应链管理，是维持高品质和非常有效率的方法。

为了完成 CPS 供应链整合，确保调节器和传感器信号在 ERP 不同层面的端对端的数字化整合非常重要。开发模块化以及重新使用战略来完成点对点网络和制造系统重构，以及恰当的智能系统描述也很重要。不仅如此，操作者需要接受培训以便了解制造系统的操作方法。

最后，智能信息应用，即大数据分析。通过互联网、物联网、务联网的数据汇集，可以在原信息化的基础上分析各个区域的人口分布、环境状况、日常需求、产品种类，针对其特点进行资源管理、产品制造和物流配送。甚至将未来的需求、趋势也进行分析预报，做到真正的智能制造。

第四节　中国制造业迎来机器人时代

机器人与智能装备产业是高度集成微电子、通信、计算机、人工智能、控制和图像处理等学科最新科研和产业成果的前沿高新技术产业，直接影响生活最优化和智能化的机器人技术是机器人与智能装备产业的技术核心，推动未来机器人与智能装备领域的科技创新力和产业竞争力。

机器人技术是一种以自动化技术和计算机技术为主体、有机融合各种现代信息技术的系统集成和应用。经过半个多世纪的发展，机器人技术在工业生产领域得到了广泛的应用，极大地提升了生产品质并成功解放了劳动力资源。作为高技术领域中重要的前沿技术之一，机器人技术具有前瞻性、先导性的特点，对学术研究、产业升级、培养创新意识、保障国家安全、引领未来经济社会的发展有着十分重要的作用。相关领域的技术突破，从根本上为提升机器人技术的学术研究提供了必要的支持，为机器人的应用范围拓宽了道路，已涵盖国防、航空航天、工业生产、服务、老人康复、教育甚至普通家庭生活，一场新的机器人技术研究高潮和发展契机已经到来。机器人技术毫无疑问是未来的战略性高技术，充满机遇和挑战。

在各种机器人中，工业机器人应用较早，发展最为成熟。同时，技术的不断进步一直在牵引着机器人学科的发展，使机器人的应用领域从工业机器人扩展到特种机器人和服务机器人。机器人技术也正越来越深刻地影响着我们的生活。机器人不但在工厂、实验室与人一起工作，还将在车站、机场、码头、交通路口为人们指引路径、回答问题、帮助行人。机器人还将步入千家万户，为老人端茶送水，护理伤病人等。未来机器人将会越来越广泛地进入人类社会，人类对机器人的依赖如同现时对计算机的依赖那样普遍。

近期工信部印发了《原材料工业两化深度融合推进计划（2015—2018

年)》。计划提出，培育和打造 15 ～ 20 家标杆智能工厂，大中型原材料企业数字化设计工具普及率超过 85%，关键工艺流程数控化率超过 80%，先进过程控制使用率超过 60%，关键岗位机器人推广 5000 个。计划要求，针对石化、钢铁、有色、稀土、建材等行业生产工厂的不同特点，分行业制定智能工厂标准。同时，计划表示，鼓励机器人研发单位和原材料企业共同合作，开发应用一批专用工业机器人，到 2018 年累计新增机器人应用 5000 台。到 2020 年须形成完善的工业型机器人产业体系、高阶产品市场占有率提高到 45% 以上、机器人密度由目前的约 21 提高到 100 以上、培育出 3 ～ 5 家具有国际竞争力的龙头企业等，这意味着国家推动工业型机器人的数量将在未来 6 年成长约 4 倍。

在工业窑炉、投料装车、化工企业等危害健康和危险作业环境，计划基本实现机器人替代人工作业。在陶瓷行业施釉、制砖行业码垛、铝锭浇注搬运、锌锭码垛包装、剥锌机组等重复繁重的劳动岗位，推广普及机器人作业。以提高生产效率、降低维护成本为重点，研发并推广自动测温取样机器人、连铸自动推渣机器人、板坯自动清理机器人、铸锭扒渣机器人、阳极操作机器人、铜铝板材表面处理和抛光机器人、原料分拣机器人、切割机器人、喷漆（油）机器人等。以提高产品质量和工艺精确性为重点，推广应用表面缺陷判定、产品自动标识、图像自动识别等机器人。以提高采矿机器人的机构可靠性、避障设计、通信能力以及防爆设计等为技术开发重点，在复杂矿床开采等环节，研发推广地下金属采矿、应急救援等智能机器人。

工信部将通过加强顶层设计，引导行业发展，同时完善标准体系建设，组织编制我国机器人产业行业标准体系结构图和标准明细表，加大对机器人产业的资金支持力度和政策扶持等方式扶持机器人产业健康发展。力争到 2020 年，形成较为完善的工业机器人产业体系，工业机器人行业和企业的技术创新能力和国际竞争力明显增强，高端市场占有率达到 45% 以上，基本满足国际建设、国民经济和社会发展的需要。

为实现上述目标，工信部强调，将选择汽车、船舶、电子、民爆、国防军工等重点领域，根据用户需求，开展工业机器人系统集成、设计、制造、试验检测等核心技术研究，攻克伺服电机、精密减速器、伺服驱动器、末端执行器、传感器等关键零部件技术并形成生产力。与此同时，工信部还给出了五条保障措施，包括加强统筹协调、营造良好发展环境、加强财税政策支持、发挥行业组织作用、加强人才队伍建设等。

国家统计局数据显示，2013 年我国制造业工人数量在 5000 万人左右，而工业机器人替代传统领域如汽车、电子、化工及食品等行业的工人数量在 3000 万人左右。假设若干年后这些行业的平均工业机器人密度达到 1000 台每万人，则有 300 万台工业机器人的替代空间，按平均每台 30 万元，有 9000 亿元的机器人市场规模，并以 1∶3 带动整个机器人集成应用市场，则中国机器人产业集群规模超过 3. 6 万亿。

据国际机器人联合会（IFR）数据显示，2012 年，中国工业机器人年安装量达 22987 台，2013 年中国市场销售工业机器人 36650 台，2014 年这一数量还将进一步增长，预计到 2015 年，年安装量将达到 50000 台。按机器人平均寿命 10 年估计，2013 年中国机器人保有量约为 13 万台，占世界工业机器人保有量的 5% 左右，在保有量上依然小于 2012 年日本的 31 万台，美国、德国的 16 万台和韩国的 14 万台，位居世界第五。根据目前我国工业机器人销量年复合增长 36% 、日本年复合增长率 4% 计算，中国工业机器人保有量有望在 2017 年超越日本达到世界第一。

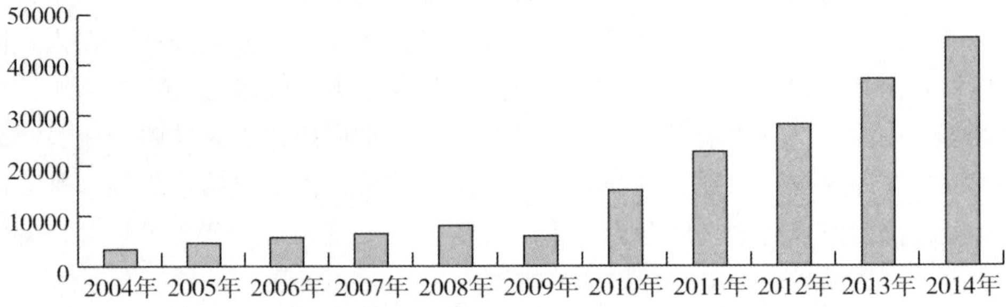

中国工业机器人历年销售量（台）

珠三角工业机器人 2014 年公布数据：按行业分，汽车制造和汽车配件占绝对优势，两者加起来占 61% 的份额；金属制品占 8% ；电子电器制造和橡胶制

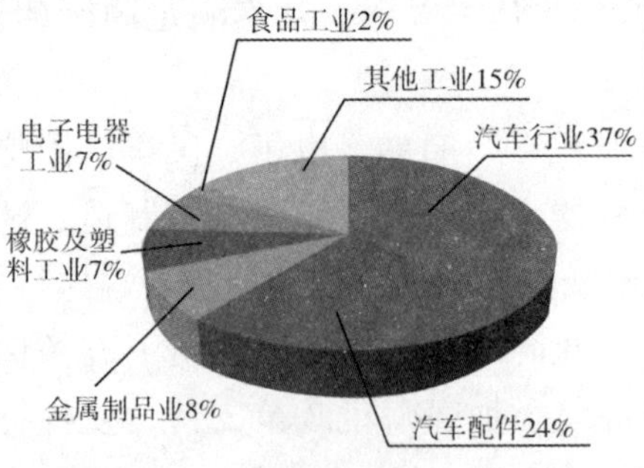

珠三角工业机器人分布数据—按行业
（资料来源：深圳先进技术研究院）

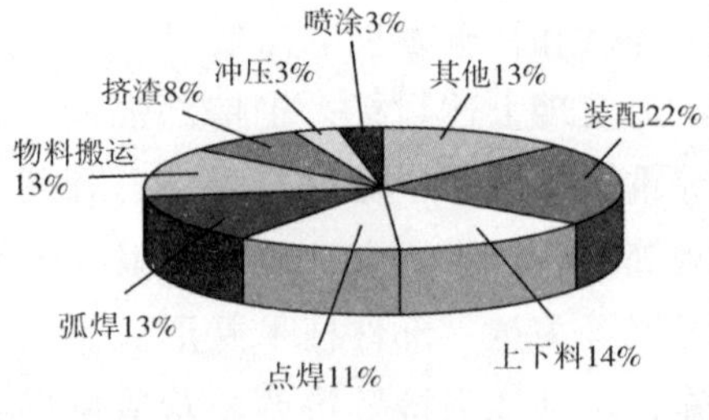

珠三角工业机器人分布数据—按应用
（资料来源：深圳先进技术研究院）

品均只有 7%。按应用分，焊接包括弧焊与点焊占 24%；装配 22%；上下料与物料搬运分别为 14% 和 13%；铸造为 8%；喷涂和冲压均为 3%。

据估算年产值达 0.3 亿～5 亿元人民币的机械手公司就有 3000 多家。从中央到地方正如火如荼执行“机器换人”项目。原被视为世界工厂的中国从 2009 年起，面临工资上涨、人力短缺，2012 年劳动人口比 2011 年减少 345 万，为缓解问题，“十二五”规划的七大战略新兴产业，就有机器人自动化。在需求升温的带动下，国产工业机器人市场销售持续活跃，2014 年上半年共销售工业机器人 6400 台，是去年全年销售量的 66.8%。预计 2015 年全年国产工业机器人销售总量将超过 12000 台，同比增长 25% 左右。2014 年前三季度，工业机器人的销量达 3.36 万台，同比增长 32.5%，预计全年将达到 4.5 万台。工业机器人已广泛服务于国民经济 25 个行业大类、52 个行业中类，涉及诸多制造业领域。我国工业机器人需求年增长将达到 25% 以上，到 2017 年市场销量将达到 10 万台，工业机器人保有量超过 40 万台。

近年来，随着中国劳动力、土地、电力等生产成本上升，全球制造业的厂商纷纷开始重新寻找成本低廉的生产基地。目前来看，越南、印度尼西亚等东南亚国家为外国制造企业的首选之地，而被称为“世界工厂”的中国一时陷入窘境。一方面，中国工业产业正在迅猛发展，却还没完全发展为真正的发达工业国家；另一方面，过去设在中国的跨国企业的工厂甚至中国本土企业的工厂都在逐步向其他国家转移。但东南亚动荡不安的政治形势，增加了不少的顾虑，而中国的社会环境稳定，并且经过了多年的发展，国内已经形成了完善的物流和硬件配置，更重要的是，所谓的劳动力成本完全可以通过机器换人来解决。

ABB 集团的机器人业务主管博沃加德纳塞斯表示：“中国一直是增长最迅速的机器人市场。只需要几年时间，中国将会成为相比第二位和第三位的规模都要大很多的机器人市场领头羊。”虽然中国是世界增长最迅速的机器人市场，日本还是在工业机器人的占有量上排第一名，2012 年时，日本运行中的工业机器人有 31 万台，中国有 9.6 万台，美国有 16.8 万台。

微软掌门人盖茨在对未来科技领域的下一件大事进行预测时公开表示，机器人与自动化技术将成为未来发展的一大趋势，将改变世界。上涨的薪资成本和其他新兴市场经济体的竞争迫使很多中国制造商转向对技术的依赖。工业机器人自动化成套装备的使用将大大推动其行业的快速发展，提升其行业的制造技术水平。工业机器人产业是一个快速成长中的新兴产业，将对未来生产和社会发展起到越来越重要的作用。

之前有消息指苹果代工厂富士康将会在其配装生产线部署 100 万名“机器

工人”，并已经开始部署“机器工人”生产苹果产品。据透露，iPhone耳机工作车间将配备100名“机器工人”，工作效率提升140%。

目前富士康正在制造自己的Foxbot机器人，与此同时也在购买其他机器人厂家的产品，以自动化生产满足制造需求。据统计，富士康装配的工业机器人大多在3万~4万元一台。即便按照一台关节型机器人10万元计算，对比目前富士康生产线上的工人工资水平，实际上仅相当于一个岗位。有行业人士认为，富士康作为全球最大的苹果公司代工厂，其员工总人数已经接近120万。随着劳动力成本的上升，这几年的用工荒也越来越普遍，机器人是取代人工的最好方法。

良好的预期和政策的强势出击，将工业机器人热潮推升至最高点。全国各地大力推进产业结构转型升级，纷纷上马机器人项目，想在急剧增长的市场中分一杯羹。一时间机器人产业园遍地开花，地方政府采用政府补贴和税收优惠等方式催生当地机器人产业。据不完全统计，全国已建和在建的工业机器人产业园近40家，相当于平均每个省有超过一家工业机器人产业园，而更多的园区还在筹备中。

由中国机械工业联合会牵头成立的中国机器人产业联盟成立仅15个月，就拥有了涵盖机器人研发设计、生产制造、工程应用以及零部件配套的相关企业成员138家。截至2014年9月，中国机器人相关企业数量已达到428家，其中今年1~3季度增加175家。这428家机器人企业中，88%是系统集成商；从区域看，广东地区117家，占27%，如把浙江、江苏和上海企业加起来，则长三角的企业数量超过珠三角。

不难看出，机器人产业在未来几年内，将成为中国工业领域的一大热门。业内人士认为，机器人产业之所以火热，一是政府不断加大扶持力度，为产业发展提供肥沃的“土壤”；二是机器人技术成熟，已真正应用到多个领域；三是由于全球第三次产业转移、人口红利消失以及产业结构转型升级等因素驱动。

2014年我国工业机器人销量增长41%，预计2015年这项数据可能接近70%。按一台重165公斤的工业机器人24万元的售价计算，2014年工业机器人的销售收入将超过百亿元。火爆的销售又反过来刺激了生产，各地投资新建机器人项目的热情被彻底引爆。一方面，说明国内机器人行业确实很热，大家非常看好行业前景；另一方面，也有可能很快就出现行业产能过剩的局面，不利于行业的健康发展。一拥而上，低端重复建设，产能过剩，淘汰崩盘……怎么看都像光伏产业一样的趋势，笔者不希望这样的“发展悲剧”再发生在这一新兴产业上。不过机器人产业发展与光伏产业不同的是，一个为内部产业升级，另一个为出口退税。不论如何，理性规划、可持续发展，构建健康、有序的机器人产业链结构才是长久之计。

在产业政策的激励和市场需求的带动下，近年来机器人领军企业产业化能力不断提升，与此同时越来越多的新企业也积极投身于机器人产业当中。这无疑将带来国内机器人企业生产能力的快速上升，进一步加剧市场竞争。从长远看，深度挖掘国内潜在市场、拓展机器人的应用领域和应用行业，是促进国产机器人产业健康、可持续发展的必由之路。

第五节　国外工业机器人的发展状况

机器人化是先进制造领域的重要标志和关键技术，针对先进制造业生产效率提高的诸多瓶颈问题，尤其是在汽车产业中，机器人得到了广泛的应用。如在毛坯制造（冲压、压铸、锻造等）、机械加工、焊接、热处理、表面涂覆、上下料、装配、检测及仓库堆垛等作业中，机器人都已逐步取代了人工作业。目前汽车制造业是所有行业中人均拥有机器人密度最高的行业，如 2004 年德国制造业中每 1 万名工人中拥有机器人的数量为 162 台，而在汽车制造业中每 1 万名工人中拥有机器人的数量则为 1140 台；意大利的这一数值更能说明问题，2004 年意大利制造业中每 1 万名工人中拥有辅助操作的机器人数量为 123 台，而在汽车制造业中每 1 万名工人中机器人的拥有数量则高达 1600 台。

现在国际上机器人市场大概有 80 亿～100 亿元，2025 年整个机器人市场将达到 500 亿元，服务机器人从原来的 300 多万台增加到 1200 多万台，特种机器人（如：排爆机器人、医疗机器人等）的需求也越来越大。另外，微软等 IT 企业，丰田、奔驰等汽车公司，甚至还有家具、卫生洁具企业都纷纷参与机器人的研制。

在国外，应用于制造业的机器人取得了较显著进展，已成为一种标准设备而得到工业界广泛应用，机器人产业是继汽车、计算机之后出现的一种新的大型高技术产业。纵观世界各国在发展工业机器人产业过程中，可归纳为三种不同的发展模式，即日本模式、欧洲模式和美国模式：

（1）日本模式，此种模式的特点是：各司其职，分层面完成交钥匙工程。即机器人制造厂商以开发新型机器人和批量生产优质产品为主要目标，并由其子公司或社会上的工程公司来设计制造各行业所需要的机器人成套系统，并完成交钥匙工程；

（2）美国模式，此种模式的特点是：采购与成套设计相结合。美国国内基本上不生产普通的工业机器人，企业需要机器人时通常由工程公司进口，再自行设计、制造配套的外围设备，完成交钥匙工程；

（3）欧洲模式，此种模式的特点是：一揽子交钥匙工程。即机器人的生产和用户所需要的系统设计制造，全部由机器人制造厂商自己完成。

目前日本制造商仍然占据全球机器人市场的最大份额，约为60%，剩下的其他市场份额大部分被欧洲和美国的制造商分享。全球四大机器人制造商，也就是瑞士的ABB、德国的KUKA、日本的Yaskawa和Fanuc都已经在中国设有工厂。中国制造商的发展速度虽快，但仅获得了15%的市场份额。

美国和日本多年来引领国际机器人的发展方向，代表着国际上机器人领域的最高科技水平。

美国在机器人领域的技术开发方面，一直保持着世界领先地位。再有，美国主要做高附加值的产业，比如军用机器人，目前世界销售的9000台军用机器人之中，有60%来自美国。比如美国最近研制成功的BigDog军用机器人，能负重100公斤，行进速度跟人相当，每小时达到五公里，还能适应各种地形，即使是在侧面受到冲击时也能保持很好的系统稳定性。

美国在工业机器人方面，亚马逊除了无人机外，还在2012年3月以7.75亿美元收购的Kiva Systems工业机器人公司生产的Kiva机器人，即自导航物流小车。这些机器人的外形酷似橘红色大型吸尘器，能把装满货物的架子直接运送到负责分拣的工人面前，工作准确率能达到99.99%，大大降低了人为出错的概率。根据机器人特质和自身任务不同，机器人被分为Bot－Mobile、Jack－in－the－Bot以及Betty－Bot等好几类。由于精心设计的路线，他们在货架之间穿行的速度能够达到10公里每小时，不但不会出错，而且还顺利完成任务。数据采集装置为货架上的条形码与机器人本身所装有的摄像头，两者共同工作从而确保动态、快速和高效率的机器人导航。

还有美国 Adept Technology 公司，是一家专业从事工业自动化的高科技生产企业，产品包括各种系列的机械臂，可以用于产品包装、测试、分选、装卸等各种机械设备中。其中 AIV 自导航物流小车可以利用声纳、激光、光学、视觉传感定位，自动画出室内的地图并智能导航，不需要像普通的 AVG 那样需要磁导航条，而且上方可增加机械手，成为一个真正的可移动机器人。另一款 DELTA 蜘蛛手机器人 Quattro™s650H，运行周期速度最快达 0.3 秒。

瑞典 ABB、德国 KUKA、意大利 COMAU、法国 STAUBIL、丹麦 UR 是欧洲工业机器人的优秀代表，有多年的应用实例，是欧洲自动化工业快速发展的代表。以下简单介绍几家公司的背景及应用情况：

ABB 集团位列全球 500 强企业，集团总部位于瑞士苏黎世。ABB 由两个历史 100 多年的国际性企业瑞典的阿西亚公司（ASEA）和瑞士的布朗勃法瑞公司（BBC Brown Boveri）在 1988 年合并而成。ABB 是全球领先的工业机器人供应商，同时提供机器人软件、外设、模块化制造单元及相关服务，产品广泛应用

于弧焊、点焊、搬运、装配、喷涂、精加工、拾料、包装、堆垛等方面，目前是世界上工业机器人应用案例最多最全的公司。

与机器人配套的三款夹具均属 FlexGripper 系列，包括：夹板式夹具，分两种型号，适用于箱盒码垛；大功率夹爪式夹具，适合高速码袋；真空吸盘夹具，其特点是一次最多能搬运 5 件产品。

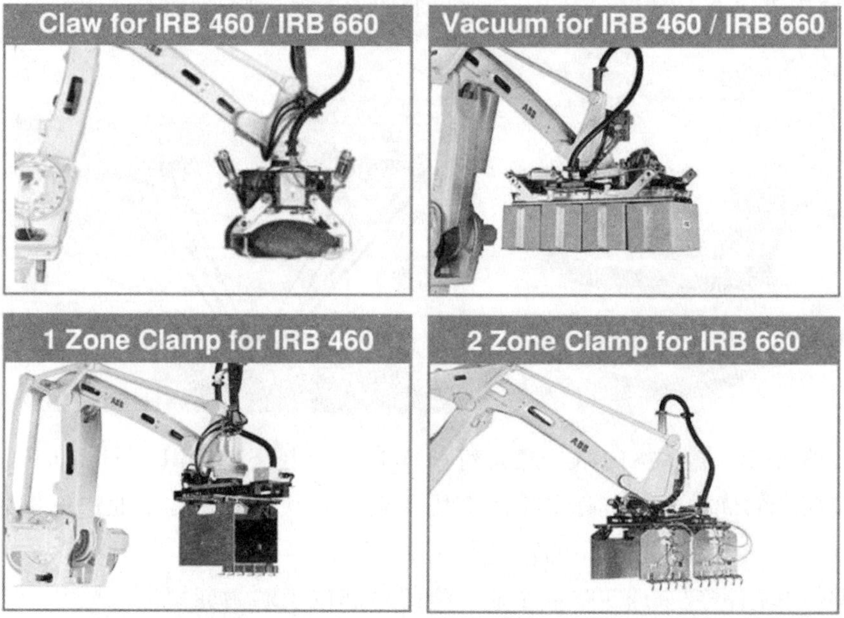

德国 KUKA 机器人公司成立于 1898 年，总部设在德国奥格斯堡，是机器人领域的世界顶尖制造商，产品应用范围包括点焊、弧焊、码跺、喷涂、浇铸、装配、搬运、包装、注塑、激光加工、检测、水切割等各种自动化作业，库卡机器人客户有奔驰、宝马、保时捷、奥迪、通用、福特汽车、大众、波音、西门子、可口可乐、宝洁等众多世界著名企业。库卡机器人作为机器人和自动化技术领域的先驱，是全球领先的工业机器人制造商。库卡公司的工业机器人种类齐全、多种多样，几乎涵盖了所有负载范围和机器人类型。以 WINDOWS 操作平台兼容控制系统，软件包完善了库卡公司的产品系列，包括库卡的手持控制器 smartPAD 和 KRC4 系统控制柜。

在此特别例举KUKA给奔驰汽车生产的整车工厂自动化流水线，主要用于车身制造，分四大工艺：

第一道工序：冲压，机器人将钢板送入冲压机床，分别加工成车门板、车顶盖板及前后盖板，设备用冲压机，用冲压模具。若有多余部分可以使用机器人激光切割，完成3D曲面处理。

机器人冲压搬运应用

机器人激光切割应用

第二道工序：焊装，机器人将冲压后的一块块半成品钢板组合起来，组成车门板，车顶。车侧围板，车底板等，用焊装夹具夹好并定好位，保证相对位置，且压紧，然后用焊机机器人点焊固定起来，再组装成一台驾驶室，焊接用的设备一般用点焊机，设备在生产时要控制好电流、电压，点焊机分悬挂式点焊机与固定式点焊机。还有能将两块要焊在一起的钢板组合好、定好位并夹紧的夹具装置。焊装的质量检查要检查焊接牢固强度；并用检具检查钢板焊好后是否变形；再就是整个车身做好后用三坐标检测车身的精度，看形状、位置是否偏、歪等。焊好后的车身的形状与位置精度要用三坐标设备进行抽查，也就是三坐标检测。

机器人焊接生产流水线

第三道工序：涂装，也就是给车身上油漆。喷涂机器人吊装或壁挂在喷涂房顶上或侧壁，车身一到指定位置，机器人便按工艺要求进行喷涂动作，喷枪按设定喷出相关颜色涂料。

机器人喷涂生产流水线

第四道工序：总装，也就是将车身与外购的其他零部件组装在一起，变成一台完整的汽车。机器人在自动化流水线上固定，车架在线体上准确动行。当线体经过某一点时触发了红外传感器，信息传送给机器人，机器人根据当前工艺已设计好工装夹具，将所需的车轮、发动机、变速箱、方向机、传动轴、车桥等总成与座椅、玻璃、雨刷器等部件装配起来。

机器人安装侧门

机器人安装挡风玻璃

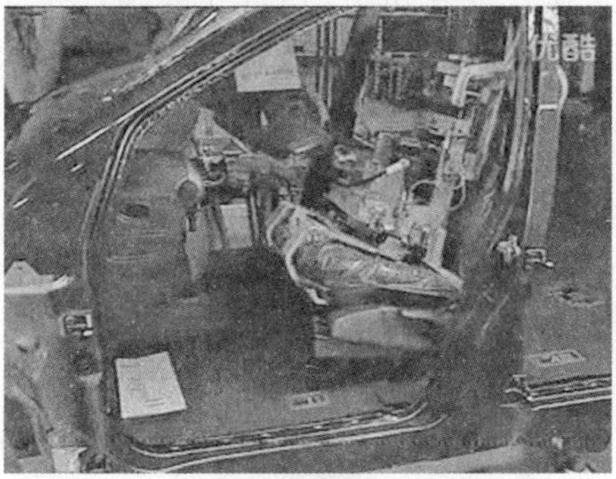

机器人安装座椅

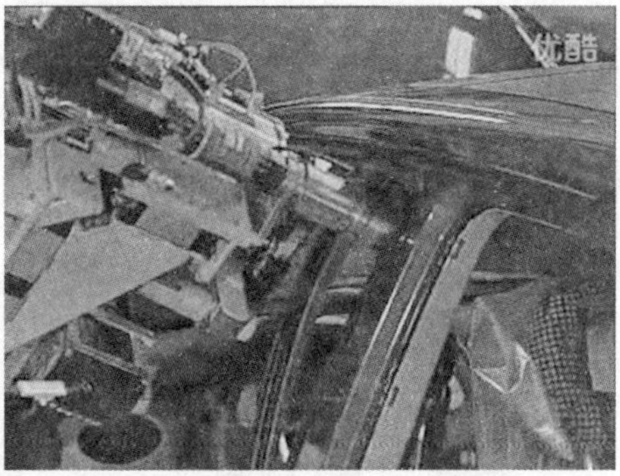

机器人安装侧门窗封密胶条

Universal Robots 是一家业务遍布全球的丹麦机器人制造商，UR 的机器人因独特的图形用户界面使编程非常简单，而且能快速地转换任务。能满足大部分工业企业和生产企业的需求，并以“故障最小化”的概念建造的，即使出现故障也可以迅速并方便地修理。UR 工业机器人极具灵活性的设计，以电流监控技术能够真正地实现人机互动。

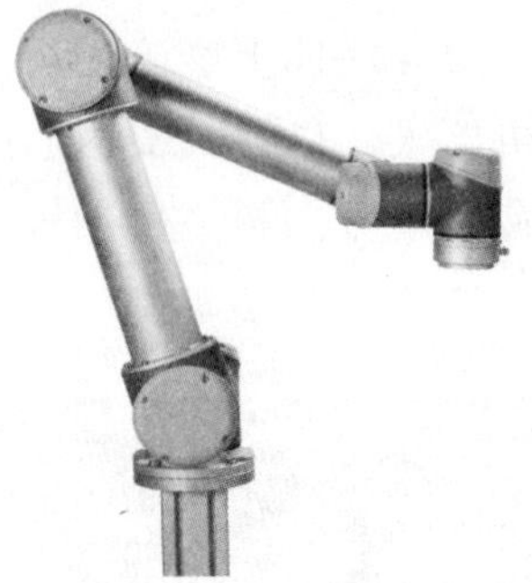

意大利 COMAU 成立于 1978 年，总部位于意大利都灵，属菲亚特集团成员。作为全球化制造系统集成商，柯马为汽车、飞机制造等众多行业提供工业自动化系统和全面维护服务。从产品的研发，整体工艺解决方案及成套自动化系统装备，直至工业维保服务，为全世界的客户提供完整的工程解决方案。目前，柯马在全球 13 个国家拥有 24 个运营中心，因此可以在各种领域提供定制化解决方案和本地化支持。柯马最新一代 SMART 系列机器人是针对搬运、码垛、点焊、弧焊、压机自动连线、铸造、涂胶、组装和切割的智能自动化应用方案的技术核心。其中获得专利的“中空腕”机器人 SMART NJ4 在点焊领域更是具有无以伦比的技术优势。而最新 RACER 机器人，称之为目前世界上速度最快的 6 轴机器人。

瑞士 STAUBIL 史陶比尔集团是纺织机械、工业连接器和工业机器人这三大领域机电一体化解决方案的专业供应商。这家拥有 4000 多名员工的企业创造了

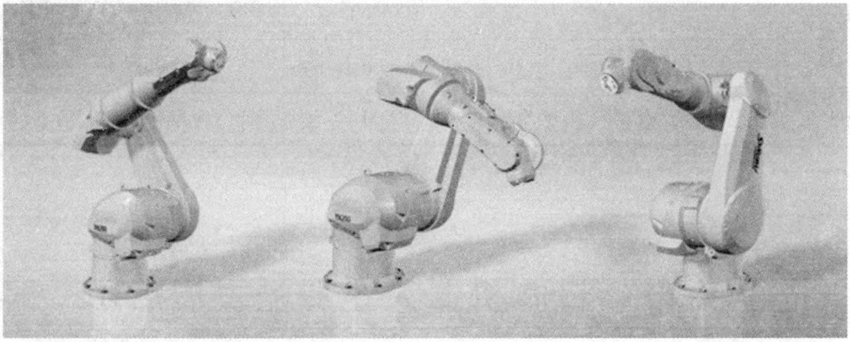

超过 10 亿瑞士法郎的年营业额。从最初 1892 年在苏黎世—贺根市（Zürich）创办的一家小作坊，史陶比尔而今发展成为一个跨国集团，总部设在瑞士的法菲孔（Pfäffikon），为全世界所有工业行业提供创新的解决方案。根据笔者了解，史陶比尔在重型机器人的重复定位精度和齿轮啮合度，是全球最顶级的。

外国知名工业机器人本体生产厂家列表

品牌	所属公司	国家	品牌	所属公司	国家
YASKAWA	安川电机	日本	EPSON	精工爱普生	日本
NACHI	那智不二越	日本	YAMAHA	雅马哈发动机株式会社	日本
JANOME	车乐美	日本	IAI	艾卫艾	日本
FANUC	发那科	日本	Toshiba	东芝机械	日本
DENSO	电装株式会社	日本	Nabtesco	帝人制机	日本
Kawasaki robot	川崎重工业株式会社	日本	Mitsubishi Electric	三菱电机	日本
Panasonic	松下株式会社	日本	OTC	大阪变压器株式会社	日本
KUKA	库卡	德国	HIRATA	平田	日本
ADEPT	爱德普	美国	YUSHIN	有信	日本
STUAA	斯图加特航空自动化	德国	HRRMO	哈默	日本
REIS	徕斯机器人集团	德国	KOMATSU	小松	日本
Wittmann	威猛	奥地利	ROBOSTAR	罗普伺达（LG 产电）	韩国

（续表）

品牌	所属公司	国家	品牌	所属公司	国家
ABB	ABB	瑞典	HYUNDAI	现代重工	韩国
Leister	莱斯特	瑞士	Universal Robots	优傲机器人	丹麦
STAUBIL	史陶比尔	瑞士	COMAU	柯马（菲亚特集团）	意大利

第六节　日本机器人企业的发展启示

日本工业机器人的发展令人瞩目，素有“机器人王国”之称。在其经历了短暂的摇篮期之后，快速跨过实用期，迈入普及提高期。在20世纪80年代和90年代初期，日本的工业机器人可谓处于繁荣鼎盛时期，似乎无所不能。因国内市场需求畅旺，使得日本企业直到20世纪80年代末才把出口看成是发展的目标之一，然而自20世纪90年代中期开始，随着欧洲和北美工业机器人产业的崛起，国际市场的格局发生了明显的变化。

由于海内外市场竞争激烈，日本企业在降低成本、改善产品和开发新市场等方面也被迫加速。在竞争厂商众多的情形下，企业不但要改善现有产品，还要不断推出新产品，这种主动的形势也有助于改善强化机器人产业内部和大环境的条件。21世纪初日本的工业机器人又开始重新焕发生机，尤其是伴随着中国和其他周边国家对工业机器人需求的增长，以及日本本国早年工业机器人因服务期限而带来的更新换代，预期将对日本工业机器人的发展起到积极的作用。在渡过了几年的低迷期之后，近10年来日本机器人的出口金额已超过其国内的销售金额。

据日本机器人协会的统计，2004年全年日本工业机器人的订单较去年增长了17.8%，达到了4995.6亿日元（48亿美元），是连续第三年大幅度增长。2004年全年日本工业机器人销售额为4458.3亿日元，同比增长13.4%。2005年第一季度，日本工业机器人销售额为1289亿日元，较去年同期增长13.6%。从工业机器人出口情况看，日本堪称出口大国。2004年出口额达到2788亿日元（27亿美元），较2003年大幅增长20.7%，这很大程度上得益于中国和其他亚洲国家对工业机器人需求的大幅增长。

日本机器人发展现况是本体厂商来自各种产业，有些从下游使用客户转进，有些是上游供应商或关联厂商，也有小型的创业公司。绝大多数的厂商本身也是机器人的使用者，如三菱重工（Mitsubishi Heavy Industry）、松下（Panasonic）、东芝精机（Toshiba Machine）、发那科（Fanuc）、安川电机（Yaskawa）等，这使得它们因为内部使用上的精益求精，发展出更多崭新制造技术。而且注重中间件的研制，比如机器人减速器已在全球拥有绝对的市场占有率。

机器人精密减速器

减速器中空穿线示意图

日本在20世纪60年代末正处于经济高度发展时期，年增长率达11%。第二次世界大战后，劳动力趋于紧张的日本，因高速的经济发展加剧了劳动力严重不足的困难。而此时，美国研制成功的工业机器人无疑为日本的工业发展带来了福音，1967年日本由川崎重工业公司从美国Unimation公司引进机器人及其技术，建立起生产车间，并于1968年试制出第一台川崎的“尤尼曼特”机器人。

极大地缓解日本劳动力不足的工业机器人，受到了日本企业的热烈欢迎。再加上日本政府在经济上采取积极的扶植政策，进一步鼓励发展和推广应用机器人，激发了企业从事机器人产业的积极性。尤其是政府对中、小企业的一系列经济优惠政策，如由政府银行提供优惠的低息资金，鼓励集资成立机器人长期租赁公司，公司出资购入机器人后长期租给用户，使用者每月只需付较低廉的租金，大大减轻了企业购入机器人所需的资金负担；政府把由计算机控制的示教再现型机器人作为特别折扣优惠产品，企业除享受新设备通常的40%折扣优惠外。还可再享受13%的价格补贴。此外，国家还出资对小企业进行应用机器人的专门知识和技术指导。

一系列扶植政策，使日本机器人产业迅速发展起来，经过短短的十几年。到20世纪80年代中期，日本已一跃成为“机器人王国”。其机器人的产量和安装的台数在国际上跃居首位。按照日本产业机器人工业会常务理事米本完二的说法："日本机器人的发展经过了60年代的摇篮期，70年代的实用期，到80年代进入普及提高期。并正式把1980年定为产业机器人的普及元年，开始在各个领域内广泛推广使用机器人。"

这里值得一提的是爱普生机器人的发展，精工爱普生公司（Seiko EPSON Corporation）成立于1942年5月，总部位于日本长野县诹访市，是数码影像领域的全球领先企业。爱普生集团通过富有创新和创造力的文化，提升企业价值，致力于为客户提供数码影像创新技术和解决方案。截至2004年3月，精工爱普生集团已经在世界各地发展了110家公司，拥有员工数量84899名。日本精工爱普生公司是爱普生集团的核心企业，该公司已在东京股票交易所上市。爱普生集团2003年财年销售额达14132亿日元（合128.5亿美元）。

提到爱普生（EPSON），人们的第一反应往往是打印机和投影机，而爱普生机器人近年来在工业机器人领域的快速发展，正广泛吸引着来自制造业的关注。自2010年起，爱普生已连续三年位居全球SCARA市场首位。目前SCARA是爱普生最具代表性的水平多关节机器人。出色动作特性的背后是爱普生机器人通过伺服控制、精密减速、编码定位和软件编程实现的高效结合。

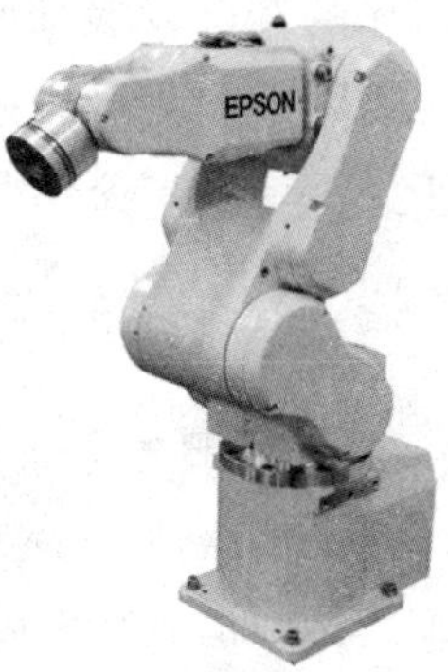

手表制造是精工爱普生事业的根基，爱普生凭借独特的技术研发能力，至今已形成了信息关联产品，如打印机、投影机；电子元器件以及以手表为代表的精密仪器三大业务基础。

爱普生机器人1982年进行自动化改造自行设计，原本是为精工手表工厂的手表组装线，于1983年推出第一台用于精密组装的SCARA机器人。经过多年的反复修改和测试，现在已经成为全球销量第一的桌面式工业机器人。

在2009年10月，爱普生机器人正式在中国成立服务中心和营销总部，该

部门隶属于爱普生（中国）有限公司，全面负责中国爱普生工业机器人产品的市场推广、销售、技术支持和售后服务。新总部成立后，首先对中国爱普生机械手的市场价格进行了重新定位，于当年全面进入 6 轴机器人市场，使得爱普生机器人产品更加符合中国先进制造企业的实际需求。与此同时，爱普生机器人也在寻找有实力的合作伙伴，共同开拓中国市场，并于 2013 年成立工业解决方案运营部，依托全球化的销售和服务网络，通过与系统集成商的紧密合作，帮助制造业用户提升生产率并实现稳定运营。目前以区域划分成华北、华东、华南经销区，而机器人的大部分销售量是以华南和华东的电子行业发达区域为主。

日本也比较关注特种机器人和服务机器人，在全球很多国家的富豪家庭里都会有，机器人家庭服务已经成为富豪们的新宠。在亚洲，日本已经开始考虑为家庭机器人制定国际通用安全标准。各大企业为在这一诱人的万亿美元的市场上抢得先机和长久得利而努力，也在相关技术与设计方面力争领先，从而以自己的产品标准成为行业标准、国家标准甚至是未来的国际标准。而一旦这一目标得以实现，那么日本各企业未来将在机器人领域重演美、日企业以往在计算机、通信、网络、软件等领域所成就的霸主地位。

以安川电机为例，其事业范畴向多元化发展，不单只限于工业或制造。安川电机的目标聚焦于工业机器人的核心事业。安川电机此刻正进行多项新型机器人的研究开发，包括新型工业机器人、自动搬运机器人、自动多功能机器人。

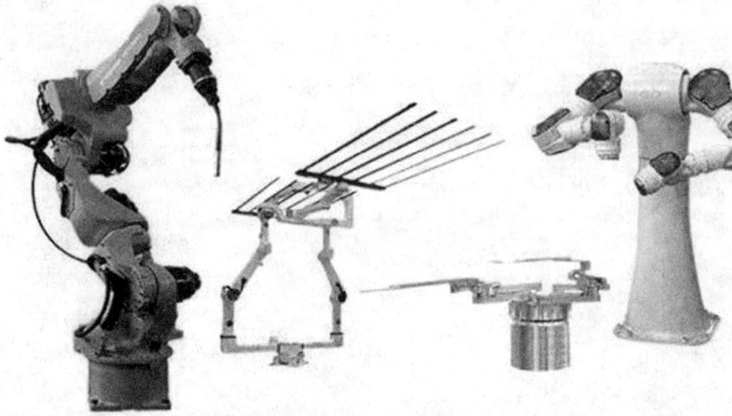

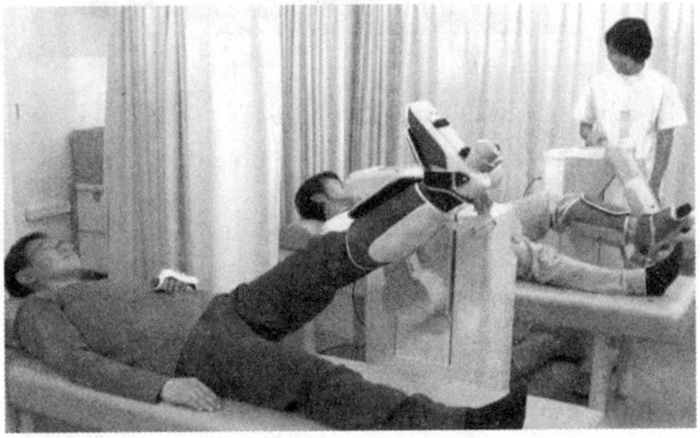

同时开创更容易使用且功能更接近人类需求的机器人市场，这些新兴的机器人市场包括与人共同生存（co－existence with people）的机器人、协助人类（assistance for people）的机器人等，基于在未来社会与人类共存与合作的假设，由机器人SmartPal开始。该公司致力于将目前的工业机器人转而应用于服务领域，以加速服务型机器人市场的扩大，并带动其他多项研究活动。为达到前述基于公司原有核心技术与产品，并扩展新兴领域应用范畴与市场的目标，推出导览与服务机器人等最新出品的“心绘”（COCOROE）下肢康复训练器LR2。

日本三菱重工业公司的第三代智能产品，机器人的名字叫“Wakamaru”。这款机器人还可以帮主人看家，有人闯入时会发出警告，也能当护士级的看护，帮忙注意病人的状况。这个机器人也能充当秘书，可以记下备忘录和约会时间，设定好就能提醒主人什么时候该做什么事情。据现场了解，这个能自主走路、说话、干活，同时还能照顾人类、保卫家庭安全的家庭机器人只有半米高，体重约20千克，头部、五官、身体和可供行走的双脚一应俱全，还能开口说话。

日本本田技研工业株式会社研制的仿人机器人“ASIMO”阿西莫，是2013年最先进的仿人行走机器人。这款机器人模仿人类的动作更精准，以达到帮助人类，特别是行动不便者为设计目的。据报道，现在的“阿西莫”不但能跑能走、上下阶梯，还会踢足球和开瓶倒茶倒水，动作十分灵巧。

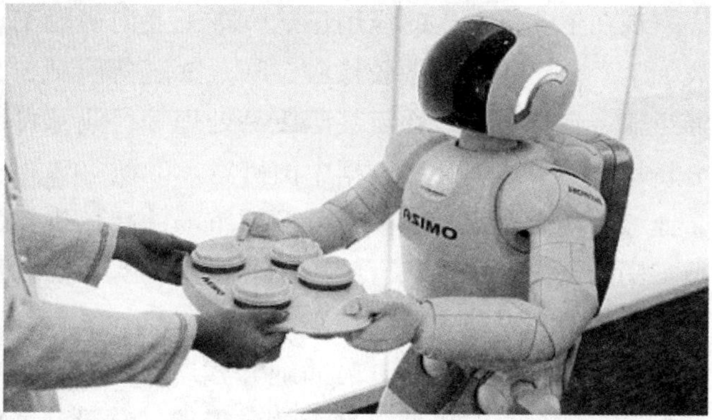

日本政府和企业充分信任机器人，大胆使用机器人。在解决劳动力不足、提高生产率、改进产品质量和降低生产成本方面，发挥着越来越显著的作用，成为日本保持经济增长速度和产品竞争能力的一支不可缺少的队伍。

日本在汽车、电子行业大量使用机器人生产，使日本汽车及电子产品产量猛增，质量日益提高，而制造成本则大为降低。从而使日本生产的汽车能够以价廉的绝对优势进军号称“汽车王国”的美国市场，并且向机器人诞生国出口日本产的实用型机器人。此时，日本价廉物美的家用电器产品也充斥美国市场，这使“山姆大叔”后悔不已。日本由于制造、使用机器人，增强了国力，获得了巨大的好处，迫使美、英、法等许多国家不得不采取措施，奋起直追。

日本机器人产业发展至世界领先地位，背后有各个重要上游产业的支持。其他国家没有像日本那样有完整的机器人产业群聚（Cluster）。这个产业群聚中，机器人制造商与上游供应商、使用客户间紧密联系，很多时候它们的关系是一整体的各个面，彼此密切配合加速了产业的创新。

中国同样拥有完整的产业供应链，在控制系统研发合作上，学习日本模式，像埃夫特与汇川合作；在机器人集成应用上，学习美国模式，即雷柏科技与ABB合作。

由日本的机器人发展趋势可推知，工业机器人发展三阶段：一是以自产自销式应用成功案例开始向外销售，二是以开发符合国际市场需求的服务方案和发掘中小企业潜在需求为过渡，三是未来将向生产标准智能机器人方向发展。

第七节　中国工业机器人企业发展现状

现在工业机器人的应用正从汽车工业向一般工业延伸，除了之前提到的金属加工、食品饮料、塑胶橡胶、3C、医药等行业，机器人在风能、太阳能、交通运输、建筑材料、物流甚至废品处理等行业都可以大有作为。一位业内人士分析称，尽管外资品牌占据中国机器人市场90%以上的市场份额，本土机器人企业综合实力有限，但在细分领域市场的特色机器人，有望成为中国机器人产业突围的方向之一。只有瞄准细分市场，有针对性地开发，提供差异化产品与服务，才能在夹缝中寻求突围之道。

另外企业必须要有自己的细分客户群，不然很难生存下去。未来细分市场增长动力强劲，对机器人呈个性化需求。对于整个机器人行业，传统工业机器人的市场爆发，新的应用行业需要新的产品，产业资源急需统筹整合。在统筹布局下，企业正逐步将视野投向新市场。在这新一轮的市场竞争中，机器人生产企业将面临新一轮洗牌，一大批没有核心技术的企业或将被淘汰。

中国工业机器人企业目前处于发展的起步阶段，沈阳新松机器人、广州数控、南京埃斯顿、安徽埃夫特，是中国机器人生产企业的第一梯队，目前的营销模式都是走系统集成商和OEM的销售方式。近年有不少上市公司纷纷加入机器人行列，如新时达、慈星股份、雷柏科技、佳士科技、巨轮股份、配天集团等一大批企业。

沈阳新松机器人为A股上市公司，是沈阳自动化研究所旗下的公司。由于国企背景，承接很多国家和军方项目，也经常被中央电视台报道。新松的主要业务是系统集成，也代理其他品牌的机器人。新松也拥有自主研发的搬运、码垛、焊接机器人，销售最多的是AGV物流小车机器人。

广州数控和南京埃斯顿都是机器人本体制造商，都是以机床数控系统起家，然后向下游拓展，进入了伺服电机和机器人领域。广州数控的伺服电机主要应用于切削机床，而埃斯顿的伺服属于通用伺服，应用于多种行业。根据2013年工控网的伺服行业报告，埃斯顿的通用伺服在国产伺服里销量排行第一。这两家公司还都拥有自主研发的机器人控制器，他们在发展历程上与世界四大家族里的发那科和安川很接近。

安徽埃夫特是奇瑞汽车和芜湖市政府联合组建的公司。埃夫特没有自主研发的核心零部件，所有部件全部外购，再在安徽芜湖的工厂进行组装。埃夫特比较注重和集成商之间的合作。目前以搬运、喷涂应用机器人为主。

2013 年中国购买并组装近 3 万 7 千台工业机器人，其中外资机器人普遍以 6 轴或以上高端工业机器人为主，几乎垄断了汽车制造、焊接等高端行业领域，占比 96%。而国产机器人主要应用还是以搬运和上下料机器人为主，处于行业的低端领域。

从产品结构看，坐标机器人和多关节机器人销售位居前两位，分别占总销量的 35% 和 31%。从应用领域看，搬运上下料机器人销量占总销量的 45%，位居第一位；焊接机器人销量占比为 26%，位居第二位。从应用行业看，上半年国产工业机器人主要应用于国民经济 48 个中类行业之中，其中计算机制造业、汽车零部件及配件制造业、输配电及控制设备制造业应用较为集中，共计占销售总量的 45%。

国内工业机器人负载、运动类型需求分析图：

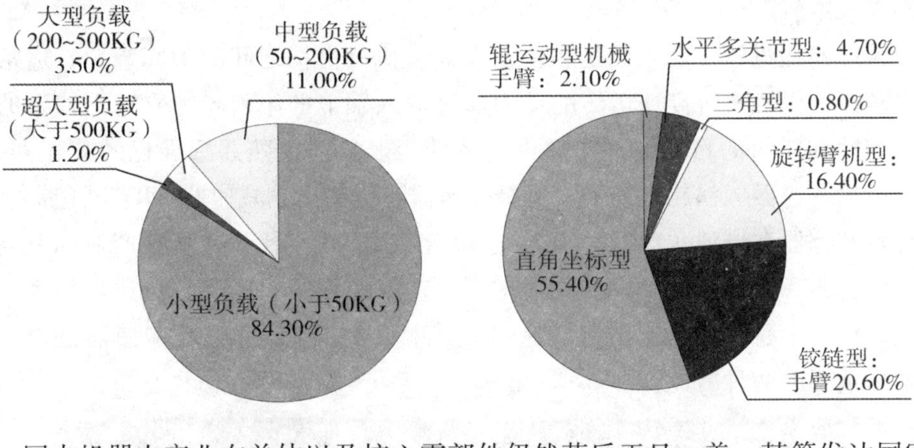

国内机器人产业在单体以及核心零部件仍然落后于日、美、韩等发达国家，尽管我国在工业机器人的相关基础零部件方面已经有了很好的基础，但是无论从质量、产品系列方面，还是批量化供给方面都与国外的产品有较大的差距，特别是在高性能交流伺服电机和高精密减速器方面的差距尤为明显。中国作为机器人最大的市场，缺乏核心技术，核心部件存在严重瓶颈。

机器人共 4 大组成部分，本体成本占 22%，伺服系统占 24%，减速器占 36%，控制器占 12%。除本体外的三大核心零部件指机器人传动系统、控制系统和人机交互系统，并具有通用性和模块化的部件单元，对机器人性能起到关键影响作用，决定了机器人的性能、质量及价格，是机器人产业发展必不可少的一个环节。

国产机器人本体成本远高于国外同类产品，特别是减速器，是一种精密的机械传动部件，是机器人必不可少的功能部件。国内企业购买进口减速器的价格是国外企业价格的将近5倍，而且减速器基本被日本两家公司垄断。在世界机器人四大家族中，仅仅安川使用部分自制的减速器。其他三大家族仍坚持使用纳博等专业减速器厂家生产的减速器产品。可见，生产减速器的难度之高，因此现在国内制造工业机器人成本较高。

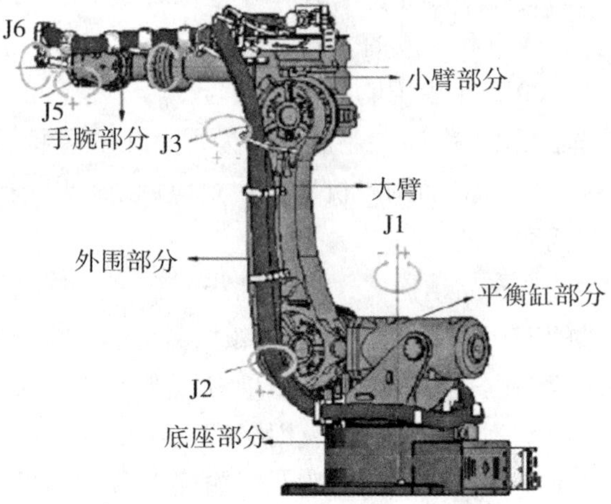

六轴工业机器人6个自由度位置图

减速器在机械传动领域是连接动力源和执行机构之间的中间装置，通常它把电动机、内燃机等高速运转的动力通过输入轴上的小齿轮啮合输出轴上的大齿轮来达到减速的目的，并传递更大的转矩。目前成熟并标准化的减速器有：圆柱齿轮减速器、涡轮减速器、行星减速器、行星齿轮减速器、RV减速器、摆线针轮减速器和谐波减速器。20世纪80年代和90年代，在新兴产业如航空航天、机器人和医疗器械等发展的需求下，需要结构简单紧凑、传递功率大、噪声低、传动平稳的高性能精密减速器，其中RV减速器和谐波减速器是精密减速器中重要的两种减速器。

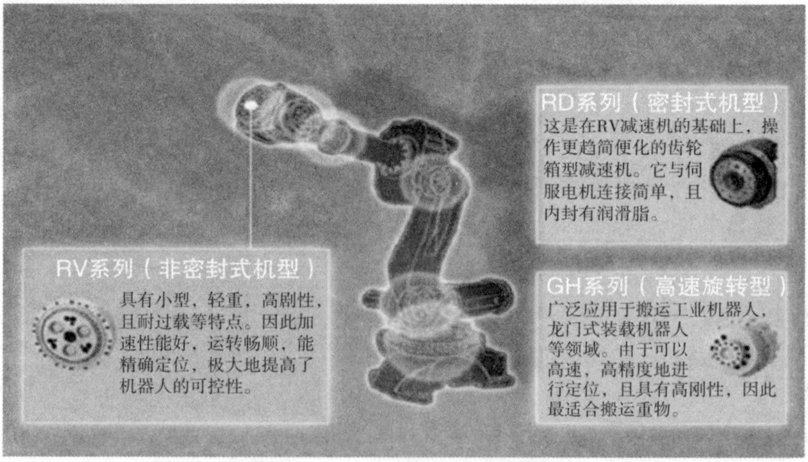

六轴工业机器人上精密减速器位置分布

RV（Rot－Vector）减速器

RV 减速器是在摆线针轮传动基础上发展起来的，具有二级减速和中心圆盘支承结构。自 1986 年投入市场以来，因其传动比大、传动效率高、运动精度高、回差小、低振动、刚性大和高可靠性等优点是机器人的“御用”减速器。

RV（Rot－Vector）减速器

RV 减速器的结构图

谐波减速器

谐波减速器由三部分组成：谐波发生器、柔性论和刚轮，其工作原理是由谐波发生器使柔轮产生可控的弹性变形，靠柔轮与刚轮啮合来传递动力，并达到减速的目的；按照谐波发生器的不同有凸轮式、滚轮式和偏心盘式。谐波减速器传动比大、外形轮廓小、零件数目少且传动效率高。单机传动比可达到 50～4000，而传动效率高达 92%～96%。

谐波减速器实物

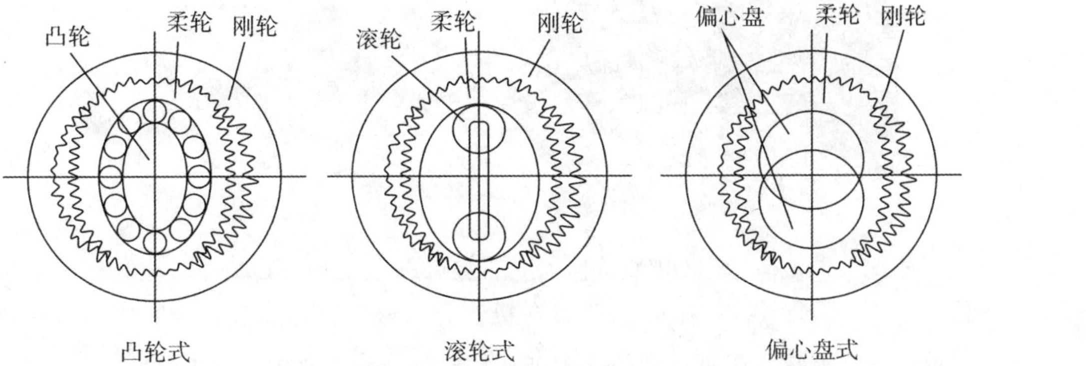

三种常见的谐波减速器类型

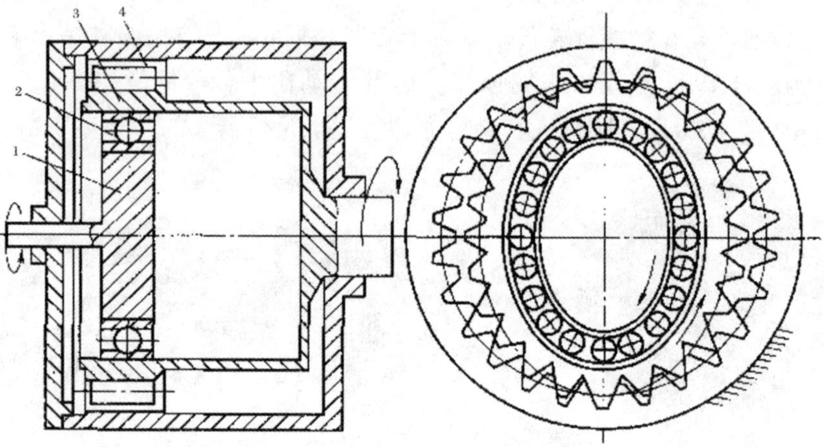

谐波减速器运动轨迹

（1）椭圆盘波发生器　（2）柔性轴承　（3）柔轮　（4）刚轮（外廓）

行星减速器

行星减速器就是有三个行星轮围绕一个太阳轮旋转的减速器。行星减速器体积小、重量轻，承载能力高，使用寿命长、运转平稳，噪声低。具有功率分流、多齿啮合独用的特性；是一种用途广泛的工业产品，其性能可与其他军品级行星减速器产品相媲美，却有着工业级产品的价格，被应用于广泛的工业场合。

行星减速器应用

行星减速器放大图

相比于谐波减速器，RV 减速器具有更高的刚度和回转精度。因此在关节型机器人中，一般将 RV 减速器放置在机座、大臂、肩部等重负载的位置；而将谐波减速器放置在小臂、腕部或手部；行星减速器一般用在直角坐标机器人上。

伺服电机，作为机器人的核心零部件之一，能够驱动机器人跟随外部指令进行相应运动。国产伺服电机应用到机器人上最大的挑战就是缺乏相应的配套设计，即做伺服的企业对机器人不了解，而做机器人的企业对伺服也不了解，导致机器人无法形成一套完整设计方案。现在汇川科技已经在通用伺服领域有多年的积累，成功研发出了机器人专用伺服驱动器和电机，在伺服核心部件领域已经先拔头筹。

在控制器方面，广州数控和南京埃斯顿等企业都相应推出了自主研发的控制系统。经过多年积累，国内机器人控制器所采用的硬件平台和国外产品并没有太大差距，差距主要体现在控制算法，仿真与离线编程和应用软件包上。除核心算法外，埃斯顿已经拥有了完整的焊接和码垛软件包和离线编程与仿真的能力，可为多种行业的客户提供高品质的产品和服务。

国内中低端机器人集成应用，虽然在意成本，但对品质的要求并不低。从目前国内机器人生产模式来看，其单价如果不降低，机器人产业化形成将面临挑战。企业年产量1000台规模难以形成价格优势，只有年产量超过1000台，才有一定的规模效应。因此，中国如果想要形成机器人产业化，必须让核心零部件国产化加速提上日程。截至2014年，除了广州数控以外，南京埃斯顿和安徽埃夫特等国产机器人企业均选择外购减速器以确保机器人的精度和稳定性。现在苏州绿的、恒丰泰、秦川发展都有研发减速器，已经有了很大技术突破，但还需时日验证。

开展关键技术研究，需要时间、人力、物力，在政策主导下各企业抱团共同突破技术难度。工业机器人技术尽管发展得相对成熟，但是工业机器人技术也在不断地发展，需满足不同产品需求的新机器人构型，如具有力觉、机器视觉及多种传感器的机器人运动控制技术等。现阶段国内机器人厂商在高端领域不能直接与国外企业竞争。而在中低端领域，最终用户对机器人的性价比要求极高，这就要求国产机器人在成本和性能方面有很好的把握。这时，占据机器人75%成本的核心零部件就显得格外突出。换句话说，核心零部件的突破对国产机器人能否在机器人舞台占据一席之地至关重要。

科技部“十二五”服务机器人重点项目专家组组长、北京航空航天大学iTR服务机器人重点实验室主任王田苗透露，国产机器人的可靠性较外资品牌仍有很大差距，其寿命只有8000小时，而外资品牌可以达到5万～10万小时，主要是传动结构件的精度存在缺陷。

中国机器人的故障率是国外的8～10倍，小问题很多。国内企业至少落后国外20年以上，在中国，年产量在5000台机器人以下的企业，很难赚到钱，这是一个盈亏平衡点。

国内的机器人公司曾经参加国内一家大型家电企业的招标，尽管价格比国外便宜接近一半，但最后，那家家电企业仍然选择了国外企业的机器人。由于缺乏品牌优势，国内的用户对国产机器人的质量还是持怀疑态度。

虽然与国外机器人品牌相比，本土的机器人厂家技术成熟度和品牌知名度不够，但却更加了解中国机器人市场的需求，知道哪里可以用机器人，哪里必须用机器人。根据实际情况在庞大的市场中去深挖细分，开拓出新的机器人应用领域，而这些领域往往是国外品牌很少关注的方向，在这些领域尚没有涉足或者形成垄断时。中国本土企业可以迅速地成长，早先布局，形成对该行业的垄断。先从外国企业不做的低端领域做起，积累经验，没有必要盲目追求高精尖。实用才是硬道理，这也符合目前中国的市场需求。

另外中国机器人的品牌建设水平与生产制造能力相比仍存在较大差距，各类产品多以代工生产或贴牌生产为主，自主品牌不到20%。除了政策方面应加大对自主品牌出口的扶持外，尤其要对于拥有专利技术、超高性能指数的企业给予政策、税收等方面的支持，推动其在国际市场的销售。

与此同时，机器人生产企业应积极提高自主品牌意识和产品质量，针对不同客户的不同需求，完成项目从成本优势型向技术优势型的升级，也可通过收购兼并国际品牌，培育具有自主知识产权的拳头产品，形成一批国际品牌和区域品牌，扩大自主品牌的出口，推动我国从“制造大国”向“品牌大国”的转变，促进“中国创造”真正进入国际市场。

中国工业机器人产业逐步壮大，中国机器人市场需求快速增长，但面对外国机器人的竞争，中国工业机器人无法正面地在成熟的汽车工业机器人上硬拼，但是在其他未成熟行业，如电子行业、日用品行业可以进行摸索。当下的中小企业有很强的机器换人的需求，可在满足中小企业需求下发展机器人产业，在发展壮大后，然后再与汽车工业、电子领域的国外企业竞争。

另外我国的服务机器人市场从2005年前后已开始出现，但我国在服务机器人的研发与日本、美国等国家相比起步较晚，与发达国家差距比较大。因为服务一般都要结合特定市场进行开发，本土企业更容易结合特定的环境和文化进行开发并能获得良好的市场定位，从而保持一定的竞争优势；另一方面，外国的服务机器人公司也属于新兴产业，大部分成立的时间还比较短，因而我国的服务机器人产业有着很大的机遇和可发展空间。

第八节　产业升级的挑战与机遇

中国经济长期以出口和投资为主，在全球经济危机、国内消费需求不足、经济不振等多种不利的形势下，出现了越来越多的困难，而出口产业以劳动密集型为主，需处理好转型升级与转移的关系问题，才能实现我国经济的可持续发展。

目前中国是全球最大的汽车市场和最大的汽车生产基地，汽车行业是中国使用机器人最多的产业，其占到全球运行机器人总量的40%左右。但是汽车产业的机器人应用已经基本稳定，欧美和日本技术非常成熟，国产机器人很难进入此行业。紧随汽车制造业之后，广泛使用机器人的行业将是家电行业、电子产品制造业。

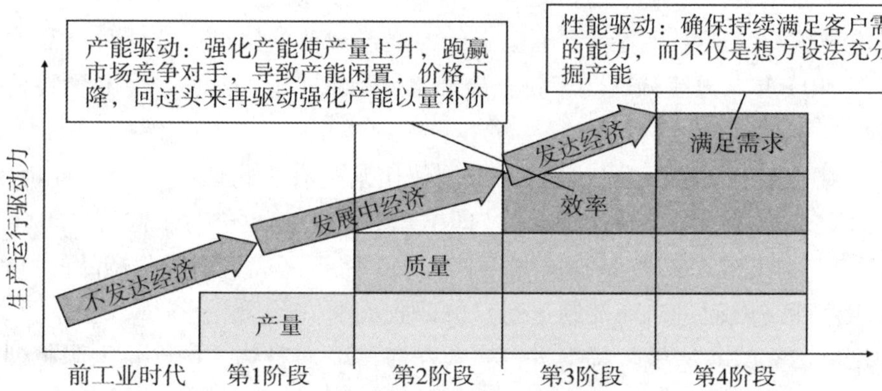

以家电行业为例，我国形成了庞大的家电生产能力，并已成为全球最大的家电制造业国家。目前，我国拥有各类小家电生产企业约5000多家，2010年我国的家电产值占全球市场的85.3%，家电出口额占全球出口额的30%。但目前我国家电出口多以贴牌、低端产品为主，产品出口面临核心技术缺失、标准意识缺乏、品牌国际影响力不足三大“瓶颈”，在出口北美、欧盟等高端市场时，频频遭遇贸易壁垒。

国外贸易壁垒日益加大，要求愈来愈严，加上通胀压力、原材料价格高位、人工成本增加和市场竞争的日趋激烈，2011年我国作为全球家电制造中心的地位将经受考验。据我国机电商会预测，2011年家电出口增幅将在2010年的基础上收窄，总体呈现季节性前高后低的态势。其中，家用空调同比增长28%，增幅减少22%；冰箱冰柜同比增长9%，增幅减少20%。

这两年，不少发达国家以保护环境和节约能源为由，纷纷制定和颁布一系列高于发展中国家的环境质量法规标准，为家电产品进入该国市场设置新的“绿色门槛”，推行“绿色”贸易保护主义。这些绿色门槛不但遏制了我国家电产品出口，而且还与人民币汇率、市场准入、知识产权、碳关税等问题相互交织，削弱了我国家电产业的国际竞争力。所以提升科技含量和专利保护、品牌知名度，以及供应链管控是未来的发展方向。

国际标准成为家电进入国际市场的门槛，据不完全统计，截至目前，国际标准化组织（ISO）和国际电工委员会（IEC）发布的国际标准近20000项，其中涉及安全、节能、环保方面的绿色标准占相当大的比例。法、德、英等国家已经把采用国际标准作为进入国际市场的王牌，北欧等国也几乎不做任何修改直接采用国际标准作为市场进入准则，美国对采用国际标准的态度也由冷淡转为积极，甚至连发展中国家对国际标准的兴趣也越来越高。

美国全面修订并加强“能源之星”计划的认证规定，美国环保署（EPA）完成了电视机和机顶盒（有线和卫星）能源之星规范的修订。这两种产品的新要求将于2011年9月生效，为了符合能源之星标志要求，这些产品必须比传统型号效率高40%。

欧盟对《关于在电子电气设备中限制使用某些有害物质指令》（即ROHS指令）和《废弃电气电子设备指令》（即WEEE指令）也进行了修订，2011年2月3日，欧洲议会通过的WEEE指令修订案，将提高成员国回收产品的目标，并增加生产商（欧盟进口商及制造商）的回收成本。

印度版“WEEE法规”提案进行公众咨询，20多种物质的含量上限将列入国家立法《报废电子电气设备法规》（WEEE法规）中。

北美联合行动限制中国家电进口墨西哥、美国和加拿大，金属、机械企业将采取联合行动，限制中国机械进口，主要涉及的产业领域有汽车和家用电器，以巩固北美市场。一旦墨西哥、美国、加拿大三国结成同盟联合限制中国家电进口，我国家电进入北美市场将再次戴上“紧箍咒”。

此外，巴西、墨西哥、智利、泰国、菲律宾、阿联酋等国家也发布了多项产品的能效标准、法规或草案。许多发展中国家也效仿发达国家出台各种能效标准和法规，如沙特阿拉伯、以色列等国家在近期连续发布了能效方面的法规。

我国一些中小型企业对国外相关法律法规知之较少，缺乏自主研发和创新能力，跟不上发达国家的标准。无力投入大量资金购买设备和进行技术研发，加上低碳环保产品检验标准缺失，会有大批家电产品被拦在发达国家的大门外。据全国家用电器标准化技术委员会的最新统计显示，我国有多达 60% 的家电出口企业遭遇过国外技术壁垒，每年由此造成的直接和潜在的经济损失约 500 亿美元，超过年出口总额的 25%。据国家质检总局最新公布的国外技术性贸易措施对中国出口企业影响调查结果显示，在受国外技术性贸易措施影响较大的行业中，机电仪器排在首位。另据深圳标准技术研究院对 WTO/TBT 通报统计显示，2010 年 WTO 成员发布有关产品能效的 WTO/TBT 通报 116 件，占全年通报总数的 8%，家用电器、照明设备和通信设备是通报针对的主要产品。

近期小米手机在印度被禁售，此前印度德里高等法院裁定，小米侵犯了爱立信的标准核心专利组合（SEP），并下发了禁令，要求小米停止在印度销售和出口手机。

面对国外愈来愈多要求苛刻的贸易壁垒、专利保护措施，政府部门和企业应认清形势，规划整合市场资源，主动淘汰落后产能，积极扶持产业升级，采用国际标准才有利于提高产品质量，才有利于消除国际贸易壁垒。对此，生产企业应进一步强化电器产品质量安全责任意识，严格按照国际标准要求和进口国实际要求组织生产。检验检疫部门应帮助企业建立健全产品质量安全管理体系和追溯体系，加大生产过程的监管力度，针对不同出口市场、不同产品的风险，采取分别对待的灵活措施，不断增强企业的灵活应变能力，使出口产品能够更好地适应市场需求。

比如艾美特公司的产品畅销英国、法国、美国、加拿大、日本、韩国等全球 60 多个国家。30 多年来随着技术发展与自动化生产线的应用，使艾美特成为自制率高达 95% 的全球知名小家电企业。1997 年艾美特品牌正式在中国市场推广。据中华全国商业信息中心 2004 年数据显示，艾美特电暖器销量已位居国内第一，电风扇销量连续四年稳居国内前三名，电磁炉跻身国内前十名。

而在国内美的、格力、格兰仕、海尔已经成为家喻户晓的知名品牌，并且都在积极地投入自动化生产线，提高生产效率和工艺品质。科学打造绿色生产链条，生产企业要从设计、研发环节着手，在产品设计开发上融入低碳生态化理念，优化整个生产流程，充分考虑产品在制造、使用、回收和再利用的整个生命周期内与使用者和与环境的和谐，寻求更高效和更安全的能效环保材料，采用技术上可行、经济上合理以及环境和社会可以承受的技术措施，不断减少低效产品的生产，建立起废弃电子电器产品资源回收和再利用体系，以优质、环保、稳定的产品积极参与国际竞争。

以下是空调内机底盘机器人自动化装配线应用案例，本自动化装配线由输送主线（双层循环输送线 + 升/降台）、橡胶轴承上料装配机构、“链式”电机输送线、机器人 1（电机及风轮装配）、电机盖输送线、机器人 2（电机风轮组件装入底盘 + 装电机盖）、螺丝输送分检机构、机器人 3（装电机盖螺丝钉）、风轮外观检测系统（风轮 & 电机组装检验台）以及视觉系统等组成（整体布局如示意图，以实际为准，占地面积长宽不大于 8m ×3.5m）：

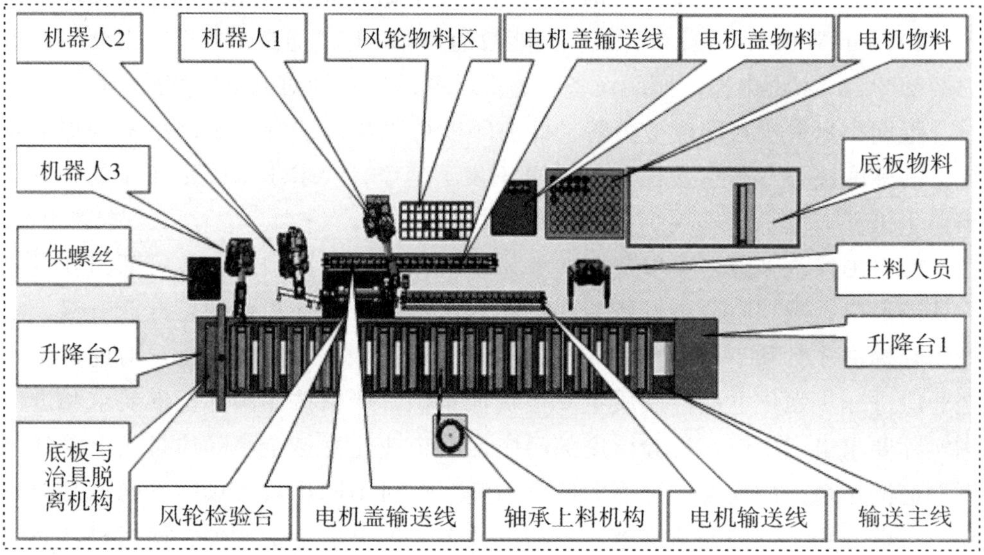

设备自动完成轴承粒、电机、电机盖 + 风轮装配过程以及风轮螺丝钉、电机盖螺丝钉的固定。

可以满足空调内机对接流水线作业，生产稳定，满足 10 秒/台；装配可靠，螺钉固定牢靠，不滑丝，各部件转配质量符合甲方生产装配标准；风轮外观检测符合生产品质要求标准（检测标准以甲方提供不合格样品）；产品装配后品质达到甲方生产品质需求，若装配过程造成大量不良损坏，需要乙方进行相应赔偿（除设备调试阶段外）；电源：三相 380V，气源：0.4 ～0.7Mpa；占地面积长宽不大于 8m ×3.5m，尽可能缩小占地面积；人工装将底盘放置于底盘定位工装治具上，人工将电机、电机盖分别放入输送线治具上（辅线），空间布局合理，人工操作方便。对于不用产品换型切换时，系统通过控制屏控制一键切换，换型时间不大于 3 分钟，满足甲方生产需求。装配线工作流畅，运行稳定，产品完成整个装配后自动转正为现有机型流水方向，满足我方生产工艺要求。风轮备料区不少于 8 箱即 160 个，储存区其他物料配置满足生产要求。

1. 输送主线（双层循环输“链式”送线 + 升/降台）

本输送线分上下两层，采用步进输送：根据要求系统自动将底盘工装板定位于上层输送线，下层用于输送治具返回，输送线设升降台 1（前端，升起返回的治具）、升降台 2（将脱离后治具降低到下层治具返回线）。

2. **橡胶轴承上料装配机构**

采用振动盘机构自动上料，采用专用气缸和治具将轴承粒自动装配至底盘轴承孔位置，轴承粒供料稳定，装配准确，不出现漏装。

3. **电机输送线**

人工取电机放入电机输送线治具上（辅线），电机输送到定位机构，机构驱动电机轴旋转，找正电机轴铣平面定位电机，等待机器人 1 抓取装配；

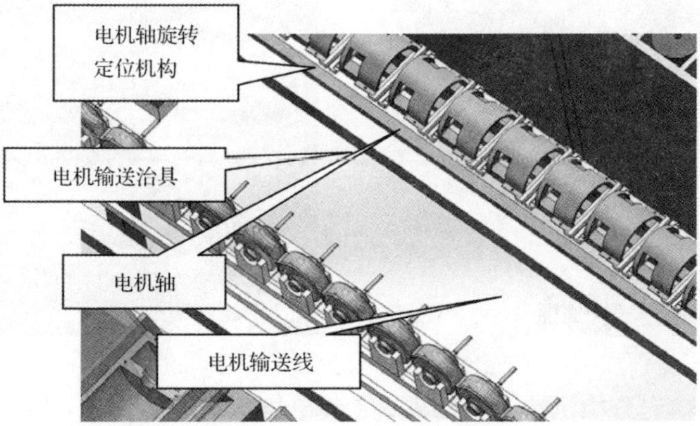

4. **机器人 1 + 电机及风轮装配检测系统（风轮 & 电机组装检验台）**

机器人 1 利用视觉识别定位从风轮物料区抓取风轮放入检验台治具，风轮在伺服旋转电机驱动下旋转，利用视觉检查风轮的外观和找正风轮上螺丝的位置，系统自动判断是否合格（若不合格，机器人 2 将电机风轮组件放入不合格品区；检测合格机器人 1 从待装配区域抓取电机放置与电机定位治具上，风轮检查完毕，检验台自动完成风轮与电机的装配）。

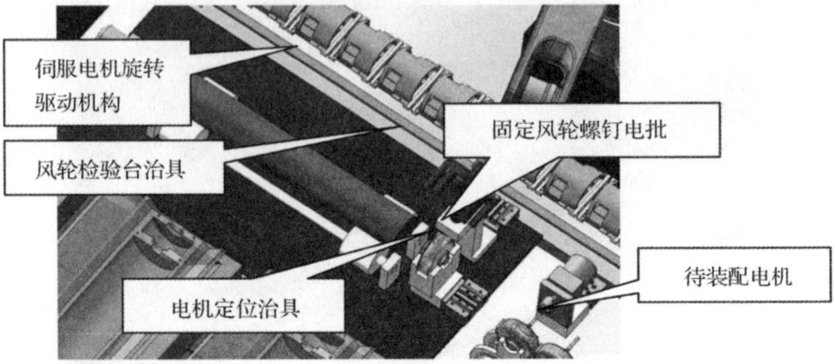

5. **电机盖输送线**

人工取电机盖放入电机盖输送线治具（辅线），系统控制输送线运动节拍，将电机盖输送到待装配点等待机器人 2 抓取装配。

6. **机器人 2（电机风轮组件装入底盘 + 装电机盖）**

机器人 2 将“风轮 & 电机”装配组件抓取装入底盘，风轮轴准确装入橡胶轴承，电机落位底盘位置准确，机器人 2 从电机盖输送线上抓取一个电机承盖装入底板轴承座位置上。

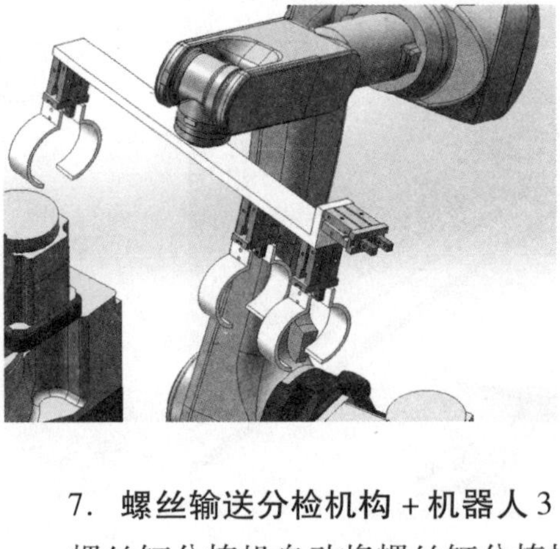

7. **螺丝输送分检机构 + 机器人 3（装电机盖螺丝钉）**

螺丝钉分拣机自动将螺丝钉分拣排序，在待打螺丝钉处等待机器人 3 取料，机器人 3 通过视觉定位轴承盖螺丝孔位置，并将一颗一颗固定，完成 4 颗螺丝钉固定，螺丝锁紧牢固，位置准确。

8. **底盘治具脱扣机构**

完成底板自动装配后，脱扣机构夹紧气缸将底盘部件抓取脱开，底盘部件流入生产线，治具由下主线下层输送线返回到主线起始位置。

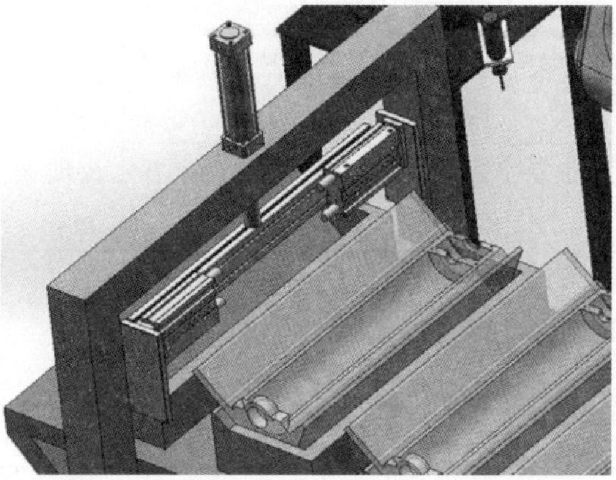

机器人装配项目整体设计和安装质量符合国家有关规范，设备外形美观，结构工艺性合理并按规范工艺安装到位；设备元器件齐全完整，动作灵敏可靠；安全防护装置设计周到，防护合理；设计充分考虑了工艺操作和安全生产所需要的分控制、启停、急停、连动、保护等，可最大限度保证生产连续、流畅、均衡进行，可最大限度减少设备急开紧停、系统等待等原因引发的效率损失。

第九节　中国工业机器人系统集成商盘点

中国进入机器人行业公司分为两大类，一类是做机器人部件提供的，如专业做伺服电机或专业做机器人本体。还有一类是系统集成方案的，即提供行业自动化解决方案的。在工业机器人产业链上，虽然国内企业在机器人本体及上游零部件方面因为起步较晚而缺乏竞争力，但在系统集成应用方面，国内系统集成商对下游应用企业工艺流程更为熟悉，拥有较为丰富的工程项目经验以及客户资源优势，因而在许多领域较外资企业更具竞争力，甚至是外资机器人品牌争相合作的对象。

经过多年的积累，国内已经成长出一大批优秀的系统集成商，包括焊接、搬运码垛、涂装、抛光打磨、装配等领域优秀的机器人系统集成应用，2014年中国工业机器人系统集成商前十五强（见下表，排名不分先后）

大族激光科技产业集团股份有限公司	昆山华恒焊接股份有限公司	杭州凯尔达机器人科技有限公司
温州金石机器人科技有限公司	佛山市利迅达机器人系统有限公司	广东拓斯达股份有限公司
深圳市远荣机器人自动化设备有限公司	深圳市升泰瑞达流体技术有限公司	深圳荣德机器人科技有限公司
厦门思尔特机器人系统有限公司	上海沃迪自动化装备股份有限公司	武汉和越装备技术有限公司
深圳连硕智慧机器人科技有限公司	深圳雷柏科技股份有限公司	日东电子发展（深圳）有限公司

数据来源：高工机器人产业研究所（GRII）

以下我们进行机器人集成商企业盘点：

大族激光科技产业集团股份有限公司，作为上市公司不仅提供自动化系统的产品和服务，更提供行业应用的整体解决方案，拥有自主核心激光技术的系统解决方案提供商。近些年在 PCB 领域以及消费电子领域有很多突破，提供行业的整体解决方案，包括蓝宝石材料处理。

昆山华恒焊接股份有限公司是一家专业从事焊接设备研究、制造、销售为一体的高新技术企业，机器人焊专机、环缝焊专机、纵缝焊专机、平板焊专机、焊接操作专机等。

杭州凯尔达机器人科技有限公司代理安川机器人，并集成焊接项目。

温州金石机器人科技有限公司、佛山市利迅达机器人系统有限公司主要提供机器人打磨抛光集成方案。

厦门思尔特机器人系统有限公司、深圳市远荣机器人自动化设备有限公司代理销售 ABB 机器人，兼做喷涂、搬运集用应用项目。

深圳雷柏科技股份有限公司，上市公司以生产鼠标键盘为主，事业部以 ABB 机器人进行电子产品装配集成项目为主。

广东拓斯达股份有限公司是注塑机周边设备的生产厂家，产品以机械手、模温机、冷水机、除湿干燥系列机、冷水机及中央供料系统为主。

上海沃迪自动化装备股份有限公司生产码垛机器人，多样的抓手可广泛应用于饲料、化肥、石化、饮料、食品、药品、啤酒、日化等行业。

深圳市荣德机器人科技有限公司主要从事喷涂机器人、自动喷涂设备和自动化生产线的研发、设计、生产、销售及服务，遍及家电、电子、电脑、五金、塑胶、皮具、灯饰等产业。

深圳市升泰瑞达流体技术有限公司是日本发那科（fanuc）机器人在中国地区的专业代理商，以喷涂集成项目为主。

武汉和越装备技术有限公司以机器人和机械手的夹具设计生产为主，从事汽车及零部件搬运、包装检测设备集成应用。

日东电子发展（深圳）有限公司以机器人系统集成、自动化立体库、物流输送AVG小车为主。

深圳连硕智慧机器人科技有限公司从电子行业机器人组装解决方案，各类自动化设备生产制造。

在此分享三个机器人关键技术解决方案和实例：

1. AOI智能检测机器人关键技术解决方案

AOI智能检测机器人是用来检测背光模组的智能化设备，采用了工业机器人上下料、自动视觉检测，可检测3～7寸背光模组产品。背光模组是LCD液晶显示屏的关键组件，为保证它的质量，成品出厂前都要做缺陷检测。以前存在人工检查速度慢、可重复性差、人工培训周期长、人员流动难受控等弊端，难以满足大规模生产的要求。

随着背光模组设备标准体系不断完善，检测设备专业化程度更高。对传统照明光电检测设备稍加改变以形成的较为低端的LCD检测设备，将会被市场淘汰。而AOI智能检测机器人技术的应用，将引导智能装备产业升级。近几年，国际照明委员会（CIE）、美国、欧盟、日本和我国都在加紧LCD标准化研究，因此，AOI 智能检测设备不断专业化更是大势所趋。

现在 AOI 使用高倍率显微镜或 CCD 摄像头输出视频到监控器上进行观察检测，实现高速化、无人化、智能化。全球以韩国、日本、中国大陆以及中国台湾地区为主要生产地，韩国三星、日本索尼等名企采用全自动检测设备，实现无人自动化。国内仍以人工目视检测，要求员工高度紧张，连续长时间单纯作业，产品质量和效益低下，所以 AOI 背光模组检测将在液晶、手机市场有非常大的应用空间。以韩国 Shonics 为代表的背光模组生产企业先后于 2006 年前后开始启用新的基于机器视觉的背光模组自动检测机。其设计和使用资料被作为商业机密保留自用，而成品机器罕见于国内生产线。国内也有企业在从事背光模组自动检测设备的研发，但其工作效率以及稳定性一直未被用户认可。背光模组缺陷特征的提取是图像处理中一门较困难的课题。该设备有几个组成部分：

视觉检测子系统，其主要功能是获取图像，处理图像，输出处理结果，提供用户设置界面。环境系统，其主要功能是循环洁净空气，防止尘埃对产品产生污染。机器人系统，其主要功能是将各部分功能组件固定并将机器人连接在一起，为各部分功能组件提供一个稳定的结构支撑。电源及控制子系统，为系统提供电源，提供整机的控制操作界面，控制相机拍照和机构动作。

采用的技术原理、技术方法、技术路线以及工艺流程：

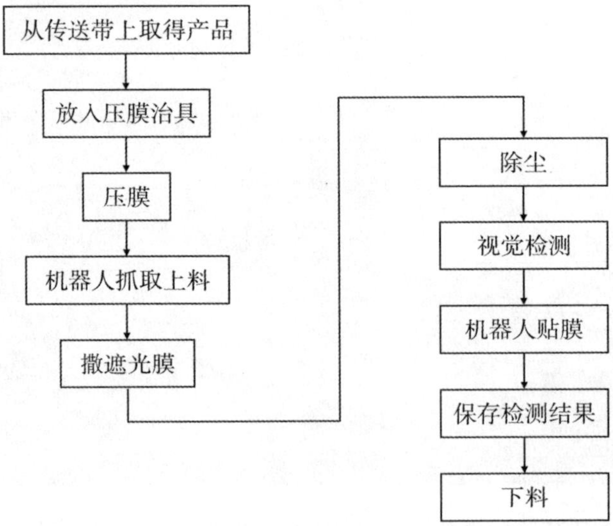

其过程为机构从传送带上取得背光模组放到治具上、将遮光膜压紧、提起放到准备上料的位置上；机器人 LS3 将背光模组吸起来放到上料位治具上、机器人 C4 将遮光膜撕去、放到转盘上；转盘将背光模组转动到除尘位；离子风机

做除尘；转盘将背光模组转动到检测位；旋转气缸带动压头下压 FPC 点亮背光；5 个相机拍照取相；转盘将背光模组转动到贴膜位；机器人 C4 从膜传送带上取得先前撕下的遮光膜；再将其贴回到背光模组；转盘将背光模组转动到下料位；机器人 LS3 将背光模组从治具上吸起放到传送带上。

AOI 智能检测机器人解决的关键技术问题：

（1）高稳定：使用检测设备可以避免人员流动、人眼疲惫以及人员判定不一等原因带来的质量问题。一些欧洲客户认为人工目测不能满足品质要求，要求必须用 AOI 设备来保证产品的质量，否则不会交给大量订单。

（2）高效率：背光模组已经广泛应用在手机、车载显示、游戏机、笔记本、数码相机等诸多方面，市场需求逐年提升，导致背光模组生产厂需要大量 QC 人员，依然效率低下。全自动 AOI 背光模组检测设备在保证品质一致性的同时一小时能检测 700 ～ 800 片，检测效果是人工检测的 2 ～ 3 倍，甚至更高。

（3）高精度：全自动 AOI 背光模组检测设备使用高分辨率 CCD 面阵相机，检测精度 20um，高于人眼分辨率极限，满足市场上高精度产品的检测要求。

（4）高品质：用 AOI 来检测背光模组产品，可以降低漏检率，从而节省不良品漏检带来的耗损。

与原有技术相比，本项目采取的是多工位流水作业方式，速度比传统单机作业方式提高 95%。进行 CCD 检测，自动视觉检测图像处理后，数据传导给工业机器人智能自动撕膜贴膜、自动区分 OK、NG、自动上下料，产品自建净化空气循环系统，减少物料被污染的概率，采用多个相机同步工作，检测时间大大缩短。

AOI 智能背检测机器人关键技术提升项目整台设备采用模块化设计，设备实行全自动化，机器人上下料，无人操作，可以更换治具和更换产品，可用于背光模组缺陷检测。可检测缺陷为：白点、黑点、透点、内污、白印、指纹、划伤、膜移位、均匀度、亮线、漏光、打折。

系统采用国际领先的高分辨率工业相机，稳定检测最小缺陷尺寸为 26μm，最高可检测 10μm 的缺陷，对 Mura 缺陷可以进行量化分级。AOI 智能背检测设

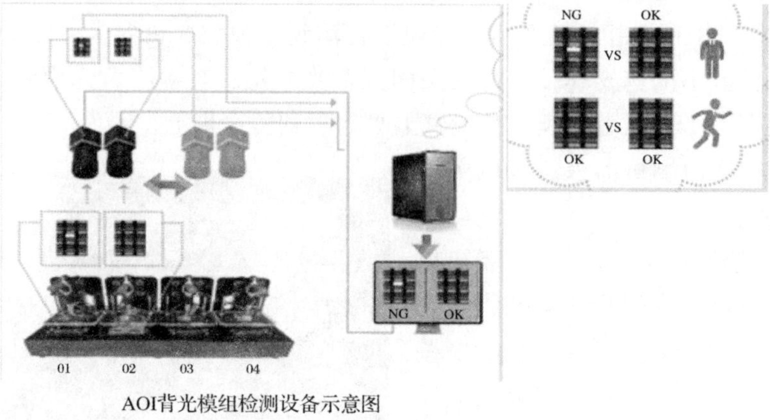

AOI 背光模组检测设备示意图

备关键技术提升项目，可以对 LCD CellD 段和 Module 段中的各种点、线、Mura 质量缺陷可以稳定检测 2mm ×2mm、对比度在 3% 以上的缺陷。该设备已经超过人眼的检测质量水平，并能够提供更高的检测效率。

用 AOI 来检测 Cell 产品，可以降低漏检率，从而节省不良品漏检带来的“偏光片 + IC + 背光”耗损。例如 Cell 产能为 3KK/月，出货前人工目测能做到 97%，如果设备能够将“出货”品质提升到 99%，就可以减少 2% 的不良产品流入后工序。假设每片可以节省材料 20 元/片，那么 2% 的提升可以为厂家节省：3KK ×2% ×20 元 =120 万元/月，一年可以节省 1440 万元。

2. LED 球泡灯机器人组装解决方案

传统白炽灯（钨丝灯）耗能高、寿命短，在全球资源紧张的大环境下，已渐渐被各国政府禁止生产，随之替代产品是电子节能灯，电子节能灯虽然提高了节能效果，但由于使用了诸多污染环境的重金属元素，又有悖于环境保护的大趋势。随着 LED 技术的高速发展，LED 照明逐渐成为新型绿色照明的不二之选。LED 在发光原理、节能、环保的层面上都远远优于传统照明产品。

由于 LED 球泡灯在结构上要比白炽灯复杂，所以即使在大规模生产的情况下，产品价格也会高于白炽灯，就 2012 年市场情况来讲，LED 球泡灯的价格也高于电子节能灯。但随着越来越多的人认识和接受，以及规模生产的慢慢铺开，LED 球泡灯的价格会很快达到电子节能灯的水平。如果在购买的时候算上一笔节能账，就会发现即使是 LED 球泡灯较高的价格，在使用一年的基础上，初始购买成本 +1 年电费也要低于白炽灯和电子节能灯。而 LED 球泡灯 2012 年的使用寿命已经可以高达 30000 小时。

现在LED球泡灯是应用最广泛的LED灯具，在市场需求量非常大，因此LED灯泡生产企业在产能方面要求非常严格，希望日均产能越多越好，占据市场的份额，一些公司因为产能跟不上而损失了一些重要客户。现在设计及制造了LED灯泡自动组装线方案，大大提高企业生产效率。

产品自上而下垂直整合：

（1）灯壳；

（2）光源板紧固螺钉；

（3）LED光源板；

（4）导热板（现在很多都用导热硅脂）；

（5）散热器（一般为铝铸件）；

（6）底座（根据产品不同有螺钉固定或内卡固定等方式）；

（7）电路；

（8）螺口；

（9）灯头压钉。

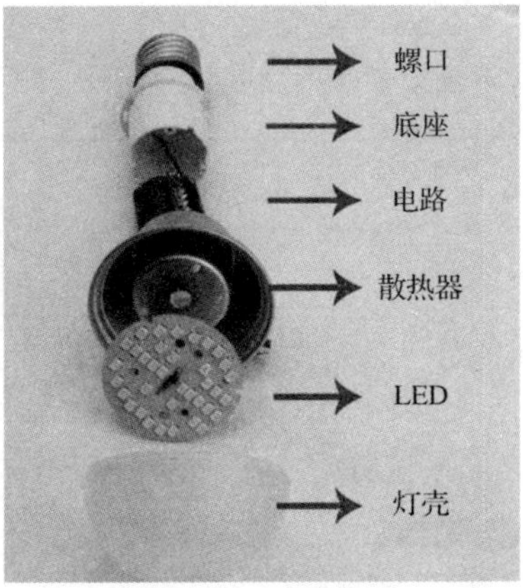

组装段（工艺流程说明，也可非标订制）

主线体	辅助线
Tray盘上电源板	物料周转
装隔离罩	振动盘供料
装内壳	机器人装配
内壳点锡膏	机器人点锡膏
装COB	机器人装配
COB点锡膏	机器人点锡膏
焊接	机器人焊接
翻转1	机构翻转
捋线	机构捋线
自动上灯头	振动盘供料
自动剪中线	剪短线头自动收取盒
自动上灯头压钉	振动盘供料
翻转2	机构翻转

（续表）

主线体	辅助线
点亮测试	自动检测
自动不良品剔除	机器人挑选不良品
自动上泡壳	泡壳振动盘
打点	机构打点
下线	机器人搬运

LED自动化装配生产线

机器人搬运图

3. **机器人打磨抛光解决方案**

随着国民生活水平的提高和社会的发展，大家对生活和生产物资的需求量不断增大，对产品质量也提出了更高的要求。很多金属铸件、塑料制品要人工打毛刺，不仅费时，打磨效果也不好，效率低，而且操作者的手还常常受伤。打毛刺工作现场的空气污染和噪声会损害操作者的身心健康。各种材质和形状物体的打磨、抛光等工作在国外早已由机器人来完成。

机器人的工作空间可以按用户要求订制，满足一次卡一个零件或多个零件的要求，可以使用六轴或更多轴的机器人。这类机器人不仅可以提高工作效率和质量，避免了操作者的受伤，还可以完成很多手工无法完成的打磨和抛光工作。特别是对各种规格，各种复杂形状的钢类铸件进行打磨。采用机器人可以对飞机玻璃，大型异型零件，各种金属类居家生活用品（银、金器具，炊具，灯具，工艺品），飞机、摩托车及汽车零部件进行抛光。

机器人打磨抛光集成应用项目由机器人系统（机器人本体、控制器和示教器、机器人底座）、工装夹具、拉丝机、料盘、除尘系统、电控系统、安全围栏（含安全门、安全锁）等组成。

抛光机床的力控制原理，为了保证机器人柔性抛光机床的抛光力小于阈值抛光力或保持抛光力为恒力，需要对抛光机床的抛光力进行控制。抛光力是抛光轮作用在工件上的作用力，它与工件作用在抛光轮上的作用力大小相等方向相反，是法线力和切线力的合力。抛光力与驱动抛光轮电机的电流有关，其实验曲线作为力反馈信号，通过PID控制或模糊力控制来保证抛光力小于阈值抛光力或保持抛光力为恒力，从而满足抛光工艺的要求。

为满足机器人柔性抛光系统和抛光工艺要求，在抛光加工过程中，机器人柔性抛光机床的抛光轮轮径检测机构可使抛光轮与工件接触点的位置和线速度始终保持不变，这样抛光轮与工件接触点的线速度以及机器人的抛光路径不会随抛光轮的磨损而改变。该机器人柔性抛光机床还具有抛光力控制功能，可控制抛光轮与工件之间的抛光力保持恒定或小于阈值抛光力。

高速拉丝机，单（或双）打磨轮，驱动为步进电机，变频器控制，转速可调；即将圆形的尼龙拉丝轮安装在抛光机床的主轴上，使其旋转而进行抛光加工的机器。

机器人柔性抛光系统的特点是根据被加工工件的形状产生抛光路径，由机器人自动完成加工过程，因此要求机器人柔性抛光机床要具备如下功能：

（1）加工过程中，抛光轮与工件的接触点A点始终保持不变。

（2）当被加工件的抛光力大于某阈值抛光力时，抛光轮迅速向后移动，使抛光力小于阈值抛光力或保持恒等抛光力。

在抛光机床工作过程中，由于抛光轮的磨损，其轮径变小，工件与抛光轮的接触点发生变化，轮径检测机构完成抛光轮的轮径检测，控制器计算出工件与抛光轮的接触点相对初始A点的变化量，通过抛光机床伺服移动机构驱动抛光机床主传动机构进给，保证抛光轮的A点不变。由于抛光力与驱动抛光轮旋转的变频电机电流有函数关系，所以通过测量驱动抛光轮旋转的变频电机电流和轮径检测结果可以得到控制驱动抛光机床主传动机构前后移动的伺服电机的控制算法，从而满足机器人柔性抛光系统对抛光机床的要求。

当新抛光轮安装到抛光机床的主轴上时，测量抛光轮的半径。然后，移动抛光机主体机

构，当轮径检测机构的轮径检测传感器检测到与抛光轮接触时的位置为轮径检测机构的初始位置。当抛光轮磨损后，移动抛光机主传动机构，当轮径检测机构的轮径检测传感器检测到与抛光轮接触时，抛光机床的主传动机构相对初始位置移动，根据计算出磨损后抛光轮的轮径调整。同时，又保证了抛光轮与工件接触点A点保持不变。

传统的制造型企业面临着巨大的产业升级压力，为了提高产品的生产效率和标准性，模具被广泛地应用在各类制造企业中。以打磨为例，由于现在产品产量的提高使得模具型生产逐渐增多，相应的打磨行业也开始逐步扩大，企业会经常面临以下问题：

（1）在打磨过程中，时常会遇到一些不易打磨的产品，打磨起来既浪费工时又浪费加工成本；

（2）当打磨过程中需要操作大型打磨机时，会出现工人手持工件在大型打磨机前进行打磨的，工作起来非常的不方便，而且安全隐患高，产量降低；

（3）在打磨过程中预定好的生产计划却总是因为人工的操作时间不固定、疲劳、缺勤、人员的流失等原因不能按时完成，导致工期延误，影响企业业务；

（4）在打磨过程中产品会因为打磨所产生的有害物质对打磨工人造成不良的影响而导致招人不易；

（5）在打磨过程中产品因为人工取件而必须使用手套避免工件因打磨产生高热烫伤手而且增大摩擦力，但手套在打磨机使用中容易产生安全隐患。

如何在保证生产效率的同时避免以上的问题，保证生产的顺利进行，就是现在打磨行业需要解决的问题。经过实际应用以及实施的经验，工业机器人的应用能够很好地解决这些问题，机器人在打磨行业中的应用能够为客户带来以下收益：

（1）节约人工、减轻工人的工作劳动力。

（2）用工业机器人打磨产品，可节省人工，如配合输送带同时使用，则一名操作工人可以轻松地操作2～3套打磨机器人工作站。而且解决了安全问题，排除了因为劳累引发的安全隐患及产品质量不稳定等一系列问题。

（3）安全性高，用人工打磨产品有夹伤手的危险，使用工业机器人则可确保生产安全顺利进行，避免因为工人疲劳和操作失误引起的风险。

（4）提高效率，以打磨周期1分钟计算，用人工打磨一天约为480件，如使用工业机器人可将周期缩短到55秒，则用机械手打磨一天约为520件，可提高40件左右。

（5）稳定产量，使用工业机器人可以使每一个打磨的产品生产时间固定化，相同的打磨时间，稳定了产量，方便安排生产，提高了产品的成品率。

（6）摆脱人工操作的惰性，无论白班还是夜班，操作工人长时间的工作都会产生一种惰性和疲劳感，会延长开关模时间。而且工人会由于工作情绪、节假日、身体状态等情况缺勤，特别是春节前后，各工厂工人最紧缺，使用工业机器人则可以摆脱人工操作的惰性和疲劳感，不用担心工人的缺勤而干扰到工厂的正常生产，更不会因为人才流动而影响生产。

（7）稳定性好，如果采用工业机器人打磨，可以使每件产品打磨标准统一，提高产品精度。

（8）提高竞争力，使用机械手，提升企业形象，品质得到保证，更可精确地计算产量。机械手是一种生产机械手设备，是一种有形的固定资产投资，可以更好地提高工厂的自动化程度，无形之中提高了企业的竞争优势。

（9）环境污染少、减少二次投资，整体机器人工作站可以采用集中式粉尘回收系统，减少二次投资。

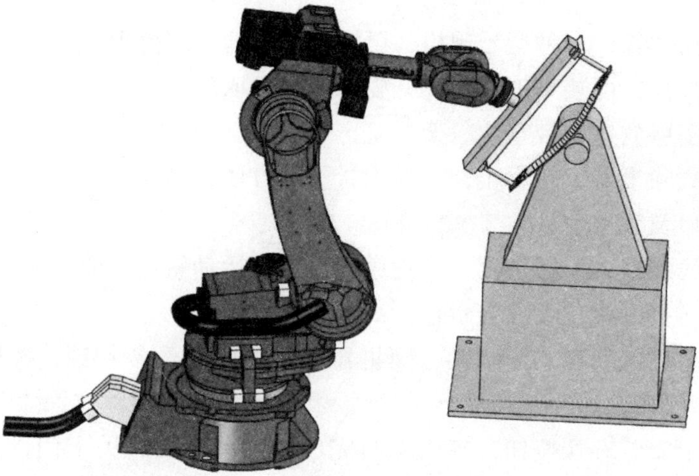

打磨行业只是工业机器人应用的众多领域之一，工业机器人早已被广泛地应用在食品、包装、物流等行业。

●系统组成：

由机器人系统（机器人本体、控制器和示教器、机器人底座）、工装夹具、拉丝机、料盘、除尘系统、电控系统、安全围栏（含安全门、安全锁）等组成。

根据工件的尺寸范围及夹具结构特征，选定型号 NJ 60 –2.2 的机器人，负载60kg，工作半径2258mm。

●工作流程：

（1）机器人从毛坯料区用强力吸盘式夹具抓起单个工件到拉丝机工位。

（2）机器人用I/O通信，启动拉丝机，按编程路径进行拉丝处理。

（3）完成全外观拉丝后，放入成品箱。

（4）重复上述步骤，直至一层工件加工完毕，机器人抓取本层空料箱，然后进行新一层的把手拉丝；同时，当成品料盘满一层后，机器人会抓取一层新的空料盘放上去，继续加工。

（5）重复上述步骤，直至整个料库里的工件加工完毕；机器人停机并且系统提示，开门取、换料。

●真空吸盘式夹具，可同时取放工件把手和料盘。牢固可靠，快捷取放，并且可以最大限度地留出拉丝面；

●真空发生器组，带真空检测装置；

●高速拉丝机，单（或双）打磨轮，驱动为步进电机，变频器控制，转速可调；

●尼龙拉丝轮，多种型号规格，可实现不同的工序处理；

●轻质料盘，可装卡工件为统一姿态，便于取放；

●料盘多层放置，带定位料架系统；

●布袋式除尘器，功率小，占地少，灵活方便；

●集尘口及管道配件；

●可离线编程，模拟仿真，将程序导入实际运动轨迹，效率靠，简单易学；

●标准防护围栏，喷成警示色，高度2.0m；

●安全防护门，带安全门锁，同机器人及围栏内设备互锁，确保门开时设备停止；

●围栏上安装确认按钮，工人上料完成退出围栏后，关上门，按下确认按钮，工作才能执行。安全防护门带安全门锁，同机器人及围栏内设备互锁，确保门开时设备停止；机器人必须有防尘保护措施，以防打磨过程中产生的粉尘进入直线运动单元内部。为此我们采用多种防护措施，比如加防护钢带和加防护罩。所用防护罩与抛光机床的防护罩相同，能防尘和防水。此外就是采用安全隔离措施，吸走打磨过程中产生的粉尘。机器人工作空间与操作者之间采取很好的隔离措施，保证机器人不会撞击到操作者，砂轮等损坏后也飞不出隔离板，不会伤到操作者。

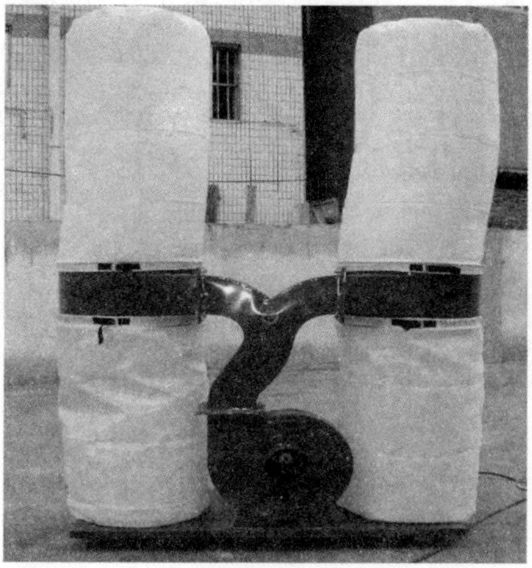

布袋式除尘器

安全防护门及确认按钮

第十节 工业机器人教育的发展

全国各地机器人产业基地或园区如“雨后春笋”，平均每周新生两个机器人公司，“机器换人”的口号此起彼伏，中国发展机器人的热情被充分点燃了起来。但无论眼前还是长远，中国的产业发展都需要强力的机器人技术人员支撑。

中国机器人市场快速增长，而机器人相关人才却不能持续跟进，造成了专业人才的用工荒，而这种情况直接制约着中国机器人产业的发展。

机器人和自动化是解决问题的关键。机器人和自动化使频繁粗重的工作量减少了，但它们也创造了更多的工作机会。工业机器人生产线的日常维护、修理等方面都需要各方面的专业人才来进行处理，这就无形中带动了一大批与机器人相关的就业途径，产生的新岗位也非常多。

据不完全统计，一台机器人需要 3 ～ 5 名相关的操作维护和集成应用人才。现在的状况是，机器人市场在以每年 20% ～ 30% 的速度递增，而相应的人才储备数量和质量却捉襟见肘。

目前一个机器人高端集成应用的技术人才，年薪高达 50 万元，而操作机器人的技术人员，一年来工资已涨了一倍，与机器人相关的专业技术人才将随着机器人产业的雄起而迎来新的事业飞跃。

机器人始终需要人来操作、维护、保养。人和机器的关系属于一种控制链的关系，因此只有将人与机器进行协同合作才能达到人机合一的效果，为企业创造更高的工作效率，所以机器人产业的壮大又为机器人服务人才制造了新的市场机会。人不可能完全被机器人代替，眼下很多企业最大的问题就是技术工人的招募和管理问题，目前普通企业中最缺的就是具备先进机器操作、维修的技术工人。

关于机器人的服务，不少机器人生产企业也提供相应的售后服务，但服务费用高昂，甚至人工需要按小时计算。有业内人士称，浙江一家纺织企业引进了德国的先进设备后，企业员工对这些设备技术的操控和运用并不熟悉，只能邀请德国技术专家来进行技术指导，以便让员工学会如何使用和维护设备，为此企业仅咨询费就支付了 11 万欧元。

事实上，机器人技工的层次区分早已在部分应用技术较为成熟的企业内部形成。有知情人士透露，目前南海一汽大众工厂已对与机器人“打交道”的工人分为两类：普通操作工和机电技工，前者需经过至少 2 年以上的实操和理论的积累，才有机会晋升到后者的岗位。而后者如能掌握娴熟的机器人维修本领的话，则可以在整个自动化行业里独步江湖，成为中小企业争抢的“香饽饽”。采用机器人的生产线或将形成“技术人员 + 普通作业员”的标配，而且未来企业对懂机器人技术的人才需求将越来越大。

在笔者看来，机器人本身的自动化程度就很高，只要事先输好程序就能正常运作。如果单从操作一般的机器人而言，初中学历即能胜任。由于工作上手快、门槛不高，这类岗位的工资不容乐观。

而另一类需求较大的员工，则将扮演机器人技师乃至工程师角色。在每一台工业机器人高效运转的背后，都离不开技术人员的中枢把控。机器人作为高端精密制造行业，其后续保养、调试安装所要求的精度比较高，小至一个减速器里面的一个轴承、一个关节臂间隙的调整，未经专业培训的人是很难掌握其中的技术诀窍的。

机器人是典型的多学科交叉融合，其应用很难从一个行业直接地推广到另一个行业。最近富士康试图把机器人汽车行业的经验移用到 3C 行业，但其“百万机器人”的计划受挫，就是一个很好的说明。汽车行业的机器人精度低、位置控制相对简单，而 3C 机器人，相比精度和位置控制等技术难度更高。

机器人应用需要机器人专业知识、一般学科知识与特定领域知识的深度融合，对于教与学的人才之综合素质要求较高。

企业应用机器人，需要把工业机器人本体、机器人控制软件、机器人应用软件、机器人周边设备结合起来成为系统，才能应用到实际的生产当中，而且不同品牌的工业机器人的集成和应用模式也不相同。因此合格的应用人才不但要有理论的支撑，也需要有实践的经验。当务之急，是大量培养掌握机器人系统知识并能与专门领域要求相结合的应用工程人才，帮助用户坐实机器人的应用，以此开拓机器人市场。显然，现在的教学方式离此要求还有相当距离。

中国西部工业重镇重庆市着手解决重庆工业机器人产业应用人才严重稀缺问题，在两江新区投资5.6亿元人民币，设立重庆两江机器人培训及应用中心。

重庆市政府在《关于推进机器人产业发展的指导意见》中指出，2020年，重庆机器人产业销售将达到1000亿元，按照人均150万～200万元销售额核算，重庆机器人产业将有5万～7万工人缺口。在中国范围内，这一缺口在未来七年将达到200万人。重庆两江新区、重庆机电职业技术学院、中国科学院重庆研究院和重庆国扬控股公司昨天在两江新区管委会签署合作协议。该培训中心采取开放式平台学院的方式，与相关机器人制造商合作进行培训。中心建成后每年可培训5000人。

机器人产业各个层次的应用技能型人员奇缺，操作、调试、检测、维护、服务应用性岗位都招聘不到员工，应用企业、系统集成、技术支持、售后服务等领域都缺人。机器人应用人才稀缺也抬高了这个行业的薪资。据报道，普通的机器人售后技术人员月薪可达1万元，机器人系统集成技术人员年薪二三十万元也不少见，2014年甚至有一家机器人系统集成企业开出50万元年薪挖角。

人才就是生产力，尤其是对机器人这样的一个高端行业而言，没有持续的人才供应，中国即便是赶上了这次的发展大潮，也很难在其中有所突破。现在通过有效合适的人才培养，廉价的工程师将加速机器人发展，培育新的高质、高效、高薪的机器人自动化就业大军。

工业4.0已经到来，不论是“智能工厂”的信息处理中心，还是“智能制造”的工业机器人柔性加工单元，都离不开机器人技术人员。整个市场的竞争越来越激烈，中国制造业面临着与国际接轨、参与国际分工的巨大挑战，需加快工业机器人技术研究人员的教育培训，参与机器人设计开发与生产应用，利用机器人技术提升我国工业发展水平，从而成为全球第一工业机器人大国，从制造大国变成制造强国。

第三章 供应链的角色认知

第一节 供应链的定义

供应链管理，Supply Chain Management，国外广义的物流管理Logistics management也称供应链管理。供应链就是通过一些活动而在顾客和供应商之间形成的一种衔接（Interface），从而使企业能满足内外部顾客的需求。这些活动包括以上的五个方面：计划（Plan）、获得（Obtain）、存储（Store）、分销（Distribute）、服务（Service）等。其中获得（Obtain）包括制造MAKE，贸易BUY等途径。

包括信息流在内的从原材料阶段直到最终用户的商品流通和递送的所有活动，物料和信息贯穿于供应链始终。供应链包括管理系统、操作和组装、采购、生产计划、订单加工、库存管理、运输、仓储和客户服务。供应链是连接供应商和客户的基础。每个客户依次是其下游企业的供应者，直到最终产品到达最终用户。

这个解释同SCOR模型很类似，SCOR模型的第一层描述了五个基本流程：计划（Plan）、采购（Source）、生产（Make）、发运（Deliver）和退货（Return）。它定义了供应链运作参考模型的范围和内容，并确定了企业竞争性能目标的基础。不过在SCOR中，PLAN顶层覆盖的，覆盖SOURCE、MAKE、DELIVER、RETURN各个模块的顶层覆盖角色，这个在后面的章节再重点讲叙。供应链管理是指通过完善供应链联系将所有活动整合的过程，以此取得稳定的竞争优势。

供应链管理的实质就是兼顾了需求与供应。链上每一个环节都含有“供”和“需”两方面的含义。例如，零售商是客户的供方，又是批发商的需方；批发商是零售商的供方，但又是生产制造商的需方；制造商的销售部门是市场的供方，又是采购部门的需方；采购部门是生产部门的供方，又是供应商的需方等。供应链就是需求链，围绕客户为导向，以客户为中心。当今，提“供应链就是需求链”是最适合不过了。

APICS 指出物流管理只是供应链管理的一部分，但广义的物流就是整个供应链系统。

基于供应链的 5 个活动，我们可以简单理解为供应链包括三个因素：客户，供应商，生产者。

随着供应链的发展，已经有了从 PUSH 到 PULL 模式的变化。当今的企业从 ISO 到 QS9000 和各种品质系统将以顾客为焦点，聚焦消费者。

第二节　供应链的管理范围

所以当下的供应链也叫需求链。是个典型的、拉动的供应链模式。

供应链管理包括如下 4 个模块：计划管理（销售运营计划、生产计划、物料计划、采购执行），供应商开发（供应商管理），物流管理（仓库管理和物流分销以及进出口管理）等。广义的供应链包括从客户的客户，供应商的供应商的端到端管理。其中任何一环都可能成为瓶颈，从而影响整条链的运作。在多环节链式供应链中，大企业起着核心链条的作用，供应链各成员更培育自己的核心价值和核心竞争力，他们参与不同的供应链，形成供应网络，供应网络的快速重组能力，以生产商为主导格局的供应网络逐步被以研发和销售为核心的动态网络所主导。

供应链的管理范围

供应链管理的范围：

- 供应链管理包括进口，计划（生产计划、物料计划），供应商管理，采购执行，仓库管理，运输，出口。

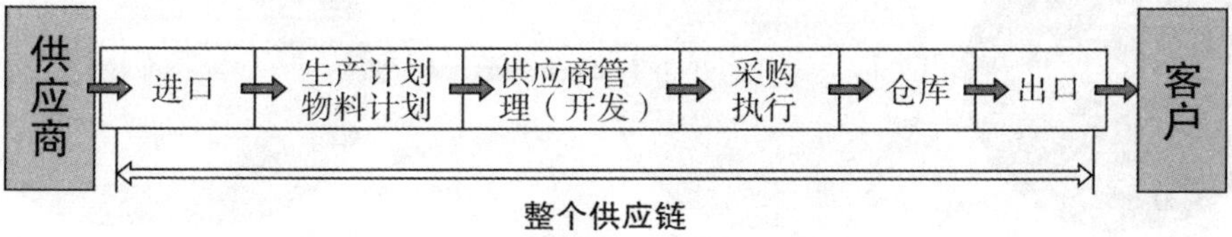

随着当今发展和未来的加速融合，供应链管理面临新的难题，如伙伴关系重新定义，利益的重新分配等，大自然有很丰富的经验，基于CAS法则，平衡才是持久稳定各方利益最大化的模式。过于强势的一方或过于弱小的一方都会导致整个链条不持久，特别是过于强势的最大企业的一方更会加速不稳定性。

当下的供应链是一个需求链，是一个拉动的角色，所以必须发展供应链的价值，做到企业的核心竞争力。下面的市场营销概念也反应到了供应链要关注客户的需求，调整自己的策略和角色定位，打造核心竞争力。

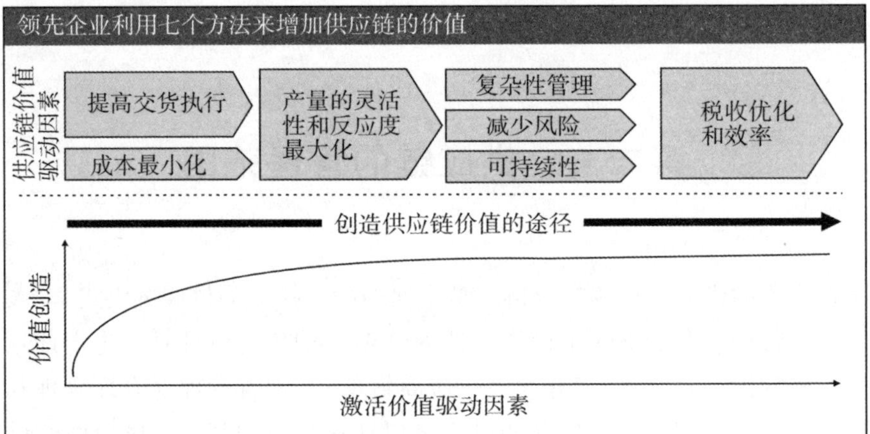

来源：普华永道2013年全球供应链调查

在全球供应链网络波动性加大的情况下，最好的应对方法是通过供应链配置来满足市场和客户的差异化需求，所以我们必须发展自己的供应链核心竞争力！

（1）满足顾客的需求。

（2）发展企业核心竞争力。

启示：

（1）和（2）重叠交叉的部分即为企业的市场份额。

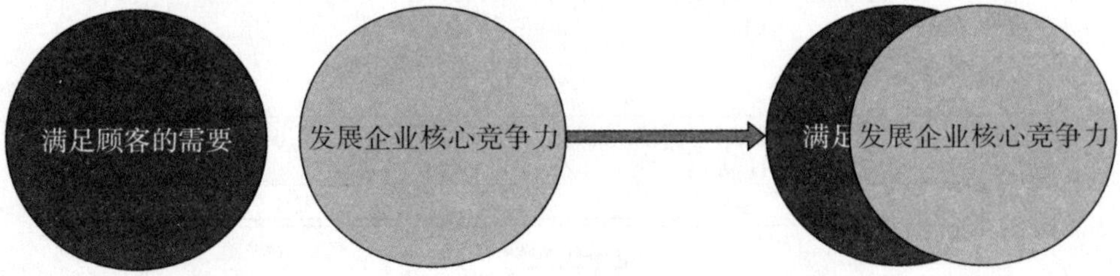

很多企业，将物料计划和采购执行合并为一个部门和一个人处理两件事情，很多系统如AS400也是考虑这个合并，也有很多供应链包括品质管理。

供应链管理包括三个层次：战略层次、运作层次、支持层次。

战略层次包括供应链管理的指导思想（包括供应商管理策略、采购策略）、决策方针。整体方案包括供应链结构，商业模式，供应链工具，运作方式等。供应商管理策略基本代表了战略层次的核心。

运作层次包括解决供应链中的物流、信息流、资金流、作业流等问题，目的是提高整体的供应链效率。

支持层次包括供应链实施的软件环境，例如组织形式、支持程度、信息技术的发展，企业对信息技术的利用程度，社会和企业的后勤保障体系是否健全等。

SCOR是一个供应链全面的运作参考模型。

随着SCOR模型的推广，特别在H公司等企业的有效运用和创新，供应链延伸到大供应链模式，即端到端的供应链。包括5个模块：品质管理、制造、工程管理（PE、ME、IE、NPI）等为大供应链模型。SCOR模型，表现在计划主导整个供应链全部，统筹和协同整个结果，对结果负责。其中供应商开发包括两个小组（CEG供应商开发和TQC技术认证），将一部分研发的职能也并入供应链体系中。利于打造一个横向的供应链体系，在后续的章节中会详细讲解SCOR模型。

通过矩阵式管理模式和横向的供应链模式，将PBU（产品事业部）组织架构无缝整合进入到企业大的经营体系中，并可无限拓展。

在ISC集成供应链下，供应链包括端到端的管理，包括的部门有制造中心（品质、工程、生产、IE等），供应链（计划、采购履行、采购认证、物流）。落实从市场中来再到市场中去的理念。同IFC集成财务和IPD集成研发一起构成三大集成。来由两个辅助模块来支持这三个集成模块，整个公司包括5个模块。

SCOR模型中PLANNING（计划）的主导作用，ISC集成供应链模型中计划、保障、获得、交付、返回，共5个方面的集成，PLANNING是在ISC的SCOR模型中统筹全局的角色，PLANNING对打造供应链的核心竞争最为关键。

从供应链金字塔到倒立金字塔的模型转变过程中，供应商战略将把控80%～90%供应链战略，供应链的操作就减少到10%～20%，逐步通过IT手段和系统集成进行替代供应链操作层面。

在供应链战略中，采购管理和采购认证在倒金字塔模型下尤其关键，材料簇采购战略的职责和角色如下：

供应商管理部门的总职责：

●制定成文的企业物料选择战略，这一战略应是得到来自总部和各下属企业的开发、生产、采购部门的一致支持。

●制定一个已经协调了全公司范围的流程，并执行物料技术认证。

●管理对供应商的承诺。

●议定一个单一的涵盖所有与供应商合作的核心要素合同。

●将供应商选择指导规则分发给采购组，监控实际业务执行，根据情况调节供应商选择指导规则。

●监控供应商行为，解决重大问题。

●管理与供应商的总体关系（战略、核心、合格、潜在）。

●调查和防止腐败的流程建立。

各材料族采购专家的职责：

●确保对所负责的物料的供应商选择运作是成功的。

●指导供应商选择战略的实施。

●制订并实施专家团的运作和供应商选择的战略计划。

●研讨并建立与战略性供应商长期合作的协议。

●对所负责的物料提供职业性的、专业性的咨询建议。

●领导并协调（物料）专家团队。

●监控和测评由物料专家团所做的决定。

角色如下：

（1）原材料品类行业及内部需求分析：

●实时跟踪品类全球市场行情及行业动态，开展友商竞争分析，全面掌握行业发展趋势。

●研究行业的最佳商业模式。

●研究完善品类成本管理方法、价格基线以及行业成本的发展趋势。

●品类内部需求分析。

（2）原材料品类策略制定：

●从行业分析中挖掘出品类价值控制点、降成本机会点、风险点。

●清晰明确内部客户需求以及诉求，与产品线策略相匹配，制定有针对性的采购策略，引领该品类的物料选型，获取品类相对竞争优势。

（3）原材料品类供应资源整合：

●主导供应商组合管理，实现供应资源的最佳组合。

●制订供应商发展计划。

（4）原材料品类成本目标分析：

●制定品类 TCO 模型，价格基线，设置全球品类目标，推动品类降成本方案的实施，以及成本目标的实现。

●品类标杆建设。

（5）采购策略执行监控：

●监控采购策略的执行，定期回顾、分析、总结、修正品类采购策略。

●实现与产品采购策略协同，SM 采购策略协同，并与产品线密切协同。

（6）原材料品类重大项目管理：

●审核品类重大采购项目方案，审视项目采购方案与采购策略的匹配。

●参与承担项目商务策略策划和重大项目选型，推动采购策略的落地。

同时需要延伸到产业链的了解：

●看清终端关键材料行业发展趋势，中长期供应形势，整合产业链上下游资源。

●参考标杆企业采购业务运作，建立优化匹配终端业务战略的采购模式及策略，保障质量、成本、供应，获得竞争优势，支撑业务战略落地。

●建立健全包括供应商协议管理机制在内的采购风险防范管理机制并保障落地，构建竞争氛围，契约化管理供应商，明晰与供应商责任界面，保障公司利益不受损害。

附：在 ISC 中，设计有“供应链代表”参与到 IPD 中，角色如下：供学习、参考和领悟。

（1）组织供应链团队参与新产品开发，在新产品开发早期，构建产品可供应性、可创造性，确保新产品在供应、制造属性上具备竞争力。

（2）根据产品应用场景、供货需求设计产品供应策略和供应方案，实现客户供应满意和高质量。

（3）承担新产品供应导入工作，组织相关资源，保证新产品按计划、高效地导入供应中心及目标区域。

（4）组织开展可供应专项改进活动，持续提升产品供应能力，缩短产品供应周期，降低供应成本。

（5）负责所属产品友商 DFX 和供应模式分析。

（6）参与产品供应，导入业务规划、组织设计和流程建设。

“产业链及供应商合作策略规划专家”，看来 H 公司在 2013 年开始研究产业链的深度布局，要求如下：（1）借鉴标杆企业产业链策略，结合物料发展趋势和产业链资源，建立优化匹配终端业务战略的采购模式及策略，保障质量、成本、供应，获得竞争优势，支撑业务战略落地。（2）建立健全分品类的供应商选择模型、供应商契约化管理机制和采购风险防范机制，构建竞争氛围，契约化管理供应商，明晰H公司终端与供应商责任界面，在保障公司利益不受损害的前提下，建立与供应商之间的高效率、低成本的合作机制。（3）负责输出采购器件Sourcing与公司产品战略、研发器件造型和产品供应交付之间的业务联系，搭起各模块业务流程及架构，建立各模块之间协同机制，建立供应商管理与供应流程各环节的业务连接，保障供应流程对供应商管理工作的支撑落地。

“可供应性设计技术专家”，也在供应链及IPD得到发掘。

（1）引领、推动公司可供应性设计发展的第一责任人。①参与业务组织和会议、收集全球的论文、书籍、期刊、专家情报信息，利用前人的经验和信息，与世界最高水平至少站在同一起跑线。②分析行业趋势。③成为公司可供应性设计领域的发动机，引领、推动公司可供应性设计的发展。

（2）从产品架构和系统设计角度，研究DFSC技术及方法论，使产品可供应性成为领先竞争力的第一责任人。①研究客户差异化要求与延迟性设计技术。②研究标准化配置分析与设计技术。

（3）支撑PDT沿着IPD和LTC两个流程开展可供应性（含可制造性）设计和改进，完善DFSC业务基础体系，提高LTC关键能力，使产品的端到端供应效率和成本最优。

（4）为公司产品提供可供应性设计培训、设计评估等功能和技术支撑。

第三节　供应链专业公司的盈利模式

供应链专业的公司，例如怡亚通等。他们和电子商务之间的发展趋势：

这类供应链公司参考盈利模式。

供应链专业公司，有哪些服务：①基础的物流如分销、进出口、退税等；②专业的供应链服务：集团采购，材料族的代理，设备的代理；③供应链服务：VMI、CPFR、JIT、可视、多方协同。为企业提供供应链的咨询，承接项目，如流程优化、库存改善、OTD改善等；④拓展的供应链：培训，供应链学院，猎头；⑤电商B2B、B2C；⑥软件开发；⑦承接企业、学院和国家的供应链研究课题；⑧供应链金融；⑨为跨境电商、国内电商提供服务和方案；⑩其他。

传统的物流、分销、进出口报关、垫付资金等基础的物流业务，随着汇率政策的严管和竞争者爆发式的涌现，导致这部分基础业务利润率超低，甚至亏本。只有通过流量和银行流水来获得银行的贷款额度和优惠的贷款利率来运作供应链金融和大力发展材料代理和设备代理，或聚焦医疗设备行业或其他行业确定细分市场的优势。

不可否认，广义供应链和电子商务会逐步有趋同的区域和交叉的区域。电子商务必须依赖供应链的优势来打造一个核心的电子商务名片来赢得市场和赢得消费者。快和低成本是必杀技。

当今供应链公司，需要有核心竞争力，笔者说的是供应链的核心竞争力，能为企业做点什么，是否可以做到不可替代。笔者觉得供应链的核心竞争力包括两个方面，一个方面就是从产品线代理到为企业提供BOM的有竞争力的总成本，通过规模效应同原材料厂家谈判，最终通过增值服务来维护供应链公司的价值。另外通过提供全供应链的各个价值点，放到每个点的流量，将资金杠杆放到多倍，从而减少资金成本的压力。另外一个方面就是核心的竞争力也包括供应链公司能帮忙企业设计供应链方案和解决供应链中出现的难题，这个需要供应链公司有很资深的专家级人才。

还有一个补充就是供应链最容易做到的就是通过流量来降低从银行融资的资金成本。将供应链金融加速嵌入到供应链公司，这个需要供应链公司的专家级的专业人才加速嵌入。有专家级的专业人才吗？笔者没看到有。更多的是银行在同企业面对面谈得更多些。供应链公司需要设计当今时代的供应链公司和企业、银行间的商业模式。搭建管道，设计多级平台。整合产业链和价值链。

当今的企业，需要逐步从金字塔的供应链从倒立金字塔的模式转变，也就是落实从供应链执行操作到采购战略为核心的供应链策略转变，这个过程对于中国很多企业来说都很难，因为基本的供应链专业都如此的薄弱，专业人才都如此的匮乏，加上信息技术和ERP人才都不多，如何做到立即转变到倒立的金字塔供应链模式，不过这需要企业加速转变。以客户为中心拉动供应链进行快速转型，一如从2013—2014年笔者看到一些行业正加速向集成供应链转型，例如家具行业、文具行业等，这些应该是中国顾问公司的功劳。另外一旦转型到倒立金字塔的供应链模式，就是强化了采购策略的重点，这时同时也很轻松地去考虑是否有必要从轻资产的商业模式的转变，高度分工的现代社会，轻资产也许是最佳的方式。那时供应链有很多突破可做，做整个原材料的多个节点的平台，通过设计管道，放大交易量多倍，实现银行的资金成本的极大降低，也减轻了企业的资金风险。另外供应链通过打造产业链和产品线的交易平台，也是对资金成本的一个贡献。当然这个需要企业和供应链有这个人才和有这个能力去打造！那时企业只做自己最擅长的事情，通过联盟来多平台运作。的确平台化和轻资产化是未来一个方向。这也是 CAS 复杂自适应系统和供应链联盟的一个阶段体现。笔者认为：规模的大量平台化和轻资产化需要 20 年，CAS 和联盟需要 30～50 年。

第四章　一颗有生意经营的“大脑”——从 AOP 到 FOP 再到 S&OP

第一节　AOP 精髓和一家上市公司的 AOP 的九大部分

企业经营对于上市公司非常关键，是企业对于经营指标可预测性的能力，也是上市公司内部管理能力的体现，厉害的企业，经营指标的波动不大，同时可控。对经营指标的预测能力同时去实现这个经营预测就是一个企业的综合能力的考验，成熟的企业有一套方法去对经营预测进行管控，通过加强内部管理、外部市场拓展和内部研发等综合能力实现自己的经营预测。

美国上市公司特别是纽约交易所上市的企业，对企业的经营数据的准确性和提前预告风险的机制非常严格。SEC 会对企业的财务数据严格审核，PWC 等审计机构应运而生。经历了安然和泰科事件后，美国 SEC 通过塞班斯法案对企业有严格的要求，加强宽进严出。特别是渗透在企业过程的监控。CEO 和 CFO 一般都并行，无汇报关系，加强相互监控，同时 CEO 和 CFO 每季度要对财务数据签名，一旦查出虚假，要负法律责任。中国企业也有这方面的要求，是在逐步完善的过程。但真实性和管理能力还在提升中。

AOP 和 S&OP 更新频率和覆盖长度如下：

●战略规划：一般覆盖 2～10 年。一年一次。

●经营计划：一般覆盖 1～1.5 年。一年二次（年中修改一次）。

企业战略计划是企业顶层计划，一切企业经营计划都是从战略计划演绎而来。

战略计划一般覆盖 2～10 年，企业经营计划 AOP 覆盖 1～2 年，一年一次，每次中间 6 月份左右修正一次。最终通过 FOP 财务计划对外发布。执行 AOP 的是 S&OP 销售运营计划。基本上贯穿其中的是预算管理。

可见 S&OP 是如此的重要，近一年来笔者发现很多超大的企业都在物色 S&OP 的高级人才，未来会更需要这些经营计划方面的人才，因为未来供应链需要基于计划上升到企业的经营计划层面。就会碰到很多 BUSINESS（做生意和经营）的概念了。从 ISC 和 SCOR 模型也可以看到 PC 计划在统筹全局的作用。

AOP 参与的部门是公司的每一个部门。首先研发要发布最少未来一年的新产品计划和细节。营销部（3 大块）需要做无约束需求到约束需求，覆盖一年。前半年可以详细到产品型号，后面可以覆盖到产品系列。看各公司的材料周期而言。主要是看产能、采购、设备扩产、采购预算、人力规划等。其中需要更新 BOM 的成本、价格和 YIELD 优良率，伴随着有 COST ROLL（卷算成本）使用。

（1）AOP：年度经营计划，一年两次，覆盖 1 年（12 月份，6 月份）。

（2）FOP：财务年度经营计划，一年两次，覆盖一年（12 月份，6 月份）。

（3）S&OP：销售运营计划，每月一次，滚动覆盖 6 个月。

一般来说，AOP 覆盖一年，半年更新一次。DELT MEETING 是每周更新当月的 S&OP，S&OP 每月滚动更新未来六个月的需求。FOP 是覆盖一年，半年更新一次。通常 FOP 的金额和利润率小于 AOP。因为对外公布一般偏保守。S&OP 的数据就大于 AOP 的数据，因为 S&OP 需要最大限度的执行和预测。但厉害的企业，AOP、FOP、S&OP 的差异不大。

很多企业在 AOP 中会指定未来 3 ～ 5 年，甚至 10 年的战略计划。每年滚动更新。

毕竟战略计划必须先行。外部环境竞争惨烈，战略计划尤其重要。用 SWOT 分析外部竞争对手和外部环境的挑战，从而选择竞争策略。

如果没有品牌的企业，或 OEM 或 ODM，不是面对终端的企业，基本在 AOP 覆盖三年，S&OP 滚动更新可执行计划，FOP 伴随更新。配合预算管理等就完结。其注重预算管理和可执行计划的指导意义。

下面是一个国内品牌企业的年度经营计划的参考案例：非常典型，一般美国企业就有很大不同。美国企业侧重于 S&OP、AOP 及 FOP。

有做自己品牌的企业在战略经营计划中，有两部分，第一部分是对当年和未来经营指标的预测，产品型号，预测数量、金额、利润率、成本等，按月展开。第二部分是有更详细的报告要求各功能部门去指定和计划，这第二部分是围绕 9 个部分展开。

第一部分：使命与职责。

战略背景下未来三年新的使命定位（在集团中所起作用，存在意义等），系统对第二年主要职责的认识。

第二部分：经营回顾。

经营策略回顾（经营意图、经营策略制定得失、执行是否偏差等）。

重点经营工作回顾（重点经营工作完成情况，重点工作的设置与数量是否匹配策略等）。

注：重点经营工作不但包含原战略举措承接，还包含系统自行开展的其他重要工作。

预算情况回顾（如大额项目性预算投入是否达到预定效果，投入产出比如何等）。

第三部分：战略承接。

战略与本系统经营工作的全面关系（可描述其他系统的战略承接对本系统的影响）。

本系统的战略方向与系统制定经营策略之间的关系（相互影响等概述）。

第四部分：经营策略描述。

经营策略描述：

思路一：对战略与发展管理中心战略管理要素进行描述。

分为竞争策略、发展策略、财务策略（如何超越竞争对手、如何发展自身实力、如何高质高效达成业绩）。

思路二：按照 BSC 平衡计分卡四个维度进行描述。

分为学习与成长策略、内部流程策略、客户策略、财务策略（如何获得成长提升、如何完善经营管理、如何提高内外部满意度、如何达成业绩等）。

第五部分：经营策略匹配。

为达成经营策略，就必须对每个策略进行拆解，拆解制定相应的重点经营工作以确保经营策略可以落地。

列出每个经营策略与多个重点经营工作之间的关系。

匹配要点：

（1）注意必要性：缺乏已列出的某个重点经营工作就无法保证这个策略落地。

（衡量重点经营工作的意愿度、准备度、可行性与投入产出等，是否存在更好的备选方案）。

2. 注意充分性：全部高质高效完成这些重点经营工作就可以保证这个策略落地。

（衡量是不是还存在某项重要的重点经营工作没有列出，可能影响到经营策略落地）。

第六部分：重点经营工作计划制订。

单个重点经营计划的说明：

这个重点经营计划是系统可以解决的，还是必须跨系统解决的，还是需要外部力量介入。

这个重点经营计划是为了超越竞争对手，还是为了塑造核心竞争力，还是为了强化基础业务。

单个重点经营计划的拆解：（请详细描绘，暂不以表格形式加以限制）。

评估标准：定量评估目标指标（如指标体系）；定性评估目标标准（如里程碑等）；注意SMART原则。

人：主责部门、第一责任人、辅责部门、虚拟组织、工作关系等。

事：方案备选；行动步骤；时间安排；关键节点、重点、难点、瓶颈点、风险点等；预防措施。

资源申请：预算科目与费用、组织架构、人员编制、公共关系、文化支持、外部支援、内部协调等。

第七部分：系统对各中心的要求与建议。

对各中心承接系统重点经营计划的要求与建议。

对各中心自行制订经营计划的要求与建议。

例：

对各中心自行提出“超越竞争对手”的其他经营计划的要求与建议。

对各中心提出“补强组织能力”经营计划的要求与建议。

对各中心提出“基础业务达标”经营计划的要求与建议。

对各中心经营计划模板的要求。

第八部分：人事方面的经营计划。

参照往年人事部门的经营计划，可侧重系统层面的人事策略（可拓展至管理、文化）。

对跨系统虚拟组织、项目组织等组织设置加以建议。

对战略导向性关键岗位的招聘方向、培训方向加以描述。

第九部分：预算方面的经营计划。

参照往年财务预算部分的经营计划，可侧重系统层面的预算匡算（确保总额下降）。

在严峻的生存环境下，如何控制预算总额（可考虑零基预算）。

在战略前提下，如何安排超越竞争对手的额外投入（注重投入产出）。

一般供应链涉及最多的就是 AOP，从 VOLUME（数量级的）各产品线一年的预测中，最少要覆盖产品线的预测，有些企业可以做到 P/N 的一年的预测，整个 AOP 包括各产品线的销售收入、利润率、数量等。新产品需要单独注明，采购成本降低和研发成本降低等都需要提前做好协同，共同更新到 AOP 中。S&OP 对 AOP 每月滚动更新，覆盖滚动 6 个月，AOP 需要在每年的年中更新或修正一次。

第二节　从 AOP 到 S&OP 的流程

S&OP 需要创新的将制造策略和计划策略嵌入到模型中，如以下案例。

在 S&OP 阶段的 4 种制造或生产计划策略

1. MTS：基于预测做成成品
2. ATO：基于预测做成半成品
3. BTO/MTO：基于订单开始生产
4. ETO：基于订单开始买料

S&OP、Global	金额	百分比
MTS	125	24%
ATO	140	27%
BTO	135	26%
ETO	115	22%
TOTAL	515	100%
单位：百万美金		

1. 学习 SCOR 和搭建 ISC 集成供应链或 PLANNING 全局主导的意识！
2. 制造策略或计划策略的制订（分解每一个产品 BOM 指导多种制造策略或计划策略）。
3. PULL、PUSH 推拉结合，将 DRP 也充分对接在 MRP 和 PULL 中。
4. 基于 S&OP 来规划约束模型，确定 SALES。PLM、MARKETING、SCM 三方各自职责，领悟精髓来搭建拉通 S&OP。动态用库存约束模型来约束输入条件的改善，通过输出的结果指导公司的经营！
5. CPFR 协同工具！
6. 对 E&O 进行可预测的管控和处理流程。
7. 利用 VSM 价值流程图来优化总交付周期。
8. 在 IPD 集成的研发系统中，通过 IPD 的 7 大精髓，落实各级材料和半成品或模块的共用性。

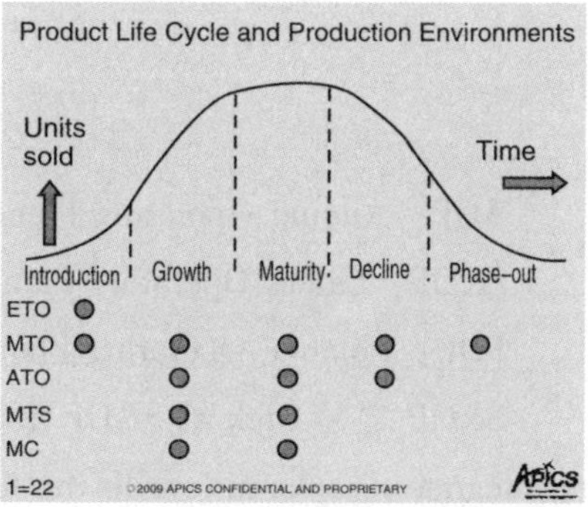

另外S&OP的流程如下：

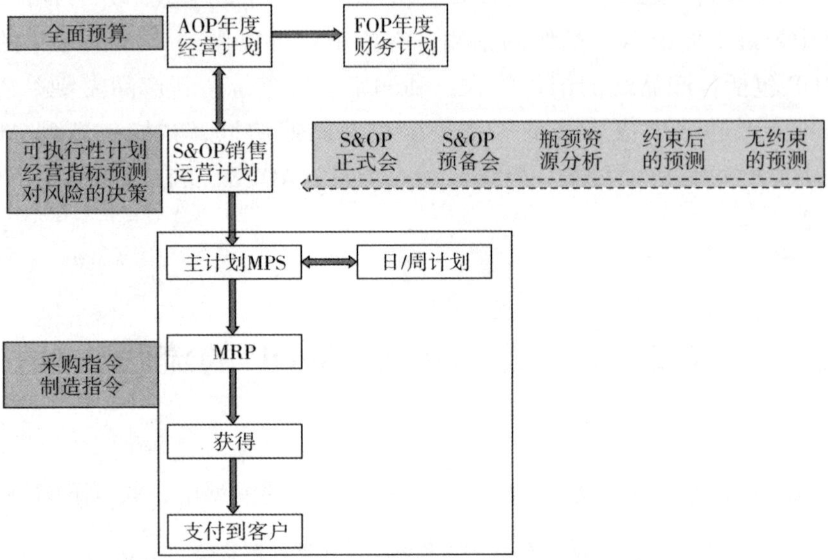

S&OP的精髓和流程：

在S&OP出现前，传统的计划系统有诸多弊端，特别是上市公司，对于经营计划的预测往往是拍脑袋，所以S&OP应运而生。

传统规划系统的缺陷

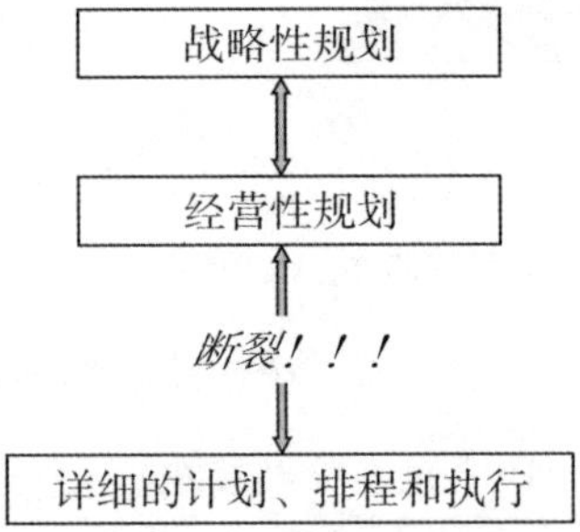

AOP：Annual Operating Planning 企业经营计划。

S&OP：Saless Operation Planning 销售运营计划。

FOP：Finance Operating Planning 财务经营计划。

S&OP之父Dick给S&OP下了以下定义："The process that enables a company to integrate it's planning with the total company." 可以分三个段落来理解这一概念，首先它是一个流程，流程的活动就是进行计划的制订，任务就是实现企业各项计划的整合和协调。

流程自身看起来非常简单，流程活动的内容却相当的丰富，涉及企业经营和企业运营管理多个方向的议题，包括中长期计划的制订和执行，需求与供应的平衡，订单履行策略的实施，库存与服务水平的调整等。

S&OP 作为决策和计划制订的管理流程已经经过了 20 多年的实践，而在近期才得以广泛应用和普及的原因，是它的成熟度和有效性得到了企业的广泛认可，另外则是它的动态平衡原理在帮助企业应对多变的供应链环境中具有卓越的成效。

虽然 S&OP 在世界范围内推行了漫长的时间，当下尤其迫切，很多著名的企业都很重视 S&OP 的推行和用 S&OP 的精髓来指导企业的经营和指导战略的实施。PHILIPS、H 公司、LAIRD 等都很重视 S&OP，经过这么多年的发展，S&OP 有很多创新的地方，电子企业将制造策略、安全库存、AOP、全球库存约束模型有效地结合在一起，新加入了风险生产和风险采购。同时将预测的准确性放在 MAD 的考核上，创新到 5 个维度的立体考核。基于拉动计划模式下，达到了一个良性的 S&OP 全球体系。对于终端产品，对于基线预测尤其重要。H 公司等企业在这方面有了成熟的经验。

AOP 对公司年度经营计划，每年年中更新、调整、修正一次。

S&OP 需要基于 AOP 去滚动执行和滚动更新，每个月会滚动更新。

DELTA MEETING（微调整）会在每周会议中微调一次。

S&OP 一般同 AOP 有很大的偏差，很多公司 AOP 和 S&OP 是二层皮，AOP 是公司一年的经营指标（收入、利润、现金流、EBIDTA 等），S&OP 更贴近于现实。AOP 为预算、扩产、其他计划提供年度的依据。做得好的公司，AOP 同 S&OP 是正向分解和逐月滚动更新的，知道公司的年度计划在每季度都得到实现。管理得不好的公司，经常出现一个项目的预算给另外一个新的项目使用，因为之前的项目在未来一年会发生推迟或取消或终止。

S&OP 从营销部门开始，从无约束到约束的需求（销售、市场开发部、产品线管理），开预备会议和正式会议。S&OP 不是一成不变的流程，可以做很多创新，例如：制定制造策略（ATO、MTS、BTO、PTO、ETO）、总库存模型、安全库存建议、风险生产、风险采购等。

S&OP 流程如下：

（1）准备销售报告：业绩检视。

（2）需求计划制订：销售预测。

（3）供应计划制订：备料、备货计划。

（4）预备会议：充分的沟通、协调、讨论，准备在正式 S&OP 会议上的资料。

（5）最终会议：领导层的会议、拍板的会议。

（6）S&OP 的输出（可执行计划）。

销售预测必须从 SALES（销售）、MARKETING（市场）、PLM（产品线）之间走无约束需求到约束需求，然后逐步过滤传送到运营部门（计划等）。

S&OP 流程中的精髓如下：

（1）销售部门是负责跟催订单和卖产品的。按产品型号、数量、月份准备未来 6 个月无约束的预测，基于材料的采购周期，考虑哪几个月是预测到品号，哪几个月是预测到系列等，通常最好前三个月到品号，后三个月到系列。有的美国公司是预测 12 个月到型号，当然很多不准确。但不要紧，因为后面 3 个月以后的不准确信息只是对产能提供规划而已。特别长的材料采购周期需要专项审核和跟踪，确保风险受控。

（2）市场开发部，很多部门同 PLM 产品线管理合并在一起的。市场部是开发客户，拓展市场的。过滤无约束需求到约束需求。需要调查行业发展，年度目标，竞争对手的信息和客户的信息等。

（3）PLM 对公司的利润率负责，他会权衡全部。最终将需求输出到运营部门。

（4）计划部是代表运营部门同营销系统接口的部门。

（5）召开预备会，检查产能、人手计划、材料瓶颈、扩产预算信息等。确定制造策略、安全库存、风险采购、风险生产等。

（6）销售运营会议是 S&OP 正式会议，通常是计划部召开的。很多公司会放在销售部，销售部设立一个销售运营部，参加的人是公司的最高领导，这个会议会展示上个月回顾：全球的销售收入、利润率、总库存、OTD、风险采购风险生产的追踪、BUILD PLAN 的 REVIEW 回顾、E&O、AGING 等。

本月的 S&OP：

- 本季度和月的收入预测、利润率预测、总库存预测、总周转率预测。
- 本月的计划。
- 本月每个产品线的 6 个月需求、产能、BUILD PLAN。
- 风险生产和风险采购。
- 各种瓶颈等。
- 需要决策的事项（扩产、预算、人手、设备等），可执行的计划。

（7）最终 S&OP 需要首席运营审、销售、研发一起决策最重要的两大块：是否扩产，可执行之计划批核等。

（8）每周的稍调整的滚动微调。

第三节　S&OP 下的供应链角色认知

S&OP 连接需求和供应，协同公司一切资源达到公司的利益最大化。

在供应链角色中，供应链同输入端的营销系统是推动和支持的角色，不断和持续优化接口的输入和输出。

这里笔者需要重点总结一下：在 S&OP 中，客户的需求是动态的变化，客户的需求也是不准确的，能做到当月 70% 的准确性和第三个月 50% 的准确性是非常不错了。供应链需要基于动态的预测，通过分析产品特点，制造策略（计划策略）打造一个柔性供应链体系。通过供应链柔性抗市场波动，抗预测的不准确性，最终达到双赢或多赢的格局。供应链的内部客户就是营销，对于客户我们是推动改善和支持客户，对于推动客户改善预测可以用“引导”内部客户改善预测等，引导客户是一个最完美的方式，最终让客户不断提升自己的预测准确性，甚至品牌企业供应链可以通过 BI 来帮助研发提高商品竞争力，帮助营销提高售罄力，这样就可以达到多赢的格局，企业就有核心竞争力。

供应链通过核心竞争力来实现基于市场的不确定性，达成可确定性，犹如一群具有闪电战的狼，在最佳时间及时机，吃完市场大餐。

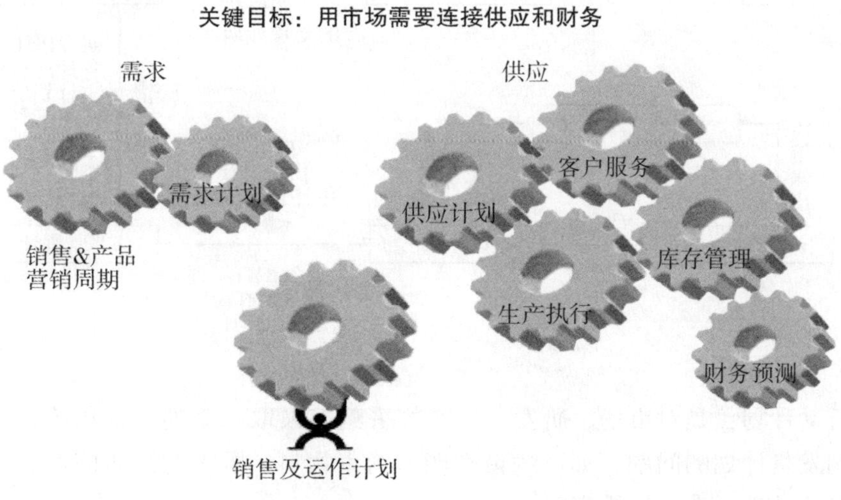

第四节　案例 1：国内企业的 S&OP 流程

销售与运作计划（Sales and Operations Planning，中文简称 S&OP），就是对市场营销、销售计划，以及制造、研发、采购和财务方面的有效资源进行综合平衡，以此更新各部门计划，协调一致实现公司总体经营战略目标。S&OP 是一个行动流程，而非仅仅是一个会议，它有一系列设定好并遵循的步骤，用来解决冲突，进行决策、沟通并实施。

无约束的要货预测：分产品的市场未来需求的可能值。只受市场策略限制，不受供应约束限制。

可执行的发货计划：运用业务规则、策略和优先级将无约束的要货预测和约束资源的供应（物料和产能）能力进行供需匹配，经综合平衡后形成的用以指导制造、采购、发货及预算等部门的计划。

计划与订单体系

S&OP计划制订流程

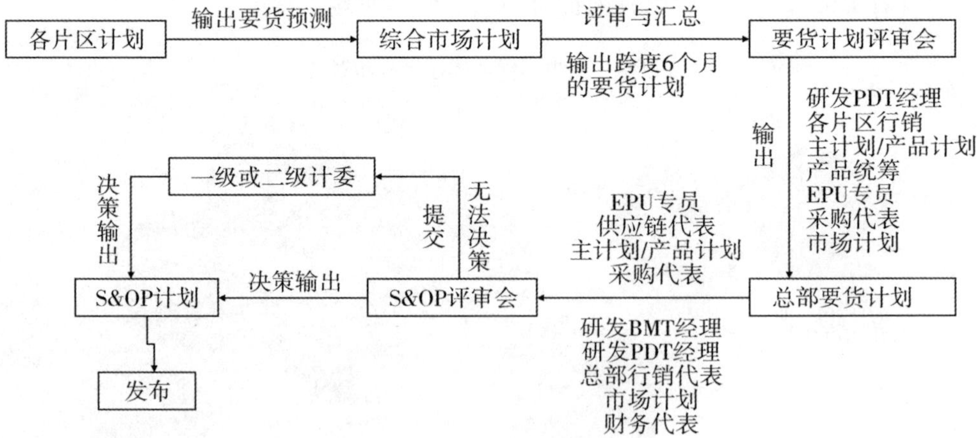

行动计划：是对市场、研发、生产、采购等采取一系列行动措施，主要针对影响发货计划的问题，如：约束产能、约束物料、重大的品质问题、物料例外信息的处理、合同的排序等。

S&OP 流程的目的是通过市场、研发、生产、采购之间的沟通，做出对市场变化具有快速响应的决策，应对市场需求的变动，平衡供需，输出一个可执行的发货计划；提高客户服务水平，改善库存结构，降低运作成本。

预备会议在以下几方面达成共识：

●需求和供应形势。

●可执行的发货计划。

●库存政策。

●行动计划。

领导层 S&OP 会议的启动因素：

●市场需求增加造成资源瓶颈且难以满足市场需求，影响重大。

●市场需求急剧下降造成大量订单取消。

●重大版本切换、重大质量等重要事件造成物料和产能出现问题。

●对预期的战略机会点需要做出物料和产能准备。

●其他在 S&OP 预备会议上没有达成一致的需要决策的问题。

领导层 S&OP 会议的典型决策：

●开展新的市场行动产生需求以使某一供应链资源的使用最大化。

●批准投资于设备能力以满足扩张的需求。

●加速或推迟一个新产品的介绍以增加销售或解决供应链矛盾。

●重新定义库存策略以使客户满意度最大化或减少运营资本。

●回顾资源策略。

●与其他目标平衡财务优化。

S&OP 预备会议需要以下人员的参与：

●计委主任。

●S&OP 专员。

●市场计划经理和总监。

●研发经理。

●采购部经理。

●生产计划经理。

S&OP 领导层会议需要以下人员的参与：

●计委主任。

●市场总监。

●PLM 产品线总监/产品经理。

●供应链总监。

●S&OP 专员。

●会议启动因素所涉及的相关部门主管。

●全球营销VP（负责销售、PLM、市场）。
●总经理（当地）。
●财务。
●人事。
●ME。

角色及职责

角色	职责	结果
计委主任/副主任	会议决策	1. 批准可执行的发货计划 2. 批准安全库存计划 3. 批准行动计划
S&OP专员	1. 组织S&OP评审会 2. 审视假设条件和不足之处	1. 制定方案 2. 准备建议 3. 制定领导层的S&OP会议议程 4. 发货及库存预算
市场计划经理或负责人	1. 拟制市场需求分析报告和市场需求的风险 2. 组织市场销售预测/要货预测评审	提供无约束的要货预测和要货预算
研发经理或负责人	对新产品进行审视	1. 提供版本切换计划 2. 提供新产品供应能力 3. 新产品供货风险及决策点
生产计划经理或负责人	1. 排产无约束物料计划（SOP） 2. 审视Supply Commit 3. 对库存进行审视 4. 协助组织S&OP会议	1. 提供约束产能报告和产能利用率报告 2. 发布无约束预测计划 3. 分析物料短缺、识别和解决短缺数量、手工调整供应量 4. 提供可执行发货计划的建议值 5. 搜集各环节运作绩效，提供运作绩效报告。
采购经理或负责人	1. 提供Supply Commit 2. 审视例外信息处理情况	协调供应商回复Supply commit，提供Supply Commit Shortage report，采购资金预算，例外信息处理结果

时间要求：

每月第三日前：提供无约束的要货预测。

每月第五日前：分解预测、输出预测计划（AI 层）、预测冲突。

每月第八前提供：排产无约束物料计划、提供约束产能报告、提供 Supply Commit Shortage report。

每月第九日前提供：产品预计供应能力报告、运作绩效报告、新产品供应能力报告。

每月第十日前：S&OP 会议预备会。

每月第十二日前：输出可执行发货计划和行动计划。

每月第二个周五上午（或 14 日前）：全球 S&oP 正式会议。

第一条：产品需求只受需求方策略和产品技术成熟度的约束。

（1）对产品需求达成共识应先于对供应/需求的匹配。

（2）S&OP 会议需要了解需求偏差分析的历史纪录，以及当期无约束的要货预测基于的主要机会点和假设。

第二条：根据采购提前期和产能规划调整提前期的要求，S&OP 会议重点对 6 个月内的供需进行管理。

第三条：时间栏对 S&OP 的影响。

（1）最近 1 个月内的计划要基本固定下来——当供需不平衡时，主要是调整需求，避免对后续环节（制造、采购）造成影响。

（2）1～2 个月内的计划通过协商解决——当供需不平衡时，一方面对需求进行调整，另一方面落实约束资源的紧急到位。

（3）3 个月涉及长周期材料的采购和设备的扩产等。如果有扩产或大批量的周期材料的采购已经下单，也要谨慎变更和巨大的变更需要做变更审批。

（4）6 个月以上是自由变化区，当供需不平衡时，主要是调整供应。

第四条：评审规则。

（1）late/short demnand 较多的情况：

①按照订单的重要程度确定需求优先级。

●客户层次：高层次的客户可以从低层次客户中抢资源，即低层次的客户需求后推，优先满足第一类客户、战略客户、渗透市场客户。

●产品规则：优先满足高利润产品和战略产品，低利润产品往后推。

②做出增加资源的决议，是否扩产，生产周期，预算等。

（2）产能利用率偏低的情况，讨论是否需要平衡生产。

（3）PLM 需要基于公司的年度经营目标展开如利润率和销售收入不同的要

求，还决定在产能和材料不够的情况下，在利润率和销售收入和客户优先度上做选择。

第五节　案例 2：国内一家上市公司的 S&OP 流程（制订销售与运作计划流程说明书）

1. **目的**

S&OP 流程的目的是通过市场、研发、生产和采购之间的沟通，做出对市场变化具有快速响应的决策，应对市场需求的变动，平衡供需，输出一个可执行的主生产计划；提高客户服务水平，改善库存结构，降低运作成本。

2. **范围**

适用于涉及公司的销售预测、原材料采购、生产、发货、库存管理和资金占用的预测与运作管理，以对销售预测和预期供应、生产的提前平衡，确保公司各职能部门和地区的战术与公司的战略保持一致。

3. **定义**

名称	定义
S&OP	销售与运作计划（Sales and Operations Planning，中文简称 S&OP），就是对市场营销和销售计划，以及制造、研发、采购和财务方面的有效资源进行综合平衡，以此更新各部门计划，协调一致实现公司总体经营战略目标。S&OP 是一个行动流程，而非仅仅是一个会议，它有一系列设定好并遵循的步骤，用来解决冲突、进行决策、沟通并实施
主生产计划	运用库存控制和服务水平等业务规则以及促销策略将要货预测与约束资源的供应（物料和产能）能力进行供需匹配，经综合平衡后形成的用以指导制造、采购、发货及预算等部门的计划 主生产计划（Master Production Schedule），是把客户合同、预测、生产规划具体化，并展开成为物料需求计划和能力计划的主要依据。主生产计划起着从宏观计划向微观计划过渡的承上启下作用，是联系市场与生产加工的桥梁，使物流计划和生产能力最大限度满足不断变化的市场需求 主生产计划中的项目由 PMC 计划专员负责管理。PMC 计划专员维护这一计划，进而驱动所有物料需求计划。主生产计划与要货计划的区别：前者是供应能力，后者是一种需求。主生产计划在计划系统中是上下内外交叉的枢纽

（续表）

名称	定义
无约束的要货预测	分类产品的市场未来需求的可能值。只受市场策略限制，不受供应约束限制。通过无约束的预测，可以让我们知道实际的市场需求状况，并将其与我们的实际生产能力相比较，这样就可以了解我们失去了多大的市场机会，使生产部门知道市场部门对他们的期望是怎样的
行动计划	是对市场、研发、生产和采购等采取的一系列行动措施，主要针对影响发货计划的问题如：处理产能约束、处理物料约束、解决重大的品质问题、解决物料例外信息的处理、实行重要合同的计划等
约束物料	包括：采购周期超过 1 个月的原材料或根据原材料成本 ABC 分析的 A 类物料以及风险采购物料

4．**输入**

- “供应链绩效报告”。
- “供应短缺报告”。
- “市场需求和风险说明报告”。
- “中试滚动生产计划”。
- “新产品版本切换、供应能力、项目风险报告”。
- “成品库存分析报告”。
- “制造策略”。
- “产品销售预测表”。

5．**输出**

- “销售与运作计划会议纪要”。
- “主生产计划表”。
- “S&OP 资源计划”。
- “S&OP 行动计划”。
- “制造策略”。

6. 角色职责

角色名称	职责列表
计委主任/副主任	批准可执行的发货计划 批准安全库存计划 批准行动计划 平衡和调整资源计划
产品生产计划员（PC）	组织 S&OP 评审会 审视假设条件和不足之处 排产无约束物料计划（SOP） 审视 Supply Commit 对库存进行审视 提供约束产能报告和产能利用率报告 分析物料短缺、识别和解决短缺数量、手工调整供应量 提供可执行发货计划的建议值 收集各环节运作绩效，提供运作绩效报告
中试计划员	提供滚动中试生产计划 提供版本切换计划 提供新产品供应能力 新产品供货风险及决策点
产品市场计划员（产品经理，商务计划专员）	提供无约束的要货预测 拟制市场需求分析报告和市场需求的风险 组织市场销售预测/要货预测评审 分析物流网络成品库存并制订安全库存和补货计划
物料计划主管（MC）	协调供应商回复 Supply commit 提供 Supply Commit Shortage report 采购资金预算 物料例外情况处理

7. 流程活动说明

流程行动	说明
沟通无约束的需求预测	市场计划主管每月 20 日前搜集“月度滚动销售预测表”，对于其中有疑义的需求预测与相关人员进行确认 在每月 25 日之前汇总成无约束的“月度滚动预测汇总表”，并传达给相关计委成员
搜集机会点要货数据	由相应产品的市场计划主管对销售合同、重点项目、机会点及其风险等要素对要货预测进行分析并形成报告 对前三月要货预测要分出需求类型（已签订单、预留、净预测），同时包含要货预测的不确定性说明、风险和机会点、预测准确性等相关资料
搜集物流网络库存数据	由商务部计划员搜集公司各级成品库存数据以及分销商库存数据，监测各个配送点周转情况，了解周转过慢的库存形成原因，对断货和相对于销售预测明显库存不足的情况进行分析，提供安全库存调整建议和配送方案
搜集供应链绩效数据	生产计划员（PC）搜集数据编制供应链绩效分析报告，包括： ●“客户服务水平 KPI”：及时齐套发货率，订单平均交货期，延期发货时间等 ●“库存周转 KPI”成品库存周转率，在制品周转率，零部件库存周转率，累计库存金额，呆滞库存分析等 ●“产能分析”生产部 IE 根据产能的利用情况识别约束产能、剩余产能，并提交报告给生产计划员 ●“生产计划达成 KPI”
制定制造策略	生产计划员（PC）与市场计划员协商，根据无约束的销售预测和历史发货数据，制定制造策略 生产计划部门根据最新公布的要货预测进行预排产，排产无约束预测计划，发布无约束预测需求
搜集供应商沟通数据	采购部公布未来 3～6 个月的分器件的采购供应形势报告 生产计划部门根据最新公布的要货预测进行预排产，排产无约束预测计划，发布无约束预测需求 根据采购回复的 Supply Commit 结果，生产计划部门进行审视，预计缺料时间和短缺数量，作为计算供应能力的依据 注：生产计划员和采购部也可以根据上期可执行发货计划排产的约束物料 supply commit，或者是业已短缺的物料的供应能力来估算产品未来 3 个月内的供应能力 生产计划员根据约束物料 supply commit 情况计算各产品的供应能力

（续表）

流程行动	说明
审视新产品中试计划	中试计划员搜集产品线项目计划，形成试生产、转产等路标计划 中试计划员结合 PDT 和市场需求，制订中试“生产滚动生产计划” 根据期间质量问题报告、产品遗留问题报告、加工直通率曲线报告等数据评估新产品技术问题和新器件的供应情况得出新产品供货风险及决策点
召集 S&OP 会议	在 S&OP 会议前两天，生产计划员汇总各个计委成员的数据和分析报告，并发出会议通知
举行 S&OP 会议	S&OP 简要的业务规则： 第一条：产品需求只受需求和产品技术成熟度的约束 （1）首先对产品需求达成共识 （2）S&OP 会议需要了解历史预测的准确度情况，并分析当期无约束的要货预测基于的主要机会点和假设 第二条：根据采购提前期和产能规划调整提前期的要求，S&OP 会议重点对 6 个月内的供需进行管理 第三条：时间栏对 S&OP 的影响 （1）最近 1 个月内的计划要基本固定下来——当供需不平衡时，主要是调整需求，避免对后续环节（制造、采购）造成影响 （2）2～3 个月内的计划通过协商解决——当供需不平衡时，一方面对需求进行调整，另一方面落实约束资源的紧急到位 （3）3 个月以上是自由变化区，当供需不平衡时，主要是调整供应 第四条：评审规则
举行 S&OP 会议	（1）出现 late/short 需求较多的情况时 ●按照订单的重要程度确定需求优先级 客户层次：高层次的客户可以从低层次客户中抢资源，即低层次的客户需求后推，优先满足第一类客户、战略客户、渗透市场客户 产品规则：优先满足高利润产品和战略产品，低利润产品往后推 ●做出增加资源的决议 与采购、研发协商，找出解决方案 （2）产能利用率偏低的情况 ●应用管理指令中最小量原则，即如果需求少于产品最小量，根据急单情况，将未来需求拉入一定的 BTF 量 ●做出减少资源的决议

（续表）

流程行动	说明
生成 S&OP 计划	生产计划员根据 S&OP 会议讨论的结果，编制“主生产计划”“制造策略”“S&OP 行动计划”“S&OP 资源计划”“S&OP 会议纪要”并提交二级计委主任审核
组织 S&OP 计划汇报	一级计委 S&OP 会议的启动因素： （1）市场需求增加造成资源瓶颈且难以满足市场需求，影响重大 （2）市场需求急剧下降造成大量订单取消 （3）重大版本切换、重大质量等重要事件造成物料和产能出现问题 （4）对预期的战略机会点需要做出物料和产能准备 （5）其他在 S&OP 预备会议上没有达成一致的需要决策的问题 领导层 S&OP 会议的典型决策： （1）开展新的市场行动产生需求以使某一供应链资源的使用最大化 （2）批准投资于设备能力以满足扩张的需求 （3）加速或推迟一个新产品的上市以增加销售或解决供应链矛盾 （4）重新定义库存策略以使客户满意度最大化或减少运营资本 （5）回顾资源策略 （6）与其他目标平衡财务优化
审批 S&OP 决议	在无需启动一级计委会议时，由一级计委主任在每月 29 日前审批 S&OP 相关决议，并知会一级计委其他成员

第六节　如何做好销售预测

H 公司这个企业有很大的代表性，他的经验可以为很多行业做借鉴。

在讨论 H 公司之前，我们先看看一个一般做中间产品的普通企业案例：

半成品或配件或零件没有直接面对客户或终端的压力这么大，所以 S&OP 就简单些，但要领悟精髓，提高 S&OP 的核心价值，不流于形式。很多企业最终都流于形式地去开 S&OP，根本原因是 PMC 或供应链的弱势，还有中国企业在解决生存问题前，一般都是通过营销或研发去先解决生存问题，所以这就直接导致供应链一直都没有重视，所以在没有一个专业的供应链领导去改变这个格局之前，供应链会保持弱势的地位，这是个必经的过程。

一般的生产中间产品的企业在S&OP前的Demand Planning的各部门角色

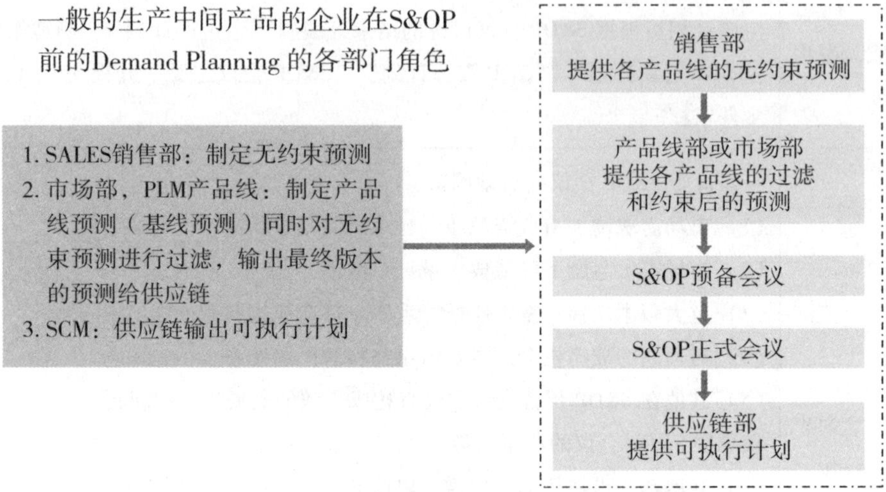

对于直接面对消费者或市场终端的大企业的Demand Planning的方法

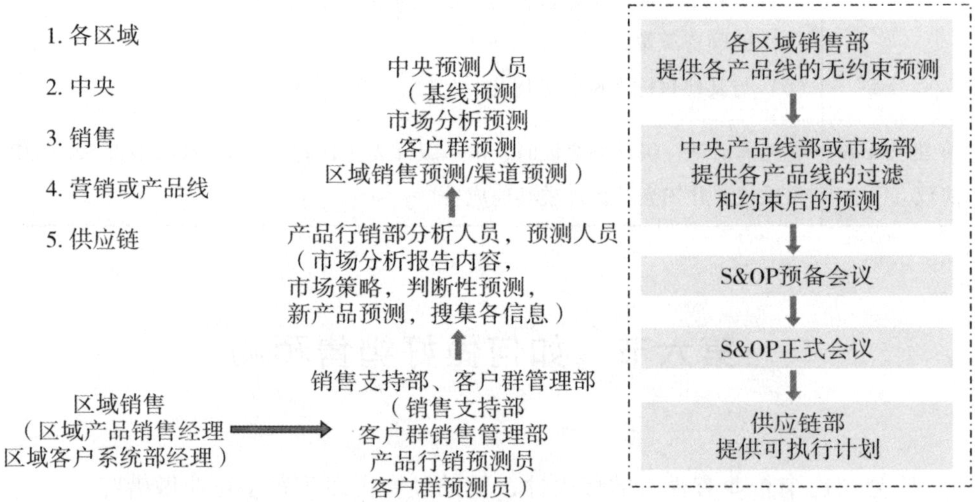

这类企业在发展过程中，在企业经历15亿～50亿元都会面临很大的供应链发展瓶颈，也包括营销对预测的把控问题。

笔者发现中国企业很多停留在金额的预测上，很少有企业的营销部门有概念去分解到产品线或P/N，这个不是他们不想去分解，多年来的惯性保留了这个习惯，逐步地都会去做产品线的预测，这个预测是考验营销综合能力水平的，但金额对供应链帮忙不大，供应链需要产品线预测或 P/N 的预测。预测的作用是当月对采购材料购买和生产计划的制订提供密切关联。当月订单不充足是企业面临的状况，在没有订单的情况下，或终端不知道能卖多少的情况下，PMC 需要有快速反应和平衡库存的能力。

第二和第三个月的预测主要是解决长周期材料的采购周期问题或生产车间是否要扩产的问题。如何在无预测或预测准确性很差的情况下达到快速交付，这个需要在后面的章节专门探讨。通过多种计划策略和协同可以做到多赢的格局，这个是 PMC 和供应链的价值，最终通过系统级的运作打造一个具有快速反应能力的供应链系统。

当年 H 公司和 I 公司是如何合作的呢？

I 公司最终交付给 H 公司关于“Demand Planning”的业务流程

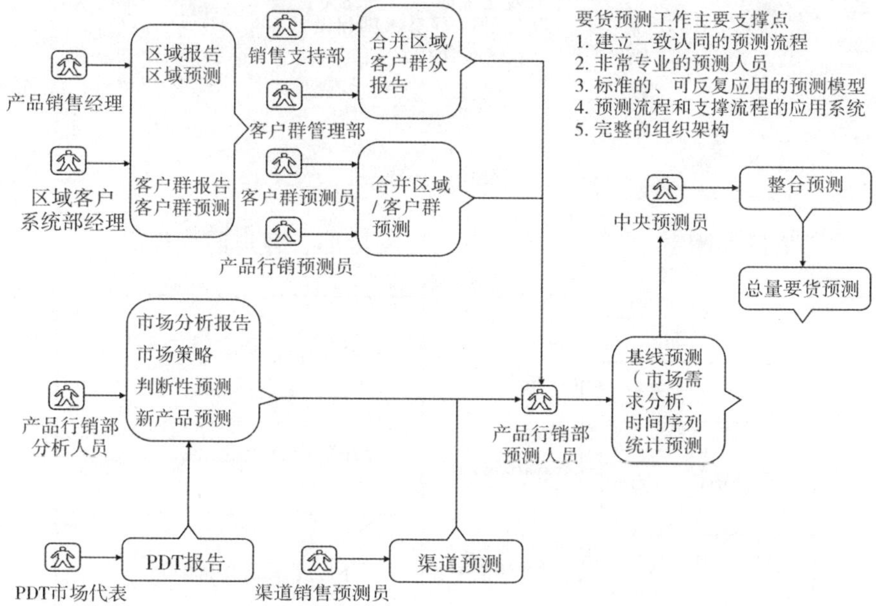

重要角色的职责、工作内容——区域销售

	月度区域销售预测	区域周报
区域产品销售经理	单一产品角度制订展望期三个月的预测（分客户群） 1. 第一个月预测完全以项目为基础。 2. 第二、三个月的预测参考项目及线索并经过个人判断作出。	1. 机会点进展 2. 本周签单情况 3. 竞争分析 4. 客户动态（倾向） 5. 促销活动 6. 所遇困难及求助 7. 预计销售
区域客户系统部经理	展望期为三个月的月度客户群预测（分产品）.以客户群角度的机会点和对客户群的分析为基础。 1. 第一个月预测完全以项目为基础。 2. 第二、三个月的预测参考项目及线索并经过个人判断作出。	1. 机会点 2. 合同状态信息报告 3. 网络信息状态 4. 宏观经济状态 5. 客户群收入中的业务构成情况 6. 营销活动 7. 客户运营状况

重要角色的职责、工作内容——销售支持部、客户群管理部

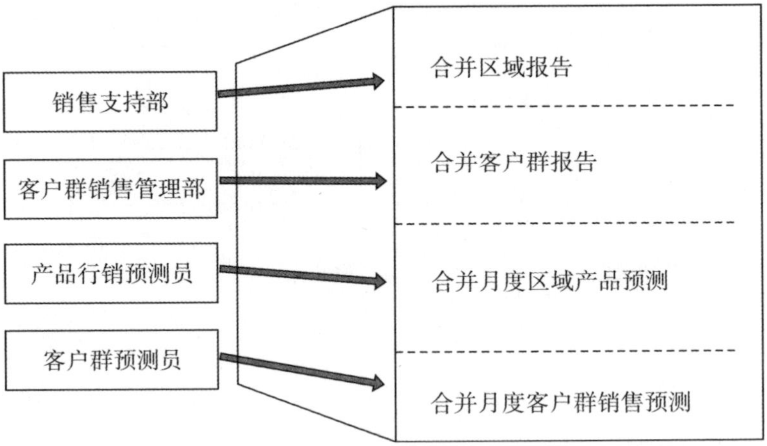

H 公司重要角色的职责、工作内容——产品行销部分析人员

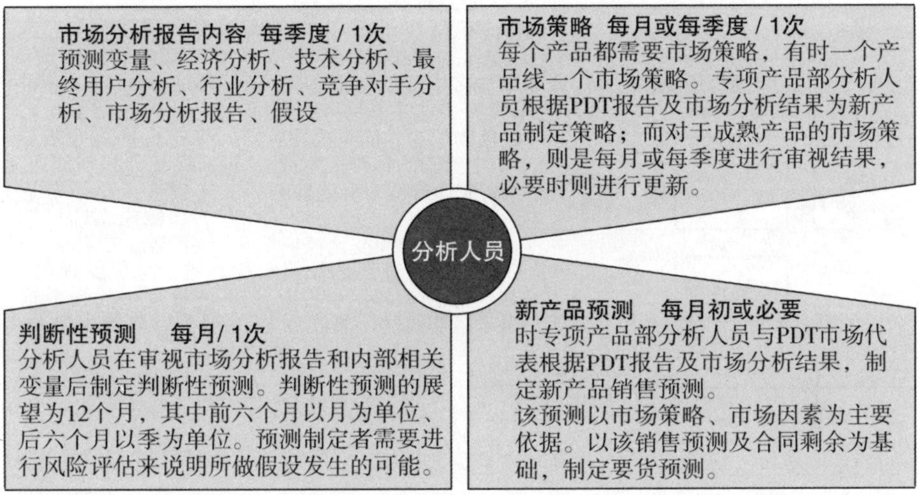

H 公司重要角色的职责、工作内容——产品行销部预测人员

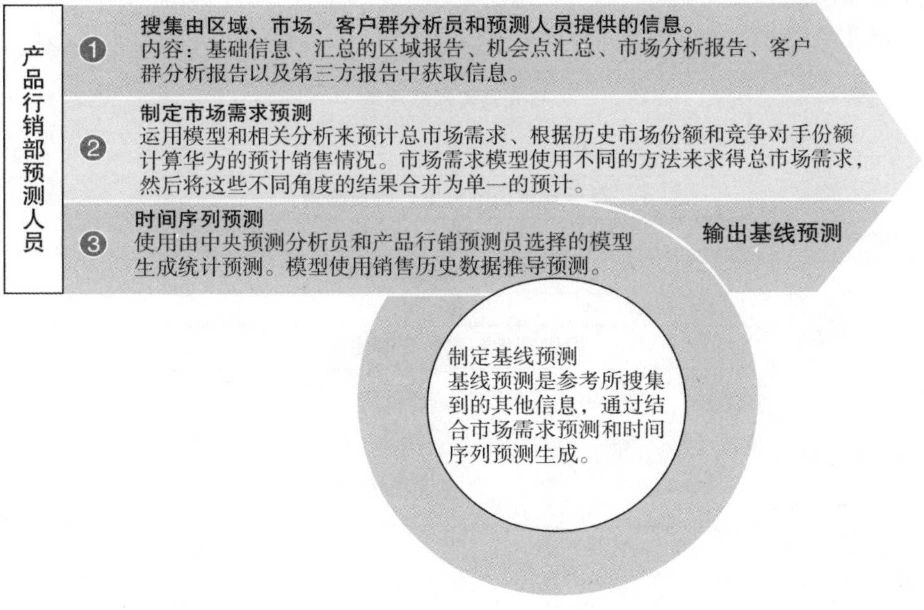

H 公司重要角色的职责、工作内容——中央预测人员

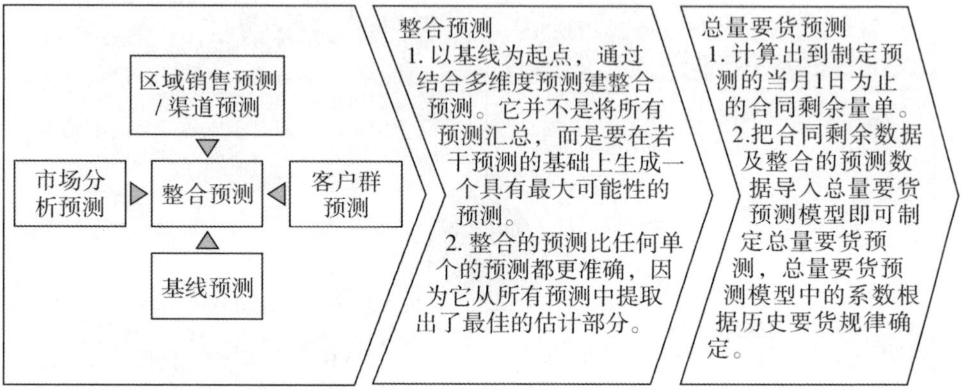

H 公司销售预测评审会

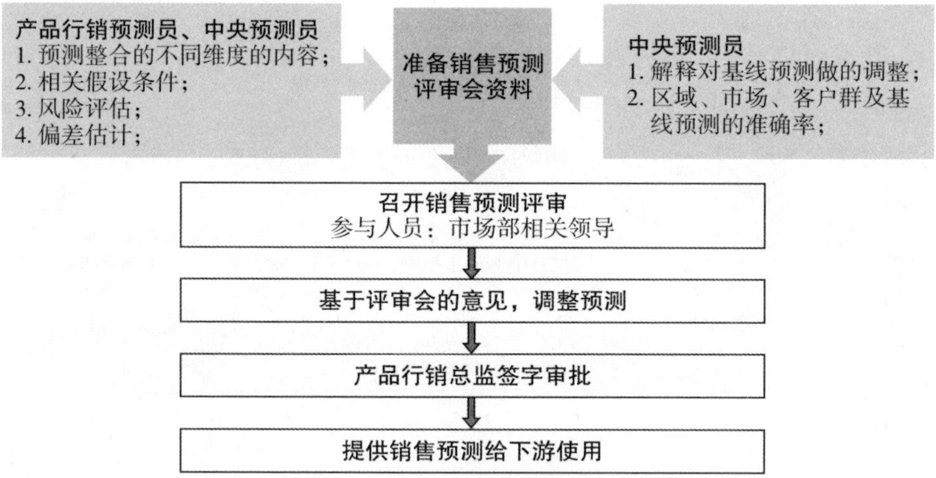

H 公司的五大流程体系及相互关系

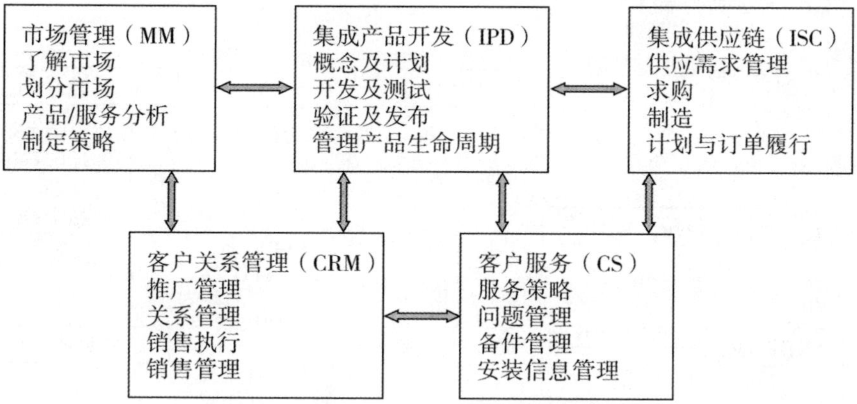

企业是什么？企业就是端到端的流程，从市场来（信息），到市场去（产品）流程作为企业的命脉，只有脉络通畅，人流、物流、资金流、信息流才能高效地在这个管道体系中运转。

H 公司 S&OP——计划委员会

销售与运作计划（S&OP）：销售与运作计划（Sales and Operations Planning，中文简称 S&OP），就是对市场营销和销售计划，以及制造、研发、采购和财务方面的有效资源进行综合平衡，以此更新各部门计划，协调一致实现公司总体经营战略目标。S&OP 是一个行动流程，而非仅仅是一个会议，它有一系列设定好并遵循的步骤，用来解决冲突、进行决策、沟通并实施。

S&OP 计划的制订与发布必须经过计划委员会的评审通过

计划委员会

- S&OP 领导层会议参与人员：计委主任/副主任、市场预测主管/产品行销总监、产品线总监/产品经理、供应链总监、采购总监/采购策略总监、S&OP 专员、会议启动因素所涉及的相关部门主管
- S&OP 预备会议人员：计委主任/副主任、S&OP 专员、市场计划主管、研发物流计划主管、订单履行部主管、采购部主管、生产计划主管、产品调度主管

H公司的计划与订单体系

S&OP计划制订流程：

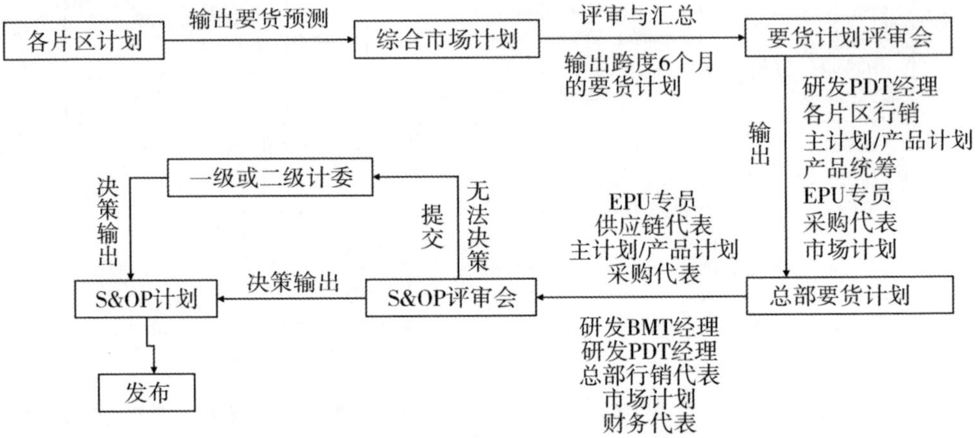

另外一个大型网络设备品牌制造商如何借鉴H公司的案例去规划自己的预测流程：

一家大型网络设备品牌制造商的业务流程

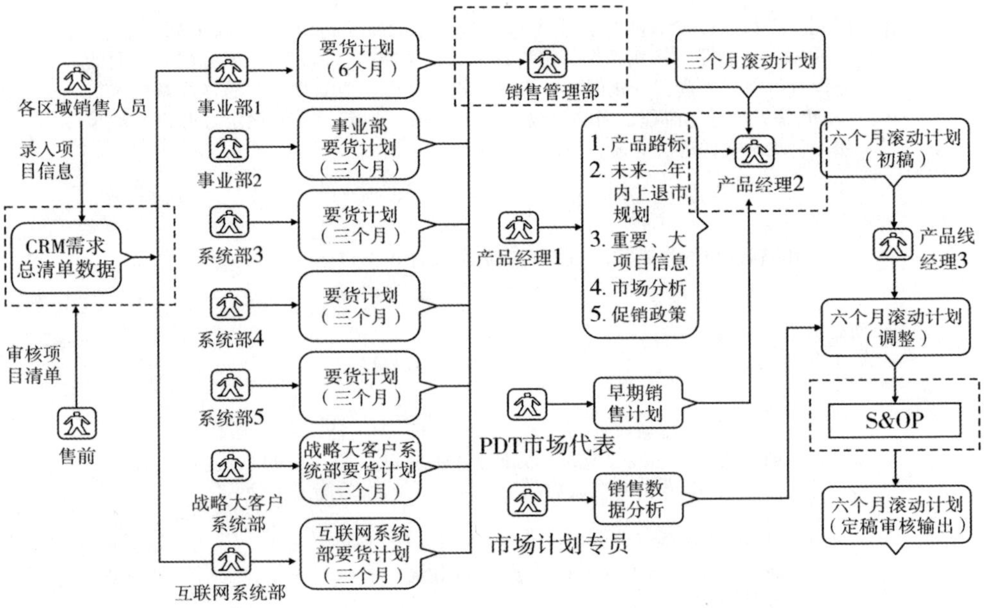

该企业的 Demand Planning 流程图

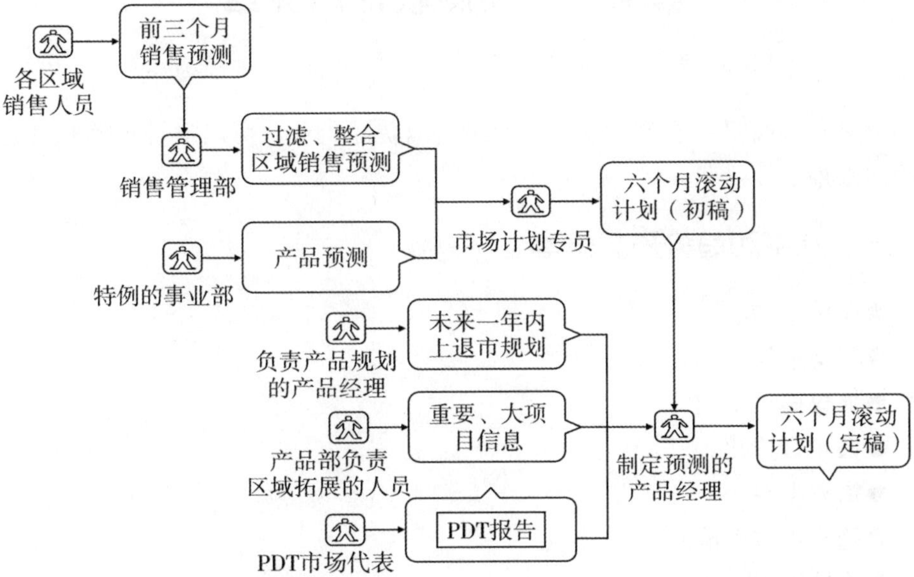

I 公司或 H 公司评估预测准确率——KPI 指标

使用三个 KPI 测评预测

APICS 和哈佛大学 EMBA，全世界都主要考核这些绝对偏差和百分比和数量等，这些都是来自于统计技术的考核。

需要用五边图考核，就是创新的考核方法，MAD 就是这样。

第七节　预测软件的介绍

很多直接面对终端的行业，例如快速消费品行业，可以通过预测软件达到预测的效果。

一、水平和趋势预测模型

●简单平均。
●移动平均。
●加权移动平均。
●去年百分比。
●指数平滑。
●趋势指数平滑。
●线性逼近。
●一元线性回归。

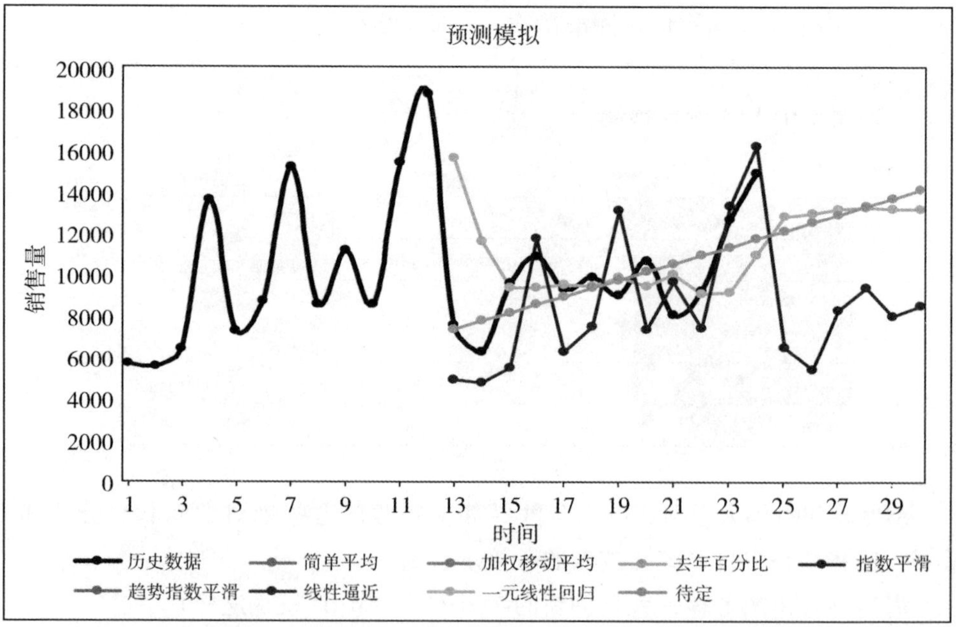

二、季节预测模型（类似于水平和趋势预测模型）

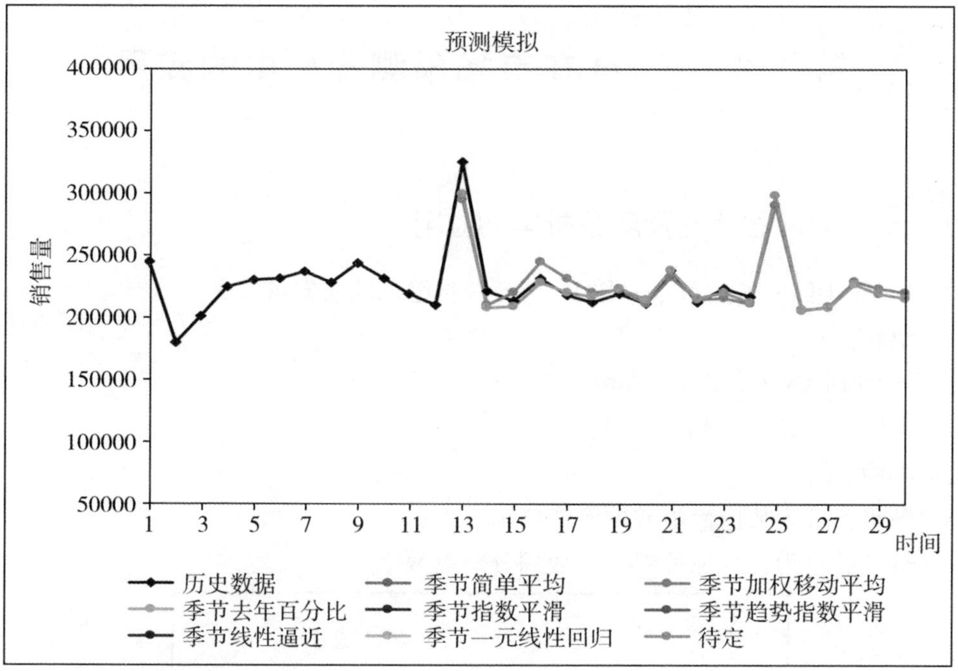

三、多元线性预测模型

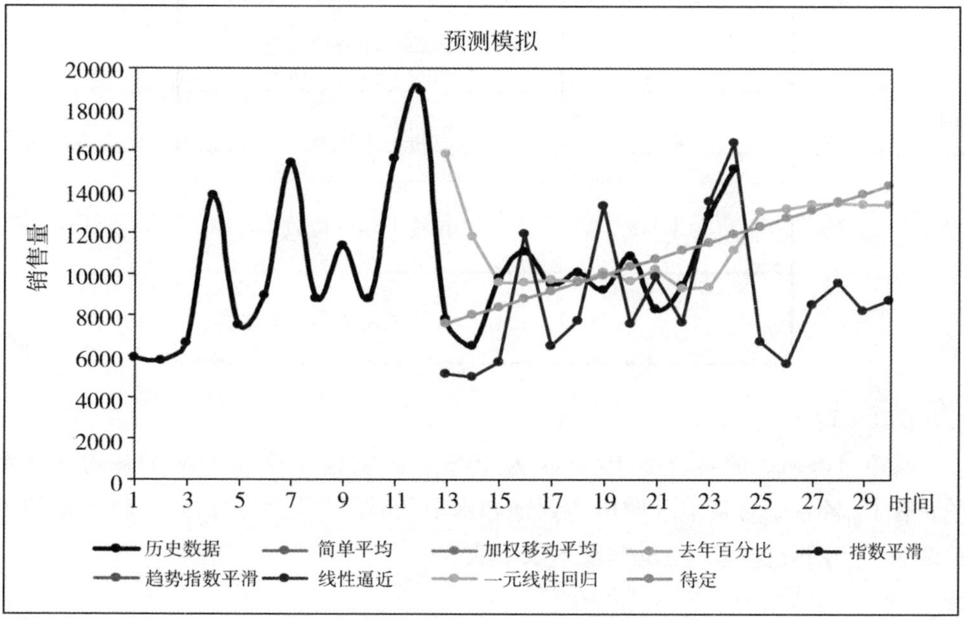

基于不同的产品，选定合适自己的预测软件非常有必要。

第八节　Excel在市场预测分析中的应用

一、Excel在定性预测分析中的应用

1. MEDIAN函数和QUARTIE函数分析德尔菲法专家答卷

语法：

=MEDIAN（参数1，参数2，……，参数30）

=QUARTIE（数组，分位点）

其中：

数组：可为数值数组或单元格范围

分位点：为计算那种四分位数的分隔点数字

分位点	作用与意义
0	得到最小值
1	计算上四分位数
2	得到中位数
3	计算下四分位数
4	得到最大值

例1-1：

某市录像机家庭普及率1990年为20%，设家庭普及率达到90%为饱和水平。有15名专家对某市录像机达到饱和水平的时间进行预测，第四轮专家预测意见顺序和四分位数、中位数结果如下表：

专家意见序号	预测录像机普及率达到饱和水平的年份	中位数和四分位数
（1）	（2）	（3）
1	2000	下四分位数 Q1（2001）
2	2000	
3	2001	
4	2001	
5	2003	
6	2004	中位数 MD（2005 年）
7	2004	
8	2005	
9	2005	
10	2005	
11	2006	上四分位数 Q3（2006 年）
12	2006	
13	2006	
14	2007	
15	2008	

Excel 实现过程如下：

（1）MEDIAN 函数。

=MEDIAN（2000，2000，2001，…，2008）=2005

或者 =MEDIAN（B3：B17）=2005

如下图：

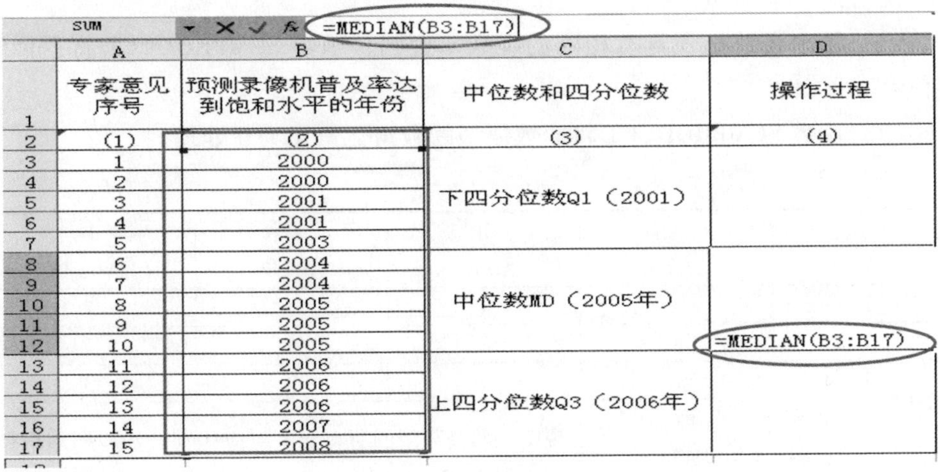
SUM　=MEDIAN(B3:B17)

	A	B	C	D
1	专家意见序号	预测录像机普及率达到饱和水平的年份	中位数和四分位数	操作过程
2	(1)	(2)	(3)	(4)
3	1	2000	下四分位数Q1（2001）	
4	2	2000		
5	3	2001		
6	4	2001		
7	5	2003		
8	6	2004	中位数MD（2005年）	
9	7	2004		
10	8	2005		
11	9	2005		
12	10	2005		=MEDIAN(B3:B17)
13	11	2006	上四分位数Q3（2006年）	
14	12	2006		
15	13	2006		
16	14	2007		
17	15	2008		

（2）QUARTIE 函数。

格式：=QUARTIE（数组，分位点）

在本例中为 =QUARTIE（{2000，2000，2001，…，2008}，1）

或者 =QUARTIE（B3：B17，1）

如下图：

SUM =QUARTILE(B3:B17,1)

	A	B	C	D
1	专家意见序号	预测录像机普及率达到饱和水平的年份	中位数和四分位数	操作过程
2	(1)	(2)	(3)	(4)
3	1	2000		
4	2	2000		
5	3	2001	下四分位数Q1（2001）	
6	4	2001		
7	5	2003		=QUARTILE(B3:B17,1)
8	6	2004		
9	7	2004		
10	8	2005	中位数MD（2005年）	2005
11	9	2005		
12	10	2005		
13	11	2006		
14	12	2006		
15	13	2006	上四分位数Q3（2006年）	
16	14	2007		
17	15	2008		

2. 用 SUMPRODUCT 函数对集合意见法数据进行计算

定义：在给定的几组数组中，将数组间对应的元素相乘，并返回乘积之和。

语法：SUMPRODUCT（array1，array2，array3…）

其中：Array1，array2，array3，…，为 2～30 个数组，其相应元素需要进行相乘并求和。

说明：

（1）数组参数必须具有相同的维数，否则，函数 SUMPRODUCT 将返回错误值#VALUE!

（2）函数 SUMPRODUCT 将非数值型的数组元素作为 0 处理。

例 1－2：

	A	B	C	D
1	Array1	Array1	Array2	Array2
2	3	4	2	7
3	8	6	6	7
4	1	9	5	3
=SUMPRODUCT（A2：B4，C2：D4）结果为 80		说明：两个数组的所有元素对应相乘，然后把乘积相加，即 $3\times2+4\times7+8\times6+6\times7+1\times5+9\times3=80$		

如下图：

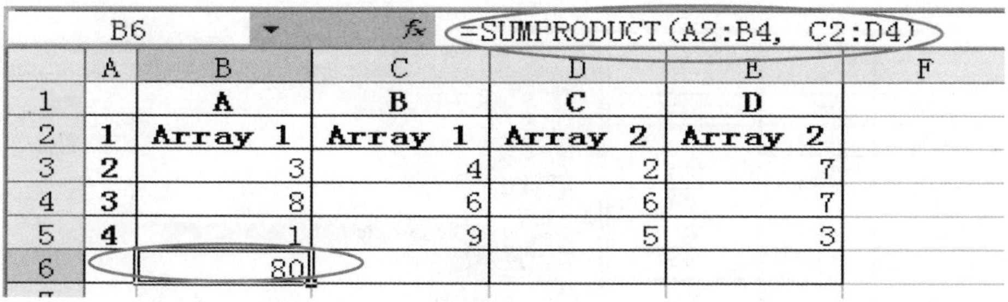

二、Excel 在平滑预测分析中的应用

1. 移动平均分析工具简介

例 1-3：某纺织品公司近年棉布销售量如下，用一次移动平均法预测 1999 年棉布销售量（单位：万米）。

年份	销售量	一次移动平均数	计算方法
1992	984		
1993	1022		
1994	1040		
1995	1020	1015	（984+1022+1040）÷3=1015
1996	1032	1027	（1022+1040+1020）÷3=1027
1997	1015	1031	（1040+1020+1032）÷3=1031
1998	1010	1022	（1020+1032+1015）÷3=1022
1999		1019	（1032+1015+1010）÷3=1019

该纺织品公司 1999 年棉布销售量预测值为 1019 万米。

Excel 中操作如下图：

第一步：在工具选项中选择“数据分析”。

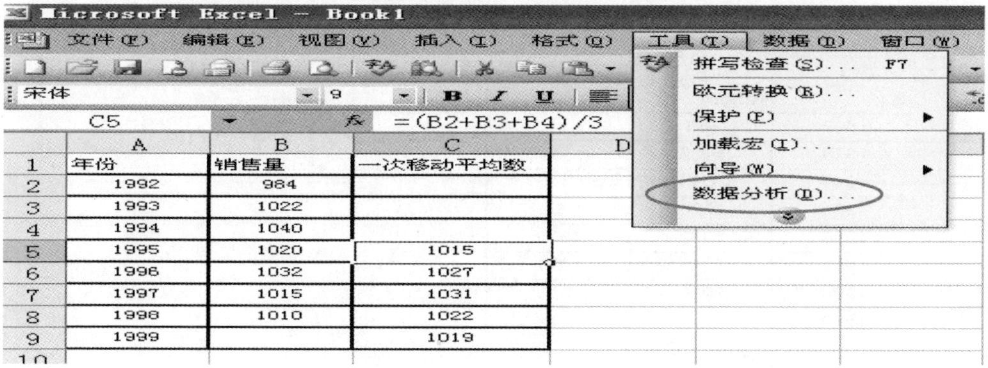

第二步：在“数据分析”中选择“移动平均”。

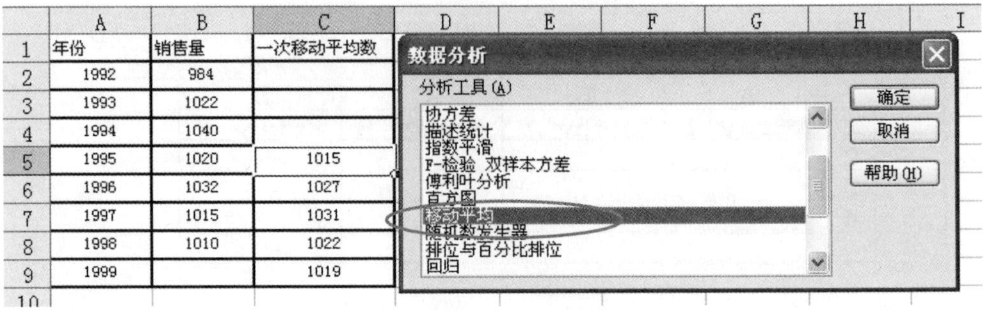

第三步：在输入区域、输出区域中分别键入数据区域。

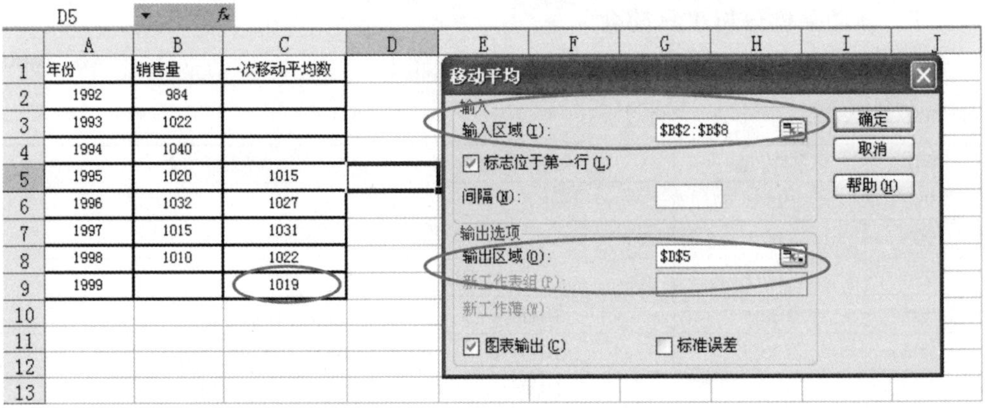

2. 指数平滑分析工具简介

这里仍用例1-3：

第一步：在工具选项中选择“数据分析”。

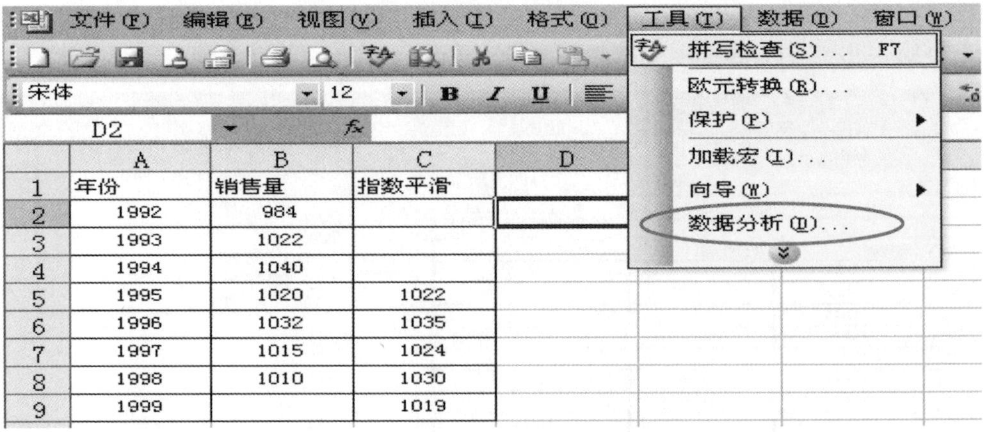

第二步：在“数据分析”中选择“指数平滑”。

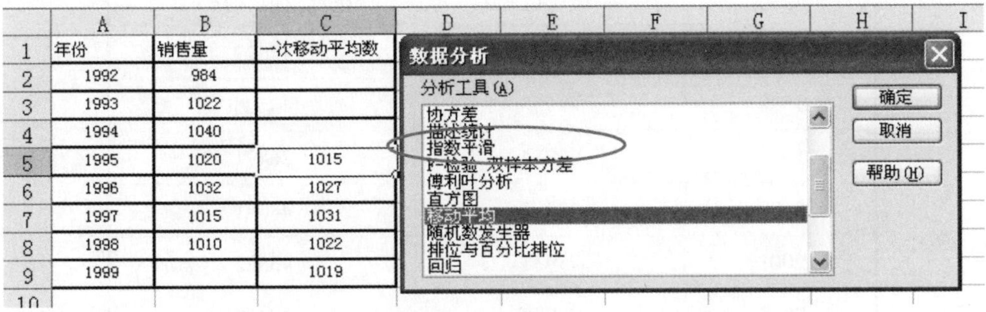

第三步：在输入区域、输出区域和阻尼系数中分别键入数据区域。

注意：阻尼系数一般在 0～1 之间，较合理范围为 0.2～0.3。

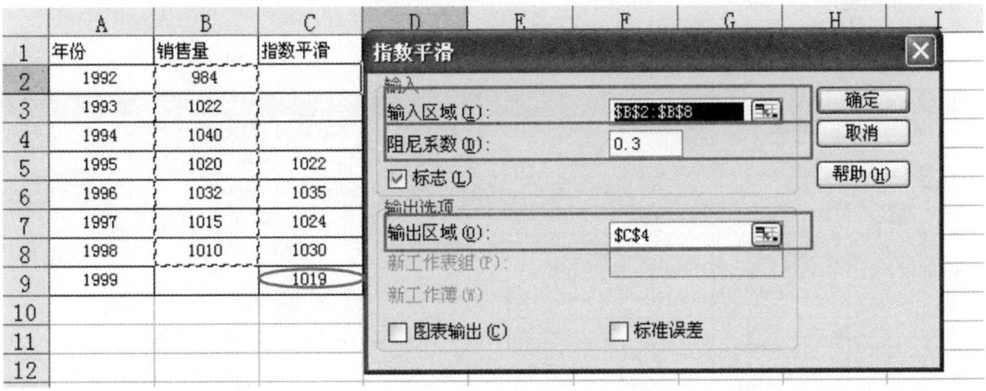

第九节　Excel 在回归分析中的应用

1. 用 CORREL 函数生成两个数值系列的相关系数。

例 1 –4：计算国民生产总值（GDP）和股票市值之间的相关系数。

年份	GDP（亿元）	市价总值（亿元）
1993	34634	3531
1994	46759	3691
1995	58478	3474
1996	67885	9842

（续表）

年份	GDP（亿元）	市价总值（亿元）
1997	74772	17529
1998	79553	19506
1999	82054	26471
2000	89404	48091
2001	95933	43522
2002	102398	38329
2003	116694	42458

操作过程如下：

第一步：在工具中选择“数据分析”。

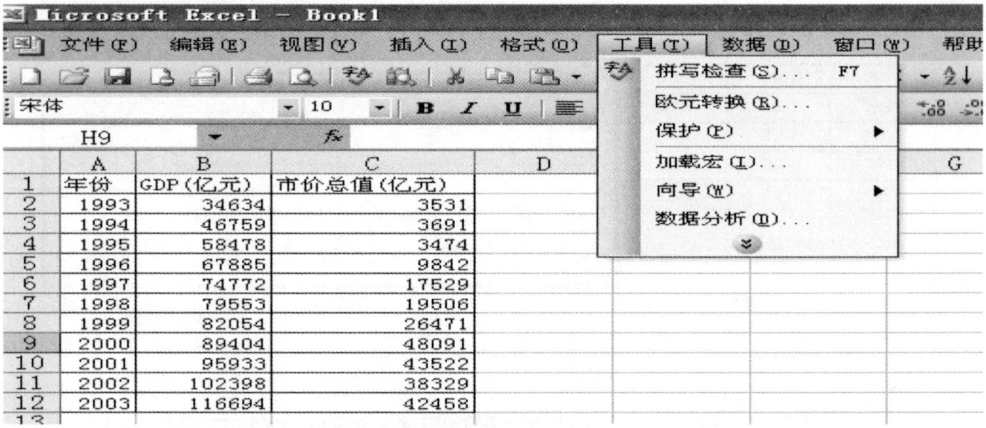

第二步：在“数据分析”中选择“相关系数”。

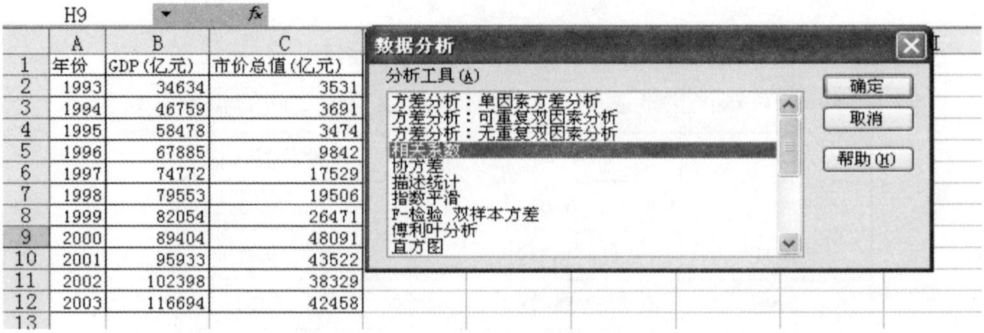

第三步：在输入区域、输出区域中分别键入数据区域。结果为虚框。

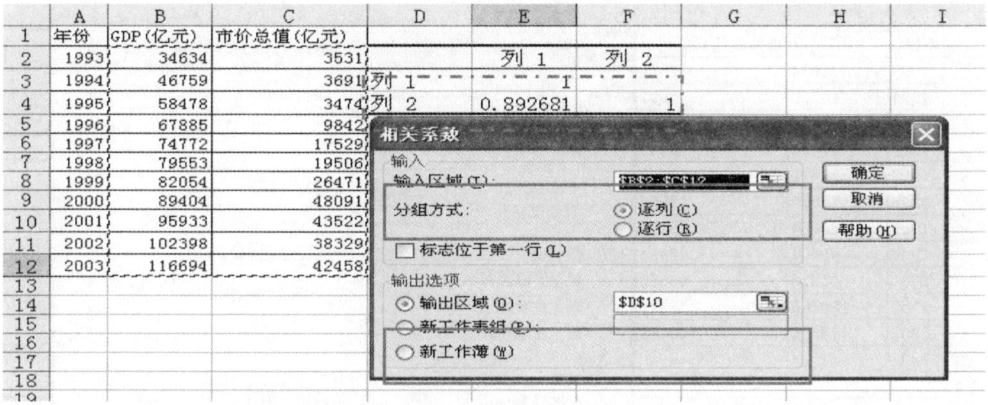

2. Excel **在一元线性回归分析中的应用**

仍以例 1 –4：

第一步：在工具中选择“数据分析”。

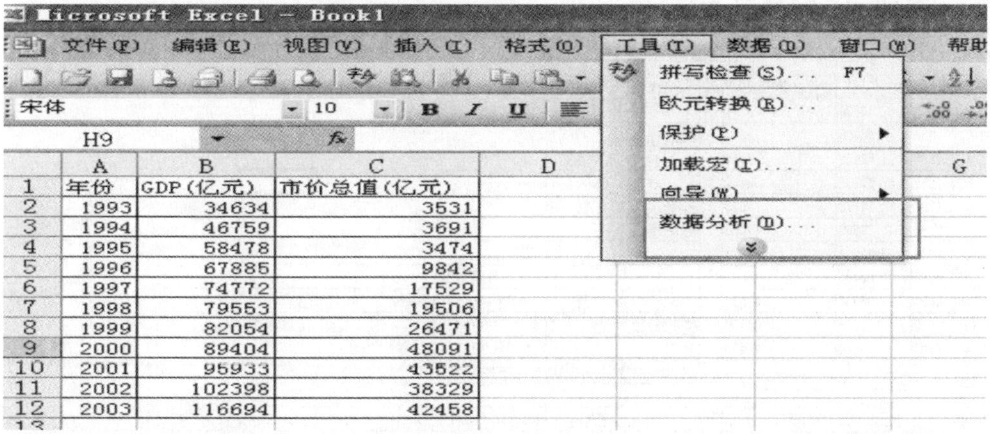

第二步：在“数据分析”中选择“回归”。

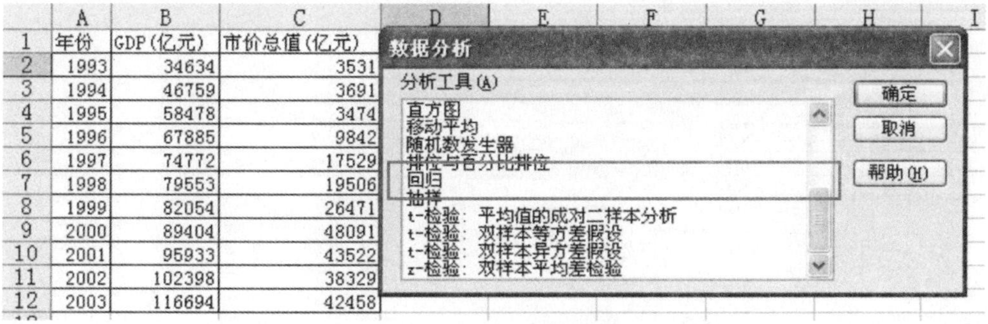

第三步：在输入区域、输出区域中分别键入数据区域。

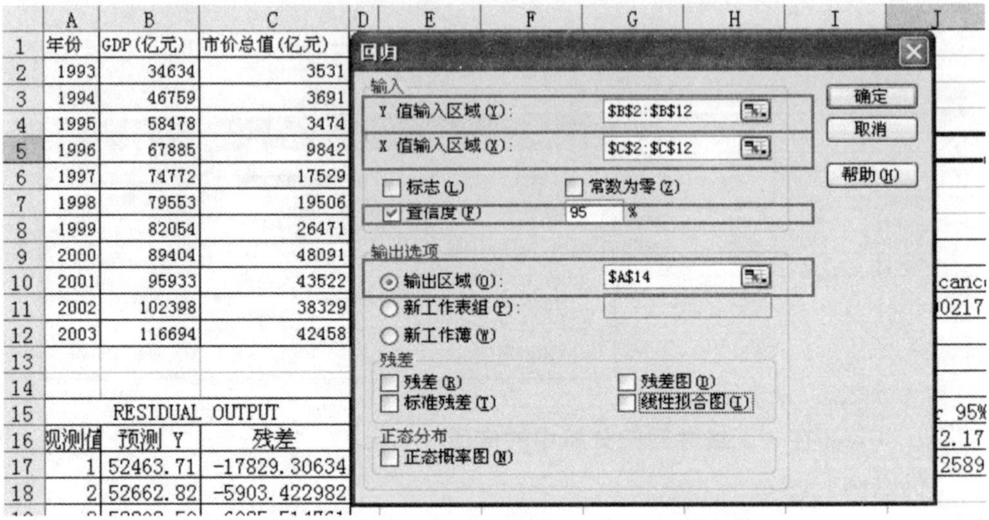

	年份	GDP(亿元)	市价总值(亿元)
2	1993	34634	3531
3	1994	46759	3691
4	1995	58478	3474
5	1996	67885	9842
6	1997	74772	17529
7	1998	79553	19506
8	1999	82054	26471
9	2000	89404	48091
10	2001	95933	43522
11	2002	102398	38329
12	2003	116694	42458

第四步：结果如下。

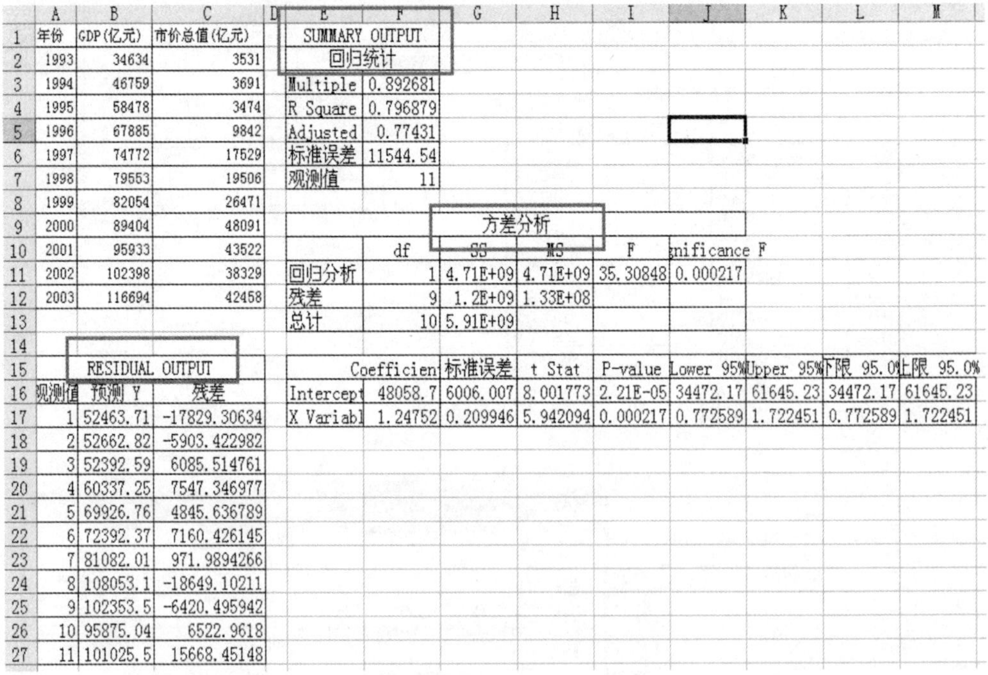

年份	GDP(亿元)	市价总值(亿元)
1993	34634	3531
1994	46759	3691
1995	58478	3474
1996	67885	9842
1997	74772	17529
1998	79553	19506
1999	82054	26471
2000	89404	48091
2001	95933	43522
2002	102398	38329
2003	116694	42458

SUMMARY OUTPUT

回归统计	
Multiple	0.892681
R Square	0.796879
Adjusted	0.77431
标准误差	11544.54
观测值	11

方差分析

	df	SS	MS	F	gnificance F
回归分析	1	4.71E+09	4.71E+09	35.30848	0.000217
残差	9	1.2E+09	1.33E+08		
总计	10	5.91E+09			

	Coefficien	标准误差	t Stat	P-value	Lower 95%	Upper 95%	下限 95.0%	上限 95.0%
Intercept	48058.7	6006.007	8.001773	2.21E-05	34472.17	61645.23	34472.17	61645.23
X Variabl	1.24752	0.209946	5.942094	0.000217	0.772589	1.722451	0.772589	1.722451

RESIDUAL OUTPUT

观测值	预测 Y	残差
1	52463.71	-17829.30634
2	52662.82	-5903.422982
3	52392.59	6085.514761
4	60337.25	7547.346977
5	69926.76	4845.636789
6	72392.37	7160.426145
7	81082.01	971.9894266
8	108053.1	-18649.10211
9	102353.5	-6420.495942
10	95875.04	6522.9618
11	101025.5	15668.45148

四、用 Excel 进行一元线性回归分析

Excel 功能强大，利用它的分析工具和函数，可以进行各种试验数据的多元线性回归分析。本文就从最简单的一元线性回归入手。

在数据分析中，对于成对成组数据的拟合是经常遇到的，涉及的任务有线性描述，趋势预测和残差分析，等等。很多专业读者遇见此类问题时往往寻求专业软件，比如在化工中经常用到的 Origin 和数学中常见的 MATLAB，等等。它们虽很专业，但其实使用 Excel 就完全够用了。我们已经知道在 Excel 自带的数据库中已有线性拟合工具，但是它还稍显单薄，今天我们来尝试使用较为专业的拟合工具来对此类数据进行处理。

文章使用的是 2000 版的软件，笔者在其中的一些步骤也添加了 2007 版的注解。

1 利用 Excel2000 进行一元线性回归分析

第一步，录入数据。

以连续 10 年最大积雪深度和灌溉面积关系数据为例予以说明。录入结果见下图。

	A	B	C	D
1	年份	最大积雪深度x(米)	灌溉面积y(千亩)	
2	1971	15.2	28.6	
3	1972	10.4	19.3	
4	1973	21.2	40.5	
5	1974	18.6	35.6	
6	1975	26.4	48.[illegible]	
7	1976	23.4	45	
8	1977	13.5	29.2	
9	1978	16.7	34.1	
10	1979	24	46.7	
11	1980	19.1	37.4	

第二步，作散点图。

如下图所示，选中数据（包括自变量和因变量），点击“图表向导”图标；或者在“插入”菜单中打开“图表（H）（excel2007）”。图表向导的图标为。选中数据后，数据变为蓝色。

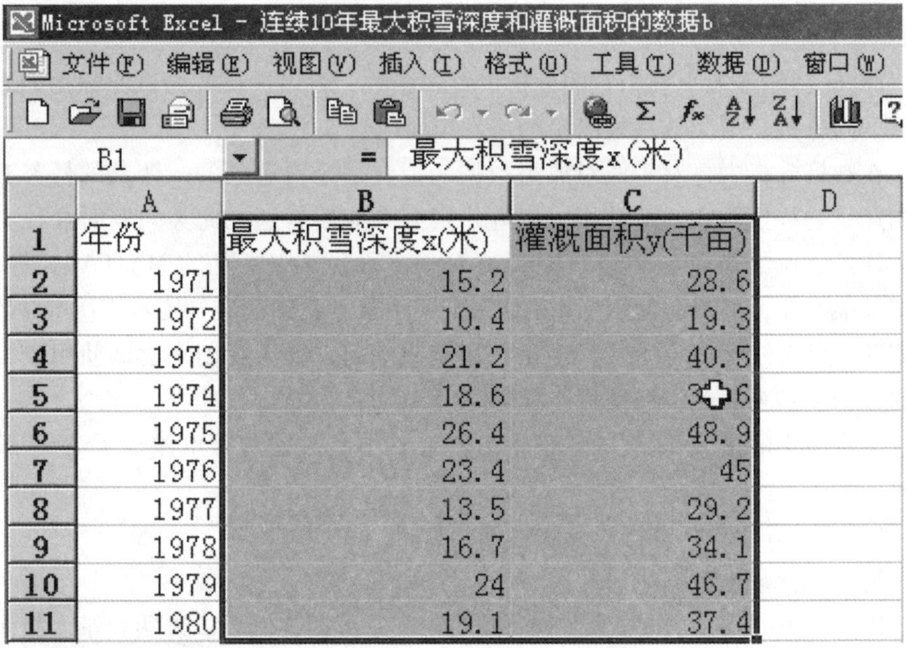

	A	B	C	D
1	年份	最大积雪深度x(米)	灌溉面积y(千亩)	
2	1971	15.2	28.6	
3	1972	10.4	19.3	
4	1973	21.2	40.5	
5	1974	18.6	3[illegible]6	
6	1975	26.4	48.9	
7	1976	23.4	45	
8	1977	13.5	29.2	
9	1978	16.7	34.1	
10	1979	24	46.7	
11	1980	19.1	37.4	

点击“图表向导”以后，弹出如下对话框（下图）：

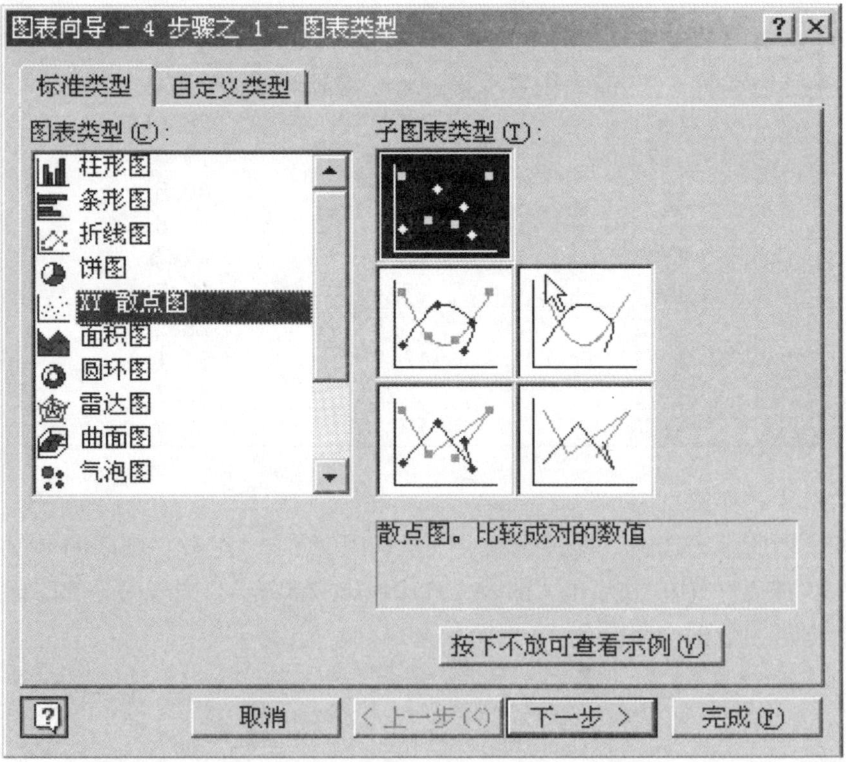

在左边一栏中选中“XY 散点图”，点击“完成”按钮，立即出现散点图的原始形式（下图）：

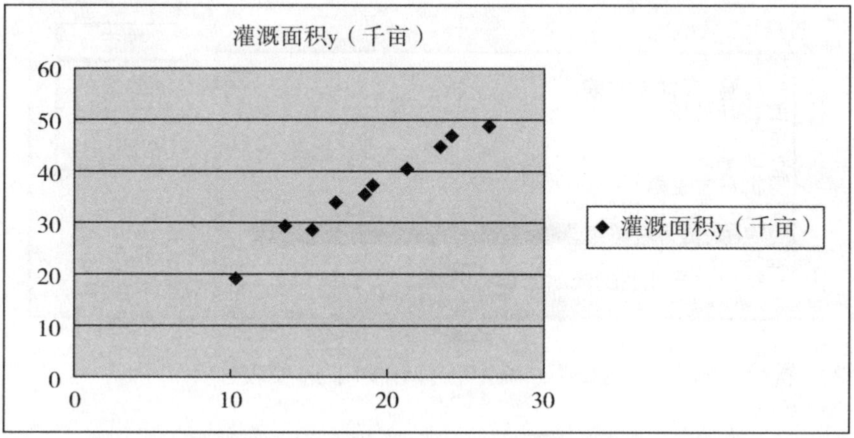

第三步，回归。

观察散点图，判断点列分布是否具有线性趋势。只有当数据具有线性分布特征时，才能采用线性回归分析方法。从图中可以看出，本例数据具有线性分布趋势，可以进行线性回归。回归的步骤如下：

（1）首先，打开“工具”下拉菜单，可见数据分析选项（见下图）（2007为”数据”右端的”数据分析”）：

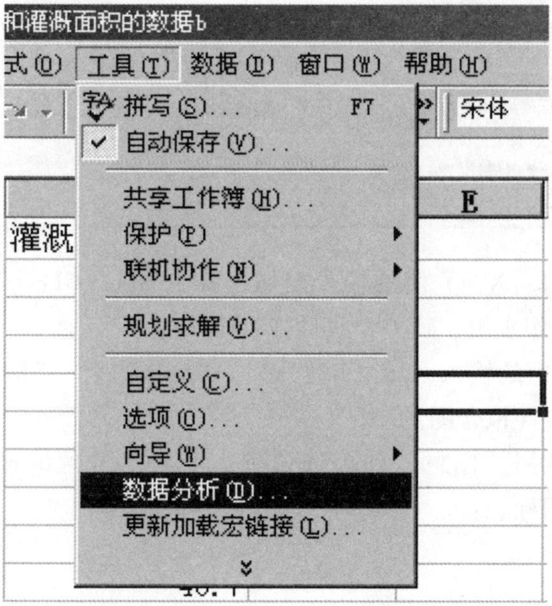

用鼠标双击“数据分析”选项，弹出“数据分析”对话框（下图）：

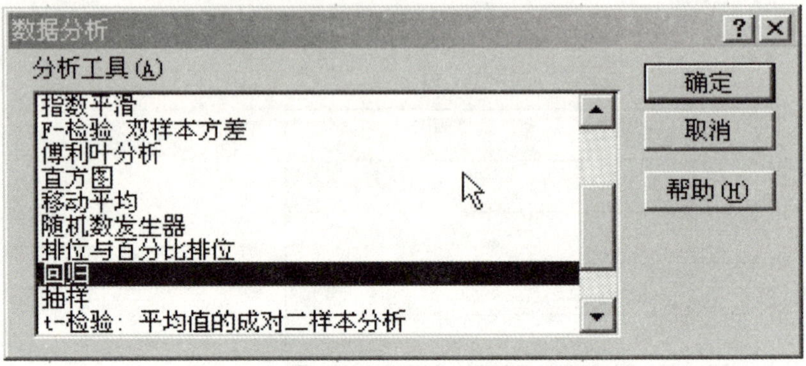

（2）然后，选择“回归”，确定，弹出如下选项表：

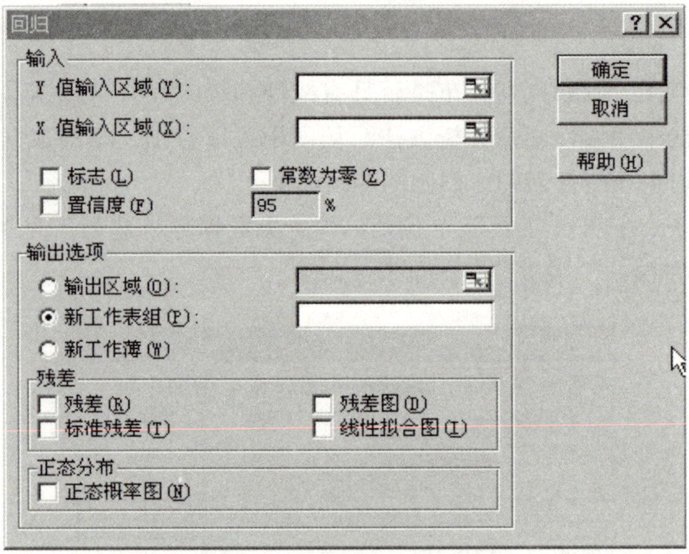

进行如下选择：X、Y 值的输入区域（B1：B11，C1：C11），标志，置信度（95%），新工作表组，残差，线性拟合图。

或者：X、Y 值的输入区域（B2：B11，C2：C11），置信度（95%），新工作表组，残差，线性拟合图。

注意：选中数据“标志”和不选“标志”，X、Y 值的输入区域是不一样的，前者包括数据标志：

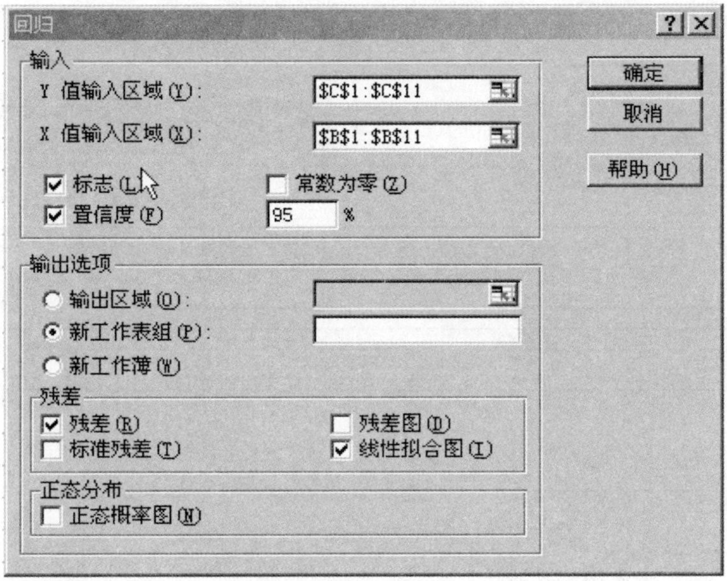

最大积雪深度 x（米），灌溉面积 y（千亩）。

后者不包括，这一点务请注意。

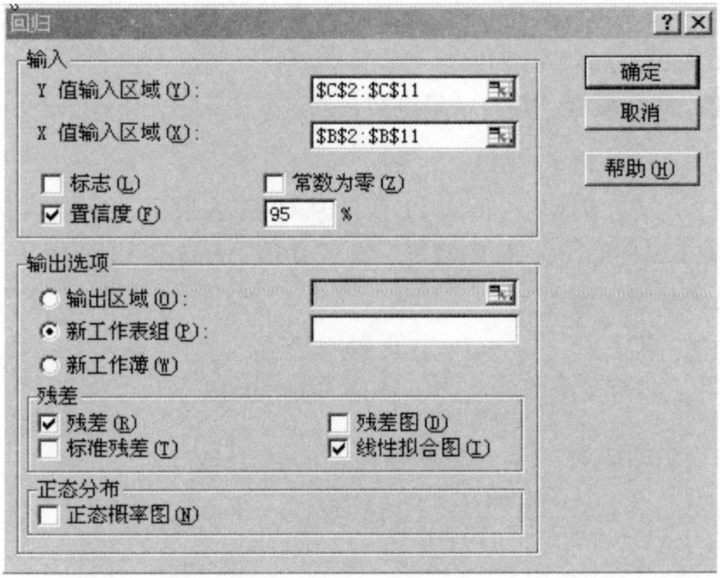

（3）再后，确定，取得回归结果（下图）。

	A	B	C	D	E	F	G	H	I	J
1	SUMMARY OUTPUT									
2										
3	回归统计									
4	Multiple R	0.989416								
5	R Square	0.978944								
6	Adjusted R Square	0.976312								
7	标准误差	1.418924								
8	观测值	10								
9										
10	方差分析									
11		df	SS	MS	F	Significance F				
12	回归分析	1	748.8542	748.8542	371.9453	5.42032E-08				
13	残差	8	16.10676	2.013345						
14	总计	9	764.961							
15										
16		Coefficien	标准误差	t Stat	P-value	Lower 95%	Upper 95%	下限 95.0%	上限 95.0%	
17	Intercept	2.356438	1.827876	1.289167	0.233363	-1.85865424	6.57153	-1.85865	6.57153	
18	最大积雪深度x(米)	1.812921	0.094002	19.28588	5.42E-08	1.596150796	2.029691	1.596151	2.029691	
19										
20										
21										
22	RESIDUAL OUTPUT									
23										
24	观测值	藿溉面积y	残差							
25	1	29.91284	-1.31284							
26	2	21.21082	-1.91082							
27	3	40.79036	-0.29036							
28	4	36.07677	-0.47677							
29	5	50.21755	-1.31755							
30	6	44.77879	0.221209							

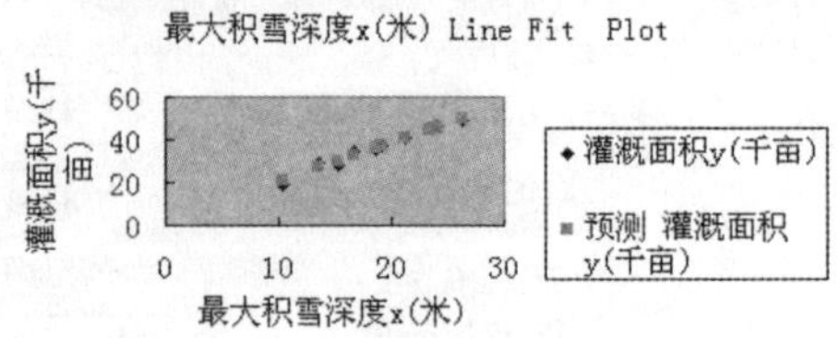

回归结果 / Sheet1 / 回归结果2 / 原始数据 / 反函数 / Sheet3

（4）最后，读取回归结果如下：

截距：$a=2.356$；斜率：$b=1.813$；相关系数：$R=0.989$；测定系数：$R^2=0.979$；F值：$F=371.945$。

（5）建立回归模型，并对结果进行检验。

模型为：$\hat{y}=2.356+1.813x$

至于检验，R、R^2和F值可以直接从回归结果中读出。实际上，$R=0.989416>0.632=R_{0.05,8}$，检验通过。有了R值，F值和t值均可计算出来。F值的计算公式和结果为：

$$F=\frac{R^2}{\frac{1}{n-k-1}(1-R^2)}=\frac{0.989416^2}{\frac{1}{10-1-1}(1-0.989416^2)}=371.945>5.32=F_{0.05,8}$$

显然与表中的结果一样，t值的计算公式和结果为：

$$t=\frac{R}{\sqrt{\frac{1-R^2}{n-k-1}}}=\frac{0.979416}{\sqrt{\frac{1-0.979416}{10-1-1}}}=19.286>2.306=t_{0.05,8}$$

回归结果中给出了残差（下图），据此可以计算标准离差。首先求残差的平方$\varepsilon_i{}^2=(y_i-\hat{y}_i)^2$，然后求残差平方和$S=\sum_{i=1}^{n=10}\varepsilon_i^2=1.724+\cdots+0.174=16.107$，于是标准离差为：

$$s = \sqrt{\frac{1}{n-k-1}\sum_{i=1}^{n}(y_i - \hat{y}_i)^2} = \sqrt{\frac{1}{v}S} = \sqrt{\frac{16.107}{8}} = 1.419$$

于是:

$$s = \frac{1.419}{36.53} = 0.0388 < 0.1 \sim 0.15$$

观测值	灌溉面积y	残差	残差平方		
1	29.91284	-1.3128381	1.723544		标准离差s
2	21.21082	-1.910817	3.651222		1.418923905
3	40.79036	-0.2903645	0.084312		
4	36.07677	-0.4767697	0.227309		s/y的均值
5	50.21755	-1.317554	1.735949		0.038842702
6	44.77879	0.22120916	0.048933		
7	26.83087	2.3691277	5.612766		
8	32.63222	1.46778029	2.154379		
9	45.86654	0.83345652	0.69465		
10	36.98323	0.41676973	0.173697		
		残差平方和	16.10676	2.013345	

y 的预测值及其相应的残差等

进而，可以计算 DW 值（参见图 11），计算公式及结果为:

$$DW = \frac{\sum_{i=2}^{n}(\varepsilon_i - \varepsilon_{i-1})^2}{\sum_{i=1}^{n}\varepsilon_i^{\ 2}} = \frac{(-1.911+1.313)^2 + \cdots + (0.417-0.833)^2}{(-1.313)^2 + (-1.911)^2 + \cdots + 0.417^2} = 0.751$$

取 $\alpha = 0.05$，$k = 1$，$n = 10$（显然 $v = 10 - 1 - 1 = 8$），查表得 $d_l = 0.94$，$d_u = 1.29$。显然，$DW = 0.751 < d_l = 0.94$，可见有序列正相关，预测的结果令人怀疑。

残差1－9	残差2－10	残差之差	残差之差的平方	
-1.312838	-1.910817	-0.597978889	0.357578752	
-1.910817	-0.290365	1.620452501	2.625866307	
-0.290365	-0.47677	-0.186405232	0.03474691	
-0.47677	-1.317554	-0.840784305	0.706918248	
-1.317554	0.2212092	1.538763194	2.367792168	
0.2212092	2.3691277	2.147918541	4.613554059	
2.3691277	1.4677803	-0.901347407	0.812427149	
1.4677803	0.8334565	-0.634323773	0.402366649	
0.8334565	0.4167697	-0.416686783	0.173627875	DW值
0.4167697		残差之差的平方和	12.09487812	0.750919

利用残差计算 DW 值

最后给出利用Excel快速估计模型的方法：

（1）用鼠标指向图4中的数据点列，单击右键，出现如下选择菜单（下图）：

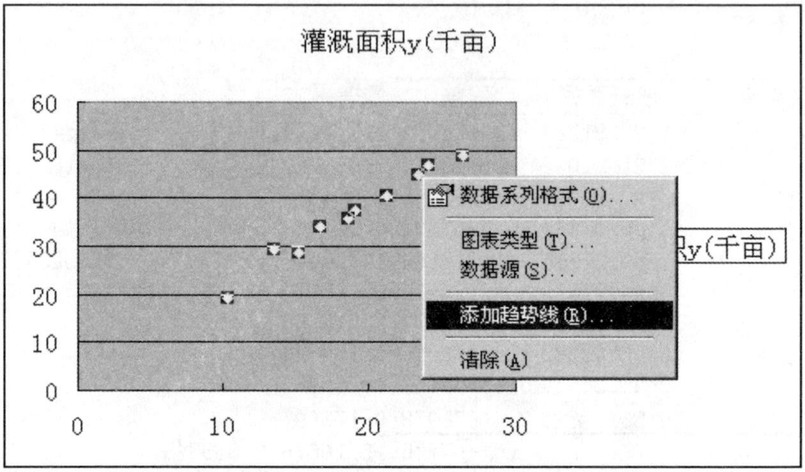

（2）点击“添加趋势线（R）”，弹出如下选择框（下图）：

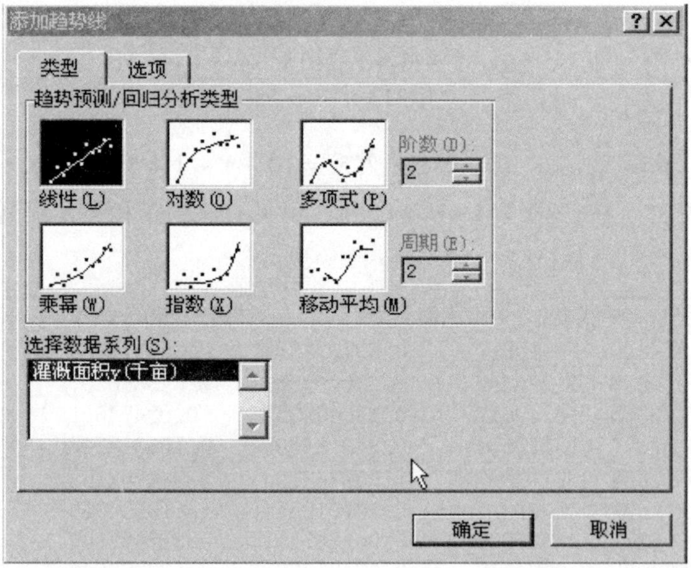

（3）在“分析类型”中选择“线性（L）”，然后打开选项单（下图）：

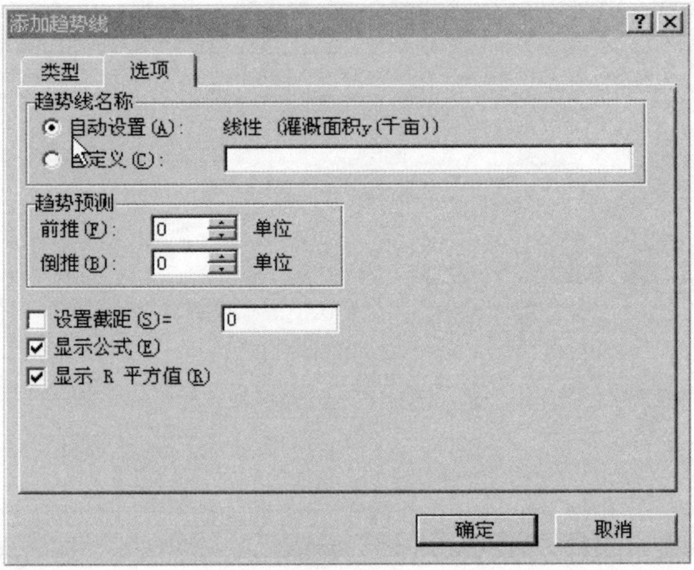

（4）在选择框中选中“显示公式（E）”和“显示 R 平方值（R）”确定，立即得到回归结果如下（下图）：

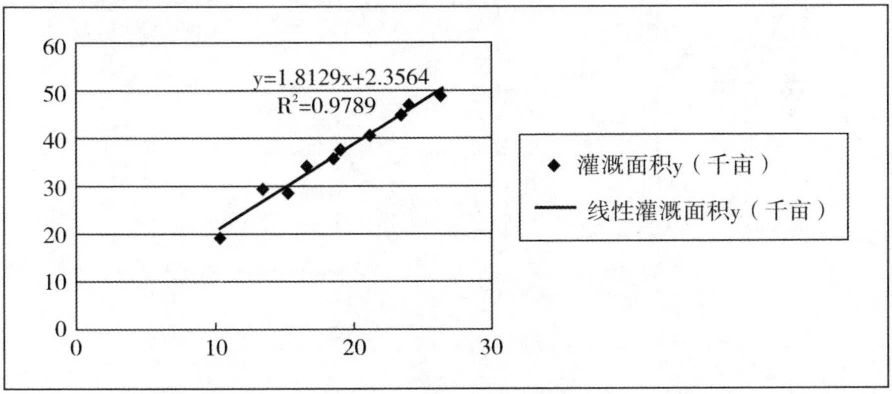

在图中，给出了回归模型和相应的测定系数即拟合优度。

五、用 EXCEL 软件实现移动平均法预测（以指数平滑法为例）

（1）打开 EXCEL 软件并输入原始数据。

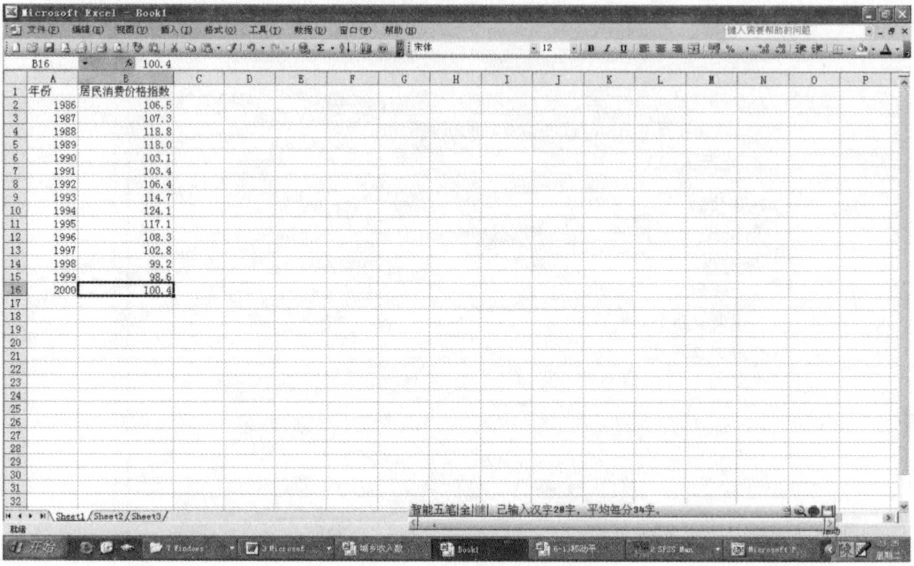

（2）选取“工具”下拉菜单。

（3）选择“数据分析”选项，（菜单中若无此选项只需在工具菜单中选择加载宏—分析数据库即可）。

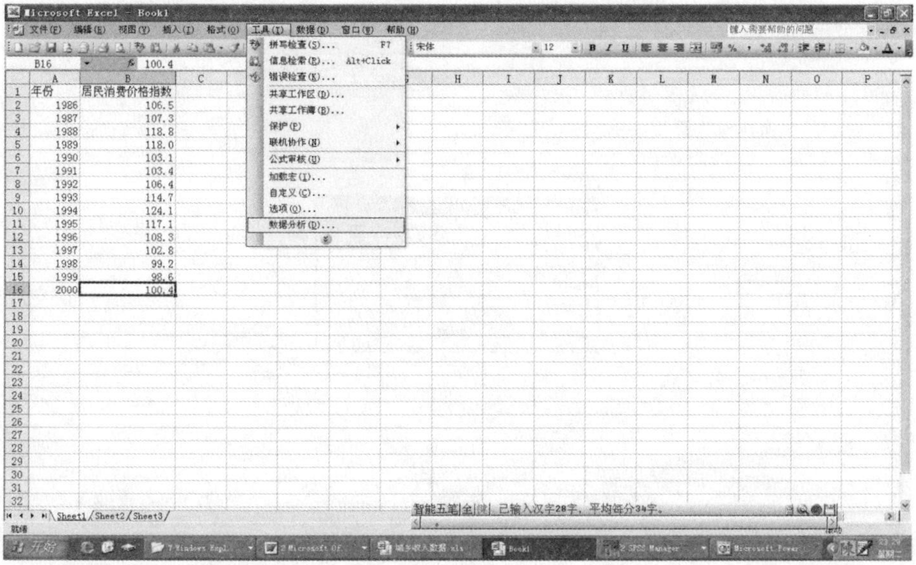

（4）选择“指数平滑”，点击确定。

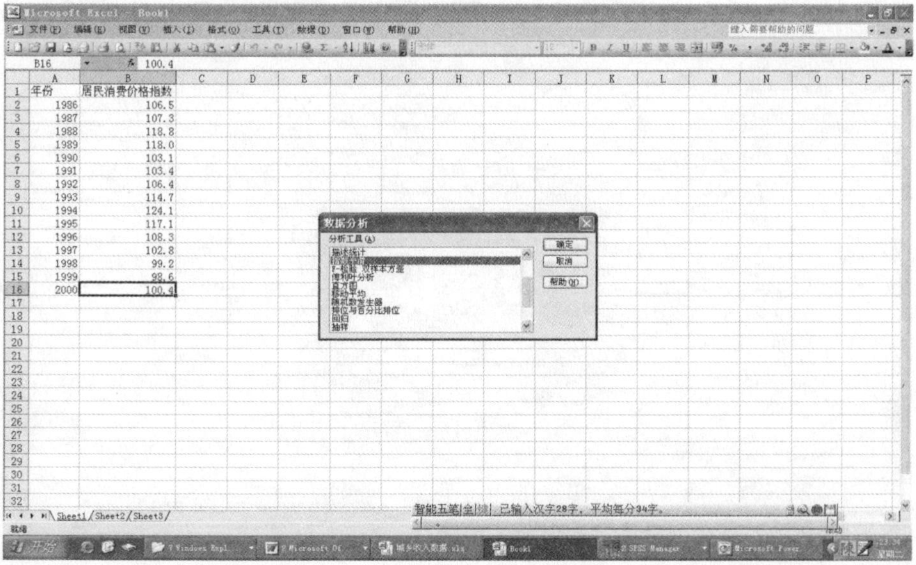

（5）在对话框出现后在“输入区域”中输入数据区域，在“阻尼系数”中输入 $1-\alpha$ 的值，并选择相应“输出区域”选择“确定”。（下图以 $\alpha=0.5$ 为例）

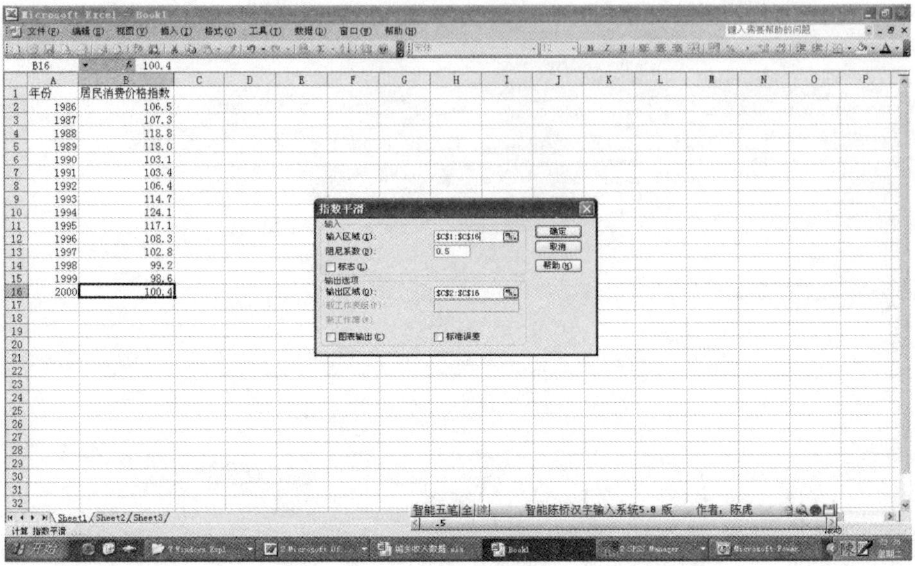

结果如下：

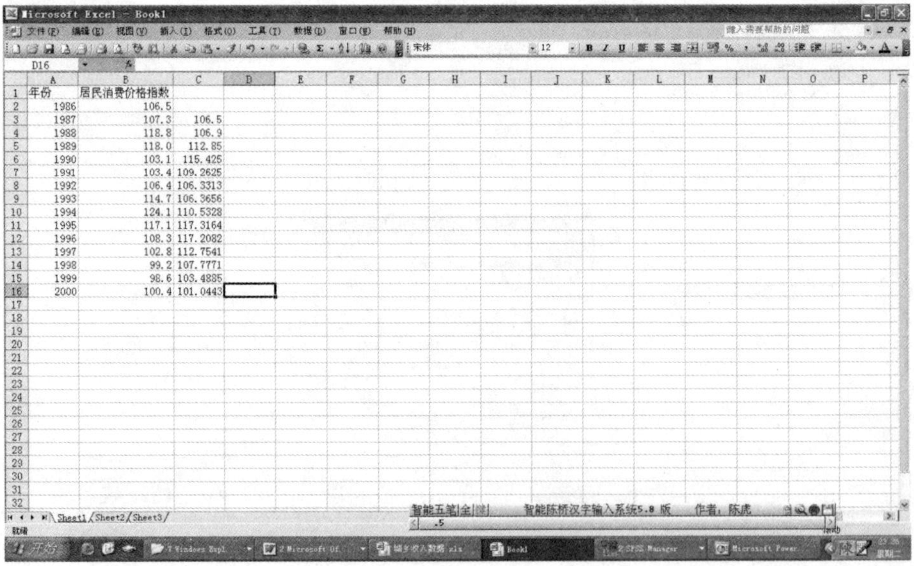

（6）分别选取 $\alpha=0.5$、0.7 和 0.9 对各期消费价格指数进行平滑预测，并分别计算均方误差，结果如下：

	A	B	C	D	E	F	G	H
1	年份	消费价格指数	$\alpha=0.5$	误差平方	$\alpha=0.7$	误差平方	$\alpha=0.9$	误差平方
2	1986	106.5						
3	1987	107.3	106.5	0.6	106.5	0.6	106.5	0.6
4	1988	118.8	106.9	141.6	107.1	137.8	107.2	134.1
5	1989	118.0	112.9	26.5	115.3	7.4	117.6	0.1
6	1990	103.1	115.4	151.9	117.2	198.3	118.0	220.9
7	1991	103.4	109.3	34.4	107.3	15.4	104.6	1.4
8	1992	106.4	106.3	0.0	104.6	3.3	103.5	8.3
9	1993	114.7	106.4	69.5	105.9	78.3	106.1	73.8
10	1994	124.1	110.5	184.1	112.0	145.3	113.8	105.2
11	1995	117.1	117.3	0.0	120.5	11.5	123.1	35.7
12	1996	108.3	117.2	79.4	118.1	96.3	117.7	88.3
13	1997	102.8	112.8	99.1	111.2	71.3	109.2	41.5
14	1998	99.2	107.8	73.6	105.3	37.6	103.4	18.0
15	1999	98.6	103.5	23.9	101.0	6.0	99.6	1.0
16	2000	100.4	101.0	0.4	99.3	1.1	98.7	2.9
17	2001		**100.7**		**100.1**		**100.2**	
18	**合计**	—	—	**884.9**	—	**810.3**	—	**731.9**

（7）用经济图表绘制方法将上述数据绘制成线图进行比较：

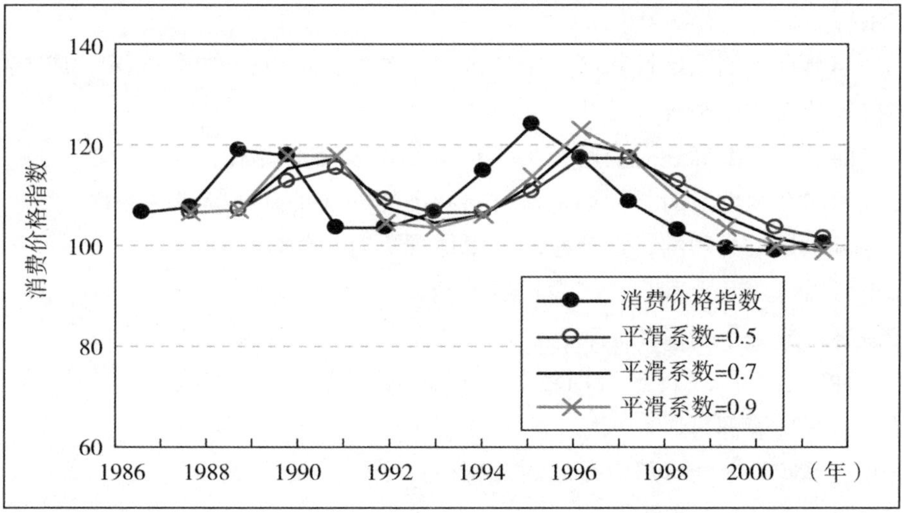

（8）试用《经济预测》课程中所学的时间序列指数平滑预测技术对上述结果进行分析，并选取合适的 α 参数值。

（9）试按上述过程用简单平均法、移动平均法分别进行预测，并对所得结果进行分析。

平滑预测技术特别适用于平稳序列，对消除随机波动效果很好，但当趋势较明显时，不宜采用平滑预测方法。

EXCEL 软件所提供的平滑预测方法全面，操作简便，计算结果准确，有很强的实用性。

从上面可以看出，excel 操作方便、计算简单，还提供大量的图表，主要是用于定量的预测分析。实际工作中，一定要选好预测的模型，同时要定性、定量分析相结合，以保证预测工作的准确性。

第十节　S&OP 预测准确性的考核

生产计划对营销系统的预测准确性的考核。

一般世界上对预测准确性的考核，都是用 MAD 绝对值来衡量，平均绝对偏差（MAD），来自于统计学，就是讲每个预测和实际值比较，得出绝对值，就是 MAD 数值。

这不能够立体衡量预测的准确性，创新后的预测准确性从五个方面来考核营销系统。

分当前月预测准确性和第三个月预测准备性，可以按全球 S&OP，或产品线或客户等分别考核和合并考核。

当前月预测准确性对当前月的生产计划的安排和库存控制有巨大影响，第三个月预测准确性对对长周期采购材料和产能的准备有直接和巨大的影响。

也可以是带金额的，带金额的可以体现更直观的效果。

也可以对前几大客户，来专项展示：

最终形成一个扇形图来表达。C1/C2 是共同的，交叉的部分。

这种方法，可以直观的用百分百和金额来量化预测准确性（全部 S&OP，产品线，客户等都可以）。

通过 S&OP 做全球总库存的约束模型：

（1）考核 E&O 呆滞。

（2）考核 PROVISION 计提。

（3）考核预测准确性。

（4）考虑过去和未来的 S&OP。

附页 1：S&OP 预测准确率考核（五边图）

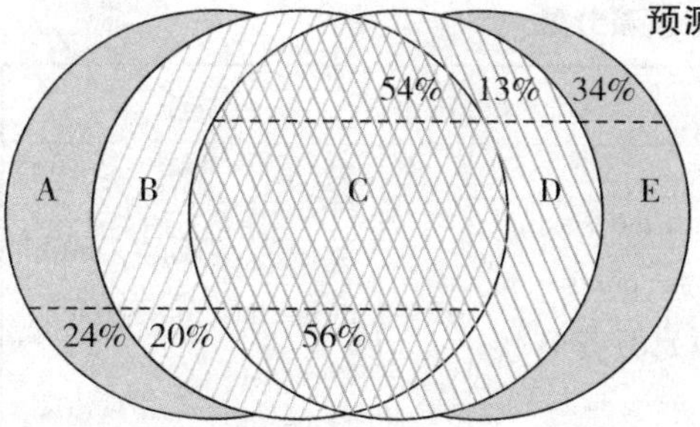

预测及实际

forecast = $18.118M（预测）

Shipment = $18.462M（实际）

A Forecast never shipped = $11.919M

E Shipment never forecasted = $12.843M

B Shipment less than forecast = $11.65M

D Shipment more than forecast = $11.071M

C Quantity forecast and shipped = $14.548M

	Description	单位：百万美元
A	有预测无出货	11.919
B	出货小于预测	11.65
C	预测 = 出货	14.548
D	出货大于预测	11.071
E	有出货无预测	12.843

Forecast = A + B + C = $18.118M

Shipment = C + D + E = $18.462M

附页 2：案例 S&OP 的预测准确率

1st S&OP Forecast Accuracy Rate	第一个月预测准确率	No.	2013	2014	Variance
Forecast items with zero order/shipment	A	A	9%	9%	0%
Order/shipment less than forecast	B	B	19%	23%	4%
Quantity forecast that were shipped	C1	C1	72%	68%	-4%
Quantity forecast that were shipped	C2	C2	79%	82%	3%
Order/shipment more than forecast	D	D	13%	13%	0%
Order/shipment with zero forecast	E	E	8%	5%	-3%
1st S&OP Forecast Accuracy by $		No.	2013	2014	Variance
Forecast items with zero order/shipment	A	A	13,876,409	18,967,690	5,091,281
Order/shipment less than forecast	B	B	28,225,904	47,703,248	19,477,344
Quantity forecast that were shipped	C1/C2	C1/C2	107,911,950	143,647,853	35,735,903
Quantity forecast that were shipped	D	D	17,963,471	23,486,763	5,523,292
Order/shipment more than forecast	E	E	10,209,708	8,109,643	-2,100,065
A + B + C	100%	A + B + C1	150,014,262	210,318,791	60,304,529
C + D + E	100%	C2 + D + E	136,085,129	175,244,259	39,159,130

翻译： A：有预测无出货 E：有出货无预测 B：出货小于预测

D：出货大于预测 C1/C2：预测 = 出货

其中：A + B + C = 100%（预测） C + D + E = 100% 出货（实际）

附页 3：多种制造策略（一家企业的案例）

一家企业的制造策略分整

制造策略	规则	比重	备注
MTS （manufacturing to store） MTS 同备注描述	VMI Products or each month have actual S/O shipment to customer, must in Top5 customer list 产品或每月都有发货，前 5 大客户	45%	按预测做成品，build to fgs base on S&OP Forecast
ATO （Assemble to orde） ATO 同备注描述	Monthly S/O is not keeping. Semi_ fgs is common for other products, Must in TOP10 Customer list 月订单不连续，半成品公司、属于前 10 大重要客户来急单	20%	按预测备料并做半成品 build to sem-fgs bse on SOP Forecast
BTO（Build to order, Prepare long lead time materials to in-house base on Forecast） BTO 同备注	Singer customer requested, Monthly S/O is not keeping 单一客户需求，月订单不连续，物料通用性较好	30%	按预测备原材料，Prepare long lead time materials in stock only bse on Forecast, only receive S/O, start production.
ETO （Engineering to Orders） ETO/PTO 同备注	Monthly S/O is not keeping. Only get three times S/O during one yrs and materials is only use for this products and for this customer, other products and others customer can not use this materials. 订单不连续，且 1 年订单少于 3 次或 EOL 或订单不连续，且物料专用	5%	接单后备料及生产 Start Purchasing materials and arrange production only received firmed S/O

第五章 PMC“运筹帷幄，决胜千里”

第一节 PC 和 MC 的定义和角色认知

很多人认为自己的供应链基础很差，自己肯定不能成为精英，更不说取得闪亮的业绩。从一些笔者佩服的人的发展过程中，天才是 99% 的勤奋和 1% 的努力。他们的起点如此地低，我们还有什么理由不从今天去彻底搞懂自己不懂的知识，从实践中去运用和汲取精华。

日积月累就不断累积财富了。

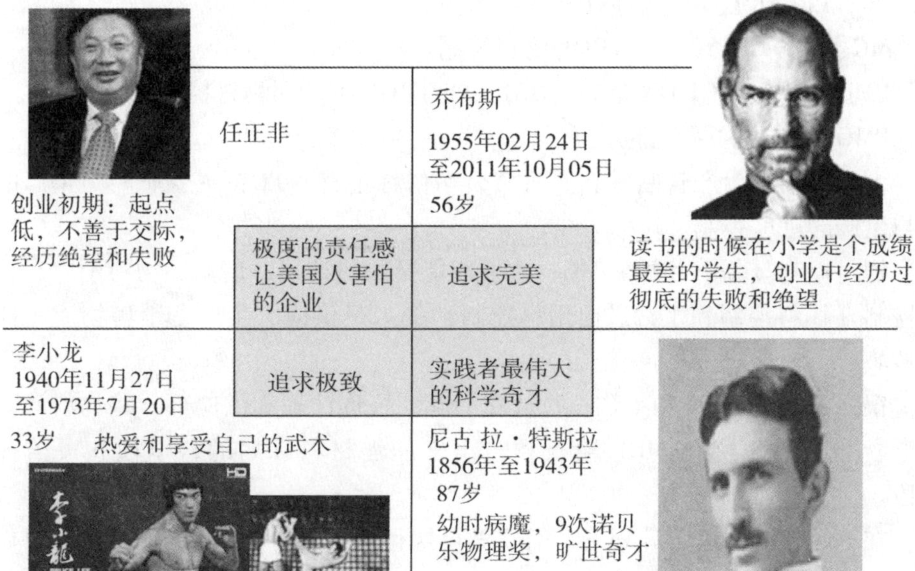

我们的领悟，我们的核心价值

没有人一出生就是天才！奇迹就是勤奋和学习！

我们的领悟 → 热爱　兴趣　钻研　享受　责任　极客　锲而不舍　点点滴滴

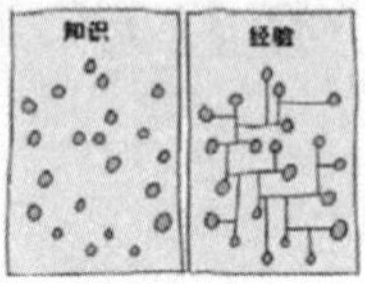

我们的追求

我们的核心价值

→

- 从现在开始培养兴趣，钻研自己的不懂的地方，将日常的工作做出闪光的价值，让客户爱上我们。
- 一个平凡的岗位干出非凡的业绩就是你的核心价值。
- 你一定行!!!
- 厚积薄发！希望在经历了 10 年多的发展，会在未来的 5 年成为行业的快速发展的黑马!!

从事 PMC 很重要的一个素质就是高度的工作责任感和勤奋，还有锲而不舍的精神。

从现在起一步一步地学习，一定会有离成功不远的一天，很多人说 20 年，笔者说经过 5 ～ 10 年就有很多卓越的供应链人才涌现了。

PC：PRODUCTION CONTROL 生产控制。

MC：MATERIAL CONTROL 物料控制。

PMC：PRODUCTION MATERIAL CONTROL 生产和物料控制。

PMC 通常分为两个部分：

生产控制或生产管制（台、日资公司俗称生管）PC：主要职能是生产的计划与生产的进度控制。

物料控制（俗称物控）MC：主要职能是物料计划、请购、物料调度、物料的控制（坏料控制和正常进出用料控制）等。是供应、生产、销售物流一体化的核心。

很多公司将 PMC 和采购执行放在一起，统称计划和供应部。将物料计划和采购执行合并，优化 MRP 输入和输出来加强材料计划的科学性和可监控的手段。

在 S&OP 销售运营计划下，需要做可执行的计划，S&OP 的输出就是要做生产计划、物料计划、采购执行、供应商开发，做落实的可执行性生产计划。

所以作为计划（PMC）是一个非常关键的角色，是公司前进的火车头。一个强大的 PMC 可以配合销售，整合公司的资源，将小客户做大，将大客户做成核心客户。同时库存和交付等可以双赢。他需要认清自己的角色，协调营销和研发，达到共赢。所以计划人员需要很强的专业知识和很强的推动能力，同时需要胆量、胆识和智慧。

一个好的计划员，有看待按时交付如生命的理念。通过对于紧急订单会协调一切资源完成快速交付，将小客户做大，大客户做强。将供应链打造核心竞争力。这就是计划的价值。他对库存控制也运筹帷幄。通过推动研发和销售，配合多种制造策略和精益生产和协同和 E&O 的分析和 E&O 的预测，将快速反应和库存最优化完美地结合成一体。

PC 角色认知：

计划 PC 是一个 OVERALL 总协调的功能，他决定了整个供应链的定位：

（1）努力配合公司总体销售目标，快速的交货和最低的成本，换来公司未来能有更大的生意。

（2）同时不断推动销售改善一切需求的来源，预测和需求是公司的一切活动的来源。

（3）整个供应链是提供增值服务的角色（快速的交货和最低的成本），体现自己所做的工作有价值。

●具备协调，调度，控制，指挥的 4 大能力。

●向前来看，推动销售改善预测准确性。预测和需求是公司的一切活动的来源，所以计划员任何时候要牢牢抓住预测和需求，大的变化对公司的影响是致命的，时刻记住推动销售预测的准确性是计划员的天职，同时采取措施给销售员压力。

●向后来看，评审合同，要考虑一切潜在的风险，有效组织生产。

●必须非常了解和熟知物料状况、公司产能、各工序的能力和公司的一切资源，从而能够合理地高效安排生产计划，推动影响 OTD 的一切问题的及时解决，履行自己对订单的诺言 OTD，自己是 OTD 的 OWNER。

●前后权衡有自己运筹帷幄的预留空间，不至于被动（对销售和生产等）。

●提高和不断学习自己的专业的工作能力，任何输出（报表和内外的交流和对内外的要求和推动和其他）都能体现自己的专业技巧和价值。

可以看出计划 PLAN 是贯穿整个供应链的全流程。

作为 PMC 和供应链的管理者，我们需要了解管理的精髓和角色认知：

管理的三大要点：

（1）悟。

（2）知行合一（知是显意识，行是潜意识）。

(3) 改变自己。

管理和领导的区别。

●管理的对象是中层干部（靠能力）。

●领导力的对象是高层干部（靠影响力 + 能力，更多的是靠影响力）。

●领导对下属的信任是对人的感受，不只是对事而言。信任来源于对人的感受。

●上司和下属对角色的认知。

●激励的作用。激励前要认同下属，如果不认同下属，下属也不会对上司取得认同和信任。所以激励前，须先认同。

<table>
<tr><td>DELL
7 天交付，DELL 的营销模式还是以直销为主，经分销商销售为辅助，直销上在中国，消费者的习惯是眼见为实，仅从网络和广告上去认知产品，并不能满足消费者的要求，同时 DELL 在中国的退货要求不适合国人习惯，戴尔能做到 4 天的库存周期。
DELL 失败了，我们应该汲取什么?</td><td>HUAWEI
华为的核心竞争力是以市场为中心，快速反应，提供贴身服务。
华为是让外国人害怕的企业
华为是否会失败，我们还不知道。
15 万大军是否基业长青，我们期待。</td></tr>
<tr><td colspan="2">以 IT 行业零部件产品每周平均贬值 1%，每月贬值 4%</td></tr>
<tr><td>ZARA
15 天的交付，重资产的供应链模式。当季的售罄率也是 70%。客户市场的多变导致产品的定量的滞销
ZARA 失败了，我们应该吸取什么?</td><td>我们应该怎么去布局?</td></tr>
</table>

当今世界，经过半个世纪的供应链发展，从 DELL、ZARA 和 HUAWEI 的案例分析中看出，并不是快速就可以一定在市场中持续地取胜。DELL 的 VMI 有效地保持了一定时间的行业优势，ZARA 也一样，我们从中学到了什么呢?

另外，有勇气通过 PMC 内部客户满意度调查也能不断提高 PMC 组织的核心竞争力，找出不足，持续改善。

PMC 内部客户满意度调查：

The Global Internal customer survey report of PMC dept

PMC 部门全球内部客户调查报告（满意度调查）

Function/Dept	Item 内容	Import ance 重要性	Impact 影响度
General 总则	Major responsibilities PMC 主要职责	8.13	
	Service-Flexiable to customer 对客户柔性度	7.53	
	Service-Good Communications 很好的交流（服务）	7.79	
	Service-Team working 团队精神	8.16	
	Service-Quick response 快的反应能力	8.28	
	Service-Pull/Puss issue to solve in time 及时解决问题	7.91	
	Responsiblites overlaps 职责重叠，不清	7.81	
	Strengths 优点	n/a	
	Weaknesses 弱项	n/a	
Overall	On time delivery for sales order 按时交付	9.07	7.88
	In time delivery for urgent sales order 及时交付	8.8	7.88
	Inventory control 库存控制	7.89	7.86
	Host S&OP meeting and revies Six months bukld plan and Capacity and follow the S&OP Output to conduct the plant headcount planning and MRPand Purchasing 产能控制及 S&OP	7.17	8.15
	Panticipate in weekly delta meeting that host by PLM base on the output, to do adjustment for buld plan quickly 日常同产品线沟通	8.24	8.84
	Managing the production planning and work with R&D to resouce allocation for R&D trial run on line and NPI new products. 同研发一起解决问题的效率	8	6.79
	Purchasing management 采购管理	7.63	7.48

对 PMC 总的职责及价值的雷达图

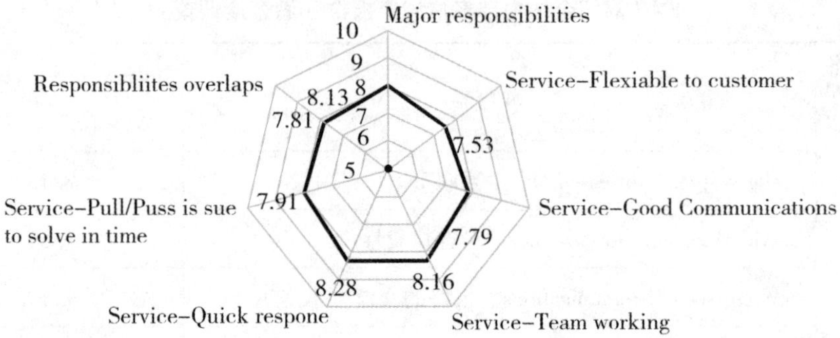

影响度及重要性的雷达图

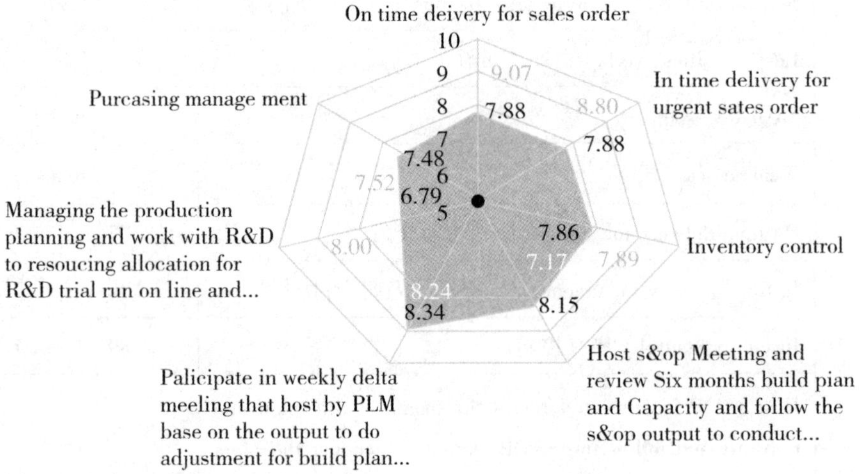

第二节　哈佛和 APICS 的生产计划策略

在哈佛商学院的 MBA 运营管理的教材中，提出三种计划战略：

（1）LEVELING STRATEGE 均衡策略。

（2）CHASE STRATEGE（DEMAND FOLLOW CAPACITY CLOSELY）跟随策略。

（3）MIXED STRATEGE 混合策略。

在 APICS 的 CPIM 提到的计划策略如下：

（1）跟随策略。

（2）均衡策略。

（3）外包策略。

（4）混合策略。

可以看到这三种计划战略的总成本皆不同。

无论哪一种模式，追求库存和不能过量生产，都需要做工序间均衡生产。核心逻辑和时时原理如下：

（1）节拍（可变）。

（2）有限度的 WORKCELL（工序，局部车间）和全流程，要求将产品序列细分同组力线平衡和产能管道（配置）100%。

（3）（工位和工序间）。

（4）PULL SYSTEM（拉动式系统）。

（5）多种生产计划策略（从 S&OP 中基于历史销售记录和客户战略）。

说到均衡，很多人认为就是每天都是生产一种产品，产能固定，一年 365 天都是不变产能和不变的产品去均衡生产，肯定不是的，我们说的均衡就是工序间均衡、局部均衡，不能过量生产。精益生产中需要通过 VSM 价值流程图和拉动式模式结合使用，是降低生产周期和降低 WIP 的有效手段。

下面对均衡生产展开解读：

●定义：所谓生产的均衡化，是指总装配线在向前工序领取零部件时应均衡地使用各种零部件，生产各种产品。

●生产均衡化是实现适时适量生产的前提条件。所谓生产的均衡化，是指总装配线在向前工序领取零部件时应均衡地使用各种零部件，生产各种产品。为此在制订生产计划时就必须加以考虑，然后将其体现于产品生产顺序计划之中。在制造阶段，均衡化通过专用设备通用化和制定标准作业来实现。所谓专用设备通用化，是指通过在专用设备上增加一些工夹具的方法使之能够加工多种不同的产品。标准作业是指将作业节拍内一个作业人员所应担当的一系列作业内容标准化。

●要点：均衡生产是 TPS 中的自动化和 JIT（准时生产）的核心基础。生产的均衡化是拉动的基础，但与 PUSH 和 PULL 无关。最终客户的需求是否真的是稳定的，在设计生产系统的时候如何才可以得到最终客户需求的真的需要的数值或需求？

均衡生产的历史：

●最早实行均衡化生产的是丰田汽车公司。丰田的均衡化生产要求的是生产数量的均衡和产品种类的均衡，即总装配线向各前工序领取零部件时，要均匀地领取各种零部件，实行产品组合生产。要防止在某一段时间内集中领取同一种零部件，以免造成前方工序的闲忙不均，以及由此引发的生产混乱。为此，丰田公司的总装线均以最小批量装配和输送制成品，以期实现“单件”生产和输送的最高理想。其结果，总装线也会以最小批量从前工序领取必要的零部件。简而言之，生产的均衡化使得零部件被领取时的数量变化达到最小程度，即各后工序每天如一地以相近似的时间间隔领取数量相近的零部件。除此之外，丰田公司把均衡化生产作为使生产适应市场需求变化的重要手段。通过均衡化生产，任何生产线都不大批量地制造单一种类的产品。相反，各生产线必须每天同时生产多种类型的产品，以期满足市场的需要。这种多品种、小批量的产品组合生产方式具有很强的柔性，能迅速适应市场需求的变化。这种以多品种、小批量产品组合生产为特性的均衡化生产还具有另一个重要的优点，这就是各工序无须改变其生产批量仅需用看板逐渐地调整取料的频率或生产的频率，就能顺利地适应市场需求的变化。

为什么要均衡生产：

●我们面临的市场现状改变。

●顾客有更多的选项（全球资源）。

●终端用户需求动态改变（牛鞭效应）。

●均衡化帮助企业安排生产符合顾客实际需求，同时耗用最少的资源。

均衡化战略是什么？

（1）按顾客需求混合生产 > 均衡化。

小批量运行 > 一分钟换模法（SMED）。

只在需要时生产 > 拉动的信息系统。

（2）供应数量一致 > 标准容器。

（3）连接生产与需求组合 > 顾客订单看板。

（4）均衡顾客需求到作业单元 > 均衡生产箱（每日生产排程）。

（5）控制零件供应与生产 > 看板系统。

（6）触发作业单元生产 > 生产看板。

（7）触发上游工序补充 > 取货看板（内部）。

（8）触发供应商补充 > 取货看板（供应商）。

项目	批量生产	均衡化
关注点	生产导向，按工厂效率生产	市场导向，按顾客需求生产
生产系统	批量生产，最小化换产时间来提高产出	按照节拍时间，采用快速换产实施单件流
衡量	单独工序的效率	整体系统的有效性
设备设计	大型，高速，昂贵，多用途设备，用于大批量生产	小型，节拍速率，低成本，专用生产线内设备
顾客响应	在制品高，生产周期长	最小化在制品和采用单件流缩短周期时间

均衡化与小批量生产精益方式的优势：

●浪费变得可见。

●工作量更平衡。

牛鞭效应

需求的波动通过供应商的放大产生的效应被称为“牛鞭效应”。

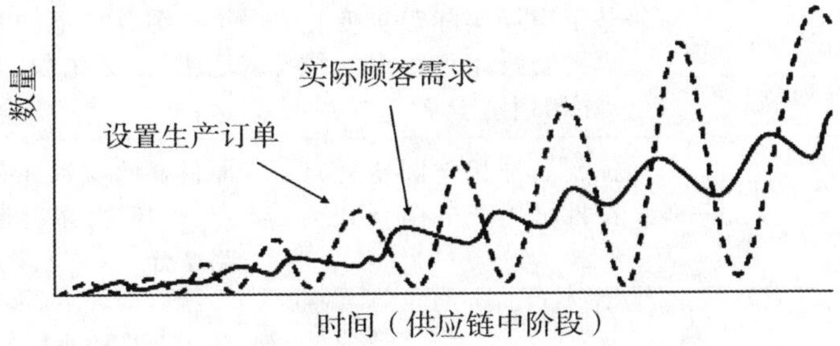

· 在每一阶段都需大量库存
· 供求不平衡造成资源浪费（过量生产）

●缺陷在源头发现。

●工作流动所需的移动最小。

●消除过量生产。

●生产前置期更短。

●快速响应顾客需求变化。

●对预测的准确性依赖小。

●库存低。

可以有效消除牛鞭效应：

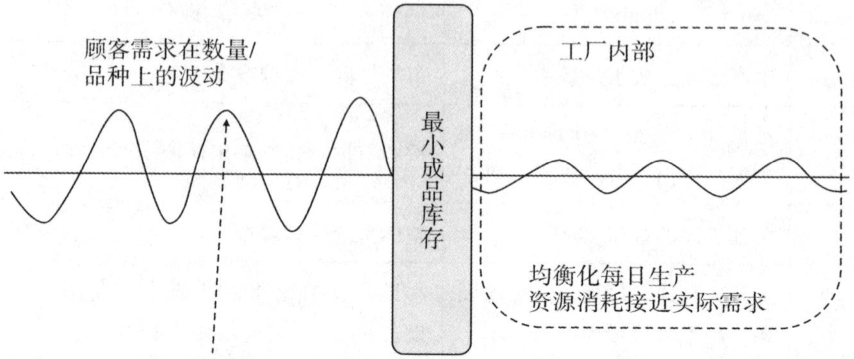

在TOYOTA的广东南海汽车工厂中，看到该公司均衡地混合生产二种不同车型（在同一条产线），通过KANBAN来管理，非常成功。

生产计划的人要关注整个交付周期的所有环节，资深的计划人员会知道产品在哪个阶段会有潜在的交付问题，会将风险提前。

当然这些交付周期的各环节，在并行理论和实际中可以相互并行和交叉，所以压缩的空间很大，特别是多种制造策略下。

供应链的发展过程中，从PUSH到PULL到混合型的生产计划模式，拉动计划模式PULL，精髓如下：

集中大批量生产到库存再去卖（卖方市场）	基于市场实际需求变化再去安排生产，市场拉动内部生产运营	推拉结合点下的基于市场需求变化拉动内部运营	描述
对市场需求响应迟钝，灵活性差，库存巨大	控制品种相对固定并且按批量生产的串行式生产线	原材料的拉动还是推动点，如何将多种制造策略结合	缺点
集中大批量生产，可以提高生产效率，设备利用率	在制品WIP低，总库存低，可以尽速满足客户需求变化	在POSTPHONE延迟制造下的动态的调整	优点

（1）市场动态的需求转成内部需求到日生产计划。

（2）生产计划只下达到最后一道工序。

（3）其余工序没有生产计划。

（4）用“看板”传递。

（5）各工序只生产后工序所需的产品——避免了生产不必要的产品。

（6）只在后工序需要时才生产——避免和减少了不急需品的库存量。

（7）生产指令只下达给最后一道工序——最后的成品数量与市场需求保持一致。

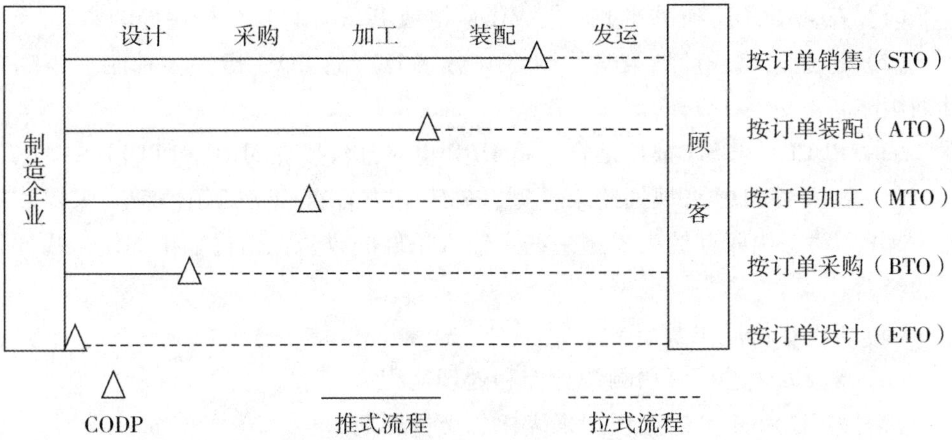

（8）节拍 TAKE TIME 和每个工序的 KANBAN 的数量。

（9）工序间通过 KANBAN 拉动。

在 PUSH 和 PULL 中，将 POSTPHONE 也灵活运用进去。

●将延迟制造（POSTPHONE）和推拉结合。

●多种计划策略和 BOM 分解，制订不同的计划和分级策略。

顾客需求切入点（CODP）概念，指在延迟制造中，推式流程与拉式流程的分界点。

例如一个简单案例：

（1）MTS：基于预测做成成品。

（2）ATO：基于预测做成半成品。

（3）BTO/MTO：基于订单开始生产。

（4）ETO：基于订单开始买料。

S&OP，Global（全球）	金额	百分比
MTS	125	24%
ATO	140	27%
BTO	135	26%
ETO	115	22%
TOTAL	515	100%

单位：百万美金

（1）学习SCOR和搭建ISC集成供应链或PLANNING全局主导的意识。

（2）制造策略或计划策略的制订（分解各产品BOM指导多种制造策略或计划策略）。

（3）PULL、PUSH推拉结合，将DRP也充分对接在MRP和PULL中。

（4）基于S&OP来规划约束模型，确定三方各自职责，领悟精髓来搭建拉通S&OP。动态用库存约束模型来约束输入条件的改善，通过输出的结果指导公司的经营。

（5）CPFR协同工具。

（6）对E&O进行可预测的管控和处理流程。

（7）利用VSM价值流程图来优化总交付周期。

（8）强化计划总统筹战略能力；强化在集成供应链下PC生产计划顶层控制，推动一切问题从生到死的解决。

（9）强化采购战略管理；强化供应链战略管理下的各材料族战略的各专家队伍的战略规划和落地来有效支持计划和供应的灵活和可靠性。

未来混合运行PUSH和PULL是面对多变的市场一个很重要的计划模式，因为产品多样性，BOM通用性的多样性，产品的快速EOL都需要PULL和PULL结合起来，同时将制造策略MTS、ATO、BTO、ETO优化到S&OP中，最终用总库存约束模型来管理S&OP和企业的经营指标。

第三节　MPS和CRP输入输出等产能控制和管理

生产计划，是一个OVERALL（总全局）控制的角色，是一个全局控制的角色，所以做好生产计划的人，是一个很强大的协调者。他的职业发展是计划员、计划经理、供应链经理、供应链总监、运营总监、副总裁、总经理、总裁。所以生产计划非常关键，他需要关注影响订单交付的所有环节。对于一个老产品，他会通过MPS看产能负荷，他要看过去的优良率和目前的产线资源。还有基于以往的生产记录，他要权衡本次生产的风险点在哪里，会重点提醒和跟进，他会将一切风险都控制在初期阶段。同时他会领悟自己的角色认知，同销售做到双赢。对于新产品，他几乎充当项目经理的角色，推动研发的设计风险的考虑和风险采购和风险生产的鉴别和落地。

计划要回答一些看预测的问题：

●能力可承诺量 CTP（Capable to Promise）。

CTP 实际是个订单模拟技术。接到新的需求或订单，我们要利用模拟技术（目前我们也有模拟技术），但在 ERP 中我们还没有能够在 ERP 中做到产能计划，每次得到客户的需求，对于大的订单，我们都要同销售经理、采购经理、计划经理一起，模拟交货计划，抢更多的单回来，这一年来我们做得很成功。

在销售订单的承诺上，利用 ERP 的功能。

●计划可承诺量 ATP（Available to Promise）。

●集成 APS 的能力可承诺量 CTP（Capable to Promise）。

●可交货能力 CTD（Capable to Deliver）及智能客户处理系统 ICP（Intelligent Client Processes）。

从而快速和准确反应给客户。

对于不同的企业，公司运作模式不同，但生产计划的流程大同小异，具体如下：

客户订单→客户服务部门→通过订单评审表→交给计划部→计划员考虑产能，物料库存和采购周期等回复交货期→基于完成日期和生产周期，释放工作单到生产线→生产完工后入库→安排发货到客户。

客户订单，首先是客户服务部门收到。客户服务部门需要将客户订单转成内部交流的格式，内部订单的格式。很多客户订单，只有客户的编码和客户的信息，客户服务部门需要将这些客户的信息转成公司内部的信息，如公司内部通用的成品的编码等。客户服务部门将这些内容，通过订单评审表和内部订单一起交给计划部门评审交货期。生产计划员，将此产品的 BOM 从 ERP 导出，逐一确认材料和生产产能，有些需要采购回复初步的材料的交货期。订单评审表，内容包括：客户、产品编码、数量、客户要求交货日期。计划员需要填写我们承诺的交货日期（生产计划员，将此产品的 BOM 从 ERP 导出，逐一确认材料和生产产能，有些需要采购回复初步的材料的交货期）。一般订单需要输入到 ERP，这样 ERP 会自动计算物料需求计划 MRP。在没有输入订单在 ERP 前，可以用模拟功能。我们现在大部分的物料都是通过 MRP 来计算的，还是有些变动较大的部分用的是手工计算。先讲订单型的需求：就是有些公司是接到订单才买料的，还有企业是基于预测就开始买料。基于订单型的需求：就是接到订单开始买料，系统是自己计算需求的，通常 MRP 是一天或半天自动计算一次物料需求计划，也就是当新的订单来了，最少晚上可以基于这些新的订单 ERP 自动运算一次。将这些新的订单的需求 MRP 都重新计算一次，不够的材料，MRP 会有两个结果，一个结果是生产的 WO 单，另一个结果是采购的 PR 单。

生产计划相关的有MPS主生产计划，MPS包括产品型号、类别、数量、12周+3个月、订单的BACKLOG、产能。MPS是平衡产能和运行MRP来指导日生产计划和物料需求计划（MRP的两个输出）。其实随着S&OP的推行，MPS就基本被S&OP取代了，直接导入S&OP，通过设置TIME FENCE对冲来运行MRP。

主生产计划是确定每一具体的最终产品在每一具体时间段内生产数量的计划。这里的最终产品是指对于企业来说最终完成、要出厂的完成品。通常包括如下内容：

（1）要生产什么东西？

（2）什么时候需要？

（3）要生产多少？

主生产计划是独立需求，主要是根据客户合同或者对市场的预测，把在一定时期内需要生产的产品一一预测，使之成为展开物料需求计划的主要依据。

主生产计划是MRP的源头，所以，其重要性是不言而喻的。若其包含的以上三个主要参数有错误，则下面的计算肯定是错误的。所以，主生产计划编制时，一定要准确，否则，不但不能给企业带来效益，反而会给企业带来损失。

不过，最近3个月的预测需要细化到周，减少MRP的输出更有效，否则MRP的输出后PLANNED WO和PLANNNED PR都不精确。这是当下每个企业的难题。

MRP的输入有三大条件（MPS主计划或S&OP、BOM、库存），所以很多企业没有MPS，通过输入SALES ORDER销售订单或预测到ERP中也可以跑MRP。就是输入需求就可以跑MRP。

MRP的输出有三大（PLANNED WO、PLANNED PR、例外信息）。

产能计划：产能计划，目前只有ORACLE能力强大。通过在WORKING CENTRA工作中心设置参数来运行产能。

生产计划的KPI是OTD。需要通过OTD CI PLAN来持续改善。航天工业和汽车工业通过CI PLAN来到达100%的OTD。

第四节　SCP供应计划管理

很多公司在计划模式下做得很详细，通过无约束计划到约束计划到可执行计划等，具体如下：

1. **SCP 模块计划业务概述**

SCP 模块计划业务主要包括四个部分：制订需求预测计划、进行预测冲减、产生无约束计划、制订约束计划。每个部分又包括许多业务活动，针对这些业务活动，制定了相应的操作指导书并汇编在本文档中，可以帮助计划员尽快熟悉并掌握 APS 流程中 SCP 方面的计划业务。

（1）制订需求预测计划（S&OP、维护计划 BOM）。

（2）预测冲减（FN）。

（3）产生无约束计划。

（4）制订约束计划。

2. **制订需求预测计划**（S&OP）

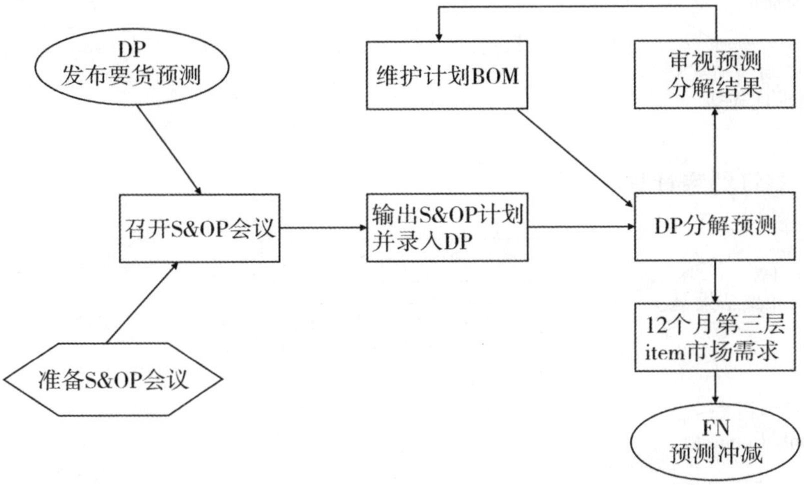

3. **预测冲减**（FN）

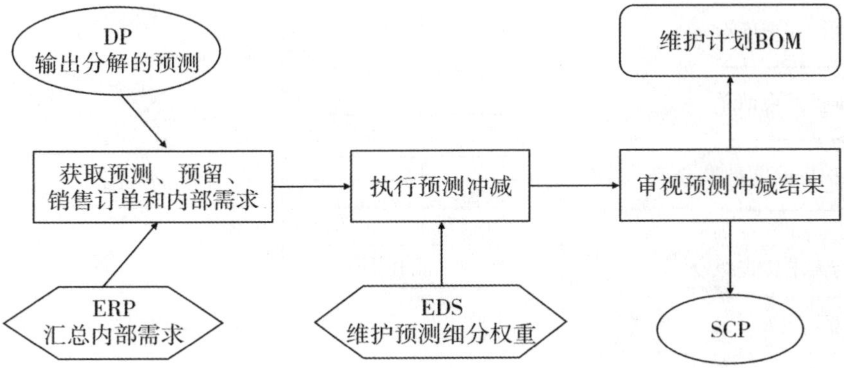

4. **制订无约束计划**

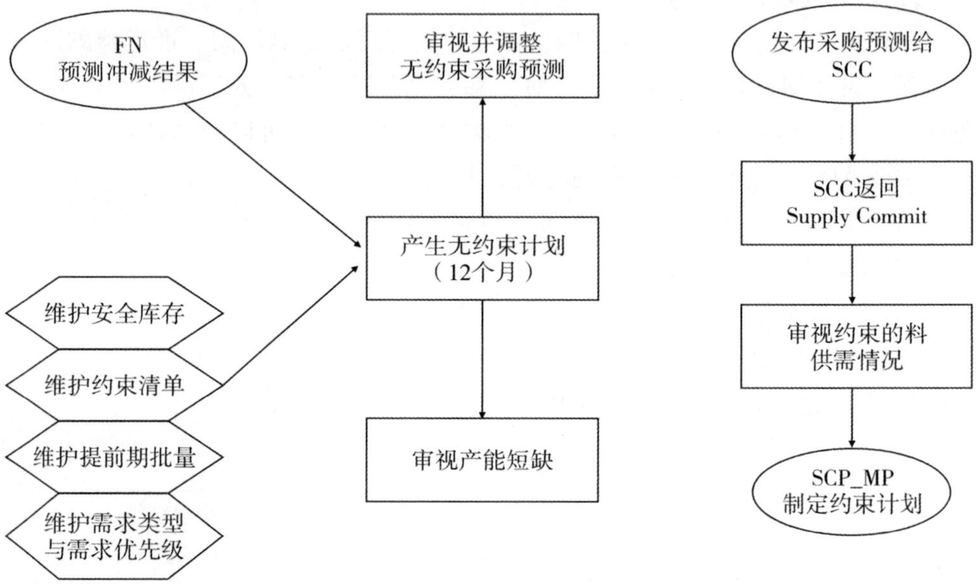

5. **制订约束计划**

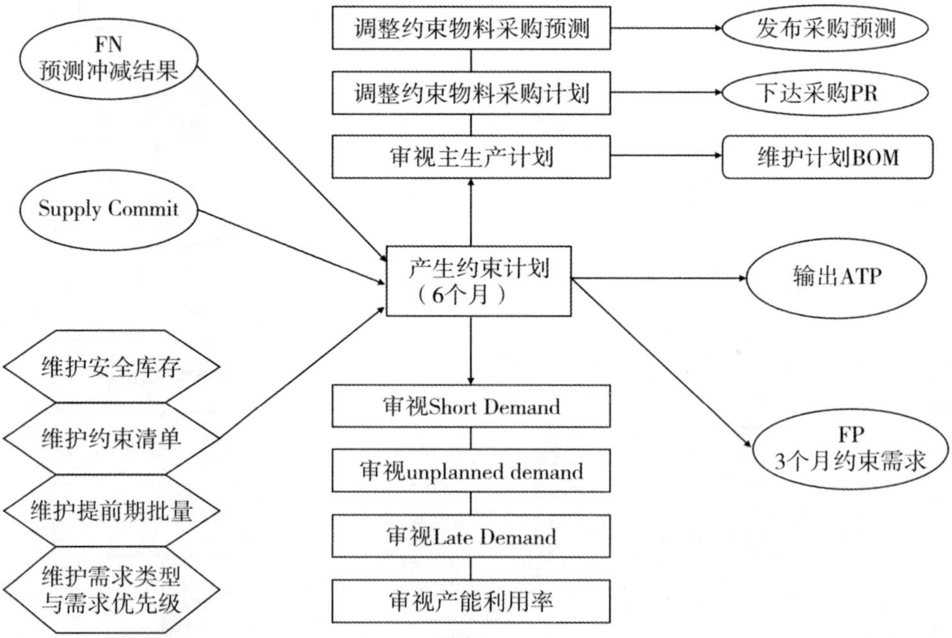

第五节　多种制造策略的介绍和实施精髓

关于制造策略介绍如下：

制造策略：ATO、MTS、BTO、PTO（ETO）。

制造策略要将 S&OP 合并一起做，逐一成品 review 制造策略，制造策略要考虑如下关键因素：

（1）历史的销售的销售记录，12 个月。

（2）BOM 的结构和通用性。

（3）安全库存的数量。

（4）未来的预测（6 个月）。

（5）EOL 的计划。

（6）风险生产和风险采购的项目。

四种制造策略：

从 APICS（美国生产与库存管理协会）资料中按照交货提前期进行分类，现代制造业有以下四种策略：

（1）面向订单设计（ETO）：在 ETO 的生产环境中，制造商根据客户的要求进行设计、采购、生产、装配好交付客户。

（2）面向订单生产（MTO）：在 MTO 的生产环境中，制造商在接到客户订单后才开始进行生产。

（3）面向订单装配（ATO）：在 ATO 的生产环境中，制造商提前进行标准化组件（半成品）的生产或存储，当接到客户的订单后，再进行按照客户的要求进行总装，交付产品。

（4）面向库存生产（MTS）：在 MTS 生产的环境中，在没有收到客户订单之前，对最终产品提前进行预测，根据预测计划进行生产和储存。

制造策略

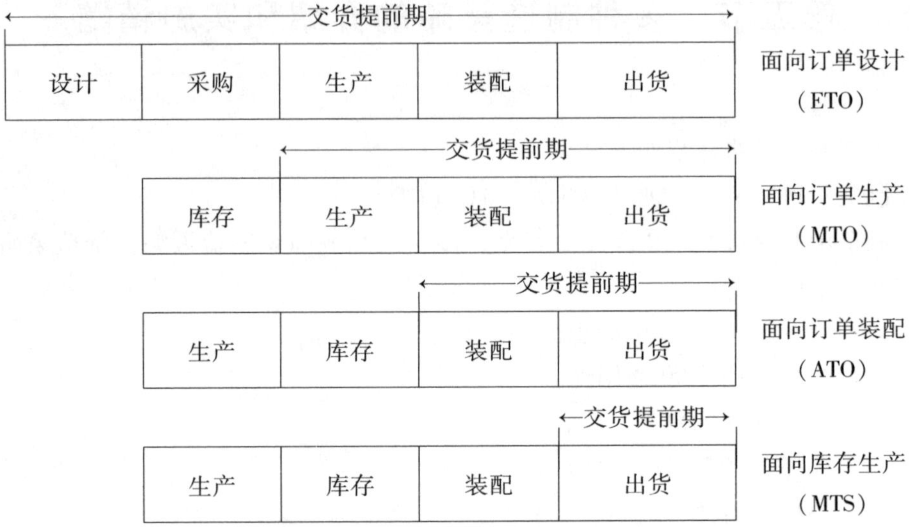

企业产品结构及相应计划策略。

企业的产品结构可分为 A、V、X 型：

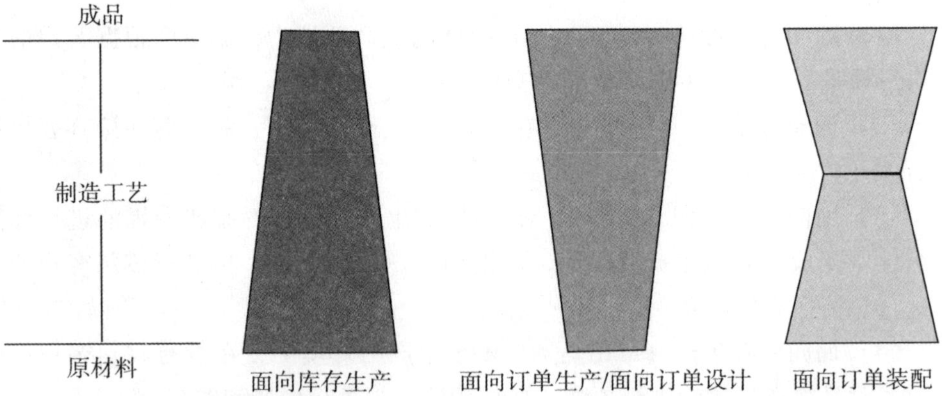

A 型产品结构的计划策略适合使用面向库存生产（MTS）；它是以预测需求来驱动最终产品库存，即主生产计划的对象为最终产品，提前做产品库存，当客户需要时，企业只需要发货即可；行业：如日用消费品等。

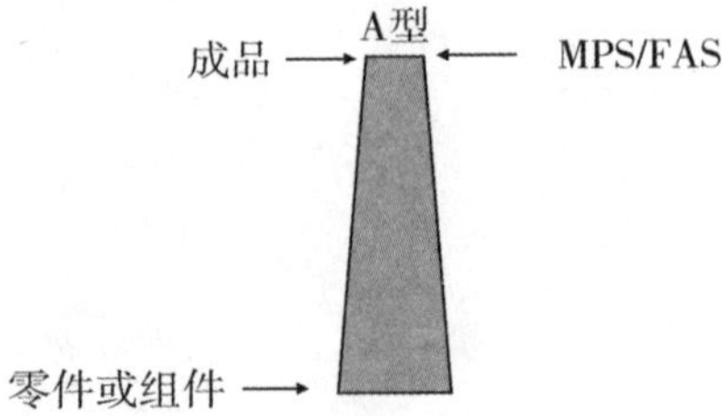

X 型产品结构的计划策略适合使用 ATO 模式；企业先对产品大类进行预测，建立标准组件（半成品）的主生产计划，提前生产和采购，到最终客户下达销售订单时，只需要生成最终装配计划，完成产品的生产即可；行业：如汽车、通信设备等。

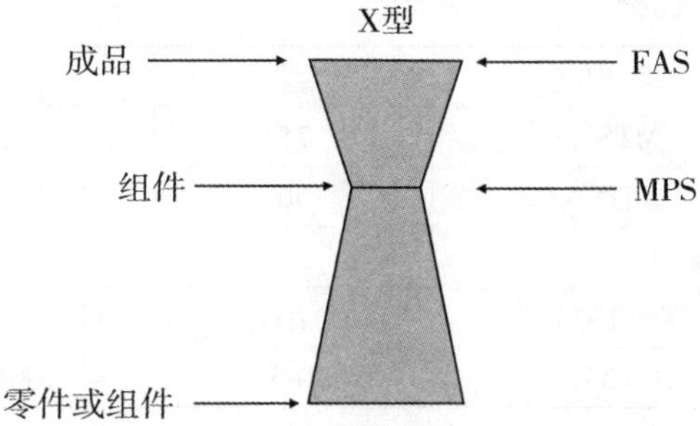

V 型产品结构的计划策略适合使用 MTO 计划模式；企业先对产品大类进行预测，建立标准采购件的主生产计划，提前采购，到最终客户下达销售订单后，根据客户要求进行组件和产品的生产；行业：半导体、OEM 类产品等。

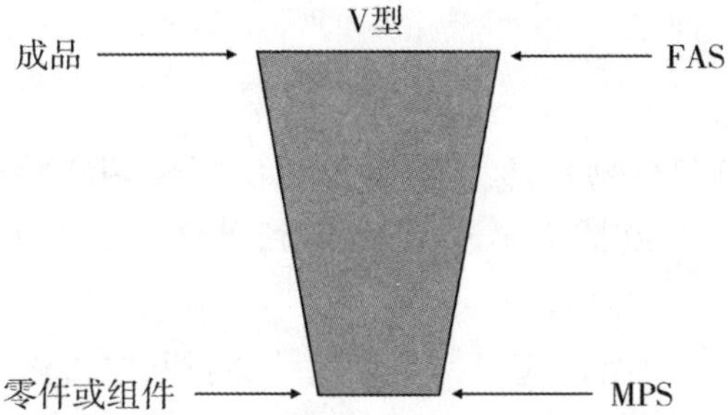

而 ETO 计划模式适合客户有专门设计要求的客户，如飞机、轮船等大型项目。

当下的外部市场，订单和预测都是不可测的，很多企业，特别是大的企业在学习国外的 VMI 和 JIT，都是没有订单的，在这样新的外部形势下，我们必须创新地运作这四种制造策略，笔者之前的公司制造策略规定如下：

MTS：基于预测做出成品，前 10 名的大客户，未来 6 个月有连续的需求。

ATO：基于预测做出半成品，通用性强。

BTO：基于订单安排生产，需要提前采购材料，这些关键产品材料通用性强。

ETO/PTO：基于订单去采购材料，这些产品是新产品同时不常用的产品和客户定制的产品。

以上要分析每个产品的 BOM 结构和材料通用性、未来预测、过去的销售记录和客户的级别来设定制造策略，通常一季度评估和修正一次。

基于 S&OP 分析每个产品不同，可以细分到一个总表来体现整个 S&OP 的制造策略的总结如下，可以基于公司的年度策略，来调整每一类策略的比重，逐一分析每个产品来调整。

S&OP	金额	比例
MTS	75	45%
ATO	50	30%
BTO	30	18%
ETO/PTO	10	6%
TOTAL	165	100%

单位：美元，百万

第六节　物料计划和采购执行的角色认知

一般情况下，物料计划是基于 MRP 的输出转换 PLANNED PR 到 PO（计划中的清购到采购单），包括 PLANNED PR 到 WO（生产工单），基于 BUY 和 MAKE 的属性。

采购执行将 PO 下单给供应商，负责追踪交付和改善供应商的合作关系。

为了加强购买是否合理性的监督，很多企业将物料计划和采购执行分开。如果在 MRP 完善的情况下，很多企业也试着将物料计划和采购执行的职能合二为一。

AS400 系统有体现两者合二为一的支持模块，直接出 PO 给供应商。

物料计划和采购执行一直类似于计划那样都是中间角色。物料计划和采购执行无法很好要求计划推动改善预测的准确性，减少需求的波动以便给供应商造成大的波动和不确定性。

采购执行和供应商开发之间是一个尴尬的关系。鉴于两个不同的人处理两方面的业务，供应商开发部门开发新供应商和谈价格和份额的调整和招标等和供应商协议以及条款的制定和批核。采购执行去执行这些供应商开发管理的一切策略。

但采购执行必须是供应商开发管理师推动和支持的角色，也是相互监督的。

不能一味地执行供应商管理的策略。需要鉴别和相互监督和推动制度的完善。因为采购执行需要参与供应商的考核的交付模块。

采购员的 3 大主要核心职责：

（1）推动 2nd Sourcing 的切换和采购在切换中的角色和采购员自己的行动（运作切换中，留一个 LEADTIME 的采购周期的库存或 OPO + 留一个生产周期的库存或 OPO；新旧同步运行，立即切换，必须考虑呆料和死料）。这个在 Baan 和 oracle 等可以运作得很好，特别是 Baan，另外 oracle 在群组替代中的经验可借鉴。

（2）对供应商参与管理和考核，对供应商的产能、分配、LEADTIME 和快速反应度有深入了解，不断探底了解供应商产能和快速反应的底线。基于第二供应商的状况，找到自己的份量，采取适当时候手法（质量问题、其他问题、服务问题或交货问题等）来改变对供应商 PO 的分配，体现自己的价值……做到对“度”的控制。

（3）日常的采购沟通和管理。

（4）前后权衡有自己运筹帷幄的预留空间，不至于被动（对计划、SCM、研发和质量等）。

（5）提高自己的工作能力。任何输出报表和内外的交流和对内外的要求和推动和其他）都能体现自己的专业的技巧和价值。

在供应链战略中，采购管理和采购认证在倒金字塔模型下尤其关键，材料簇的采购战略的角色如下：

（1）原材料品类行业及内部需求分析。

●实时跟踪品类全球市场行情及行业动态，开展友商竞争分析，全面掌握行业发展趋势。

●研究行业的最佳商业模式。

●研究完善品类成本管理方法论，价格基线以及行业成本发展趋势。

●品类内部需求分析。

（2）原材料品类策略制定。

●从行业分析中挖掘出品类价值控制点，降成本机会点，风险点。

●清晰明确内部客户需求以及诉求。与产品线策略相匹配，制定有针对性的采购策略，引领该品类的物料选型，获取品类相对竞争优势。

（3）原材料品类供应资源整合。

●主导供应商组合管理，实现供应资源的最佳组合。

●制订供应商发展计划。

（4）原材料品类成本目标分析。

●制定品类TCO模型，价格基线，设置全球品类目标，推动品类降成本方案的实施，以及成本目标的实现。

●品类BENCHMARK标杆建设。

（5）采购策略执行监控。

●监控采购策略的执行，定期回顾，分析，总结，修正品类采购策略。

●实现与产品采购策略协同，SM采购策略协同，并与产品线密切协同。

（6）原材料品类重大项目管理。

●审核品类重大采购项目方案，审视项目采购方案与采购策略的匹配。

●参与重担项目商务策略策划和重大项目选型，推动采购策略的落地。

同时需要延伸到产业链的了解：

●看清终端关键材料行业发展趋势，中长期供应形势，整合产业链上下游资源。

●参考标杆企业采购业务运作，建立优化匹配终端业务战略的采购模式及策略，保障质量，成本，供应，获得竞争优势，支撑业务战略落地。

●建立健全包括供应商协议管理机制在内的采购风险防范管理机制并保障落地，构建竞争氛围，契约化管理供应商，明晰与供应商责任界面，保障公司利益不受损害。

MRP的输入是BOM、库存、MPS或订单。

MRP的输出是planned WO（生产工作单的PR），Planned PR（材料的PR）。

物料需求计划MRP的逻辑是生产计划员会基于材料库存和采购周期和生产周期，承诺订单交付日期在订单上，客户服务部门或计划员将订单的承诺的交货日期输入到ERP中。ERP基于这个承诺的交货期和在ERP中已经设定好的每个产品的总生产周期（通常在ITEM MASTER中有设定好，是ME或IE部门设定好的），通过这个生产周期，运算到何时需要开始生产的日期，MRP会建议何时开放WO工作单到产线。这个开始生产日期非常关键。MRP的一切都是通过这个开始生产日期倒推的。

这个开始生产日期WO START DATE（工单开工日期），通过每个材料的采购周期，开始建议每个材料何时需要释放PR、PO给供应商（MRP叫ORDER DATE或ORDER RELEASE DATE）。这些都是MRP自动计算的。

在跑MRP前要回答需要处理什么问题，需要输入哪些信息来支持MRP的输出。

处理的问题：

●生产什么？生产多少？

●要用到什么？

●已具备什么？

●还缺什么？何时需要？

所需信息的输入：

●切实可行的主生产计划（MPS）。

●准确的物料清单（BOM）。

●准确的物料库存数据。

●MRP 的计算结果（生产计划和采购计划）。

第七节　采购追料的必杀技

当下市场紧急订单很多，外部变化剧烈，所以通常情况下的采购 LEAD-TIME 是不足够的，需要采购员不断 PULL IN 提前交付。

在 H 公司等企业追料经验非常值得学习。

（1）列清楚采购订单状况和我们需求的交付日期。

（2）先邮件整理自己的要求发给供应商，基于材料的紧急度。来决定 CC 给供应商什么级别的人。列出自己公司的物料编码，原厂的 P/N，代理的 P/N，下单日期和原交期，采购周期，新的要求的交货期等。

（3）通过看内部其他订单是否可以挪用和是否有其他的替换材料，看这些是否可以内部解决材料欠缺。

（4）找客户帮忙，如果你的客户很厉害，大客户基于他的供应商也可能也是我们的供应商，所以让客户出面也是很有效果的，不过内部要把握是否要客户帮忙。

（5）寻找现货，在 DIGIKEY、AMERICAN2、ARROW、AVNET 等公司帮忙寻找现货。要选择有资质的现货供应商，要求做 X－RAY 检验，现货尽量要求提供完整包装和提供 DATE CODE，材料回来公司后，会同品质部一起做试产，对材料质量和可靠性进行鉴别，小批量试产。

（6）缩短物流时间和运输时间和生产时间，专人跟催。

（7）找大的代理商帮忙，AVNET 等帮忙协调材料分配和挪用。

总结：追料必须将自己的压力传递到供应商，如果供应商没有感受到缺料的压力，没有感受到喊救命的压力，就是采购员的工作没做到位。虽有时候我们很被动很弱小，在供应商那里没有说话的分量，对我们必须认清这个局面，采取其他办法让供应商感受到压力感受到喊救命的压力，这个方法需要思考去发掘。

第八节　如何做到100%承诺

当下企业之间的竞争，按时交付是一个诺言，我们作为计划人员和供应链的管理者更要视诺言如生命。没到最后一刻，不要放弃按时交付的诺言，就是绝望了也不要放弃，这一点笔者从H公司的采购员身上看到了这个品质和精神。

一、我们如何做到100%按时交付

我们需要通过平时的预防体系去做好预防工作，同时在问题出现的时候去快速地解决，再事后找出根本原因去预防和纠正。这是个OTD CI PLAN的PD-CA的解决体系。汽车和航天工业16949和QS9000中都有基于CI PLAN去做到100分的效果。我们需要CI PLAN的流程去学习和应用。近10年很少有人去提及CI PLAN，因为汽车时代的严谨的100%的要求现在变得很少有人去追求了，那些PPM也变得可以不去非达到不可了，因为汽车出质量问题变得是一个平常的问题，但我们不能因为这个而放弃对自己的一贯要求。

或许问题太多，天生有强大推动能力的计划人员很少，经过学习和领悟，每个人都可以成为一个热爱计划工作的专家。相信自己，热爱自己的工作，多思考、多领悟、多学习，一定会成功。

首先我们要了解公司内部影响100% OTD按时交付的各种因素：

（1）缺料；

（2）品质原因；

（3）研发设计；

（4）生产延迟；

（5）工程问题和良率；

（6）产能问题；

（7）计划出错；

（8）客户推迟；

（9）营销推迟；

（10）其他因素。

所以我们看出这 10 个因素中，影响我们最大的是 TOP3。

如何满足 100% OTD 呢？计划经理在每个月的 S&OP 和 MPS 中要解决产能问题，S&OP 需要审视未来六个月的需求和产能匹配。对于产能不足和产能冲突的产线，通过下面的 5 个方法来提高产能：

（1）客户优先级分配；

（2）购买设备扩产，加班；

（3）增加测试夹具和增加工人等来短时间内提高产能；

（4）还有在不影响产品品质的情况下，同研发品质工程等部门一起商量是否要减少测试工序（如果需要很多测试数据来验证，是否取消相关的测试工序）；

（5）通过部分套料在供应商处组装完毕，供应商将相关的半成品交付到公司等。

在产能问题解决的情况下，如果是老产品，就要推动采购同供应商密切协同，定期协商一次，最好是每天发布缺料进展。对于缺料的把握，恰当的时候推动经理或总监参与进去，同供应商高层互动，更严重的大单需要公司的总经理或 CEO 也参与进去。

对于老产品，对于之前已经生产过的产品，需要了解之前发生的品质问题和关键工序。提醒和密切关注这些，品质异常，一旦发生，必须第一时间传递信息到计划员。作为计划员和经理需要让生产线知悉：坏消息需要第一时间传递，否则耽搁了很多关键的时间。

对于重要产品和紧急订单，需要对供应商送料要精确到小时。能当天送货的绝不能拖到明天，哪怕再晚也要半夜送到，确保当晚检验完毕，第二天或晚上也能顺利生产，否则第一天生产，一旦在检验环节有品质问题就后果严重和影响巨大。这是将风险提前的体现，作为计划人员一定要有这样的意识：必须要将风险提前，不要将风险放在最后，否则肯定没有任何时间去弥补和挽救，按时交付当作生命的诺言。

另外对于紧急订单和重要产品的交付，必须对一切信息随时掌握。材料是否顺利通过海关、是否达到 IQC、是否检验完毕、是否生产线领走了、来的数量是多少等。

对于生产安排环节，紧急订单和重要订单需要随时掌握生产信息。哪怕半夜有重大品质和生产异常，周六和周日有重大异常，都需要相关部门第一时间处理。品质问题，需要立即寻找对策。供应商挑选、供应商送料等必须快速解决，解决这些品质问题的途径、方法多种多样。另外自己对进度要有清晰的认识，松的情况下不能松开，需要让各部门保持紧迫感。将所有的风险提前，任何时候都要想到如果产线有问题，我们在前面一定不能浪费一点时间，后面才有充足的时间去解决问题。所以前面出现问题的时候不要放松任何环节（即使有放松的空间和时间），否则后面出任何问题就没有空间和时间去弥补了。

推动别的部门需要有这个感觉就对了：他有要喊救命的感觉就对了，如果他没有这个喊救命的压力，就是我们计划的工作还没有做到位，他的压力还没有100%传递出去。

对于发货环节，在ERP中也要确保及时处理发货和包装等环节。

我们平时承诺的成千上万的订单，都在计划中按时安排生产，平时需要通过报表的方式和系统化的方式确保按时OTD交付到100%。

第一，每天或最少三天一次的缺料信息发布。

第二，每周，要将未来1个月自己负责的订单重新审视，看看是否有潜在的OTD交付的问题。

第三，对于新产品需要重点标注，BOM是否准备好了，材料是否认证了，材料何时到。是否有类似系列产品在之前的良率、品质、工程、设计问题等，提前有所考虑，在新产品的会议上专门提出或跟催。另外新产品在生产线生产时需要密切跟催，生产线人员定期报表汇报。

第四，生产线各工序日报（投入、产出、良率、产能、周期等）。

计划人员就是一个细心和有高度责任感的角色。他需要多方面的能力去做好这个角色，才能实现OTD 100%的效果。

第五，推动IE发布产能数据，按版本控制，确保生产线有压力按产能去完成投入、产出、生产周期的执行。

二、我们如何在成本不增加的情况下，也能满足客户多变的需求

当下的企业外部需求波动巨大，不可测的因素很多，很多急单让人每天都疲于应付。

为到达双赢的效果，我们必须了解这个计划角色的价值，很多小客户，交付能力很强，可以将小客户做大，将大客户做强，让客户离不开你。

我们不应用巨大的成本去满足这些紧急订单，我们必须想方设法从容快速满足这些紧急订单，将 OTD REQUESTED 做到最好。

我们需要将 S&OP 的预测改善和做好前期的准备工作。

需要通过多种制造策略，将每个产品做好各自的制造策略，平时做好新产品模块通用性的工作，逐步形成一个良性的循环。

新订单来了，这些多种制造策略就可以灵活调配。如果有些预测没有订单来，我们可以将部分制造策略的半成品或材料进行挪用。

对于没有任何准备的紧急订单，需要立即下单，可以基于上一节讲的采购追料的必杀技去落实追料。

追料必须将自己的压力传递给供应商，如果供应商没有感受到缺料的压力，没有感受到喊救命的压力，就是采购员的工作没做到位。虽然有时候我们很被动很弱小，在供应商那里没有说话的分量，但我们必须认清这个局面，必须采取其他办法让供应商感受到压力，感受到喊救命的压力。

计划员也需要有这个意识将自己的压力传递出去，让每个人行动起来，让大家都保持紧迫感和压力，去完成计划员的交付压力和实现自己的诺言，实现公司的诺言。

三、案例分析一

背景：一个通信企业，多品质、小批量、多产品线，1000 多种产品编码，20 多个产品线，订单从 1 个，5 个，10 个，1K 到 5K 不等，大单不是很多。基于预测来准备，基于订单来发货。甚至一部分基于 VMI 客户提货！要求交付时间很短！预测准确性才 30%。

特点：种类繁多，通用性在多个产品线平台间不多。客户需求是小批量，快速交付和总库存压力非常矛盾。

解决办法：

（1）成立小组，VSM 优化，总交付周期（原材料、WIP、成品、客户提货）；

（2）强化 PC 的全程主导作用，培养 PC 精英。角色认知，学习 SCOR 和 ISC；

（3）提高采购的追料能力和风险的分级管控、上报、考核；

（4）认证 SPOT BUY 的现货流程来支持紧急订单的缺料；

（5）同客户协同、同供应商协同。开发协同的工具（同供应商尤其关键，同客户之间可以通过沟通或其他方式快速实现）；

（6）通过S&OP、MPS，分解每个产品的BOM结构，按各序列内的BOM结构来制定制造策略，每季度调整；

（7）学会考核预测准确性的方法，推动改善；

（8）对于NPI和EOL，要早期介入来预防控制；

（9）对于E&O的可预测管控和流程固化，确保二季度可预测、可控，处理落实到部门和考核到人。供应链可主导，考核到各部门（销售、产品线、运营）；

（10）优化ERP和通过IT手段提高高效信息流，实现模拟能力、报表集成能力和预警能力。

成果：

（1）最终通过3年的努力，将OTD的承诺交付提高到99.8%（包括样品订单）。将OTD客户需求满足率提高到68%，将总库存周转率提高到15次，将E&O控制在0.02%。

（2）将控制方法和策略设计到ORACLE固化，包括S&OP。

四、案例分析二

销售预测数据误差大时，企业面临库存风险的应对策略：

（1）压缩总交付周期；

（2）分解BOM，进行多种制造策略和计划策略；

（3）开发协同CPFR工具来进行端到端协同、动态协同、动态调整；

（4）制定SPOT BUY现货采购的内部评估流程和风险防范机制；

（5）完成一个及时交付的双赢效果。

处理呆死和消耗库存，分析根本原因，彻底改善：

（1）开发密集的ERP的AGING报表，动态自动输出；

（2）做好对E&O的可处理和可预测，做好总体控制；

（3）对E&O分析根本原因，制定消耗和处理措施（滚动两个季度，同时可以覆盖一年）；

（4）对PROVISION计提也纳入分析和控制，做到一个完整的可预测和可控制的财务系统。

操作层面，特殊订单、紧急插单的情况时有发生，如何处理交货及时与降低持有库存的矛盾，做到特殊订单快速响应？

操作中：

（1）对工厂资源的有效掌握（工厂或代工厂的产能，各工序的时间，夹具，IE 和 ME 等在 S&OP 有效规划。同时对供应商的工序牢牢掌握，以便遇到紧急订单的时候能知道底线）；

（2）通过对关键材料的重点跟催，提高采购追料能力，制定基于风险程度的上报制度和考核制度；

（3）并行采用 SPOT BUY 和通过同关键供应商或代理进行保持协同，必要时可以通过客户一起加强端到端协同来完成从客户到供应商的协同；

（4）对潜在项目和重大项目的早期介入。对于长周期的早期识别和早期策略制定，早期同供应商协同；

（5）对新产品的早期销售和预测并行处理，利用 IPD 来并行。

系统上：

（1）开发 ERP 的模拟功能，做到紧急订单的快速模拟；

（2）开发 CPFR 协同工具，同供应商进行动态 EDI 或协同；

（3）将 S&OP 的制造策略和供应商一起做多种制造或计划策略，分析 BOM 结构在 POSTPHONE 策略下来进行分级别做制造策略和计划策略；

（4）通过维护总库存约束模型来进行内部优化和约束，不断提高供应链柔性总库存，推动销售改善；

（5）利用 SCOR 的 PLAN 作用来加速内部，起到发动机的作用；

（6）基于 PULL 和 PUSH 并用，通过 DRP、BI（特别是服装行业）来动态调整；

（7）将制造策略和计划策略延伸到供应商端，通过协同进行数据交互。

总结如下：

●学习 SCOR 和搭建 ISC 集成供应链或 PLANNING 全局主导的意识。

●制造策略或计划策略的制订（分解各产品 BOM 指导多种制造策略或计划策略）。

●推拉结合，将 DRP 充分对接在 MRP 和 PULL 中。

●基于 S&OP 来规划约束模型，确定 SALES、PLM/MARKETING、SCM 三方职责，搭建 S&OP。动态用库存约束模型来约束输入条件的改善，通过输出的结果指导公司的经营。

●CPFR 协同工具。

●对 E&O 进行可预测的管控和处理流程。

●利用 VSM 价值流程图来优化总交付周期。

五、问题解答

问题	回答
什么是库存服务水平，如何计算，如何定目标？	库存以材料、WIP、成品形式存在，所以不同的状态下，考核的方法不一样，但精髓是一样 库存的可得率/满足率 相对于内部客户（材料）级别：可满足的材料行/需要的总材料行 相对于外部客户（材料和成品）级别：订单的按时交付率 OTD DOS 可供应时间（材料，WIP，成品）：年度的销售成本/库存金额 库存周转率：年度的销售成本/平均库存金额
我们是汽配行业的，领导一直要求控制库存，但是中国汽车市场变化较大，库存虽然控制下来，如果客户需求增加，一时又不能满足，那如何去做到既要控制库存，又能满足客户的需求呢	建立一个快速体系，这是行业的问题，强大的供应链整合能力，我们可以做到多赢的格局（快速反应 + 有竞争力的库存 + 呆料和死料 E&O 最优）： （1）分析 MPS 或 S&OP 中每个产品在过去 6 ～ 12 个月的实际销售记录和未来 3 ～ 6 个月的预测 （2）分析 BOM 结构，找出通用性、非通用性和 POSTPHONE 的层级 （3）将 MPS 或 S&OP 的每个产品，确定每个产品的制造策略（MTS、ATO、BTO、ETO、PTO），在 APICS 中没有考虑过去的产品销售记录和未来的预测，也没有考虑产品通用性状况和 POSTPHONE 的层级，我们需要综合考虑过去和未来的 BOM 结构和 POSTPHONE 的层级来决定每个产品的制造策略 （4）优化材料供应的交付周期，通过 VMI、JIT 和 CPFR 协同工具，同时结合制造策略去落实采购，通过协同工具同供应商减少牛鞭 （5）在制品：采用 PULL 的拉动式计划模式和精益生产的计划模式，不能过量生产，通过 VSM 价值流程图来优化生产周期，强化补货能力 （6）成品：减少成品的库存量，强化补货能力，设定成品级别的安全库存和制造策略 （7）采购追料的能力 （8）主导生产线的快速调动能力 （9）支持和推动销售改善预测：首先要落实一个考核 S&OP 市场预测不准确的方法，哈佛大学一般用的是 MAD 绝对值。我们可以用 5 个维度分别考核百分百和金额，分总体、客户、产品线

（续表）

问题	回答
如何建立库存预警体系	总体库存预警机制： DOS E&O，利用库龄做可预测系统 基于周转率目标和营业收入预测，来确定每个采购员和计划员的总库存金额目标 利用报表来自动对比 材料的库存预警 MIN - MAX 固定订货点 VMI、JIT 与供应商协同 设定安全库存 半成品的库存预警：利用 VSM 来自动预警，半成品在库天数 成品的库存预警：安全库存和制造策略匹配
怎样与供应商一起做到共赢	快速交付，成本，服务→生意 + 利润 + 份额 协同需求（通过 VMI、JIT、CPFR 工具），达到快速反应，满足紧急订单和产能分配 成本控制，基于供应商管理战略，供应商综合评分，通过招标来确定采购份额和合作战略，创造公开、透明、公平的供应商价格竞标体系 让供应商参与研发前期设计 协同供应商做好 PCN 认证，共同降低整个链条上的总成本和质量的可靠性管控 QBR 的季度互动 常规和项目招标

（续表）

问题	回答
关于EOL： （1）产品生命周期分为导入、成长、成熟、下降和退市这五个阶段，请问通过什么方法可以确定现有的产品处于生命周期的哪个阶段 （2）一般公司谁来判定和管理生命周期	（1）和PLM产品线经理做每月同步产品线的计划（滚动1年） （2）基于过去12个月的出货记录和未来6个月的预测，特别是需求减少时，就要重点评估是否走退市阶段 （3）一般公司的产品推出流程（提前6个月通知客户），这个需要写入EOL产品的生命周期管理流程中，顺便在退市管理中，对于全部资源的约束管控也明确写出。一般公司一旦进入EOL阶段，一般会进入接订单才买料模式，通常会通知客户将3～6个月订单一次下达。一般IC材料，走EOL，客户基于自己的特点，准备1年的订单 （4）产品生命周期的管理不是制造策略必须关注的，制造策略是基于BOM结构和通用性级别的预测来决定每个产品的制造策略。一般公司由产品线经理PLM或市场部主导和管理生命周期EOL，有专门的EOL流程，这个很常见
预测准确率的考核： （1）对于培训中讲到的销售预测3个测评KPI指标（MAPE、MAD、WDFE）能否举一个具体例子来介绍一下如何运用这3个指标来判断预测 （2）对于预测准确性的5边图，具体如何应用？能否举个实例	（1）每一个产品都做一个分析MAD是绝对值误差，1000预测，实际900，绝对值误差为100 （2）MAPE，百分百，90%预测准确性 （3）WDFE加权同比如果是80%，这次综合比就是85% （4）整个S&OP或MPS就有一个整体的MAD、MAPE、WDFE了。这是个通用的统计技术，可以去熟悉、消化、吸收 （5）S&OP如果有1000个产品，每月初必须开始看上个月的S&OP，每一个产品在5边图是属于哪一种类别（哪些产品是预测和需求完全匹配，哪些产品是0（预测0或实际0），哪些产品是偏离（过多或过少），逐一识别。最后统计出整个S&OP的1000个产品在无边图的分布（百分比和金额），这个要自己去体会、去尝试学习
Demand planning是否就是指我们通常意义上的预测？与MPS是什么样的关系	广义上Demand planning是需求预测管理，是在S&OP之前的需求预测管理。一般指AOP、FOP、S&OP。你说的MPS是从S&OP分解下来的，AOP→FOP→S&OP→MPS

第六章　全面库存控制

第一节　库存的定义和库存的 KPI

库存的定义就是作为物品和材料常常来用于支持生产所需，也包括维修用的材料等，包括材料，WIP 在制品，成品包括 MRO 维修类，等等。

库存的 KPI 有如下：

NO	KPI	公式	单位	备注	计算频率
1	总库存周转率（Total Inventory turnovers）	年销售成本/平均库存金额或月销售成本×12/平均库存金额	次数	取 COGS（SALE COST），物理含义：总库存一年流动的次数，或一年总库存卖出去多少次，或总资金流动次数	月
2	DOS（DAY OF SUPPLY）可供应时间	365/总库存周转率或平均日销售成本金额/平均总库存金额	天	基本由总库存周转率转换而来，物理含义是总库存（raw materials + wip + fgs）能供应多少天的生产或基于每天销售收入金额，总库存能卖多少天可以卖完	周
3	总库存金额	材料 + 在制品 + 成品	RMB，USD 等货币单位	一般计算每个月的总库存金额，求平均值	月和周
4	E&O 呆料和死料	按 E&O 的原则去判断	金额	输入 6 个月或 12 个月的需求，跑 MRP	月

（续表）

NO	KPI	公式	单位	备注	计算频率
5	库存准确性	每一个库存在ERP的库存数量—实际的实物的库存数量	百分比	逐一LINE和逐一ITEM相减，完全一致为库存100%	月
6	发货的出错率	（全部的发货订单的每个产品按行统计—出错的实际订单发货的每个产品按行统计）/全部的发货订单的每个产品按行统计	百分比	逐一订单的逐一ITEM LINE	月

库存控制的最关键指标是总库存周转率（Total Inventory turnovers），笔者发现国内很多大学的MBA教材写错了。因为总库存周转率是指总库存一年流动的次数，也就是库存一年卖出去多少次。

总可供应时间，就是总库存可以供应多少天的生产，或总库存能卖多少天可以卖完。

E&O呆料和死料，之前的章节有介绍。这个同财务计提有关联。很多公司对呆料和死料定义不一样，呆料是3个月内没有在仓库移动，但基于预测可以消耗的材料。死料，基于预测无法消耗，死料不一定会立即计提，很多公司基于各种原因不会轻易计提，一旦计提会影响公司的毛利润率和净利润率等，但一旦报废必须计提出来。

●E&O产生的原因：①预测的准确性（销售系统的原因）；②ECN（运营系统的原因）；③设计变更（R&D系统）；④工单尾数（运营系统的原因）；⑤客户取消订单（销售系统的原因）；⑥品质问题（运营系统的原因）；⑦EOL；⑧其他。目前可以在ORACLE等系统开发报表对E&O的未来可预测性，未来3个月和6个月E&O的金额和明细。

●E&O可预测性和处理方法：目前可以在ORACLE等系统开发报表对E&O的未来可预测性，未来3个月和6个月E&O的金额和明细，（基于S&OP的输入和处理措施，需要对全部的当前和未来要产生的 E&O 逐 LINE 展开分析和提出详细的处理措施，才得到未来的 E&O 的预测的金额）为上市公司的财务的 PROVISION 提供依据。

第二节　财务和供应链在库存上的计算差异

很多供应链人员和高管不知道财务的库存和供应链的库存是不一致的。

上市公司对外公布库存都是财务账目上的库存，之间差异如下：

总库存	财务	供应链
原材料	财务原则上基于供应商的付款条件 一旦仓库在 ERP 做了材料的暂收待检，财务就计算公司的库存 基于供应商条款，那些 FOB，FCA 的等条款都计算公司的库存，即使这些材料还没有达到公司的仓库 PROVISION 的材料要减去公司的库存，虽这些 PROVISION 的材料实物还在仓库中。需要包括报废的材料。如果没有，需要基于公司的情况加速做 PROVISION，否则不要报废 IPR，ISO 内部关联交易在分公司和分公司之间，集团总部和分公司之间，一旦发出。不管是否在在途 ON WAY 不管是否收到，都计算在待接收方 供应商 VMI 和 CONSIGN 的材料不能计算库存 财务会在跌价准备中调整材料库存的价格，确保库存的价值同市场上一致，通常是半年一次	供应链原则是基于 PHYSICAL 实物在仓库的库存 供应商 VMI 和 CONSIGN 寄售的材料不能计算在公司的库存 其他的只有在 ERP 账上的公司的实物库存都计算在公司的库存 那些在公司账上，但财务已经做了 PROVISION 的材料，必须计算在库存中，但财务不会计算到库存中 报废的材料不能计算在库存中（需要提醒仓库将有 ERP 报废的仓库或不能体现在 ERP 上面），这类材料如果有报废到没有做 PROVISION，也没有放在报废的 ERP 仓库，都会计算到材料库存中 左边材料提到的各点都不能计算到公司的库才能中。财务的最后一点会在跌价后，自动更新到 ERP 中，所以供应链从 ERP 导出的库存金额是跌价后的价格

（续表）

总库存	财务	供应链
WIP 在制品	同供应链的库存差异不大： 财务会在跌价准备中调整材料库存的价格，确保库存的价值同市场上一致，通常是半年一次 供应商 VMI 和 CONSIGN 的半成品不能计算库存 PROVISION 的材料要减去公司的库存，虽这些 PROVISION 的材料实物还在仓库中。需要包括报废的材料。如果没有，需要基于公司的情况加速 PROVISION。否则不要报废	供应链原则是基于 PHYSICAL 实物在仓库的库存 供应商 VMI 和 CONSIGN 寄售的半成品不能计算在公司的库存 其他的只有在 ERP 账上的公司的实物库存都计算在公司的库存 那些在公司账上，但财务已经做了 PROVISION 的材料，必须计算在库存中，但财务不会计算到库存中，应该报废报废的，报废的材料不能计算在库存中（需要提醒仓库将有 ERP 报废的仓库或不能体现在 ERP 上面），这类材料如果有报废到没有做 PROVISION，也没有放在报废的 ERP 仓库，都会计算到材料库存中
成品	财务原则上从销售和客户之间在订单上的运输条款一致的 DDU 的成品，是在客户收到后才减去公司的库存，如果客户没有收到，还是计算到公司的库存，类似的还有很多运输方式，如 FOB 就是一旦装船就减去库存。还有很多其他的运输条款，需要同财务一起沟通和明确，确保信息一致 VMI 的成品需要计算到公司的库存	供应链原则上一旦出库就不计算到总库存 但 VMI 在客户端的成品需要计算到总库存。客户提货了，但客户没有在客户端的 ERP 中销账也需要计算到公司的库存，销售和财务需要同客户协同，减少实际提货 VMI 和实际销账之间的时间差，特别是月末，很多公司之间年底和季度末都是基于这个时间差来控制库存，因为美国上市公司 ERP 的最后一天恰好时中国国内 ERP 的下一个月和下一季度的第一天，所以这个微妙的差异，可以利用双方对提货与否和双方公司库存控制的压力

所以我们平时要同财务一起统一这些数据上的差异。

第三节　库存周转率如何分别应用在材料、WIP、成品中

我们知道总库存周转率 = 总销售成本 ÷ 平均总库存。

那我们如何考核材料，在制品，成品的呢？他们也有库存周转率吗？

也是总销售成本：材料总库存？等？这样得出的结果是很难同总库存周转率挂钩。可能总库存周转率是20，但材料是10，WIP是40或FGS是30，笔者也就这个问题同APICS的专家有沟通，但还是没有解决问题。

最终笔者找到了一个解决问题的办法。

基于新方法我们得到的RAW，WIP，FGS的周转率是如下：

首先我们基于历史多年得到库存的结构比例。

单位：美元，百万	实际	实际	实际	TOTAL	%
	2009年	2010年	2011年		
原材料	12	11	10	11	31%
半成品	14	13	15	14	39%
成品	11	12	10	11	31%
总共	37	36	35	36	100%

单位：美元，百万	实际	实际	实际	实际	未来预测	未来预测	未来预测	未来预测	未来预测	未来预测	未来预测	未来预测	Target
	JAN	FEB	MAR	APR	MAY	JUN	JUL	AUG	SEP	OCT	NOV	DEC	
原材料	11	12	13	14	15	16	17	18	19	20	21	22	
半成品	16	17	18	19	20	20	20	20	20	20	20	20	
成品	13	14	15	16	17	17	17	17	17	17	17	17	
总计	40	43	46	49	52	53	54	55	56	57	58	59	
销售成本	60	64.5	69	73.5	78	79.5	81	82.5	84	85.5	87	88.5	
原材料周转率	20.00	19.71	19.46	19.25	19.07	18.22	17.47	16.81	16.21	15.68	15.19	14.75	18
半成品周转率	17.50	17.71	17.89	18.05	18.20	18.55	18.90	19.25	19.60	19.95	20.30	20.65	18
成品周转率	16.92	16.89	16.87	16.84	16.82	17.15	17.47	17.79	18.12	18.44	18.76	19.09	18
总库存周转率	18.00	18.00	18.00	18.00	18.00	18.00	18.00	18.00	18.00	18.00	18.00	18.00	18

单位：美元，百万	实际	实际	实际	TOTAL	%
	2009年	2010年	2011年		
原材料	12	11	10	11	30.5%
半成品	14	13	15	14	39%
成品	11	12	10	11	30.5%
总计	37	36	35	36	100%

可以看出总目标是 18 次，基于过去 3 年的库存比例，材料占 31%，WIP 占 39%，成品占 31%。

我们计算 JAN 的周转率公式如下：

材料：（MAY 销售成本 ×12 ÷ MAY 材料库存）×31% =12

WIP；（MAY 销售成本 ×12 ÷ MAY WIP 库存）×39% =25

成品：（MAY 销售成本 ×12 ÷ MAY 成品库存）×31% =13.76

可以看出 2012 年，红色的部分都是没有满足目标的。

我们可以基于 2012 年的目标和策略，是降低或提高材料，WIP，成品占总库存的比例来改变我们控制库存的策略，从而将这三个库才能周转率都能挂钩控制和持续改善。

如果觉得之前的材料，在制品，成品之间的库存比例不合理。在新的一年需要改变这个比例去有效控制总库存，例如将材料实行 VMI 和 JIT 减少过多的比例，减少成品比例，提高补货能力，增加在制品等。

材料：31%→20%。

WIP；39%→55%。

成品：31%→25%。

结果如下的：

在已经发生的 JAN 到 APR 不改变它的比例。对于 MAY 到 DEC 因为还没有发生，需要改变比例（配合新的比例策略，这些策略需要将年度供应链战略结合在一起去减少材料、减少成品、增加半成品、扩大补货能力）。

以上得知得知材料，成品的预测的目标是不合格的。必须通过 VMI、JIT、CPFR 等措施去提高完成材料和成品的目标。

单位：美元，百万	实际	实际	实际	实际	未来预测	未来预测	未来预测	未来预测	未来预测	未来预测	未来预测	未来预测	YTD	Target
	JAN	FEB	MAR	APR	MAY	JUN	JUL	AUG	SEP	OCT	NOV	DEC	2012	
原材料	11	12	13	14	15	16	17	18	19	20	21	22	16.5	
半成品	16	17	18	19	20	20	20	20	20	20	20	20	19.1667	
成品	13	14	15	16	17	17	17	17	17	17	17	17	16.1667	
总计	40	43	46	49	52	53	54	55	56	57	58	59	51.8333	
销售成本	60	64.5	69	73.5	78	79.5	81	82.5	84	85.5	87	88.5	933	
原材料周转率	20.00	19.71	19.46	19.25	12.48	11.93	11.44	11.00	10.61	10.26	9.94	9.65	11.31	18
半成品周转率	17.50	17.71	17.89	18.05	25.74	26.24	26.73	27.23	27.72	28.22	28.71	29.21	26.77	18
成品周转率	16.92	16.89	16.87	16.84	13.76	14.03	14.29	14.56	14.82	15.09	15.35	15.62	14.43	18
总库存周转率	18.00	18.00	18.00	18.00	18.00	18.00	18.00	18.00	18.00	18.00	18.00	18.00	18.00	18

单位：美元，百万	实际	实际	实际	TOTAL	%（3 年平均）	% 改变策略后比例	备注
	2009 年	2010 年	2011 年				
原材料	12	11	10	11	30.5%	20%	通过 VMI、JIT、CPFR
半成品	14	13	15	14	39%	55%	通过制造策略
成品	11	12	10	11	30.5%	25%	提高补货能力
总计	37	36	35	36	100%	100%	

第四节　如何有效控制总库存

很多企业死于库存，库存就是现金，企业从银行贷款买材料，供应链却让这些材料呆在仓库，我们必须正视库存的物理含义，必须努力在总库存和快速交付中做到双赢。

如何控制材料：我们设定年度目标后，推行 VMI、JIT、CPFR。

VMI，2010 年开始 H 公司等很多企业都大量使用 VMI，来降低他们的材料库存。客户的波动巨大，VMI 可以有效地减少波动，可以通过 VMI 来了解客户的需求的波动，从而调整供应商的生产计划，加强补货能力，从而做到多方协同。一般通用性的材料（关键材料，金额高的材料）可以实行 VMI。不管是否金额高，笔者觉得通用性的材料、连续使用的材料都可以使用 VMI。在 VMI 协同中心，通常分享 6 个月的预测。前三个月按周展开，单独列出一栏是安全库存，通过这个安全库存，提高补货能力。另外 VMI 有一个很重要的问题，就是 LIBILITY 问题，就是材料在仓库的权责问题。一般客户在 6 个月无法消化的材料，客户需要无条件提走，这是一个（权责）LIABILITY 问题。但国内的企业几乎不提这个，也几乎不落实这个。

如果客户需要同公司签订 VMI 协议，必须要同客户说清 VMI 的 LIABILITY 问题，客户在以后才能对预测的 VMI 发布谨慎。

JIT，包装材料，生产周期短，体积大的材料都可以实行 JIT，通过 JIT 可以分享客户需求的变化，通常分享 3 个月的需求，按周展开。

CPFR 多方协同，预测，协同，补货，计划等通过开放端口去分享预测的数据或通过 EDI 或通过开发好的 ERP 报表如 ORACLE 去同供应商加强协同。

对于长周期的材料，每周或三天分享一次，基于预测是否波动巨大，CPFR 会同实际下达的供应商的订单一起加强沟通和协同，预测、订单等备注清楚。

第二：如何控制 WIP 在制品。

我们必须做到精益生产，通过 VSM 价值流程图识别全部的工序来消除各种导致生产周期过长的环节和各工序。笔者不得不说 VSM 价值流程图是个非常好的利器。

中国的 99% 的企业因为供应链管理的水平在探索阶段，同时在很多企业中没有一个强有力的供应链的领导者，导致无法强有力去推行精益生产和均衡生产（在计划模式中我会重点讲如何利用节拍去做局部均衡和工序均衡）。

通过 IT 技术来自动提炼各半成品的库存天数，通过 VSM 来改善这些库存天数，同时通过 VSM 来消除和减少浪费的工序和浪费的各环节，最终通过 IT 报表来监督这些是否在目标范围内。

分析历史的成品的销售记录（6～12 个月）和未来的预测（3～6 个月成品级）和分析 BOM 结构，同时多种制造策略（计划策略和计划体系章节会重点分析和解读）来缩短总生产周期和控制呆料和死料，推动 POSTPHONE 延迟制造和并行制造。

所以 WO 生产工作单的开立和释放都要严格按精益生产的要求去落实生产和制造策略和 S&OP 的 WIP 的库存约束模型的目标，后续在模型中会重点讲到，最终达到快速补货到成品级别。

第三：如何控制成品。

我们需要同客户通过 CPFR 协同中心和客户的 VMI 中心来密切关注客户需求的变化。

基于 S&OP 库存约束模型，我们需要较少成品库存，但需要基于 S&OP 的预测和制造策略，准备库存模型中的成品的数量和级别。通过制造策略，来实现快速补货的水平。

这些需要落实几个部分：

（1）严密流程：风险生产和风险采购的审批和监控。

（2）安全库存的审批和监控。

（3）补货能力和补货周期的量化。

（4）对于客户订单的推迟交付，需要销售同客户明确签订推迟窗口，通常对于大客户，可以同意推迟 3 次，期限在最高的 6 个月。需要有明确的流程去审批推迟订单是否可以被推迟。

（5）VMI 客户的提货，如果可能，需要同客户签订 LIBILITY 协议。

（6）对于大客户，需要每周一次沟通订单和 VMI 的预测。

（7）考核 S&OP 整体的预测准确性和分客户和 TOP10 客户分开考考、具体考核。在后续的一节重点解读和分享。

第五节 E&O呆料控制和E&O预测模型的建立

●E&O产生的原因：

（1）预测的准确性（销售系统的原因）。

（2）ECN（运营系统的原因）。

（3）设计变更（R&D系统）。

（4）工单尾数（运营系统的原因）。

（5）客户取消订单（销售系统的原因）。

（6）品质问题（运营系统的原因）。

（7）EOL。

（8）其他。

目前可以在ORACLE等系统开发报表对E&O的未来可预测性，未来3个月和6个月E&O的金额和明细。

●E&O可预测性和处理方法：目前可以在ORACLE等系统开发报表对E&O的未来可预测性，未来3个月和6个月E&O的金额和明细，（基于S&OP的输入和处理措施，需要对全部的当前和未来要产生的E&O逐LINE展开分析和提出详细的处理措施，才得到未来的E&O的预测的金额）为上市公司的财务的PROVISION提供依据。

●E&O呆料和死料，这个同财务计提有关联。很多公司对呆料和死料定义不一样。呆料是3个月内没有在仓库移动，但基于预测可以消耗的材料。死料，基于预测无法消耗。死料不一定会立即计提，很多公司基于各种原因不会轻易计提，一旦计提会影响公司的毛利润率和净利润率等。但一旦报废必须计提出来。财务的计提会影响公司的利润率，死料都需要做计提，也可基于公司的战略方针和未来的规划也可以不做计提，但必须有文件支持，塞班斯法案会防止财务数据的虚假。

我们需要表格管理和推动各相关部门改善，计划部主导这个推动工作。

如下图：

E&O 原因	责任部门	当前金额	比重	按部门
预测波动	销售	45000	18%	37%
安全库存	销售	24000	9%	
客户取消	销售	25000	10%	
ECN 工程变更	运营	10000	4%	19%
MOQ，MPQ	运营	9000	4%	
工单尾数	运营	10000	4%	
品质问题	运营	20000	8%	
EOL	研发	70000	27%	43%
设计变更	研发	40000	16%	
		253000	100%	100%

另外将当前总库存的当前库龄在 1 ～6 个月逐一分析和找出原因和提供处理措施。最终有下面的预测 E&O 的结果：

当前日期：Q4					Q1 预测			Q2 预测				
E&O 原因	责任部门	当前金额	比重	按部门	新增	处理	最终	新增	处理	最终	比重	按部门
预测波动	销售	45000	18%	37%	10000	8000	47000	10000	9000	48000	16%	57%
安全库存	销售	24000	9%		0	7000	17000	0	6000	11000	4%	
客户取消	销售	25000	10%		10000	6000	29000	80000	3000	106000	36%	
ECN 工程变更	运营	10000	4%	19%	10000	5000	15000	0	0	15000	5%	25%
MOQ，MPQ	运营	9000	4%		10000	4000	15000	1000	7000	9000	3%	
工单尾数	运营	10000	4%		10000	3000	17000	7000	6000	18000	6%	
品质问题	运营	20000	8%		10000	2000	28000	10000	6000	32000	11%	
EOL	研发	70000	28%	43%	10000	1000	79000	1000	80000	0	0%	8%
设计变更	研发	40000	16%		10000	0	50000	10000	7000	53000	18%	
		253000	100%	100%	80000	36000	297000	119000	124000	292000	100%	100%

这些新增的需要基于 MRP 和未来 6～12 个月公司的成品的预测和材料的在库时间来逐一分析和统计的。当前在库是一个月，如果没有预测可以消耗，6 个月后就是在库 6 个月。当前在库时间 6 个月。如果没有预测，6 个月后就是在库 12 个月。当前在库 3 个月，如果没有预测，3 个月后就是在库 6 个月。这些通过 ORACLE 的在库时间的报表优化数据的输出来提供分析和处理的依据。不过导出这些在库时间的数据，还需要基于 MRP 和实际的情况逐一库存逐一分析，需要每一个库存提供处理措施，得出处理明细和总结如下：

处理措施	Q1 处理	Q2 处理
正常订单消耗	10000	8000
报废	1000	1000
替换料使用（验证完）	5000	90000
品质问题退供应商	4000	5000
现货转卖	16000	15000
退供应商改制成其他材料	0	5000
其他	0	0
总共	36000	124000

第六节　总库存的约束模型和案例分析

在运作和优化总库存约束模型，需要考虑：

●S&OP 的收入的预测和 COGS 的预测金额。

●S&OP 过去的 12 个月的预测准确性。

●过去的 6 个月的总库存，销售收入，COGS 金额，E&O 的金额，PROVISION 金额。

●未来的 6 个月总库存，销售收入，COGS 金额，E&O 的金额，PROVISION 金额的预测。

●划定材料，在制品，成品的占的比例结构来之定义未来的总库存控制策略。

另外最终输出如下：

历史 Q3/Q4 预测准确性　　75%

次数	实际	实际	预测	预测	目标
	Q3	Q4	Q1	Q2	
总库存周转率					
材料周转率					
在制品周转率					
成品周转率					

做好平时的推动工作

第一步：将每月总库存新增，预计处理，库存预测等列表追踪和控制，供应链内部。做好每日和每月的进料计划，量化成金额，做好 VMI 的落地。

货币汇率	事业部	1月	2月	3月	4月	5月	6月	7月	8月	9月	10月	11月	12月
		6.6227	6.5891	6.5752	6.5564	6.499	6.4845	6.4716	6.4442	6.3867	6.3549	6.3549	6.3549
预计新增（前月末的库存数据）	A												
	B												
	Total												
实际新增（当月末统计）	A												
	B												
	Total												
偏差													
预计处理（当月初统计）	A												
	B												
	Total												
实际处理（当月末统计）	A												
	B												
	Total												
偏差													

（续表）

货币汇率	事业部	1月	2月	3月	4月	5月	6月	7月	8月	9月	10月	11月	12月
		6.6227	6.5891	6.5752	6.5564	6.499	6.4845	6.4716	6.4442	6.3867	6.3549	6.3549	6.3549
库存预测（当月初预测）	A												
	B												
	Total												
实际库存（当月末统计）	A												
	B												
	Total												
偏差	A												

第二步：同时基于库存目标分到每个计划员。按月汇总，每周发布。对每日来料列入评估和审核，确保材料进入在受控，将材料的纳入交货期在 ERP 中设定，同时推动前端改善预测。

如下：

美元，百万			实际	预测	预测	预测	目标	目标差异
事业部	计划员	类别	Q1	Q2	Q3	Q4		
A	NO1	材料	11	10	9	8	7	-1
A	NO2	材料	10	10	9	12	7	-5
A	NO3	在制品	9	10	9	11	7	-4
A	NO4	在制品	8	10	9	10	7	-3
A	NO5	材料	7	10	9	9	7	-2
A	NO6	成品	6	10	9	8	7	-1
A	NO7	成品	5	10	9	7	7	0
A	NO8	成品	4	4	4	6	7	1
B	NO9	成品	5	5	5	5	7	2
B	NO10	材料	6	6	6	4	7	3
B	NO11	材料	7	7	7	3	7	4
B	NO12	在制品	8	8	8	2	7	5
B	NO13	在制品	9	9	9	9	7	-2
B	NO14	材料	10	10	10	10	7	-3
B	NO15	成品	11	11	11	11	7	-4
B	NO16	成品	12	12	12	12	7	-5
B	NO17	成品	13	13	13	13	7	-6
B	NO18	成品	14	14	14	14	7	-7

第三步：对外发布研发和销售，运营三个部门也定期发布，推动他们改善。

库存金额	金额	比例
研发（研发购买的材料，设计变更的材料等）		
营销风险采购和风险生产		
运营		
总库存		

第四步：发布实际预测准确性，每月发布 S&OP 全球预测准确性和分客户。要求营销改善和提供改善措施。分金额和百分比。

生产计划对营销系统的预测准确性的考核：

一般世界上对预测准确性的考核，都是用 MAD 绝对值来衡量，平均绝对偏差（MAD），来自于统计学，就是讲每个预测和实际值比较，得出绝对值，就是 MAD 数值。

这不能够立体衡量预测的准确性，创新后的预测准确性从五个方面来考核营销系统。

分当前月预测准确性和第三个月预测准备性，可以按全球 S&OP，或产品线或客户等分别考核和合并考核。

当前月预测准确性对当前月的生产计划的安排和库存控制有巨大影响，第三个月预测准确性对对长周期采购材料和产能的准备有直接和巨大的影响。

第七章　采购战略

第一节　采购组织架构设计

任何组织一定有一套定义清晰的组织架构。金字塔式、树状、矩阵式、自组织结构等，还有近来越来越流行的扁平化架构。不同的架构适配不同的组织，生搬硬套是没有用的。那么对于采购组织，如何设计一套匹配企业及行业特性的高效的组织架构成为首先要解决的问题。

从管控角度讲，金字塔式的架构这种发展近千年的架构的稳定性毋庸置疑，因此从权利配置上，建议沿用这种架构，包括人事任免，调动，考评权，业务设计流程调整的权限，层层分解，逐级负责，层层节制不失为一种稳妥的设计。

从支持体系上讲，树状结构重在组织整体的发展和能力提升，作为组织的领导者，树根起到一个滋养，培训，支撑整个组织发展的重要作用。高层吸取养分滋养树干树枝，中层作为树干起到一个通道及转化的作用，目的就是让基层树叶树枝充分施展才能，提升整个组织的绩效。

从矩阵式架构来看，纵向隶属职能部门做垂直管控，横向作为流程化组织的一个环节起到跨部门协调及沟通的作用。这种网络化组织设计有利于组织始终处于一种发展中的动态平衡。不失为一种兼顾职能分工及部门间协作的高效架构。

自组织作为互联网时代临时协作的新名词，更多地出现在项目管理里面，在企业组织里也更多地出现在研发组织，因为研发需要更宽松的外部环境以提升组织的创新水平。不成为一种在采购及供应链领域的新常态，在此不做着重分析。

那么采购作为一种特殊的职能部门，如何设计呢？笔者认为需要考虑三点：

（1）规模适配。

不同的规模需要不同复杂程度的组织，企业的规模决定了人员及部门编制，如果企业规模偏小，那么过于细化的组织体系会导致效率低下。针对初创型制造企业比如50人以下，考虑到采购的敏感性，一般由老板直接做采购；针对上一定规模，比如100人以上，则会由老板十分信任的亲属或合作伙伴分担采购工作；针对更大规模的企业，一般成立采购部运作，在分工上业界通用的做法是前端和后端，前段主要职责是对接产品设计部，负责供应商开发，价格谈判，份额分配等。后端对接供应链PMC环节，侧重于采购履行及供应保障；针对更大规模的企业在分工上会更细致，诸如合同管理，数据分析，物料族分析，供应商管理等专业岗位均会出现以做规模上的适配。

（2）效率与内控的平衡。

分工虽然意味着专业化程度提升，但是因为涉及岗位间，人员间的沟通，效率必然降低，这是个体时间精力的有限性决定的。那么如何进行组织分工才能提升效率呢，一般来说，企业的其他岗位因为不涉及采购敏感性问题，重在效率，能少一个人或一个部门干好事情最重要。但是对于采购组织，不能唯效率优先，需要同时兼顾内控建设，正如H公司老板任正非所讲，企业的灭亡唯有内部的腐败和怠惰。那么采购作为控制企业利润率的重要部门，必然需要强有力的内控建设，才能保障企业的可持续发展。小规模企业依靠老板及与同僚间的信任关系，而大规模企业必然需要制度进行保障。

所以平衡非常重要，这点也是作为企业老板需要把握的一个管理灰度的问题。企业就像高速路上开车，左了也不行，右了也不行。

对于采购组织，第一点中的前端和后端的设计就是做了一定程度的分权，那么对供应商的考核也需要按照这样的分工做好权利的分散设计，如价格考核前端被赋权，质量考核由专业的供应商质量管理部门做评定，供应保障地考核后端，及供应链的采购履行岗位的专业人员做评估。在供应商绩效考核上如此，在其他方面也可以进行类似的制度设计，如从需求到付款的SOD设计，分工协作又相互制衡监督；供应商认证的KCP控制点可以设置集体决策制度，否决权制度等。

有些企业在采购端设置PK制度，同样的采购物资由不同的人员负责开发谈价等工作，这种摆在台面上的竞争机制表面上做到了公平公正，实质上这种制度设计会增加企业内部的寻租行为，虽然有利于避免外部寻租行为，但我个人认为是一种治标而不治本的方法。

（3）行业特点吻合。

组织结构设计必须符合企业定位。作为制造型企业，尤其是OEM企业重在供应链的稳定性，因此采购履行部门的权重必然加大，除了在物料族上进行细分，在岗位设计上可以分为采购员和物控员角色。而对于研发偏重型企业，除了设置供应商认证与选择的专业部门，还有必要设置一个产品管理部，隶属采购部，做好研发与供应商开发的桥梁。此部门可以对产品 BOM 进行分解，对产品的成本达成负责，将研发的需求及时传达采购部。并协调好采购在早期介入产品开发，规避开发过程中的供应链整合的风险。防止后期合作上的被动，供应链的布局起于器件选型，早做介入才能争取到主动权。针对多事业部集团公司往往采取集团采购中心与事业部采购分权分工运作机制，以期达到既能发挥集团公司采购量的杠杆优势增加与供应商谈判筹码，又能及时响应不同事业部的个性化需求的目的。

第二节　策略、制度与流程

无规矩不成方圆，组织架构方向确定后，那么有效管理就有赖于良好的策略筹划，制度设计及流程变革。

下面从三个方面阐述制度与流程及在采购工作中需要把握的要点：

（1）制度重在目标导向，流程重在设计可持续达成目标的路线。

制度是纲领，流程是路线图。如何找到阿里阿德捏线团是制度、流程设计的重点。联想柳传志曾经到 H 公司与任老板论道感慨：H 公司和联想成为国际化大企业，结果一样路线不同，一个爬珠穆朗玛峰北峰，平缓一些，就像联想走贸工技道路，而 H 公司走南坡，过程艰辛，持续研发投入，压强原则寻求局部突破进而全局展开。两者殊途同归。作为采购来说，采购绩效不外乎质量，成本，供货三大块，分解看就是 TQRDCES 技术，质量，响应，供货，成本，环境，社会责任。H 公司的采购及供应链目标是及时，优质，低成本也是基于这三点展开。那么如何在目标设计上更优化？主要考虑以下三点原则，下一节将重点讲述。

●同行对标。

●绩效层层分解。

●权责对等。

（2）制度重在结果导向，流程重在过程设计。

流程做得好则事半功倍，达成结果的管理成本更低，这也是为什么我们需要学习西方管理的原因，没有良好的流程设计，片面追求制度结果导向将带来组织运作成本的上升。没有金刚钻不揽瓷器活，工欲善其事必先利其器。为什么诸如H公司等名企这么重视流程优化，也就是为持续降低管理成本的基础上达成制度目标。任老板曾经分析职业经理人制度的优劣性，上市公司往往具有短期功利行为，不注重内功建设，片面追求销售额、利润率等目标。造成长期发展动能不足。这是委托代理矛盾的先天性决定的。因此结果管理和过程管理需要两手抓两手都要硬，采购组织才能良性发展。

为什么不能长袖善舞，四两拨千斤，管理的目的就是要做到高效，耗费巨大达到的结果是不长久的。组织势能势必透支。如下采购制度与流程的分工可以供大家参考。后续章节将会分类讲解采购流程制度如何设计。

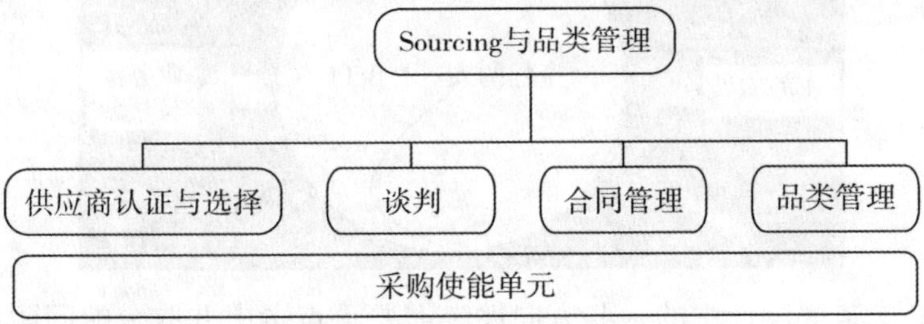

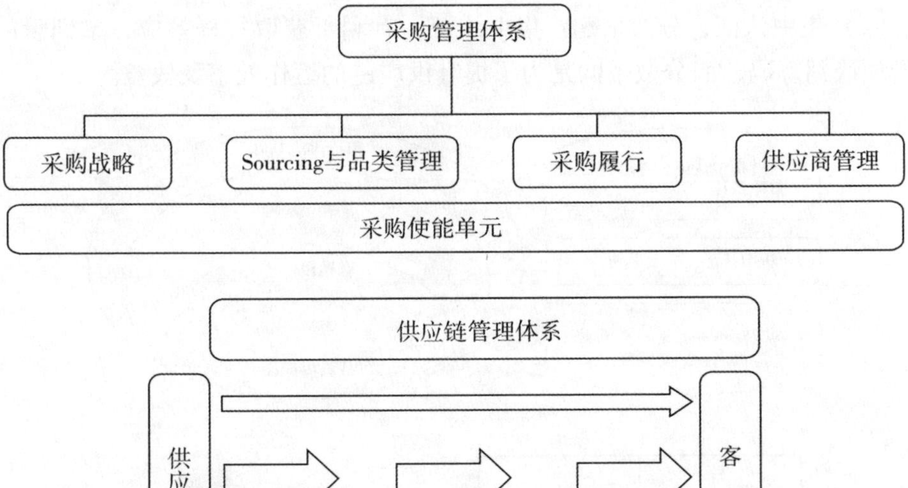

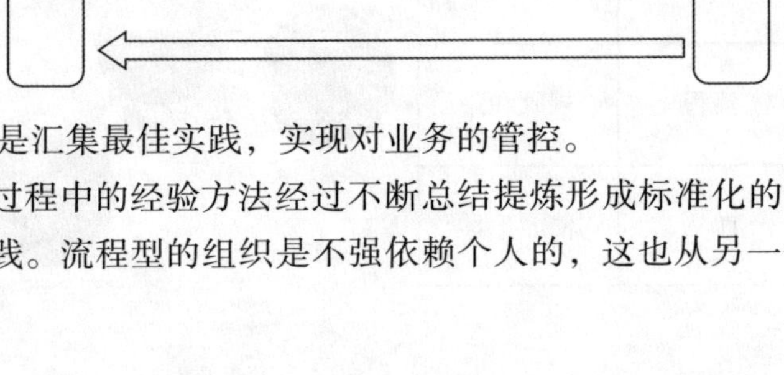

（3）流程是汇集最佳实践，实现对业务的管控。

业务运作过程中的经验方法经过不断总结提炼形成标准化的流程，从而反向指导业务实践。流程型的组织是不强依赖个人的，这也从另一个方面增强了组织的稳定性。用规则的确定应对结果的不确定，就是指流程化的组织打造。当然企业 IT 化作为使能工具是流程管理的载体。而组织人员作为流程执行主体需要不断发挥主观能动性，积极优化流程，变个人能力为组织能力，将个人实践经验贡献给组织，以流程化的方式实现个人经验的传承。这对个人来说也需要有革自己命的胸怀和勇气，组织也需要对有这类贡献的个人进行奖励，杜绝教会徒弟饿死师傅的现象。激励他们勇于将经验标准化，实现组织系统能力的提升。

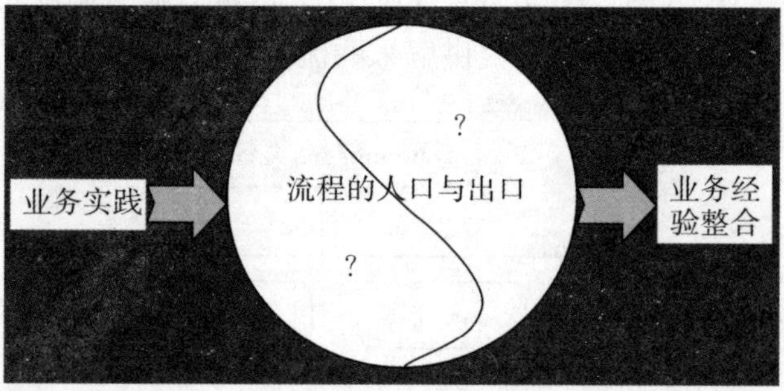

关于采购制度设计中的一些方向性，需要重点考虑并取舍的问题：

（1）集体决策，分权制衡：此部分在第四节将会详细讲述。

（2）集中认证，分散采购：集中认证，有利于获取杠杆效应，拿到量的优势增加谈判筹码，而分散采购是为了提升供应链的运作效率及效益。

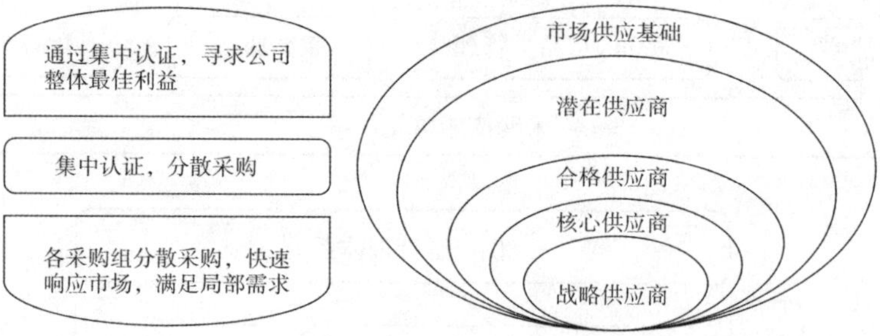

组织	执行主体
流程	规则和路径
IT	使能工具

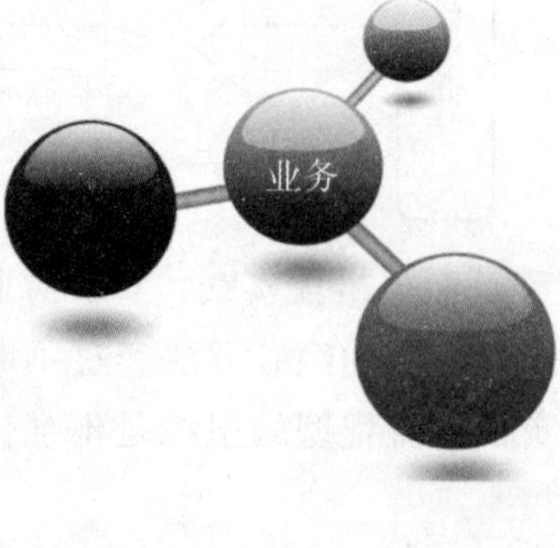

（3）物料族与供应商细分，专人做专事：物料族细分后专职采购人员可以将有限的精力聚焦于对某一个特定行业的了解，而供应商细分后便于采购人员分清轻重缓急地进行有效的供应商管理。

（4）新物料及供应商引进坚持商务先行。这点对于IC，连接器类物料尤其重要，一旦在设计上定型就会导致供应商后续的商务合作中的漫天要价，原因是这类器件的选型机会成本非常高，一旦选定替换的代价巨大。而做这类器件的供应商往往把重兵投入在研发人员的公关上，但是研发人员毕竟不是专业的采购人员，无法更加专业有效地为公司争取到最大化的利益，往往因为某个技术指标非常好而不能站在全盘考虑商务得失而导致产品选型，BOM表定位后持续合作过程中商务方面的被动局面。

采购策略指引：

采购作为公司重要的职能部门，需要一些宏观策略做方向性的指引，否则所有的制度及流程均没有一个基本的立足点，没有纲领性文件所有的下层制度流程就无法定位，就像易经为群经之首，宪法为所有法律的总纲领一样。那么如何定位采购部策略呢，采购管理需要与时俱进。在我看来，需要把握如下几点：

（1）开放资源，早期介入，推动业务改进和创新，提升采购的核心价值。

（2）从关注交易价格向关注TCO转变，提升综合竞争力。

（3）倡导价值创造，与供应商共同创新，共享机会，共担风险，共同成长。

（4）向核心供应商汇聚，排除低资质供应商，如绩效不好，承诺不准，抗风险性差，产品服务没有竞争性。建立互信共赢的长期合作关系。

（5）供应商分类管理策略，根据绩效及潜能开展四象限和组合管理策略。

（6）公平，公正。不向供应商指定二级供应商，只能指定供应商资质要求或物料规格，杜绝关联供应商。

（7）降低合作风险。

●合作量占其总销售额比重在1%以下，提升或淘汰。

●合作量在1%～25%之间，较为合理。

●合作量大于25%，依赖度太高，生存能力降低，不能应对灾变风险。

第三节　TCO 与采购绩效

某公司采购的愿景：根据经营策略及授权，对公司所有采购业务（除向员工付款外）进行集中认证和管理，保障公司获得采购相对竞争优势。什么叫相对竞争优势，就是你无我有，你有我优，具体表现在比竞争对手拥有更多差异化的供应商资源，对同种物资的采购，随着市场价格的变化，比竞争对手反应更快，而因反应快速而获得的成本优势可以计算为一种相比竞争对手的相对竞争优势。由此可见，采购绩效评估没有绝对化的概念，在此职能领域跑赢同行就是优势，如果在各个职能领域均跑赢同行，整体的竞争力就体现了出来。所以依照此理念，采购绩效目标必须对标同行才有意义。采购最应该关注什么东西，最需要提升的绩效是哪一快，下面从 TCO 及采购绩效两方面讲述。

按照传统理论，价格是采购最重要，最直接，最易量化的关注点。价格战也是厂商间竞争最易操作的手段，但是随着社会分工的深入发展，唯价格是举的理念越来越不符合发展的实际需求。随着生活水平的提高及中产阶级的崛起，性价比越来越成为大家关注的重点。价格战越来越不成为企业间竞争的有效手段。简单地采用价格竞争，或采购环节简单进行价格比较并不能提升采购相对竞争优势。延伸开来，在采购体系里，TCO 逐渐为大家所重视。TCO—总体拥有成本模型被诸多企业采纳并在考核制度上进行一定的优化和延伸。TCO 作为采购组织绩效管理的基础，其模型为越来越多的企业所采纳并接受，定性考核也逐步被细化的定量考核办法所替代，考核的科学性及公平性更加优化。从模型上讲，TCO 分为如下几个部分：

（1）采购价格/商务成本：包括供应商报价明细，根据成本分解得到的原材料 BOM 清单及采购价格，人工费用，研发费用，毛利率；折扣及返还；赎期长短；维保条款，产品责任界定等（这类合同细节往往根据双方的博弈地位而变化，尤其需要专业的合同谈判成员进行严格把关，降低商务合作潜在风险造成的巨大成本风险）。

（2）供应链成本：运输费用（买卖双方地理位置为主要考虑因素）仓储费用，存货成本，运输及清关方式的不同造成的税务成本，进行储备，备货，VMI 等模式的成本。

（3）质量成本：退货；返修，返工；质量事故；买方针对性的额外投入的质检成本等。

（4）生命周期成本：研发设计成本（研发设计必须具有前瞻性，否则会导致研发的沉没成本非常大），供应商切换成本（如 IC，连接器一旦选型定案进入生命周期阶段，其切换成本将非常高，一旦生命周期阶段把握不足其机会成本立即增大，笔者相信苹果的 lighting 接口的决策一定在内部经过充分讨论论证过，慎之又慎才推出的）。

（5）内部运作成本：这一块重点指导内部采购组织的业务改进。如外包分包自制的采购方式的选择，采购组织比的是相对竞争力，自制和外购的目的也是为了让产品在物料采购环节具备竞争力，如何设计外购和自制的成本核算机制变得非常重要，这将直接导致某板块是否外包。知己知彼，百战百胜，采购人员不能理解自身的竞争力而采取一定的与供应商的竞争合作策略必然导致企业供应链整体成本的上升。如 H 公司在数理逻辑上的优势直接体现在电路硬件设计能力上，针对需要复杂数理逻辑的硬件计算类原材料则可以大胆自制，如高端的不依赖材料研发能力的光通信器件。而针对低成本制造类的产品考虑到 H 公司研发人员的人工成本相对较高，正所谓杀鸡不需要用牛刀，用牛刀会导致高成本，可以选择外购。针对需要投入大量基础研发类的产品则果断选择合适的合作伙伴或供应商搭建具备有竞争力的供应链条。如 H 公司在材料科学领域与日本厂商的合作，比如光器件的基础材料，显示屏，激光器等。针对管理烦琐的采购工作则可以选择合适的外包方案，比如后勤类采购及劳务外包。总之，原理如序言所述，在分工越来越精细化的今天，采购领域的合纵连横也必然越来越多，因此在供应端的战略考量及整合，分拆也同样越来越重要。垂直整合固然可以健全产业链条，增强企业抗风险能力，但是垂直整合重在整合，而不是单纯的垂直一体化，企业基因不同，竞争优势各有不同，取长补短，优势互补才能增强整体竞争力。而供应端的整体竞争力的打造尤其需要专业的采购队伍。因此对行业趋势的把握及自身竞争力的了解成为提升组织采购能力的共识。

在采购绩效（KPI）的设计上如第一节所讲，重点关注三个方面的量化考核机制：

（1）成本。

●可比采购成本节约率：这块重点考核在一个周期内的降成本绩效情况。需要参考采购量，对于采购人员来讲，如何突出重点把握需求量大的产品进行重点降价成为提升此 KPI 的关键，采购周期根据行业不同而不同，如生命周期较长的产品往往在 KPI 设计上选择较宽裕的周期，以便采购人员能有运筹帷幄进行布局的时间，而针对短，平，快类的产品则考核周期相对较短，尤其是消费电子领域，每个月都会有变化，如何跟进市场节拍，降得比竞争对手快成为当务之急。这类行业可以采用季度考核方式。达成办法上除了直接谈判降价，还有替代，方案替代等方法。

●重点编码降幅：这部分考核是针对成本节约率指标的补充，对采购金额大的编码做 KPI 设计上的双保险处理，防止纰漏。

●赎期：即供应商账期，量化考核方式是结合资金使用成本换算出节省金额，将现金流的缓解转化为利润率的增长。考虑到在不同的宏观经济环境及公司对资金的饥渴程度下，现金流量表与利润表哪个更为重要的问题。这部分可以设置一定的加权办法引导采购行为选择对自身财务报表最有利的合作方式。如牺牲一定的价格空间换取账期的支持。补充一点，承兑汇票贴息率是在这个 KPI 设计中需要重点考虑的。

（2）供货。

与上面的供应链成本相对应，供货的稳健性也是作为采购部门需要特别关注的。一旦欠料，将引发一系列连锁反应导致企业管理成本急剧上升。首先就是生产线断线造成的人员被动待工的成本，其次是货物交付延迟给客户带来的此类成本，针对救灾项目甚至关系到救灾进度的开展及救灾对象的生死存亡。举两个例子：

2008 年金融危机导致诸多企业恐慌性裁员，减产，如分离器件，阻容感等厂商。而我国政府为防止经济断崖式下滑（2008 年四季度出口，消费，投资均呈现负增长，尤其是出口减幅达 20% 以上），除采取增加流动性，加大投资等措施，还同步紧急颁发 3G 拍照，拉动通信行业强力增长填补整体 GDP 增长不足的问题。在 H 公司号称为三大战役。在此背景下，采购的前瞻性能力就立即体现出来，这样的重大变故时间往往能体现出差异化的采购竞争力。作为全球最大的 MOS 管消费商艾默生持续面临断货困扰，而 H 公司因前期储备充足，提前做了战略储备，虽然在供应商中的客户地位远远不及艾默生，但是供应链却能顺畅运作。

日本地震、泰国水灾等天灾人祸也同样考验着不同厂家的采购竞争能力。泰国水灾因反应迟钝，部分厂商未能提前抢购硬盘产品，导致此类器件的整体采购成本上升了 25%，也是一个生动的教训。深圳地区 2000 多家电子元器件现货商的存在就是为了弥补各厂商采购能力不足而准备的，相比国际市场远远偏多，可见这种采购能力的低效带来的成本上升是多么巨大！

采购作为企业供应链条的最后一个环节，对上服务于计划部，对外承接供应商。市场竞争风云变幻，那么供应链条的层层支持，层层承诺尤为重要，供应链以销售部为内部客户，采购部以计划部为内部客户，层层支持，那么在KPI设计上，内部客户可以动用考核手段对上游部门打分，包括定性与定量两个部分。定性的存在是因为管理永远都无法做到精确量化，只能持续改进。向职能部门领导升级是一个机制，因为上下游职能部门之间的势能差可以形成强有力的约束机制，推动上游尽最大能力满足下游诉求。市场部呼唤炮火，后方全力支援，市场部一个普通的一线士兵可以调动后方的飞机大炮，这是现代战争的需求，让听得见炮火的人做决策，一线销售人员甚至可以找到供应链总裁求助，他们在沟通上不再受到同一个职能部门层层节制的限制，这种势差将会极大地增加后方调动资源满足需求的压力，从而满足客户需求。供货绩效细分如下几点：

●特大重大严重欠料：定性指标，按照次数统计，由计划部对采购部进行考核，不做分数匹配，目的是调动高层资源协调支持欠料过程的解决。

●需求满足率：采购订单按照计划部的要求达成交货时间的比例，比例越高说明采购越能满足计划部的需求。同时对计划部考核按照货期的急单率，牵引计划部做好计划，尽量避免急单发生。防止部分计划员计划水平的问题导致的急单过多对采购员考核的不公正问题。

●VMI比例：从采购模式上考核供应商的支持能力。

●供货周期的缩短：提升供应链的供应柔性，提升原材料齐套能力。

（3）质量。

侧重于原材料质量问题导致的成本上升。

●市场投诉定位在原材料问题的起数：类似于重大严重欠料的考核。越靠近市场端，重要性越高。

●批次质量事故：进入生产环节引起的批次质量问题导致生产成本大幅上升引起停线或调拨其他批次满足生产需求的次数。

●检验批次合格率：进料检验阶段判退货的比例，比例太高会严重增加检验成本。导致检验效率降低。

●检验不良率：来料抽检过程的不良比例，质量水平在控制范围内，不触发退货。

●FDPPM：生产过程中的不良比例，质量水平在控制范围内，不触发退货。

（4）生命周期。

●物料优选比例。

●物料归一化比例。

●物料通用性，标准化比例。

●物料可制造性水平。

按照匹配原则，采购绩效设计需要匹配不同的组织，建议有所取舍，量体裁衣，分类量化。掌握方法，则万法归一。如下量产绩效雷达图供各位参考。

第四节　采购权利运作机制

授权行权机制是一个组织进行权利运作的基础，没有权力则无法承担责任，权责必须对等才可以发挥组织或个体的主观能动性，这点毋庸置疑。作为采购，必须具备对供应商的选择，发展，合作等权限才能更好的进行供应商的整合，进而实现采购目标。

一、集权与分权

集权即集中权利与个人，在一个组织中，领导权利越大，在决策效率上越高，组织越灵活机动，虽然不足之处是决策的偏差可能越大。而 H 公司老板任正非认为真理往往掌握在少数手中，因此 H 公司的组织架构可以类比为首长负责制，这种行权决策机制可以有效地保障组织的灵活机动及快速响应。为了规避领导个人决策失误给组织带来的风险，H 公司在文化上强调高层要有自我批判精神，善于听取别人的意见，要海纳百川，有容乃大。而经过之字形干部成长通道，H 公司领导在决策有效性，正确性上接近委员会集体决策机制，而效率更高。因此这种制度上的设计及文化上的弥补可以有效平衡两种决策机制带来的风险。大企业病的存在往往是组织在发展到一定阶段后过于追求稳妥而采取委员会民主决策机制，这种决策链的确可以规避企业在发展过程中的风险，但是由此带来的决策体系过慢，错过市场机会窗的问题越来越突出。集权和分权没有好坏之分，善于把握拿捏个中灰度才是作为舵手必须高度关注的。所谓管理就是掌握平衡之道。在日本地震造成的供应链部分物料族短缺的背景下，H 公司的快速决策机制再次发挥了作用，几天之内高层立即拍板投入 20 亿元马上启动战略储备，抢购流、通环节的物料（生产工厂被毁，运作时间未知）虽然造成大批呆死料，但是随着组织的高效增长，这些运动战中带来的问题最终是可以在运动中解决的。这个例子也从侧面反映出 H 公司决策机制的高效。没有首场负责制而依靠委员会讨论来讨论去还得顾及下级派系平衡问题是不可能做到的。

在采购组织中，如何既能保障业务高效运作，优质供应商及时引入，需求及时响应，又能规避腐败也是一个组织领导者需要拿捏的问题。

二、民主投票权下的首长否决权制度

在供应商选择，份额分配，合同签订，报价单确认等关键节点为了防止舞弊发生，采购组织往往采取采购委员会集体投票制度，即使部分人员投票是一个形式也可以对舞弊行为发生有效威慑，至少信息是公开的。但是如何突出领导者的领导地位呢？分散的一人一票权是无法体现出来的。那么领导可以被组织赋予决策否决权，一票否决权！类似于安理会常任理事国的否决权制度一样。限制一票通过权是为了防止领导个人权利太大而滋生腐败，增加否决权是为了让领导控制组织集体决策风险。H 公司老板就只具否决权，没有一票通过权。

采购委员会在决策评审时需要关注的一些运作原则：

- 合法授权：无权不揽事。
- 角色分离。
- 回溯问责：决策过程记录在案，以备查验。
- 保密责任：采购作为经济敏感岗位的基本要求。

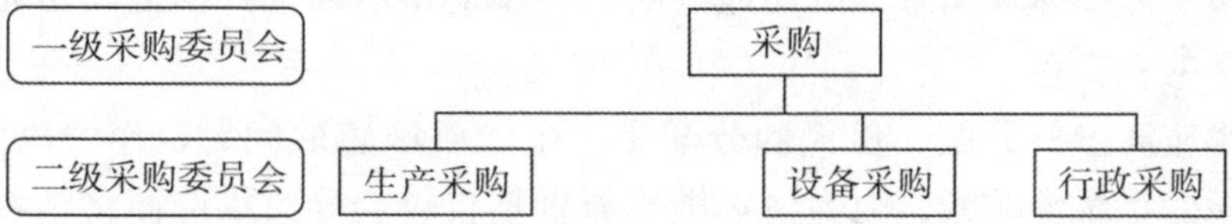

三、三权分立

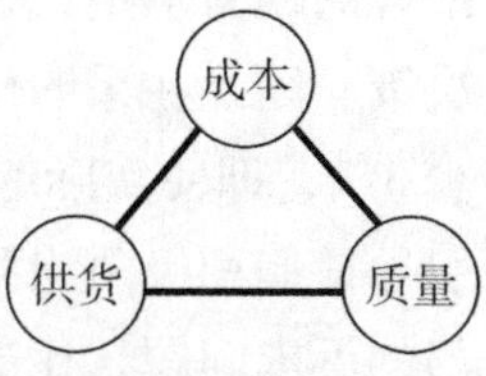

三权在采购组织中着重按照采购绩效责任制分开，负责质量的采购开发工程师/TQC/SQE 具备质量方面的对供应商的建议评议否决权（限制在一定标准及框架内）；负责商务的 CEG//采购商务工程师具备在商务领域的建议评议权，考虑到商务问题是合作的焦点及核心问题，在权利权重上适当放大，以便三权分立一权突出；负责供货及响应的采购员/物控员具备供货绩效的考评权，三权分开后在权重上根据组织需要及物料族实际情况进行合理分配，三方各司其职，分别对各自领域的绩效负责；同时相互制约，相互 PK，相互合作，共同提升对同一个物料族或供应商的整体绩效水平。这种铁三角的架构被证明是稳定而且合理的。

四、KCP关键节点控制

好的制度需要四两拨千斤，好的管理是无为而无不为，抓住重点和关键是行事的基本思路及方法。那么在采购领域，KCP（Key control point）控制关键节点的选择和把控尤为重要。任何事务都有其自身逻辑，采购事务也不例外。笔者着重讲解如下几个控制关键节点，根据不同的组织及行业控制重点可能有所不同，建议批判吸收。

●供应商选择标准：如何设置一个漏斗，根据对行业的调研合理的定位目标供应商群体，以便下一步的开发工作在这个漏斗中开展。设置标准是为了做筛选，并防止舞弊。另外，标准的设计背后的工作意味着对行业及企业的充分调研，否则标准从何而来，什么类型的供应商能够适配企业的需要。这个节点的输出及控制也是知己知彼的需要，正确理解自己的需求并结合市场的实际情况才能找到自己的需要。比如规模巨大的厂商，为了保证供应链条的规模适配，必须在供应商规模上做一定的限制。比如年销售额，人员总数量，固定资产及注册资本等。而根据不同的行业，取舍也不相同，如光器件对人员数量的要求不高，200人以上就可以了，但是对技术能力要求高，对销售额也高，要求1亿元人民币以上。而结构件行业又是另一个标准。在采购招标环节一般在招标方案汇报中需要体现出来，以便能说明下一步的供应商选择的范围是充分而且符合实际的。

●供应商份额分配：份额的分配是一个非常敏感的问题，作为决策组织，需要考虑的是统筹兼顾，因为份额微小差别不仅仅会导致供应商将销售额的差别，而且从长远看会影响供应商的预期，比如供应商份额分配相差不大往往会打击供应商降价，提升绩效的积极性，因为做得好做得坏差不了多少，降价或配合的动力不足，很多供应商只愿意做千年老二，这会严重影响供应商的销售决策。因此在采购份额分配环节有一个基本规则：份额分配比例拉大原则，至少3:7，即使实际综合得分相差不大也需要这样做，为的就是影响供应商预期，引导他们积极争当第一名。另外：份额分配也涉及降成本的成果问题及其他部门的诉求问题，比如独家供应可以最大化的降低成本，但是供应链的稳定性必然受到影响；部分供应商技术能力很强，研发部门需要他们的协助，但是如果份额分配比例过小会严重打击供应商在研发配合方面的积极性，从而影响企业的研发领域的竞争力。这些都是决策委员会需要考虑的，不能简单地依照铁三角的汇报结果执行。

五、采购履行 SOD（Separate of duties）矩阵

从申购到付款属于采购履行的四个环节，在供应商选择，价格谈判确定框架合同并明确了具体的法律条款及商务条款后，供应链在采购履行的过程中往往会采取根据预测需求分配下单的方式履行采购。这样做自然是为了控制库存水平提升 ITO（inventory turnover）。根据需求分散下单也可以有利于供应链的管控。但是从内控设计上，四个环节必须尽可能做到分离，类似于财务部门会计与出纳的分离运作机制一样。具体包括

●申购：计划部 PMC 计划员根据 SOP 需求结合产品 BOM 等基础数据信息，通过 ERP 系统跑完 MRP 后下达物料采购计划。

●采购：采购员根据物料采购计划执行下单，并跟踪到货，与计划员协同控制库存，保障供应。

●收货：收货部做好货物的接收，进行货物收，发，仓储三方面的物资流转管理。

●付款：应付会计和出纳在匹配申购单，采购订单，收货单，（供应商送货单）发票后按照赎期安排付款。

●如果四个环节不做分离运作，则有可能出现以下舞弊行为：如申购，采

购环节不分离，则放量采购，超量采购以便与供应商寻租。收货环节与采购环节不分离则可能出现空账入库骗取付款。付款环节风险更高，起到最后的单据把关的作用。当然付款需要的相关单据均需要一定层级的领导进行审批，这从纵向上讲也一定程度地规避了内控风险。

第五节　公平、公正、诚信

天道酬勤，商道酬信，人道酬善，家道酬和。其中对于经商而言，信字非常重要。为什么专门开辟一节讲公平、公正、诚信，因为长期来看这些看起比较软实力的东西对采购绩效的贡献是长期的。人无信不立，作为交易双方，信

誉的建立和加深可以有效地降低交易成本。供应链条的建立基于利益，但是供应链买卖关系的深入发展如果能参入更多的信用因素则会为企业增加很大一笔无形的财富。特别是当面临缺货，资金不足等困难时，往往需要供应商与企业一起共渡难关，如何取得供应商的信赖，如何才能让供应商在关键时刻帮助你。需要平时在信字上下功夫。H公司采购体系很注重货款按照赎期的及时支付就是为了履行一个信字，当企业在行业里，商界形成良好的付款口碑时，很多供应商都会愿意与企业合作，而在这个时候，作为企业，在供应商方面的选择面就会越来越宽，同时，当出现困难时，这种长期积累的信誉会帮助企业形成差异于竞争对手的竞争力。例如被供应商授信的额度越来越大，企业仅仅依靠自己的品牌形象就可以进行大幅度的供应商融资。个人的发展也是这样，初期靠自己的实力，后期靠长期职业过程中积累的信誉而发展出来的人脉关系。从另外一个角度讲，这也是一种契约精神，在企业拓展海外市场的过程也需要这种意识，否则必然会举步维艰。

公平、公正一方面是对内，另一方面是对外。对外是为了把市场竞争摆在台面上，从而增加企业竞争的兴趣，暗箱操作会极大地打击参与者的积极性。这对建立良好的供应商资源池也非常重要。巧妇难为无米之炊，没有充分的愿意合作的供应商资源，采购工作是没有办法展开的，而市场竞争这幅正旗的树立可以有效笼络多方供应商资源为企业在供应链的深入开发及拓展保驾护航。尤其是针对大企业，树大招风，一举一动都备受关注，需要尤其注意公众形象及行业口碑。否则也不可能发展壮大，可以理解原始资本的积累有诸多不便说清道明的因素，但是一旦需要上规模，就务必要高举正旗。

在瞬息万变的商场，诚信、公平、公正就是作为采购对供应商需要树立起来的一块金字招牌。小企业可能不关注，大企业不得不关注！

对内的作用就是营造一种采购文化，也是为了从精神上，思想上对采购团队进行教育，引导他们将这些采购的核心理念打造出来，从而影响合作伙伴，影响自身需要面对的商业生态环境。公平公正的对立面腐败，暗箱操作也就无藏身之地了。H公司的口号是价值采购，阳光采购，如何做到，在那六个字上做文章即可。

第六节 信息化建设

工欲善其事，必先利其器。在信息化日新月异的今天，企业的信息管理系统也需要与时俱进，跟进时代发展的要求。在管理过程中合理的信息化手段可以极大地增加信息处理效率，从而减少管理分工带来的管理成本。分两点讲述。

ERP系统作为企业最核心最常用的系统，其设计优劣及使用场景的个性化定制程度会直接影响系统使用的便利性，如果不搭好信息化系统这部便车，企业发展将会极其吃力。这点对于年轻一代可能不成为太大的问题，因为他们从小就接触网络，接触信息，从接受程度上来说问题不大，但是对于功成名就的老一辈来说就不太容易。所谓言传身教，企业高层不能身体力行地介入信息化建设。整个组织的信息化程度必然大打折扣。这不是请几个IT专家就可以解决问题的。读者可以自问，哪些企业审批还在用纸面单据，让文员逐个拜会相关领导签字画押？哪些企业还没有成熟的电话会议系统，哪些企业的计划运作水平还停留在MRP之前的阶段，哪些企业还仅仅停留在电脑处理审批电子流，而不是手机APP处理？支付宝革了银行的命，柜台操作越来越少，转账从柜台迁移到ATM现在几乎都在手机上完成，那么试问，小米加步枪的信息化处理模式是否还能跟别人洋枪洋炮竞争。互联网时代已经是无处不联网，美国几乎有1/5的员工在家办公，因为可以借助网络完成工作任务，从这也节省了在上班路上的时间。物联网，跨境电商，B2C，B2B2C等的兴起，无一不在提醒着大家信息化，网络化已经成为大势所趋，任何抱残守缺的坚持注定将徒劳而无用。在这种数字化的洪流之下。信息化变得越来越成为企业竞争的核心竞争力了。

作为采购组织，担负着对内承接需求，对外承接供应商的中枢作用。在信息化建设应该走什么样的路子呢？笔者想以下几点需要考虑：

（1）买卖双方的框架合同签署后的日常订单下达及跟进信息化。如供应商交互系统的建立，ERP系统的对接等，随着合作的深入在数据安全可控的前提下甚至可以对接部分产品需求预测系统，培训系统等，让供应商可以足不出户，不需要电话沟通的情况下了解到最新的需求情况及交货要求从而调整自己的排产，产能协调时间满足客户的需求。这种高度协同化的交易模式显然是更加高效的。在搭建了这样一个信息化处理平台后很多沟通问题可以减少。比如 H 公司在这一块就尤其靠前，SCS 系统都升级了好几代了，RN 系统可以直接对接供应商的 ERP，双方达到计划层面的对接，这种信息处理效率当然可以甩开对手几条街了。

（2）授权审批系统的信息化。采购部门因为分权制衡的组织需要往往需要多级审批，层层把关，由此自然比其他部门多了更多的审批节点，那么如何在分工分权后又做到高效呢？笔者想审批电子流化不失为一个很好的选择，随时随地办公也可以实现，尤其针对采购人员大量出差的情况，手机一点即审批是多么快捷的一件事情。审批及供应商走访两不误。这种效率上的优势一旦放大，除了可以精简采购队伍，至少文员类的传递审批单据的岗位可以大幅减少，还可以让采购队伍更多地聚焦于采购策略的选择，供应商及行业实际情况的了解。正所谓任正非所讲的一杯咖啡了解全世界。如果没有类似审批电子流化的信息化变革作为武器，采购人员是不可能解放的。

（3）采购方式信息化。信息化带来的不仅仅是信息传递效率的提升，还可以带来管理模式的变革。比如电子招标，这种招标方式是时代的产物。买方搭建起一个招标平台后设置一定的开放权限，让不同的登录者享有不同的权限。电子招标过程是完全电子化的。事前签署相关招标协议及保证金后，买方由不相关的第三方部门组织开标。而参与招标的卖方具有同等权限，点击后降价一定比例的百分比，卖方显示屏上可以看到自己的竞价排名，无法知道竞争对手的排名，这种心理战造成的巨大心理压力往往能达到意想不到的降价效果，而买方在设置这些规则后就等收割战果了。曾经有供应商销售 VP 不无感叹地告知，点一下 50 万元没了，点得手发抖，尤其是点了几下排名都没有上升的时候甚至都有一种失重的感觉，足见竞争惨烈。当然这种招标方式可能会导致卖方在竞价时的非理性因素而导致招标结束后不愿意履行招标结果，虽然有标前协议对买方做保障，但是毕竟也不长久。因为交易是一种理性行为，需要充分核算才能达成共赢。

第八章　供应商管理

上一章更多的是提纲式的总括，没有进行分门别类对采购体系的各个板块进行分别阐述，本章开始逐步细化阐述采购中的管理问题。正如序言所讲，管理意味着分工，那么如何分好工，如何做好分工后还能保持高效运作就是接下来需要共同探讨的问题了。

第一节　供应商认证

供应商认证六大步骤：

（1）供需对接。

没有需求不必供给，对于供应商认证来讲，哪些需求是启动认证的必要条件，细分来看有如下几点：

●主动的采购策略调整：经过审视发现原物料族供应商资源不足，需要引进新的资源，新水参老水，发挥鲶鱼效应，激活供应商潜能，最大化采购目标。

●销售端市场新需求的出现，现有的供应商资源无法满足，需要引入供应商满足这部分市场需求，尤其针对 OEM 项目，部门公司在销售渠道上具备核心能力，往往可以拿到非主流业务外的订单，那么在自身研发，制造加工能力有限的情况下往往需要引入 ODM/OEM 合作伙伴共同完成新需求。

●供应商端的市场形势及供应商情况发生变化：如物料的升级迭代，原有供应商资源不能满足新的市场需求，主力供应商发生重大经营变故对客户各方面的服务与支持产生影响，老的框架合同到期原供应商终止合作等。这类情况的发生往往需要被动的应对，会打乱采购部的工作计划，因此对采购人员来讲，前瞻力非常重要，需要时刻把握市场行情，尽量主动，提前介入才能有条不紊游刃有余。

以上三点一个对内，一个对客户端，一个对供应商端，作为采购专家，需要尽可能对后两种情况做好预判，及早规划，采购工作是一个策略性工作，需要的是运筹帷幄之中才能决胜千里之外。计划外的临时救火必须尽量减少到最低。

掌握了需求后如何找适配性的供应商呢？那么就需要将需求进行标准化，这就是做标尺的过程，理解需求后需要将需求转化为供应商选择标准，这个过程也是采购能力的体现，转化力非常重要，没有宏观视野很难进行精确对标，就像航天飞机与宇宙飞船的对接一样，差之毫厘将会谬之千里。

（2）商务谈判。

制定好标准后下一步就是对进入初选名单的供应商进行下一步的商务沟通，在采购工作过程中，商务需要提前介入，以便争取到采购主动权。供应商引进必须坚持商务先行的原则是公司高层必须关注与重视的，采购部一个部门摇旗呐喊是解决不了的。另外商务谈判需要遵循组织内部合理授权原则，在谈判中，谈判者需要得到组织的合理授权，如果谈判权利不能力出一孔，对谈判同僚进行合理调配，则很容易被各个击破，从而丧失谈判主动权。此部分重点关注价格区间的掌控以便规格标准明确后能有一个采购预算范围，防止项目运作或需求把关过程中的费用失控。关于采购谈判部分，下一章将会详细讨论。

（3）供应商现场审查：现场审查因为需要调动相应的人力物力，管理成本相对较高，故作为第三个步骤开展，但针对某些紧急采购需求，往往前三个步骤一起开展，以便节省时间，这是根据产品迭代速度决定的，一般来说，生命周期短产品往往对采购速度及时效性的要求相对较高，而这类产品开发往往三者一起进行。在审查过程中，主要是对供应商的体系，流程，制度，管理水平，财务状况等进行审查。眼见为实，耳听为虚，没有调查就没有发言权，实际现场审查是对前期洽谈的验证，从而为下一步的合作奠定合作基础。

（4）样品认证：测试的是供应商提供合格产品的能力，重点测试供应商的研发，销售水平，研发能力强的供应商往往占据比较大的优势。

（5）小批量认证：测试供应商是否有持续提供合格产品的能力，重点考验着供应商的供应链运作水平及质量控制水平。第3步到第5步重点检验供应商的实际能力。

（6）量产及份额分配：这个步骤需要双方供应链的深度对接及参与，在库存上进行有力的控制，防止供应链整体库存失控。库存失控，呆死料增加会导致供应链整体运作成本上升，不管如何分摊损失对双方的合作都会带来影响，因此运作的好坏是持续开展良好合作的保障，否则对于买方来说就会因供应商的越来越不配合而陷于持续更换供应商的被动局面，更换供应商会极大地增加管理成本，因为双方的各个层面的磨合需要时间及试错。而对于卖方来讲可能赔本赚吆喝。对于双方来说，市场上少了一个合作伙伴，尤其针对寡头市场，本来行业的玩家就不多，低效的供应链合作导致的合作受影响会极大地降低双方的合作伙伴的选择面。

份额分配一般来讲需要拉大第一名与第二名的差距，前面有所讲述。也需要尽量避免独家供应，对于供应商来讲，配合压力很大，对于客户来讲风险太高，两条腿走路才能更加稳当一点。

第二节　供应商选择与合同签署

一、供应商选择方法

（1）招标评估：招标是针对标准品，仅对比价格，评估是对各个考虑要素按照一定的权重分配后各项打分汇总后的综合分数进行排名对比，是对供应商整体竞争能力进行评估。两者针对的对象不同，但是操作过程基本一致。

（2）招标评估方案策略制定原则参考：

●竞争充分利于降低成本。

●供应商引入及老供应商进入新项目坚持商务现行。

●末位淘汰及招标比例方案两者选其一。

●招标比例分配拉大原则。

●最高限价原则，可以采用成本分析，Benchmark 分析制定最高限价。

●招标方案中要有明确限制性条件，如产能未提升的情况下份额限制在60%以下，或者阶梯份额调整。

●竞标协议中必须规定：需求增长有权再启动招标，参与了招标但不遵守规则的违约责任。

●一般禁止标后谈判，除非立项时已明确，否则必须向采委会汇报通过才可以执行。

●立项规则改变必须向决策组织汇报批准。

（3）招标评估工作开展的三个步骤：

●招标立项、咨询、邀标：根据物料族行业特点及需求情况，选择合适的招标策略，如在某些器件上引入竞争者，在某些需求量少的器件上进行归一，对于需求不稳定的器件为了招标操作的便捷性而排除在招标对象之外，设置合理的时间表，设计邀标函，标书格式及文件，标前培训，保证金，参与招标的风险控制协议等。方案经过全盘考虑并整理后提交上一层委员会集体决策通过才可以开展下一步招标工作，此项为KCP控制第一点要点，作为采购组织高层需要根据公司及行业特点对此阶段进行严格把关，重点审核招标小组人员的组成及数量，招标方案的必要性可行性分析，避免大的偏差，以利采购人员开展下一步的招标工作。

●开标、评标：按照时间表或项目管理方式运作的甘特图组织供应商参与招标，包括招标办法的宣导，相关招标协议的确定和签署，开标时间的确定等，做到招标过程有条不紊。这个环节有一个关键点是，技术质量，供货等方面的打分必须先行评估，最后再开商务标，这也是内控建设的需要，因为，技术标的评分方法为人为打分，最后取平均值得出，但商务标是通过供应商的报价算出来的，比较刚性，如果先评商务标，存在评标人员徇私的可能性，因此，先评技术标，再评商务标就是从制度上保证结果的科学性。另外需要注意的是：开标必须集体参与，防止标书替代等问题，保证各个供应商在同一个时间点被记录下价格水平，防止部分“有关系”的供应商二次报价，影响公平竞争并损害招标过程的权威性！这点一般需要作为KCP控制的第二点，开标人员也需要为第三方的数据管理人员而不是直接的采购人员。需要关注文件是否齐全，参与开标的人员是否为招标小组成员，人数是否符合要求，是否有签署保密协议，标书是否密封好，技术标和商务标是否分开包装，开标顺序是否符合要求，评分结果及评议内容是否记录在案，是否符合相关的权签规定。

●议标、标后谈判：如第二个步骤所讲，标后谈判需要尽量少做，一方面会增加采购人员与供应商的寻租空间，另一方面会破坏招标的严肃性，导致后续的招标过程流于形式，过多的标后谈判会导致招标没有效果！当然如果组织结构不稳定的话会导致标后谈判大幅增加，采购领导的位置不稳定会导致短期效益优先而牺牲长期的规则在供应商中的口碑，从而影响长期利益。

●报标，定标：定案涉及份额的分配及招标成果的汇报，这部分也是KCP控制的第三点，检验着招标的效果，评审组织需要关注招标过程的规范性，目标达成是否与预期一致，如果不一致是否有充分的说明，要求的备案文件是否完成和符合要求。并且上级采购委员会可以对定案结果进行一定的调整以便做一定的结果控制防止出现组织适应性偏差。曾经有商务采购人员为了追求成本节约而采取高价格的小份额供应商分配份额过小，比如5%，这基本上对供应链管理没有帮助，会导致负责供应的部门提出反对意见，因此作为由采购高层领导组成的委员会必须对这个进行一个跨部门间的权衡把关进行部门间的和谐，防止出现组织意见不一致无法达成共识合作的问题。这也是高层领导需要掌握的平衡问题。

采购委员会评审要素参考：

●过程是否符合规范。

●行为是否符合要求。

●报告是否真实准确。

●披露的信息和搜索范围是否充分。

●采购策略的合理性和可行性如何。

●是否考虑了与战略供应商的关系。

（4）电子招标：相比上面的步骤，重点是工具的变化，需要与供应商签署网上竞价协议，并交纳保证金。一般采取背靠背招标方式，即参与者之间看不到对方的报价及排名。在网上一定的时间段内可以屡次降价，知道招标时间结束，但是如果在结束前排名有更新则自动延长3分钟，以便竞争对手有时间做降价的考虑。在招标方案上有如下办法可以选择，供大家参考，一般来讲，英式招标使用较多，荷兰式招标使用较少，但需提高效率时可以考虑使用：

开放式招标：参与者知道对方的报价及排名，公开招标。

背靠背招标：参与者只知道自己的报价及排名。

电子招标策略选择：

●排序方式：竞标供应商较少，少于等于4家，报价差异大、招标结果的分配比例悬殊以及物料价格敏感的招标项目。

●“价格透明”方式：竞标供应商较多，且对竞标者而言，价格差异较小的招标项目。

●计价转换方式：国内、国外供应商同时竞标且品牌效应等因素导致价格差异较大的招标项目。

（5）价格比较：将不同供应商的价格同Benchmark价格比较或将供应商之间的价格进行对比的方法；或者将供应商的历史价格与现在价格对比。

（6）成本分析：估计物料的生产制造成本，管理研发成本，行业合理利润率以此推算出合理的价格水平的方法。

二、合同管理

（1）框架采购合同：明确供需双方法律条款及基本商务条款，为合作方向打下一个大的框架，针对正式供应商适用，相当于双方合作的纲领性文件，对合作的各个板块均有基本的说明，其他所有协议，合同，采购订单均是对此的补充，区别于非正式供应商。

（2）质量保证协议：关注质量赔偿，质量标准，质量打分等具体内容，针对供应商的质量部门。

（3）供货保障协议：关注备货，储备，长单，明确货期，推迟窗，取消窗，订单交货期确认时间，邮件响应时间等具体要求，针对供应商的订单履行部门。

（4）RFQ：Request of Quote 在产品已确定，有明确的采购计划时使用，项目型采购事项中使用较多。

（5）RFP：Request of Proposal 在产品规格还未完全，但有明确的采购计划时使用。

（6）RFI：Request of Information 在没有明确的采购计划，只是为了获取市场信息时使用，一般来说供应商在此情况下没有提供最好的报价，因此不能根据 RFI 的价格来进行采购。

（7）VMI 协议：供应商管理库存，供应商具有货物的所有权，转仓后开始启动赎期结算。

（8）PCN 协议：产品变更需要提前具体的时间告知（一般是一个月）以便客户能做好调整。

（9）采购订单：根据 PMC 的 MRP 计划下达具体采购订单保证供应链的及时响应。

第三节　供应商绩效管理与四象限分类管理

绩效管理侧重历史及当前，聚焦于绩效目标达成情况的改善。

一、绩效评估步骤

（1）制定绩效评估标准，七维考核：TQRDCES，质量考核每季度评估一次，供货考核每月度考核一次。

（2）制订年度评估计划，每半年评估一次，对供应商质量绩效每季度评估一次，得出 ABCD 四个等级。

（3）发放问卷调查或召开会议，搜集供应商表现的统计数据、事例，定期

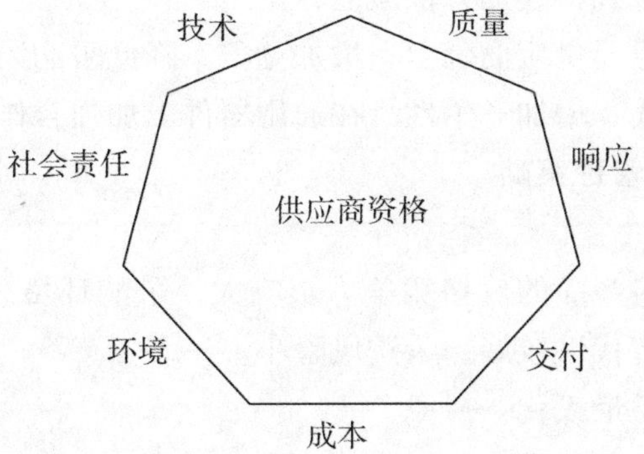

对供应商进行绩效评估。

（4）与供应商进行绩效评估结果沟通，对表现不好的方面，要求供应商制订改进计划并跟踪关闭，如果改进没有达到要求，将降低份额，禁止新器件推广等。对于表现好的供应商给与增加份额，新器件优先选用等措施。

二、四象限供应商分类方法

纵轴表示对公司的重要性/卖方对买方的依赖度，横轴表示采购风险/买方对卖方的依赖度。

重要供应商	核心供应商
一般供应商	瓶颈供应商

1. 核心供应商管理策略

特点：

采购金额大，对产品的竞争力影响大；供应商拥有独特的技术或先进技术，对供应商依赖性大，采购风险大。

主要目标：有竞争力的优势。

管理策略：

●建立长期的合作关系，长期契约。

●加强高层沟通，改善供应商关系。

●建立专门支持团队。

●加强技术交流，建立联合实验室。

●努力成为供应商的全球关键客户。

●确保成本不断降低。

●不断改进质量和持续提升供应能力。

发展策略：向重要供应商牵引，增加竞争，降低采购风险。

方法：推动替代，增加竞争性，在通用器件上加强合作，提升客户地位。

2. 重要供应商管理策略

特点：

采购金额大，对产品的价格竞争力影响大；采购环境相对较好，拥有众多的市场竞争者，可替代性较好，采购风险小。

主要目标：利益最大化。

管理策略：

●建立长期的合作关系，长期契约。

●加强高层沟通，改善供应商关系。

●要求其建立专门的支持团队。

●通过量的杠杆作用，采取竞争性投标，降低价格。

●努力成为供应商的全球关键客户。

●适当降低供应商数量，保持量的优势。

●不断改进质量和持续供应能力。

3. 一般供应商管理策略

特点：数量众多，编码多，总体采购金额不大，市场竞争充分，采购风险小，对公司的竞争力和盈利能力影响较少。

主要目标：努力最小化。

管理策略：

●采购成本最小化。

●减少日常开支成本。

●阶段性的采取竞争性投标。

●严格控制供应商的数量及准入。

●确保供应的连续性和及时性。

总体方向：针对有发展潜力的，长期绩效良好的一般供应商，有选择的向重要供应商牵引。

方法：评估发展潜力和长期绩效，增加合作范围和采购金额，有计划地培养成为重要供应商。

4. 瓶颈供应商管理策略

特点：供应商数量不多，采购金额不大，市场竞争不充分，供应商拥有独特的技术或专利，市场缺乏替代品，供应风险大。

主要目标：减少风险。

管理策略：

●制定风险规避措施，减少供应风险。

●建立长期合作关系和契约。

●改善供应商关系，努力成为供应商的首先客户。

●开发信的供应商和替代方案。

●尽量减少供应商数量。

●推动研发掌握独特技术。

总体方向：

逐步淘汰，向重要供应商或核心供应商牵引，提升客户地位，降低采购风险。

方法：

推动研发开发方案级，板级和器件级替代，增加竞争性。

增加在通用物料上的合作范围，利用量的杠杠作用，提升客户地位。

推动研发掌握关键技术，逐步淘汰现有供应商。

5. WH 公司采购商务与采购技术质量负责人的职责分工

商务人员职责：

●采购策略制定及内部需求满足。

●供应商绩效，组合，关系管理及评价。

●供应商选择及降成本。

●合同管理及签订。

●市场行情分析。

技术质量人员职责：

●器件选型及技术质量认证。

●建立与维护物料选型路标。

●开展物料归一化。

●供应商质量认证和质量管理。

●重大物料质量问题处理。

●保证供应物料符合技术规范和 EC 版本。

推动供应商质量改进的常用方法：

SCAR 或 8D 报告输出；沟通、升级；专项整改，成立 6 西格玛小组；调整采购策略，停止下单，调整 SR，停止新器件推广，降级；处罚赔偿。

第四节 供应商组织关系管理

供应商关系的维护就像客户关系维护一样，需要有计划，有组织，有目的地开展。尤其是例行的沟通交流，拜访，考察，各个层面的学习等。如前面所讲，管理意味着分工，而不同类型的供应商需要采取不同的手段，投入不等的资源，以便在管理成本确定的情况下达到管理效果的最大化。根据四象限供应商分类模型，不同供应商的组织关系管理要求不同，如下为参考管理办法，供借鉴。

1. **核心供应商**

●月度沟通制度。

●高层互访CEO级别建议每年一次，VP级对口负责人建议每半年一次，其他VP级建议每季度一次。

●一年组织一次供应商拜访。

●组建专门的客户支持团队。

●每季度组织一次技术交流。

●有竞争优势的产品可推广。

●一年组织两次评审，反馈供应商绩效，制订改进计划。

●根据绩效进行金牌供应商或优秀供应商的评比。

2. **重要供应商**

●月度沟通。

●高层互访，频次可以同核心供应商。

●一年组织一次供应商拜访。

●建立专门的客户支持团队。

●每半年组织一次技术交流。

●全系列产品可以推广，相同条件下优先选型。

●一年组织两次评审，反馈供应商绩效，制订改进计划。

●根据绩效进行金牌供应商或优秀供应商的评比。

3. **一般供应商**

●季度沟通制度。

●一年组织一次评审，沟通绩效，制订改进计划。

●高层互访：VP 级一年一次。

●根据全年绩效，参与年度优秀供应商的评比。

4. **瓶颈供应商**

●季度沟通制度。

●每季度组织一次采购风险评估，包括财务，质量，供应链部门，制订风险规避计划。

●一年组织两次评审，沟通绩效，制订改进计划。

●高层互访：VP 级一年一次。

●根据全年绩效，参与年度优秀供应商的评比。

供应商组织关系管理是供应商管理的载体，只有组织间建立例行的正式或非正式的沟通机制，才可以对供应商各方面的情况更加了解，如决策链，领导风格，管理水平，财务状况，供应链风险，质量控制水平，技术能力，服务能力，业界地位，主流客户，发展战略等，只有对这些问题在各个组织层级得到更深入的沟通了解，两个公司间的合作才会更加默契。

以上沟通拜访等机制也只是手段，不是目的，供应商的情况是时刻变化的，通过这些例行的沟通机制也可以有效识别供应商组织风险，如人员变动，经营情况发生重大变故等。而各个层级的组织关系也是在不断动态调整的。建立例行的管理制度就是为了用规则的确定应对结果的不确定。从而保证供应平台的相对稳定性。这也就是组织关系的归宿和目的。

在组织间不同层级人员的互动过程中，在组织关系背景下的个人关系也会得到了一定程度的发展，从而有利于两个组织在业务过程中的相互磨合。

第九章　采购谈判

买卖双方的直接较量在采购谈判环节，如果说采购战略，供应商管理是买卖双方博弈的策划和准备过程，那么谈判则是直接拼刺刀，真刀实枪的 PK 的过程。战略层面筹划得当，那么战术层面如何操作呢？

第一节　采购谈判概要

1. **谈判定义**

为了达到利益目标，与对方彼此交换意见的协商说服过程。

2. **要素**

●两个关系方：如果涉及到第三方则可以理解为两个两方，第三方扮演的角色可以是促成谈判，可以是挑拨谈判，并且很可能具有一定的倾向性。如贸易商，中间商存在的例子，谈判一方分解出的黑脸和白脸也可以理解为第三方，因为如果有漏洞很可能被对方策反而不知。

●为某种需要或者利益，有的放矢：谈判是因利而来，得利而去，没有目的就没有谈判的基础。

●有一定方式：主场还是客场，电话会议还是会议室，电话还是邮件，不同的方式可有利弊，要根据自己的需要进行选择。

●双方有一定权利：组织不对谈判者赋权则谈判者无法代表组织参与谈判，这种权利包括定价权，供应商选择权，份额分配权，合同签订权。没有权利则没有筹码进行利益交换，谈判自然无法开展。

3. **可行性分析**

如下图所示，谈判双方如果没有交集，则没有谈判的基础，双方怎么谈都无法达成一个都可以接受的点（交集部分），这个理论可以指导谈判的准备过程，因此初步接触进行谈判对象的对标非常重要，如果没有这一步，那么后续的谈判将无功而返。

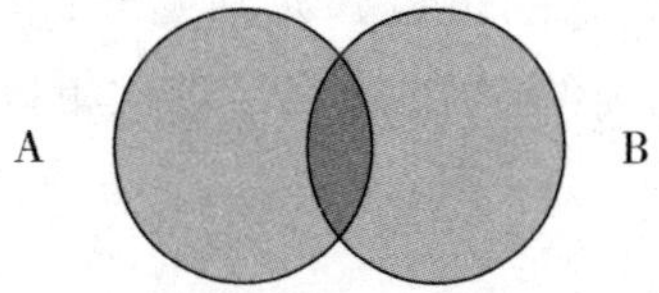

4. **特点过程**

特点过程：期望和自愿、让步妥协、合作。

三个步骤环环相扣，核心在让步妥协，谈判者要长袖善舞而不能刚愎自用及过于坚持立场而不是利益。某全球知名通信设备商元器件采购部领导每次在分离器件厂商 ASM 拜访时请客吃饭就说明让步妥协的重要性，所谓店大欺客，客大欺店，如果仅从体量上来看通信设备商自然比电子器件生产商大，毕竟处于下游，但是从买卖双方对对方依赖度看 ASM 明显比设备商大，此时博弈关系发生改变，作为客户自然需要更加恭敬，请客买单只是从一个侧面反映了这点。

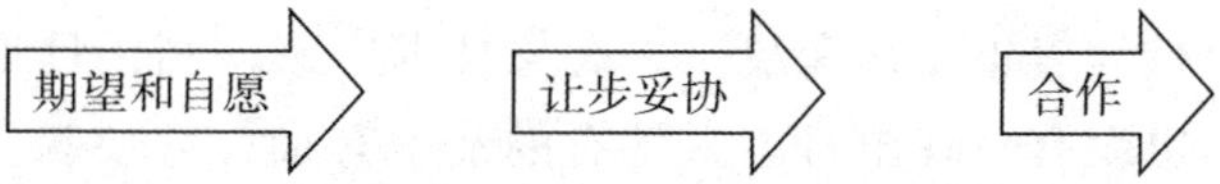

5. **谈判者素质要求**

供应商选择需要适配，那么谈判者的选择也一样，针对不同难度的谈判对象，需要投入不同的资源以便增加谈判的边际效用。如下图生动形象地阐释了谈判的功力对应的合适的谈判对象（牛、鸡）功力三级就可以杀鸡了，不需要功力四级及以上，所谓杀鸡不需要用牛刀。

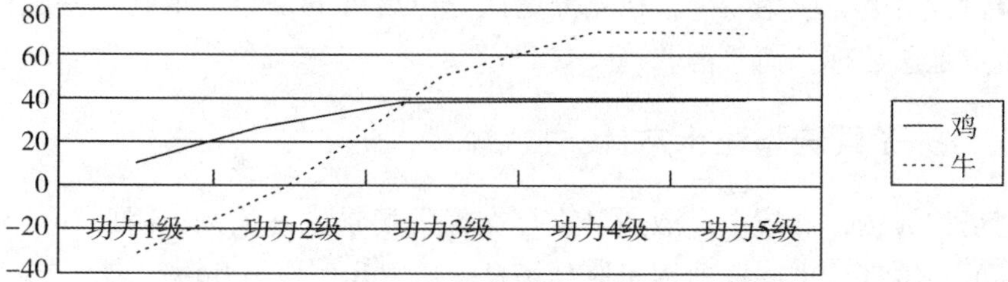

谈判者素质表现在如下几个方面：智、信、仁、勇、严、专业知识，技巧，应变能力。采购人员素质要求很重要的一块就是谈判水平。作为采购管理者，如何科学评价团队的谈判能力，并合理搭配取得谈判效果就像教练选择阵型及球员一样重要。雷达图是常用的能力评价方法。从知己知彼到修己安人对于谈判者来讲是一个需要持续提升的过程，尤其是修己安人，是知己知彼的延伸，是谈判者发挥主观能动性和影响力的过程，难度更高，更需要持续的修炼才能达到。

第二节　采购谈判方法论

一、易经

一阴一阳之谓道，一阖一辟之谓变，往来不绝谓之通。谈判过程需要不断转换思路，做好阴与阳，刚与柔，快与慢的调整，以易经阴阳之变做指导则会有一个宏观高度及视野，后续在采购过程技巧章节将会体现出来，如黑脸白脸策略就是乾坤调和、腾挪之道。

●象：观察行为表象而知深浅。一次与日本厂家谈判，日本商社的一个销售单手递名片，也没有表现出日本人特有的恭敬有加，弯腰双手交换名片，态度轻慢。而我方接名片的谈判者回绝对方名片的接收，首先眼睛看一眼对方，对方感到不恭敬被我方觉察判断我方非等闲之辈后再双手递交名片，而我方则单手接收，此一战从表象入手，变对方得势为我方得势。

●数：即摆数据，通常表现在PPT的准备上，是谈判过程发挥的载体。

●理：即讲道理，根据数字讲道理，如我司的发展势头，未来重点合作方向，用道理说服对方接受我方提出的诉求。

●占：占卜，应用较少，在充分论证分析后占卜是为了得到一些随机的提醒，重点是象数理，而非占。

二、孙子兵法与三十六计

商场如战场，商战中最激烈最直接交锋的场景就是谈判，因此孙子兵法三十六计的一些理论也同样适用于谈判场景。试举几例最展开说明：

●兵者诡道，能而示之不能，用而示之不用，远而示之近，近而示之远。利而诱之（画大饼），乱而取之（供应商组织结构变化，新上任CEO急需业绩证明，或者上市公司财年结束需要冲刺业绩之际），实则备之（针对战略合作伙伴很难替代，需要相互依存的对象则需要充分准备，避免谈判破裂没有修复余地），强而避之（避开正面交锋，避开僵局，避开对方的火力点），怒而挠之，攻其不备，出其不意，此兵家之胜，不可先传也。

●主不可以怒而兴师，将不可愠而至战/善战者不怒（来自道德经）谈判者需要避免情绪化，始终关注利益而非立场。

●不知三军之事，而同三军之政者，则军士惑矣，不知三军之权，而同三军之任，则军士疑矣，上下同欲者胜，将能而君不御者胜。此句说明合理授权及被授权对象的知己知彼，善战能力的重要性。

●上屋抽梯：常用于将高端高技术厂商的产品向中低端竞争者转移替代以便降低成本。如 MEB 的防水风扇在 WH 购买后立即专卖 VAC 进行研发并替代降低成本。

●借刀杀人：利用目标供应商的竞争对手造势达到影响目标供应商的谈判策略的目的。

●李代桃僵：VECTRON 的晶体锁相环技术无可匹敌，没有竞争对手，WH 为了避免供应链的被动而选择晶体晶振组合方案最终规避了供应平台的被动。

三、法、术、势

谈判前期需要持续造势，为什么 CPC 大会一般选择在招标前期召开？目的就是为了给后续的谈判搭建一个大的背景，CPC 大会是对己方实力及发展趋势的宣传，引导供应商关注长远，关注未来，在谈判过程中能够顾全长远合作和牺牲暂时的利益得失。为什么在招标谈判前期需要持续地与供应商签署 NDA 保密协议，邀标函，保证书及保证金，一方面是为了规范化运作，另一方面也是为了造势。形式上的一些作为可以造成一种势场，这种势场会潜移默化地影响参与者，从而达到主办方的一些目的。所谓猛虎下山赢在气势逼人，一声长啸达到猎物呆若木鸡甚至不做反抗束手就擒的目的。如果比作打仗，势的运用可以重点在战略层面，不计较一城一地的得失。

术的层面更低一级别，在战术层级，计较的是一城一地的得失，针对谈判对象，如何采取影响策略，如何晓之以理动之以情，这个层面的具体谈判技巧也将在后续几节中阐述。

法即通过成功的实践经验总结出的一些方法，广义地讲就包括本书所讲解的所有流程，包括供应商如何选择，如何认证，如何管理，如何评价，物料族如何引入，替代，如何关注可制造型，可靠性，可获得性，如何进行归一化，如何管理生命周期，如何在谈判中摆正角色等内容。狭义地讲就是一些条条框框，参与者按图索骥即可。不需要过多的创造性思维及主观能动性的发挥。

四、博弈

●五力模型/CSC 模型：波特五力模型相比 CSC 模型增加了对供应商的分析及对替代者的分析，这两种分析方法适合于供应链的任何环节。

●棋盘博弈法：科尔尼咨询公司的一套供需关系的博弈地图。对买卖双方博弈关系精确定位后可以选择一套最匹配的策略开展博弈。将四象限理论进行了更深入的拓展，发展成 64 宫格。

●组合管理：伯恩公司推出的一套详尽的管理工具。全面指导供应商的选择的发展。

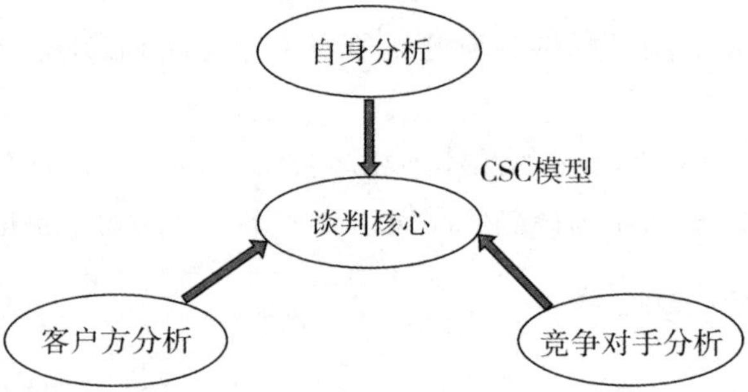

五、权利与组织行为学

谈判过程涉及两个组织，因此每个组织的权利运作机制需要了解，升级高层是一个常用的办法，一个稳定的组织结构必定是权利层层分解，不同层级拥有不同的权限，最明显的体现就是不同销售人员层级掌握着不同的定价权，升级求助往往能达到更好的效果，这也是为什么有些采购拥有的供应商资源更加优质的原因，尤其对于标准品，如电子元器件，如果拥有与原厂或更接近原厂的供应商关系往往能得到更多的价格支持。而这个关系的积累及打造也是需要在工作过程中逐渐树立个人品牌，这样在个人脱离原来的组织后，借助原平台积累的供应商资源才能在新的组织里面发挥效用。如 NHD 公司聘请原 WH 采购后，XX 元器件的价格得到大幅优惠，原因就在于此采购人员在原来的平台与供应商高层建立了个人关系，这种个人关系在他加入新的组织后就可以对组织带来利好。个人社会关系的建立和巩固往往会对组织带来正的效用。这是个人和组织相互影响的必然结果。

任何一个组织均可以简化为三个阶层来分析，对上，对下，同时对上和对下，这是易经一分为三的结果，曾仕强讲的组织行为学在这方面有透彻分析。

同时，这是一个纵向的脉络，权利因三阶而分层授权。

同时任何组织的采购或者销售团队也会对权利进行分散控制，尤其对于采购端（客户端往往因为需要更好的服务而归一化对客户层面的接口人）所以从横向上来讲，摸清组织的分权机制可以在谈判的过程中更好地找对正确的人，以便针对性的谈好正确的事情。

六、谈判过程中的信息不对称

开放区域	盲目区域
隐藏区域	求知区域

开放区域指大家都知道，盲目区域指自己不知道而对方知道，隐藏区域指自己知道而对方不知道，求知区域指双方都不知道。知己知彼才能百战百胜，一方面需要尽可能获得更多的信息以便在谈判中灵活运用；另一方面需要注意适当隐藏期望达到更好的博弈地位。

七、四对关系

●立场和利益：谈判的本质是一个利益交换过程，需要排除立场纷争，关注双方利益诉求，争取在利益上达成共识，要理解对方的深层需要才能把握利益诉求，如何理解对方不仅需要悟性，也需要有打破沙窝问到底的精神。

●意愿和能力：意愿不足需要引导，能力不行可以辅助提升，没有十全十美的合口味的对象，对于自身也需要不断审视，自我批判才能不断进步。

●理智与情感：谈判过程是交换利益诉求的过程，是买卖双方的理性行为，需要晓之以理；人是情感的动物，越靠北方越会发现喝酒是做生意的必备条件，能照顾到对方的情绪，动之以情，人与人之间除了功利诉求还需要情义纽带，关注情感在谈判及处事中会事半功倍。

●期望与满意：期望需要引导，满意是相对的，高手善于利用自己强大的影响力调整对方的期望，增加对方的满意度。

八、沟通方法

●述。果断，避免模糊，语气上尊重对方但道理上强势。有理、有利、有节。

●观。身体，手势，眼神。

●问。有如下提问方式，可以根据场景灵活运用。封闭式提问，开放式提问，明确重申式提问，追根究底式提问，假设性问题。

●听。准确理解，摘记要点，关注对方的逻辑与思路及可能的漏洞在阐述阶段扩大化。

九、谈判场景

●电话及电话会议：简便快捷，但是没有身体语言，信息传递单一，难以留下证据。

●现场会议：组织成本较高，效果好，交流充分。

●一对一面谈：失败风险高，容易陷入僵局。

●邮件：信息传递效率高，传递对象数目大，无交流。

第三节 采购谈判过程的技巧

一、开局谈判

●开价要狠：基于信息不对称及扩展谈判空间的目的。但前提是对谈判对象的信息获取情况有所了解，避免提出一个明显不合理的诉求，让对方感觉没有诚意，以致对方没有谈判的兴致。

●好事多磨：不要接受第一次，即使满意也要避免，否则容易导致对方事后反悔，容易得到的东西不容易珍惜，凡人皆具有此心理，要能够有推拉的耐性和耐心，就像练太极推手。

成功的谈判就是：你在谈判桌上得到了你想要的结果，同时让对方感觉到她/他也赢了！

案例：你有一部已开了几年的汽车，想卖掉它。经过访查，你想若能卖到七万元就满意了，就在你去刊登出售广告的当天下午，就有人想八万元跟你买这部车。此时，你最明智的举措是什么？

●感到意外：制造情绪张力，增加对方出价压力，避免漫天要价。耳听为虚，可以要求眼见为实，虚虚实实，用身体语言立体传达谈判信息。

●避免对抗：感知，感受对方情绪的起伏变化，适当调和，顺力道走，借力打力。

●装腔作势：不要迫不及待，欲做还休，欲拒还迎。做一个“不情愿”的卖家和买家。并且善于借题发挥，长于造势，如替代威胁，开发增加竞争强度等。

●钳子策略：黑脸，摆臭脸，利用盲目区域，始终拿捏到对方关注点。或者以沉默表示反抗。

二、中场谈判

●讨价还价：让步必求回报，回报的方式可以在别的地方，这样可以拓展谈判的宽度

●不要折中：谨慎做出条件的提出者，善守者藏于九地之下，提出问题主动出击容易暴露意图从而被对方控制。要善于让对方提。武术的制胜原则是后发先制。进攻则必有破绽（有阳必有阴）高手往往只造势而不出击也就是这个意思，攻城为下，攻心为上，如投卵者，势也。

●僵局化解：一旦进入僵局，不要过于纠结，要善于转移，可以先讨论其他小问题，搁置争议李代桃僵。或者从个人认识重新开始，调整谈判气氛，或者引进一些新资讯，高谈一些细节问题，或者提出小让步，说不定可以柳暗花明又一村。

●困境化解：应对话题困难就换人，换气氛，换时间回复等，不能轻易做出不负责的回答，降低自己的信用。穷则思变，变则通，通则久。

●死局化解：死局化解从情绪缓和开始，实在不行就三十六计，走为上。舍得舍得，有舍才有得，不要计较一城一地的得失，退一步海阔天空。适时结束谈判是为了将有限的精力聚焦于更有价值的谈判上去。不必灰心丧气，要善于学会放弃。

三、终局谈判

●黑脸白脸：施加了压力又没有对抗，黑脸不合理的试探经过白脸合理化了。

●蚕食取利：大局已定后争取局部小利，顺手牵羊。运用大脑的思维惯性，增加双方的心理满足感。

●减少让步：制造接近底线的感觉。

案例：卖方在参与谈判之前，通常都会订一个“最低可接纳的价格”，在谈判之初所开的价格大概都比“最低可接受的价格”高，而这高出的金额成为讨价还价过程中让步的范围。现若卖方的最低可接受价格为350元，但开价410元，因此最大减价数额为60元，在下页八种常见的让步方式中，你认为哪一种较理想？

让步方式 \ 减数额价	第一阶段	第二阶段	第三阶段	第四阶段
1	0	0	0	60
2	15	15	15	15
3	8	13	17	22
4	22	17	13	8
5	26	20	12	2
6	49	10	0	1
7	50	10	-1	1
8	60	0	0	0

●收回条件：谈的结果非常不利时的不得已做法，但需要尽量谨慎使用，防止信誉损失。

第四节　采购谈判内容场景

谈判内容：

（1）最受关注的就是价格谈判，也是难度最大，周期最长，最耗时间的谈判内容。

●标准对标：在价格谈判过程中需要把握的要点是要做好产品价格评价标准，没有明确的标准，则价格高低没有支撑依据。因此在价格谈判之前，竞争产品之间是否使用同一套标准是需要重点关注的，对于出价高的产品可能存在质量或技术剩余的情况，需要引导对方降低产品性能，以便让他们的产品与其竞争对手的产品能有比较的可能。而对采购方需要尽可能将所购物料或产品进行标准化设计，以便提升价格比较的科学性和谈判的便捷性。

●目标谈判价格设置：需要提供一个目标价格以便引导供应商降价，没有目标是无法进行目标管理的，也不容易让供应商给出一个合适的价格，因为不知道买方的底线，因此卖方往往不会出牌。目标价格如何评估呢？一方面需要买方对市场价格行情相当了解，对基础原材料市场价格保持关注，另一方面需要了解产品的成本构成要素及业界通用的产品成本核算方式。如研发成本，管理成本占比，毛利率的平均水平，原材料价格行情等。

●其他与商务相关的谈判内容主要是赎期/贸易方式。这方面往往在价格谈判的过程中一并完成，在现金流充裕融资难度不大的情况下一般仅仅使用资金利息来计算进单价评估成本高低。而贸易方式影响的是运输费用，不同卖方的报价也需要尽量拉通计算，而对买方来讲如果承运商资源较丰富，或者物流部门比较健全物流成本比较低的情况下可以考虑使用对买方不利的贸易术语，以便在单价上有更进一步的谈判空间。

（2）质量谈判重点在罚款协议的签署上，在不发生重大质量问题的情况下，质量成本占 TCO 的比重一般不大，而 IDPPM，FDPPM，批次 LOT 合格率等指标往往是沿用上一个年度的质量数据，因为质量水平的提升是一个持续的过程，不是一朝一夕可以得到一个满意结果的。在罚款条款谈判过程中往往也需要考虑对方的赔偿能力，因此在选择合作伙伴时适配性的规模非常重要，否则质量风险无法转嫁，只能增加企业经营风险。对谈判难以取得进展同时又不得不合作的情况下可以考虑使用第三方保险公司进行承保，或要求第三方大规模企业进行担保。

（3）供应保障。

重点是避免重大，严重欠料，影响正常生产的物料短缺。而准时到货率，急单满足率，需求满足率，响应时间放在其次。在谈判中需要对供应商的供应链柔性进行充分把握，并对物料族进行区分，对于不容易发生欠料的标准品物料不必花费太多的尽力投入谈判过程。对欠料风险巨大的物料族或行业需要投入重点进行谈判，尤其是货期的缩短，三级备货，储备，长单等。因为从供应链整体的运作层面讲，OTD 齐套更重要，解决供应短板比整体提升意义更大，因此需要对长货期，高风险，如 IC，连接器，光器件等物料族进行重点攻关。

第五节 谈判风格介绍

一、美国

直截了当，坚持到底。分析透彻，对产品准备充分。但不了解对手，美国人不关注谈判对手，而是在谈判过程中了解，一般不做事前分析，以便高效应对。如在面子问题上也不太关注从而导致对方掺杂了情感因素而不利于合作。

在光器件 A 的谈判过程中 FISAR 公司 SVP 直截了当地告诉 WH 采购经理他

们无法分配更多的货源是因为他们最大客户是 SISCO，所以公司必须根据规则分配较多货源给他们而无法挪用。当时 WH 研发主管也在场，反复要求也没有结果，对方刚硬拒绝，认为 WH 不讲商业道理，而研发主管是个传统中国人，无法理解美国佬如此“不近情面”的根本原因，一气之下坚持要进行研发替代，动用研发资源自制器件以便缓解供应紧张局面，无形中增加了一个竞争者。所以，不考虑文化因素对谈判者来讲是很不利的。在面子问题上双方就缺少了一些理解导致非理性因素占主导而导致非理性的替代决策结果。WH 可能没有算清研发资源投入是否值得。美国人直接逼出了一个竞争对手。

二、日本

沉默是金。决策缓慢，总要向上汇报请示；着装正式；表面谦恭。日本人讲究团体作战，谨慎拍板，决策效率低下是出了名的，尤其针对质量问题，往往一开会就是三小时以上。这种决策风格有利有弊，针对基础原材料领域，精耕细作往往容易出成果，而对于偏向应用端的消费电子领域，行业特点是日行千里，没有一个快速的市场反应决策机制无法把握市场的节奏，保证决策能紧跟市场时机往往会导致竞争失利。近十年来日本消费电子终端企业的不景气也说明了这点。

对于不太谦恭的日本谈判对象要进行深浅的试探，此点及案例在前面的易经象数理的象字部分有举例说明，这类状况需要多加留意。

三、中国

拉关系：中国人讲求人情世故，办事必靠关系，当然关系的建立方法多种多样，在谈判过程中也可以灵活运用，以便拉近双方的心理距离，增加谈判的容忍空间以期达成好的谈判效果。

坚持原则，灵活变通：中国人的原则性往往是内敛的，表面上圆通，内心有一套自己的规则，是方与圆的结合，外圆内方也成为中国人做人的信条。与中国人交朋友需要透过现象看本质，这种对人的悟性需要通过一些隐藏在行为中的细节体察。而灵活变通往往会增加判断者的判断难度。在谈判中需要修炼，达到曾国藩的冰鉴里讲述的识人看人的水平。

善谋略：古圣先贤的经典著作可见一斑。谋略的层级有高低，对于高级谈判对象，重要的是走心而不是走脑。从战争的角度叫攻心为上，高手就是善于把握个体的偏好从而获得人际感应。影响对方需要在情在理，情理结合，片面强调说理往往行不通。

第十章　TQC 采购技术认证和 PCN 管控

第一节　供应商认证流程

在中国国内，在从 H 公司 1999 年同 IBM 协同打造集成供应链，在 SCOR 模型下，我们可以看到从采购 SOURCE 模块中，H 公司更极致地打造了一个集成的采购认证体系，很多知识和体系可以值得借鉴。

SCOR Model 是一套主张透过五项流程观点、绩效评估指标建立与提供业界最佳实务来协助企业建立本身供应链架构的工具。以由上而下（Top - Down）的方式逐步推展供应链架构，并且互有联结。以五大流程为主干，描述每个作业流程应进行之供应链分析，而每个作业流程会提供相对应的参考绩效指标，也会有业界最佳实务（Best Practice）描述该作业流程目前在业界中较好的管理手法或是系统工具。

SCOR 模型包括五个供应链基本流程：规划（Plan）、采购（Source）、制造（Make）、配送（Deliver）和退货（Return）。其揭示了供应链运作中各组成要素之范围和参考作业，并协助使用者由上往下推演出各层级作业之绩效评估指标。五个基本功能模组的描述如下：

规划。联结供应链的功能作业与营运目标，主要包括需求/供给规划（Demand/Supply Planning）与基础建设规划（Infrastructure）两项管理活动。为对其后的采购流程、制造流程与配送流程进行规划与控制，需求/供给规划活动包含了评估企业整体产能与资源、总体需求规划以及针对产品与配销管道，进行存货规划、配送规划、制造规划、物料及产能的规划。基础建设规划的管理活动则包含了自制或外包决策、供应链架构设计、长期产能与资源规划、企业规划、产品生命周期的决定、新旧产品线规划与产品线的管理等。

采购。此模组有采购基础建设与采购作业管理两项管理活动，其目的是描述一般的采购作业与采购管理流程。采购基础建设的管理包含了供应商评估、采购运输管理、采购品质管理、采购合约管理、付款条件管理、采购零组件的规格制定；采购作业包含了寻找供应商、收料、进料品检、拒收与发料作业。

制造。此模组具有制造基础建设与制造作业管理的两项管理活动，目的是描述制造生产作业与生产的管理流程。制造作业管理包含了领料、产品制造、产品测试与包装出货等。制造基础建设的管理包含了工程变更、生产状况掌握、生产品质管理、现场排程制定、短期产能规划与现场设备管理等。

配送。本模组包含订单管理、仓储管理、运输管理与配送基础建设的管理等四项活动，其目的是描述销售（sales）与配送（distribution）的一般作业与管理流程。订单管理作业包含了接单、报价、顾客资料维护、订单分配、产品价格资料维护、应收账款维护、授信与开立发票等流程。仓储管理作业包含了拣料、按包装明细将产品包装入柜、确认交货地点与运送货物等流程。运输管理作业包含产品运输方式安排、进出口管理、货品安装适宜规划、进行安装与产品试行（例如，销售大型机器给顾客，须先帮忙安装完毕，然后进行试车）。配送基础建设的管理包括配送通路的决定与设计、配送过程中的存货管理、配送品质的掌握与销售的管理政策。

退货。以退回之货品的属性分，包括：不良品、间接物料（MRO）、过剩成品。以退货作业牵涉之对象层面分，包括：顾客面作业、供应商面作业。以对于退货之回应方式包括：核可作业、退货排程、退换作业、销毁作业。

在集成供应链 ISC 的 SCOR 模型下，集成的采购认证体系是最体现 SOURCE 战略赋予的倒立金字塔的使命。

我们需要借鉴 H 公司供应商指南和需要对 CEG、TQC 和 TQC 下的 PCN 管理规则进行学习、了解和应用。

H 公司采购策略中心包括 CEG 和 TQC。

H 公司 CEG 负责材料簇层面的采购策略，采购代表同 IPD 协同负责采购产品线层面的策略，产品线交叉全部的材料簇层面，材料簇层面交叉全部采购产品线层面。CEG 负责对外供应商窗口，采购代表负责内部 IPD 协同窗口。TQC 采购认证负责协同供应商进行采购技术认证。

采购策略走向集中，采购操作履行逐步下沉，采购策略的集团化中心管控也是供应链体系从横向一体化到纵向一体化过程中的表现。企业的发展从单一的公司到事业部到集团公司到超大集团公司，供应链从纵向一体化到横向一体化再到平台化，ISC 集成供应链在采购策略和供应链策略方面也逐步从金字塔到倒立金字塔方向发展。

下面是 H 公司的采购管理委员会和采购认证体系简单图标。

采购管理委员会组织结构：

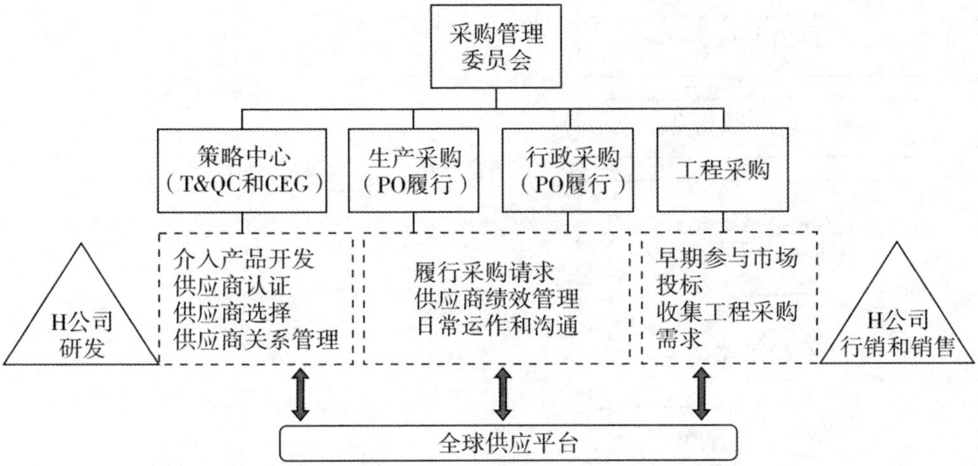

采购策略的原则

- 采购履行（buyer）（终端供应链）
  - 器件
  - 结构件
  - 配套件
  - 整机
- 采购委员会（集团）
  - 采购认证专家团（CEG）
    - 射频 IC 类
    - PCB/FPC 类
    - PCB/FPC 类
    - ……
  - 技术质量认证（TQC）
    - PCB/FPC 类
    - PCB/FPC 类
    - ……

采购策略：

1. 集中认证：分散采购。

2. 细分采购策略。

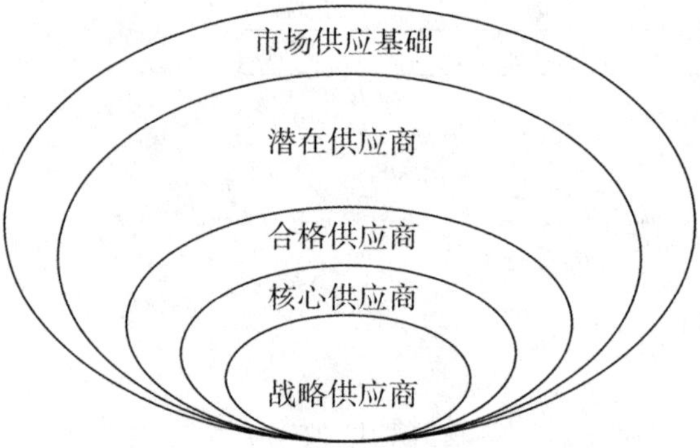

3. 与核心供应商建立战略伙伴关系。

4. 采购早期介入研究。

供应商管理部门的总职责：

●制定成文的企业物料选择战略，这一战略应是得到来自总部和各下属企业的开发、生产、采购部门的一致支持的。

●制定一个已经协调的全公司范围的流程以执行物料技术认证。

●管理对供应商的承诺。

●议定一个单一的涵盖所有与供应商合作的核心要素的合同。

●将供应商选择指导规则分发给采购组，监控实际业务执行，根据情况调节供应商选择指导规则。

●监控供应商行为，解决重大问题。

●管理与供应商的总体关系（战略，核心，合格，潜在）。

●关联关系调查和防止腐败的流程建立。

●灾难恢复。

各材料族采购专家的职责：

●确保对所负责的物料的供应商选择运作是成功的。

●指导供应商选择战略的实施。

●制定并实施专家团的运作和供应商选择的战略计划。

●研讨并建立与战略性供应商长期的合同性的协议。

●对所负责的物料提供职业性的、专业性咨询建议。

●领导并协调（物料）专家团队。

●监控和测评由物料专家团所做的决定。

CEG 角色：

（1）原材料品类行业及内部需求分析。

●实时跟踪品类全球市场行情及行业动态，开展友商竞争分析，全面掌握行业发展趋势。

●研究行业的最佳商业模式。

●研究完善品类成本管理方法论，价格基线以及行业成本发展趋势。

●品类内部需求分析。

（2）原材料品类策略制定。

●从行业分析中挖掘出品类价值控制点，降成本机会点，风险点。

●清晰明确内部客户需求以及诉求。与产品线策略相匹配，制定有针对性的采购策略，引领该品类的物料选型，获取品类相对竞争优势。

（3）原材料品类供应资源整合。

●主导供应商组合管理，实现供应资源的最佳组合。

●制订供应商发展计划。

（4）原材料品类成本目标分析。

●制定品类 TCO 模型，价格基线，设置全球品类目标，推动品类降成本方案的实施，以及成本目标的实现。

●品类 BENCHMARK 标杆建设。

（5）采购策略执行监控。

●监控采购策略的执行，定期回顾，分析，总结，修正品类采购策略。

●实现与产品采购策略协同，SM 采购策略协同，并与产品线密切协同。

（6）原材料品类重大项目管理。

●审核品类重大采购项目方案，审视项目采购方案与采购策略的匹配。

●参与重担项目商务策略策划和重大项目选型，推动采购策略的落地。

从 2014 年一些企业发现供应链对产业链了解更透彻才能对供应链的端到端的策略制定更有效和更可靠。

●看清终端关键材料行业发展趋势，中长期供应形势，整合产业链上下游资源。

●参考标杆企业采购业务运作，建立优化匹配终端业务战略的采购模式及策略，保障质量，成本，供应，获得竞争优势，支撑业务战略落地。

●建立健全包括供应商协议管理机制在内的采购风险防范管理机制并保障落地，构建竞争氛围，契约化管理供应商，明晰与供应商责任界面，保障公司利益不受损害。

基于物料族的组织结构：

H 公司采购部建立了物料专家团（Commodity Expert Groups，简称 CEG），各 CEG 负责采购某一类/一族的物料满足业务部门、地区市场的需要。按物料族进行采购运作的目的是在全球范围内利用我们的采购杠杆。每个 CEG 都是一个跨部门的团队，通过统一的物料族策略、集中控制的供应商管理和合同管理提高采购效率。

主动的组织——早期介入产品开发和市场投标：

CEG 的技术和认证中心（Technology & Qualification Center，简称 T&QC）在 H 公司研发和供应商之间架起了沟通的桥梁，推动供应商早期参与我们的产品设计来取得双方的技术融合以及在成本、产品供应能力和功能方面的竞争优势。

工程采购部（Customer Solution Procurement，简称 CSP）将和 H 公司销售和行销一起积极地参与客户标书的制作。参与市场投标将使采购部了解到客户配套产品的需求，在订单履行过程的早期充分了解 H 公司向客户做出的承诺以确保解决方案满足客户需求并能够及时交付。

采购需求履行：

生产采购和行政采购负责日常采购运作以及与供应商和内部客户的沟通、及时处理采购请求和解决双方的问题从而提高供应商的表现和内部客户满意度。同时我们也关注于不断提高采购履行流程的自动化程度，让采购执行人员有更多的机会积极地参与物料族采购策略的制定。

供应商选择的目标：

负责供应商选择的主体部门是采购部各物料专家团（CEG）。H 公司采购部在向外部供应商采购物品，服务和知识资产时，有责任为 H 公司获取最佳的整体价值。因此在选择供应商时 CEG 有两个主要目标：

●选择最好的供应商。

●评定公平价值。

供应商选择流程：

制定了完善的供应商选择/公平价值判断流程以确保 H 公司选择最符合 H 公司利益的供应商，采购获得最公平的价值，同时保证我们向所有供应商给予平等赢得 H 公司生意的机会。该流程的基本原则是公平，公开和诚信，并由以下机制保证：

●采购集中控制——采购是公司内部唯一授权向供应商做出资金承诺，获得物品和/或服务的组织。除此以外的任何承诺都视为绕过行为，视为对公司政策的违背。

●供应商选择团队——供应商选择将由相关专家团主任组建团队来进行，成员包括采购和内部客户的代表。小组的使命是制定 RFQ/RFP，确定能够按照 H 公司要求提供所需产品或服务的现有合格供应商名单。这个团队管理供应商选择流程，参与评估供应商的回复以及选择供应商。

●供应商反馈办公室——如果供应商在与 H 公司的交往中有任何不满意的地方，有专门的帮助中心负责搜集供应商的反馈和投诉。详情请参见供应商反馈办公室一节。

供应商绩效评估：

H 公司采购部制定了供应商评估流程，定期向供应商提供反馈。该流程包括相关专家团正式的绩效评估。供应商的绩效将从技术、质量、响应、交货、成本和合同条款履行这几个关键方面进行评估。评估流程的目的在于给双方提供开放沟通的渠道，以提升彼此的关系。同时，我们鼓励供应商向我们反馈，站在客户的角度他们如何评价 H 公司。这些评估信息将用于改善彼此的业务关系，和改善 H 公司内部的业务运作。

供应商认证：

H 公司致力于向所有潜在供应商提供合理、平等的机会，让大家都能够展示自己的能力。潜在供应商各种方式的垂询都将转给采购部门进行回复。

如果 H 公司和供应商都有意开拓业务关系，H 公司采购部会要求潜在供应商完成调查问卷。在接到调查问卷并进行评估后，将知会供应商评估结果。如果有兴趣和供应商进行合作我们将启动后续的认证步骤。后续认证可能需要和供应商面谈，讨论供应商对调查问卷的回复。根据面谈的结果，决定是否需要现场考察。然后可能需要进行样品测试和小批量测试，确保供应商的产品满足规格要求，产能满足需求。认证的结果将知会供应商。在发生采购需求时，通过认证的供应商将作为候选供应商进入供应商选择流程。

下面是供应商认证流程的简要图示：

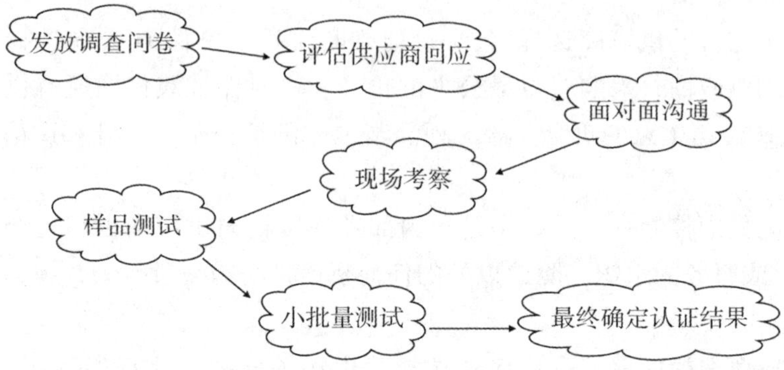

随着大供应链管理科学的不断发展，采购不仅仅是一个辅助的职能部门，它已经上升为一个管理的职能部门。但采购作为一门学科的话，在中国发展的时间很短，而且没有专门的管理学或课程来研究。时至今日，很多中国企业的采购流程依然是零散的、本能反应式的，缺乏系统性和整体性，因而很难在企业整个流程中发挥出应有的效率。面对国际强手的竞争，中国企业在采购流程的效率方面明显处于不利地位，因而大大降低了中国企业在国际竞争环境中的竞争力。一些领先的中国企业已经意识到这一问题的严重性，以全球知名，中国最大的通信设备供应商 H 公司为例，不惜高价从知名的跨国公司 IBM 请来顾问帮助建立起自己的采购系统，以求更好发展。本文主要参考 H 公司成功实践经验，介绍其采购部门 TQC 业务。

一、采购组织结构简介

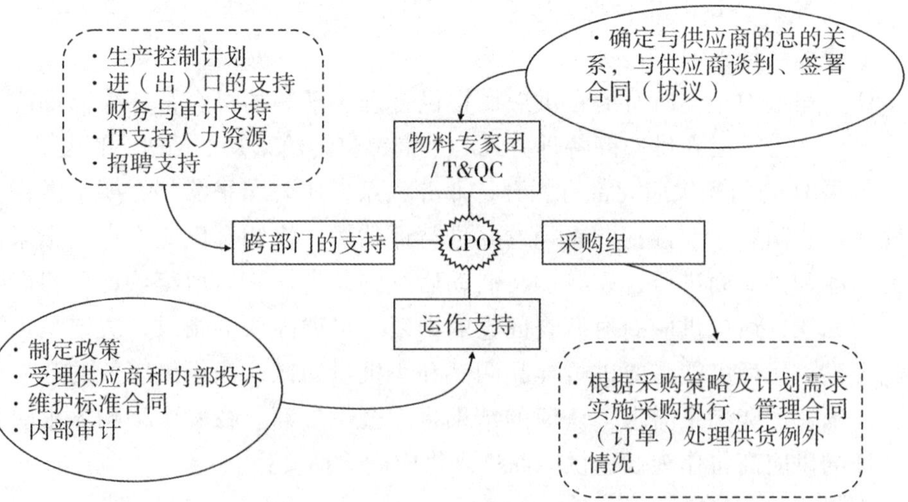

二、采购流程设计简介

采购业务流程主要由：

●认证和选择供应商。

●执行采购。

●供应商绩效管理。

三个环节构成。

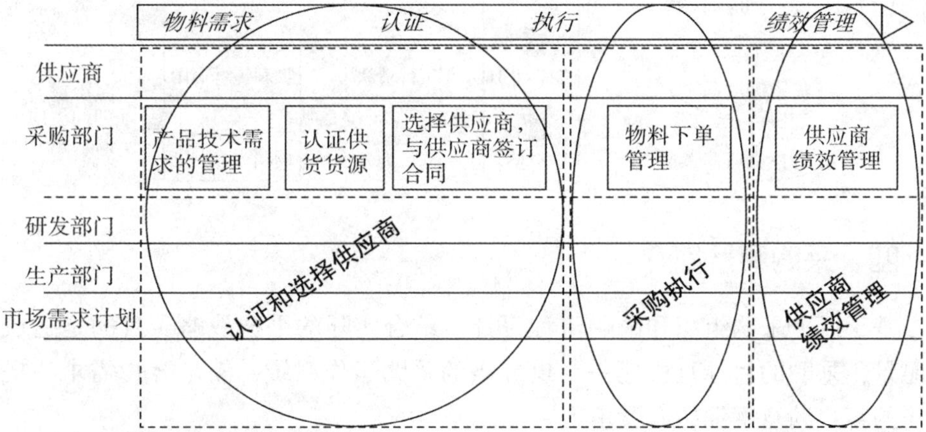

三、采购战略简介

●集中认证，分散采购

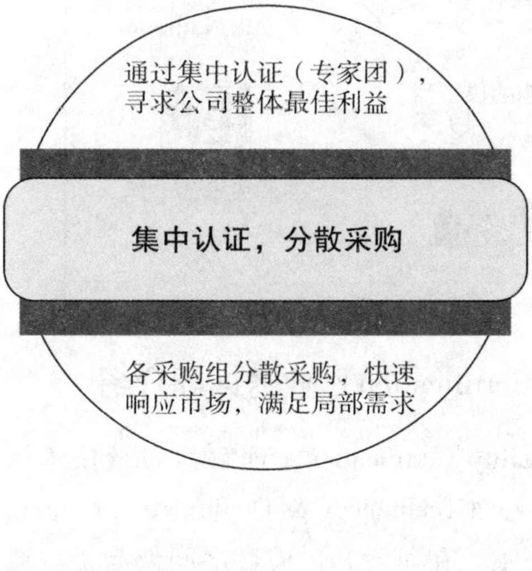

籍着组织架构、流程和 IT 系统，可以达到集中式的采购战略、供应商选择、供应商基本管理等目的：

同时可以通过分散采购达到灵活决策、响应市场和满足局部需求的目标，这样的运作模式使采购变得高效、简洁

●物料族和供应商细分

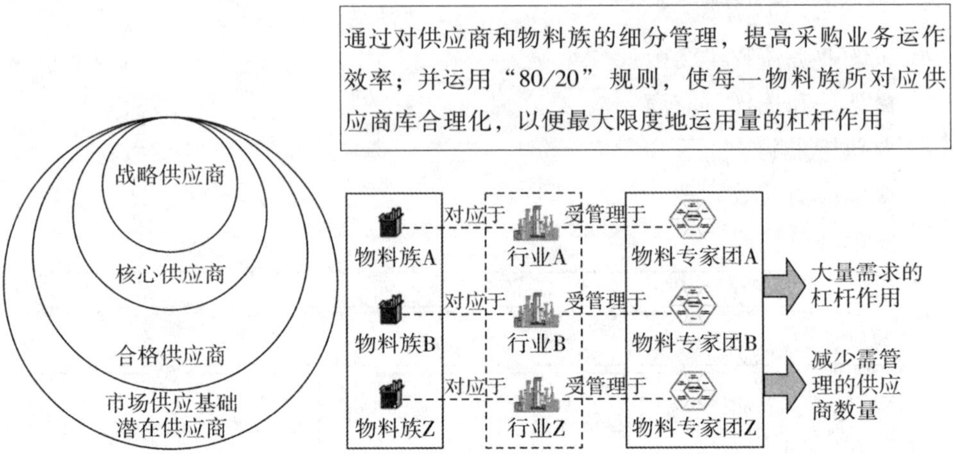

四、采购愿景简介

基于以上采购组织和采购流程设计，结合实际的采购战略，目的是达成如下愿景：采购的目标是构建一个世界级的采购运作系统，满足客户需求，提升公司的客户满意度和核心竞争力。

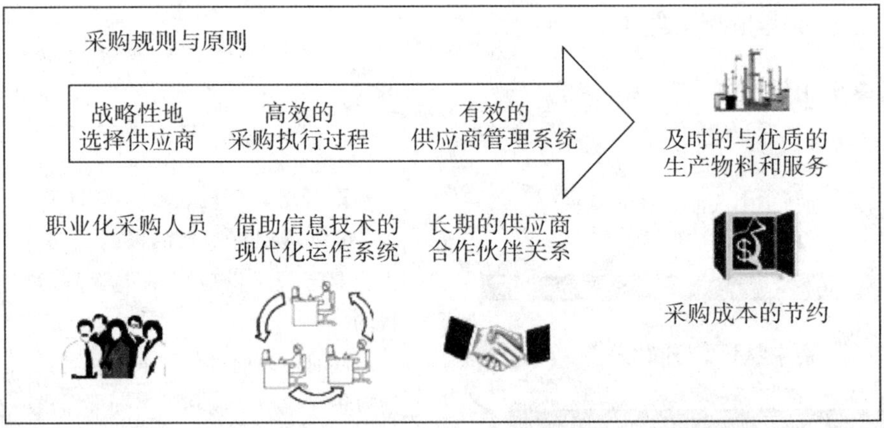

五、TQC（Technology & Quality Certification）业务详细介绍

TQC 既是职能角色，Technology & Quality Certification，理解为质量技术认证专家，也可理解为职能部门，即认证中心（Technology & Qualification Center，简称 T&QC），目前行业普遍理解以前者为主。在研发和供应商之间架起了沟通的桥梁，推动供应商早期参与产品设计来取得双方的技术融合以及在成本、产

品供应能力和功能方面的竞争优势。同时在质量管理、供应商辅导方面承担主要功能角色。

1TQC 基本业务如下图：

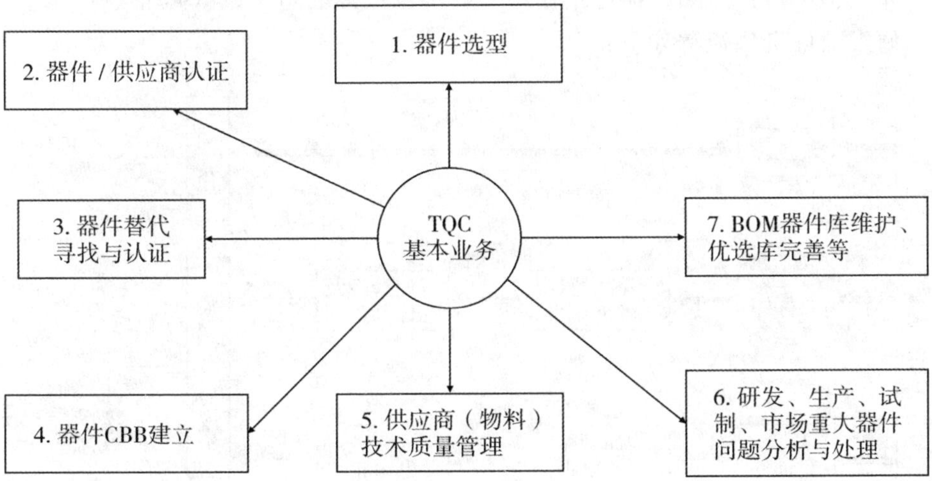

采购 TQC 主要业务如下：

●器件选型。

●器件供应商认证。

●器件替代寻找和认证。

●器件 CBB 建立。

●供应商技术质量管理。

●研发，生产，试制，市场只能光大器件问题分析和处理。

●BOM 器件库维护，优选库完善等。

1. 器件选型

（1）器件选型就是根据产品设计要求，按照一定的程序和方法选择技术、质量、响应、交货、成本、环境和社会责任七个方面满足产品要求的器件。

器件选型也是一项产品工程，是硬件开发活动的重要组成部分，产品一旦选用了某器件，其质量、成本、可采购性基本上 70% 都已固化，后期的一系列改进、保障策略所达到的效果只能占到 30%，器件选型影响重大。

归结起来就是：器件可用性、可采购性、成本和供应商支持能力和支持续发展能力满足产品要求。

（2）器件选型要点。

●基本原则：归一化、可替代、成熟度、标准器件。

●基本要素：可用性、可采购性、成本。

●基本方法：分析比较、最优设计、多家替代、方案级替代。

●基本过程：需求控制、Sourcing、决策、认证上网、器件生命周期管理。

●选型平台：PDM、器件工作站、内部规范标准总库、BOM信息库。

研发器件选型流程如下：

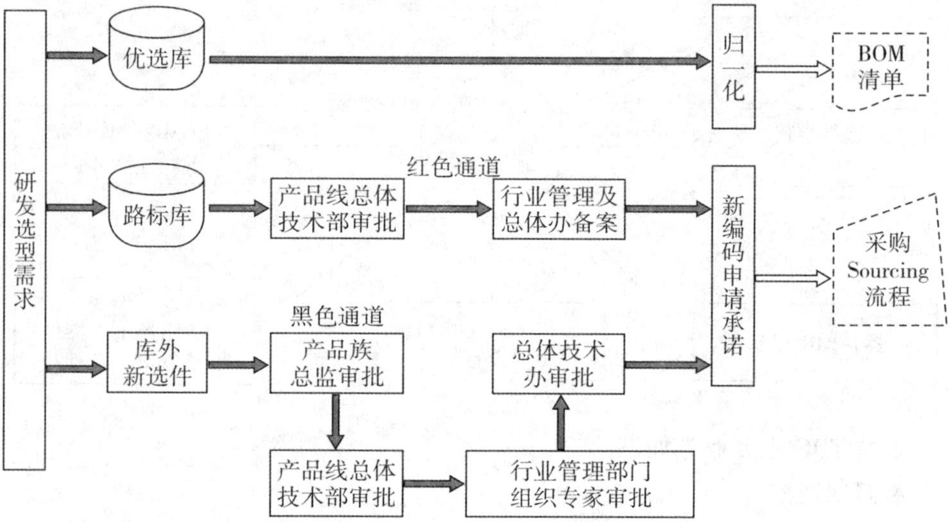

2. **器件及供应商认证**

(1) 器件认证与供应商认证的关系。

●谁先谁后。

●谁更重要。

(2) 器件认证有哪些流程。

●PDM、NOTES、FAI。

●输出是什么?

●输出“器件技术认证报告”。

(3) 供应商认证。

●认证什么?

●工艺制程与体系。

●体系包括那些?

质量体系（对应ISO9001）。

环境体系（对应ISO14001）。

社会责任体系（对应SA8000）。

环保体系。

输出："ROHS 考察报告"。

"供应商体系考察报告" 包括："质量体系考察报告""环境体系考察报告""社会责任体系考察报告""ROHS 考察报告"。

3. 器件替代寻找和认证

（1）替代寻找。

（2）差异点分析（TQC 主导，调动公司资源）。

（3）针对性测试。

（4）在板测试。

（5）小批量试用。

（6）输出"器件替代认证报告"。

4. 负责器件 CBB 建设

（1）开展归一化，提高产品器件复用率、替代率。

（2）输出"选型规范""选型指导书""器件技术"。

（3）维护优选器件库。

5. 供应商技术质量管理

（1）质量保证协议，PCN 协议，供应商质量问题赔偿协议。

（2）供应商物料 PCN 管理。包括供应商关键技术、工艺、设备、场地、标志标识和版本等变更管理以及产品停产管理。

（3）采购规格书管理。

（4）根据物料质量目标，进行供应商质量目标分解。

（5）供应商稽查，过程质量监控。

（6）供应商质量问题 SCAR 表改进跟踪闭环。

（7）供应商质量表现季度和年度评定。

6. 研发、生产和市场重大器件问题分析与处理

（1）及时处理，避免问题扩大化，减少停产时间，问题及时升级。

（2）协调与协同相关部门开展重大问题分析和处理，包括组成跨部门小组攻关与分析。

（3）反馈供应商失效分析、处理，督促供应商彻底解决和根本改进。

（4）事后开展质量回溯，全流程改进，避免问题重复发生。

（5）物料生产市场质量问题处理操作指导书。

7. BOM 器件库信息维护和优选库完善

采购认证系统：

供应商认证是认证供应商的体系和产品两大方面，确保器件的可用性，可采购性、成本和支持能力满足产品需求，达到 TQRDCES 综合最优。

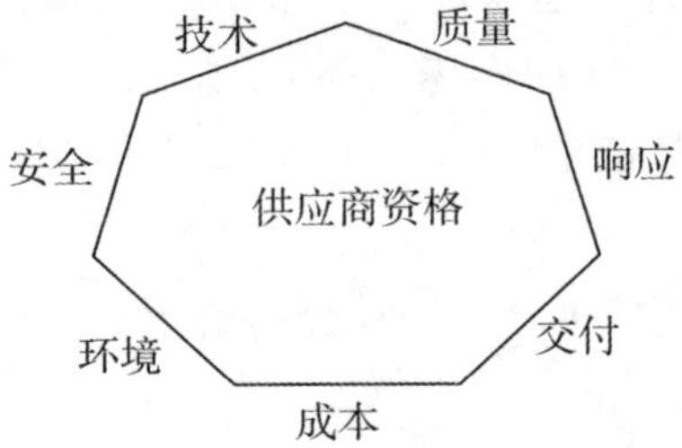

供应商认证和选择由 CEG，buyer 及 TQC 一起执行。按照竞争性招标、竞争性评估、价格比较及成本构成分析等方法选择。

●器件选型也是一项产品工程，是硬件开发活动的重要组成部分，产品一旦选用了器件，其质量，成本，可采购性基本上 70% 都已固化，后期的一系列改进，保障策略所达到的效果职能占到 30%，器件选型影响重大。

●归结起来就是：器件可用性，可采购性，成本和供应商支持能力和可持续发展能力满足产品的要求。

器件选型的要点如下：

●基本原则：归一性，可替代，成熟度，标准器件。

●基本要素：可用性，可采购性，成本。

●基本方法：分析比较，最优设计，多家替代，方案级替代。

●基本过程：需求控制，SOURCING，决策，认证上网，器件生命周期管理。

●选型平台：PDM，器件工作站，内部规范标准总库，BOM 信息库。

器件库信息维护和优选库完善：

包括优选等级，器件型号，供应商名称，器件资料，安规资料，环保信息，潮湿敏感等级，器件规格，描述元素等。

七、H 公司的供应商选择及公平价值评定

1. 供应商选择的目标

负责供应商选择的主体部门是采购部各物料专家团（CEG）。H 公司采购部在向外部供应商采购物品，服务和知识资产时，有责任为 H 公司获取最佳的整体价值。因此在选择供应商时 CEG 有两个主要目标：①选择最好的供应商；②评定公平价值。

2. 供应商选择流程

H 公司制定了完善的供应商选择、公平价值判断流程以确保 H 公司选择最符合 H 公司利益的供应商，采购获得最公平的价值，同时保证 H 公司向所有供应商给予平等赢得 H 公司生意的机会。该流程的基本原则是公平，公开和诚信，并由以下机制保证：

（1）采购集中控制——采购是公司内部唯一授权向供应商做出资金承诺，获得物品或服务的组织。除此以外的任何承诺都视为绕过行为，视为对公司政策的违背。

（2）供应商选择团队——供应商选择将由相关专家团主任组建团队来进行，成员包括采购和内部客户的代表。小组的使命是制定 RFQ/RFP，确定能够按照 H 公司要求提供所需产品或服务的现有合格供应商名单。这个团队管理供应商选择流程，参与评估供应商的回复以及选择供应商。

（3）供应商反馈办公室——如果供应商在与 H 公司的交往中有任何不满意的地方，有专门的帮助中心负责搜集供应商的反馈和投诉。

（4）H 公司供应商绩效评估。

H 公司采购部制定了供应商评估流程，定期向供应商提供反馈。该流程包括相关专家团正式的绩效评估。供应商的绩效将从技术、质量、响应、交货、成本和合同条款履行这几个关键方面进行评估。评估流程的目的在于给双方提供开放沟通的渠道，以提升彼此的关系。同时，H 公司鼓励供应商向 H 公司反馈，站在客户的角度他们如何评价 H 公司，这些评估信息将用于改善彼此的业务关系，和改善 H 公司内部的业务运作。

（5）H 公司着手电子化交易。

电子化交易就是"在网上进行买卖交易"，其内涵是：企业以电子技术为手段，改善经营模式，提高企业运营效率，进而增加企业收入。"电子化交易可以让企业得到更多的供应商资源、充分了解供应市场状况、更好地搜集市场信息、使采购策略立足于事实基础上。"H 公司正在着手实现从"采购请求"到"付款"全流程的自动化。希望供应商支持这一行动，并参与电子采购的使用，将其作为主要的沟通和交易平台。此外，我们还将在预测/订单状态，RFI/RFQ/RFP，供应商评估等方面与供应商进行电子化的合作。这将给 H 公司和供应商双方带来收益，有助提高效率和降低交易运作成本。

（6）H 公司规定的业务行为准则。

●诚信和道德标准：

H 公司的政策是与供应商和其他任何有业务关系的客户进行公平往来，遵守商业道德。任何时候如果供应商感觉到该政策的执行打了折扣或背道而驰，请将您的担忧向H公司供应商反馈办公室反映。我们将本着尊重事实、谨慎周密的原则进行调查处理，并替反馈人保守秘密。

●保密：

采购部会保护H公司自身的机密信息或与供应商/客户签署的保密协议所涉及的保密信息。H公司与每个供应商和潜在供应商的关系，在H公司看来都是仅限于双方之间的事务。H公司会负责地对待从供应商处获取的信息，H公司的员工必须避免因为疏忽大意获取或透露另一方的保密信息。

(7) H公司与供应商之间的沟通。

H公司相信，只有良好的沟通才能培育出良好的合作关系。H公司提供多样化的沟通渠道，以便H公司和供应商进行开放的对话和讨论。

每个物料专家团内部都有供应商接口人，负责与供应商的接口和沟通，处理供应商与H公司来往过程中可能碰到的任何问题和疑问。相应地，也要求供应商通过这一单一的接口与H公司接触。通过这一渠道，专家团会将所有可能影响到供应商业务的采购策略和计划，传达给供应商。

H公司设立供应商反馈办公室，主要是为了处理所有与采购相关的问题，包括供应商针对H公司员工或某部门的不公平行为和不道德行为的投诉等，供应商可以坦诚地让H公司知悉自己的顾虑，同时也帮助了H公司遵守其诚信的承诺，此举目的在于促进与供应商更为开放、有效的关系。

第二节　PCN是采购认证体系和TQC中重要的一环

一、定义

PCN：Product change notification（包含产品包的所有更改）。

该规范所定义的物料PCN，包含物料及其相应数据、资料的更改；包含但不只限于以下涉及以下内容：

(1) 器件停产。

●物料停产。

●原型号停产的物料升级。

(2) 功能更改。

●物料功能升级。

●物料更正缺陷。

（3）性能更改。

●物料电性能、机械性能、热性能更改。

●物料的电装工艺要求更改。

●物料品质或可靠性变化或更改。

（4）外观更改。

●物料外观（包含外形、尺寸及公差、颜色、标识、表面材料等项目）更改。

●物料标识更改。

（5）工艺更改。

●物料主要原材料供应商更改。

●物料主要原材料、生产设备、生产工艺更改。

●物料生产线转移或更改。

（6）其他更改。

●物料订货型号更改。

●物料数据手册、用户手册、应用建议、设计指导等资料的增加、修订、升级、更正或更改、缺陷声明。

●物料补丁程序的发布或刷新。

●以及可能影响物料商务、功能、性能及应用的其他变化。

二、PCN 完整性要求

物料 PCN 的完整性要求如下：

●PCN 文档编号，发布日期。

●明确、详细的更改原因。

●明确、详细的更改说明及影响度说明。

●更改生效时间。

●受影响的物料清单。

●供应商对更改的认定数据和报告。

●对用户反应的要求。

●可提供更改后样品的日期。

●替代或原型号最后接单日期、最后发货日期，以及最后订单附加条款。

●用户投诉或反馈渠道。

三、PCN 分级、通知、处理要求

物料 PCN 根据更改内容，明确规定了分级、通知、处理等要求，要求供应商严格按照要求执行。要求如下：

更改等级	更改项目	通知时限	通知形式及内容	验证及处理方式	说明
1	仅物料标识或供应商标识/订货型号更改	更改正式生效前3个月	供应商正式通知（电子或纸面） 更改前后对比清单	核实资料准确性 更改物料系统中数据	对物料的性能、功能、参数、可靠性、品质等无任何影响的更改 正式确认通知（电子或纸面）
2	物料数据/资料更改（如数据手册、用户手册、勘误文件、补丁程序的发布/刷新/增加/修订/更正/更改）	资料正式发布一周内	供应商正式通知（电子或纸面） 提供相关报告文件（如升级报告、版本说明文件、兼容性报告、勘误表等）	检查设计，实施修改，进行充分验证 刷新数据库中的物料资料及应用开发文档 更改物料系统中数据	资料（物料数据手册、用户手册、应用建议、设计指导等）的增加、修订、升级、更正或更改及缺陷声明 正式确认通知（电子或纸面）
3	不需要更改PCB条件下，物料尺寸更改	更改正式生效前3个月	供应商正式通知（电子或纸面） 更改后型号的品质报告和足量样品	检查产品设计、工艺的兼容性，实施必要的修改，进行充分验证 刷新数据库中的物料资料及应用开发文档 更改物料系统中数据	正式确认通知（电子或纸面）

（续表）

更改等级	更改项目	通知时限	通知形式及内容	验证及处理方式	说明
4	物料外观更改； 物料电装工艺要求更改（如电装温度曲线更改等）； 生产线更改	更改正式生效前 3 个月	供应商正式通知（电子或纸面） 更改后型号的品质报告和足量样品	作为新物料重新验证 检查产品设计、工艺，实施必要的修改，进行充分验证 刷新数据库中的物料资料及应用开发文档 更改物料系统中数据	正式确认通知（电子或纸面）
5	物料功能、性能升级或更正缺陷； 工艺更改	更改正式生效前 6 个月	供应商正式通知（电子或纸面） 直接提供相关的升级报告，版本说明文件，兼容性报告，勘误表； 更改后型号的品质报告和足量样品	作为新物料重新验证 检查产品设计、工艺，实施必要的修改，进行充分验证 刷新数据库中的物料资料及应用开发文档 更改物料系统中数据	关键物料的更改需要批准 正式确认通知（电子或纸面）
6	物料停产或原型号停产的物料升级	最后接单日期前 12 个月	供应商正式通知（电子或纸面） 直接提供相关的升级报告，版本说明文件，兼容性报告，勘误表； 更改后型号的品质报告和足量样品	作为新物料重新验证 检查产品设计、工艺，实施必要的修改，进行充分验证 刷新数据库中的物料资料及应用开发文档 更改物料系统中数据	关键物料的更改需要批准 正式确认通知（电子或纸面）

四、物料PCN收发、确认的管理要求

1. PCN生效原则

PCN接口、管理部门。所有供应商发放的物料PCN必须以双方认可的正式通知形式（纸面或电子文件）及时通知TQC（通知时限见上表），并提供相关资料（见上表）。

物料更改通过相关验证，并由TQC向相关供应商发放PCN确认书后，供应商方可供应更改后的物料。

2. PCN发放

物料PCN正式通知书见“物料PCN通知单及回执”，供应商必须将物料PCN通知TQC，并同时提供供应商发布的物料PCN原件。

3. PCN回执和响应

TQC收到PCN通知单，在3个工作日内正式反馈供应商，回执单见“物料PCN通知单及回执”；并提出相关要求。

供应商需根据回执要求，提供相关的支持（如样品、资料、报告、验证技术支持等）以协助H公司技术有限公司的验证或处理。

4. PCN确认

由TQC在对物料PCN充分验证完成后反馈明确结论：接受、有条件接受、拒绝。物料PCN确认书见“物料PCN确认书”。

“物料PCN确认书”唯一合法的PCN确认书。如果无确认书反馈，即视为拒绝接受该PCN。

5. 协议约束

如果供应商未及时将PCN通知TQC，或未得到TQC正式确认而使PCN生效，所造成的损失将根据有关规定执行处罚。

一般供应商需要签订PCN协议来约束。

【附录A】物料PCN通知单及回执（模板）。

PCN通知单

收件人信息：××××采购技术认证部

姓名		电话	
E－mail地址		传真	
抄送		日期	

生产厂家		PCN 号	
PCN 发布日期		PCN 主题	

影响产品清单

项目编码		订货型号	
项目编码		订货型号	
项目编码		订货型号	
项目编码		订货型号	
项目编码		订货型号	

供应商信息：

公司名称		日期	
姓名		电话	
E - mail 地址		传真	

PCN 回执

TQC 接收到该 PCN，初步答复如下：

[　] 接受

[　] 需要详细信息，清单如下：

[　] 需要新样品，数量为：________片

[　] 测试报告和品质报告

[　] 其他：____________________________

回复人信息：H 公司技术有限公司采购技术认证部

姓名		电话	
E - mail 地址		传真	
抄送		日期	

【附录B】物料PCN确认单（模板）

×××公司物料PCN确认单

收件人信息：

供应商名称			
姓名		电话	
E-mail地址		传真	

生产厂家		PCN号	
PCN发布日期		PCN主题	
影响产品清单			
项目编码		订货型号	
项目编码		订货型号	
项目编码		订货型号	
项目编码		订货型号	

收到该PCN，答复结果如下：

影响产品清单				结论（接受，有条件接受，拒绝）
项目编码		订货型号		
项目编码		订货型号		
项目编码		订货型号		
项目编码		订货型号		

原因：

发件人信息：

姓名		电话	
E-mail地址		传真	
抄送		日期	

PCN 关联下一般防止供应商在降成本过程中虚假材质和擅自更改不经过审批和认证批核。

●在加工过程中发现的结构不合理处或存在质量隐患处，不经过确认及正式流程，就按自己的经验擅自更改；

●对非正规渠道提出的图纸更改要求，没有拒绝或要求其通过正式流程下发 ECN，而是直接按照其要求进行更改；

●PCN 的正常流程应是先提交，评审通过后才能遵照执行，但现在往往已经做完了等着要交货了才提 PCN 给 TQC 启动评审，严重不符合 PCN 的正常流程，也存在极大风险，万一 PCN 不通过，会对质量、交付造成重大影响。

进行整改过程中，需要重点防范：

（1）是否有 PCN、ECN、三方确认单的管理流程？流程中是否存在可在无正式书面文件的情况下，对图纸进行更改的漏洞？

（2）工程人员对图纸的更改是否有审核环节？该环节的审核责任人由谁担任？是否必须审核有无我司下发的正式书面文件？

（3）贵司的研发部门是否有对相关工程或产发人员进行培训和强调，一切对图纸的更改都必须有正规流程支持，否则所有的加工必须也只能按照图纸执行。

（4）品质部门检测到与图纸的不符合项后，是否有复核相关支持文件？包括正式下发的三方确认单、PCN、ECN 原件。

（5）各供应商自查内部相关流程是否完善，如缺少相关必要环节，必须立即增加；对违规行为，必须有明确的处罚规定。

（6）各供应商研发部和品质部主管就此问题在部门召开专门会议或培训，重点强调作业规范化、流程化。

（7）将此问题作为重点项列入新员工培训内容，重点强调。

处罚约定：

（8）如再有此类违规事件发生并导致批量不良，按“供应商物料质量问题赔偿协议”中定义的四级质量事故要求赔偿。

第三节　采购TQC业务了解

采购TQC主要业务如下：

●器件选型。

●器件供应商认证。

●器件替代寻找和认证。

●器件CBB建立。

●供应商技术质量管理。

●研发，生产，试制，市场只能光大器件问题分析和处理。

●BOM器件库维护，优选库完善等。

器件选型：

●器件选型就是根据产品设计要求，按照一定的程序和方法选择技术（TECHNOLOGY），质量Q-QUALITY，响应（R-RESPONSE），交货（D-Delivery），成本（C-COST），环境（E-ENVIRONMENT）和社会责任（S-SOCIETY）七个方面（TQRDCES）满足产品要求的器件。

第十一章　集成供应链 ISC 和 SCOR 模型

第一节　SCOR 模型的介绍和精髓

1996 年春，两个位于美国波士顿的咨询公司——Pittiglio Rabin Todd & McGrath（PRTM）和 AMR Research（AMR）为了帮助企业更好地实施有效的供应链，实现从基于职能管理到基于流程管理的转变，牵头成立了供应链协会（SCC），并于当年年底发布了供应链运作参考模型（SCOR），几年前 SCOR 已经有了 9.0 版本。

SCOR 模型，即供应链运作参考模型。SCOR（Supply - Chain Operations Reference - model）是由国际供应链协会（Supply - Chain Council）开发支持，适合于不同工业领域的供应链运作参考模型。

在整个全球供应链中，SCOR 是非常重要的模型，特别是在当下的电子制造业环境下，SCOR 是个端到端的大供应链模型包括：制造、工程、计划、采购、CEG、SOURCING（CEG）、TQC 技术认证、物流仓库、品质等。

整个体系中由计划（生产计划，运营计划 S&OP）主导和推动各个环节完整供应链的使命。

SCOR 是第一个标准的供应链流程参考模型，是供应链的诊断工具，它涵盖了所有行业。SCOR 使企业间能够准确地交流供应链问题，客观地评测其性能，确定性能改进的目标，并影响今后供应链管理软件的开发。

SCOR 的流程参考模型通常包括一整套流程定义、测量指标和比较基准，以帮助企业开发流程改进的策略。SCOR 不是第一个流程参考模型，但却是第一个标准的供应链参考模型。SCOR 模型主要由四个部分组成：供应链管理流程的一般定义，对应于流程性能的指标基准，供应链“最佳实施”（best practices）的描述以及选择供应链软件产品的信息。

SCOR（供应链运作参考）模型把业务流程重组、标杆比较和流程评测等著名的概念集成到一个跨功能的框架之中。

SCOR是一个为供应链伙伴之间有效沟通而设计的流程参考模型，是一个帮助管理者聚焦管理问题的标准语言。作为行业标准，SCOR帮助管理者关注企业内部供应链。SCOR用于描述、量度、评价供应链配置：规范的SCOR流程定义实际上允许任何供应链配置；量度；规范的SCOR尺度能使供应链绩效本衡量和标杆比较；供应链配置可以被评估以支持连续的改进和战略计划编制。

SCOR是以流程为中心，以提高供应链效率的参考模型，整合了有效的管理概念。包括从业务流程创新到检验标杆与最佳实践到业务流程的计量到跨功能部门的构架等。

其中业务流程的创新包括捕捉现行的业务流程制定所求的业务流程（未来流程）。

检验标杆与最佳实践包括将类似公司的运作绩效定量表示根据业内卓越公司的结果，建立内部的追求的目标，业务流程的计量包括最佳的管理实践与IT解决方案。

跨部门的架构包括全部的整合。

在SCOR中供应链是一个由规划，来源，制造于传递的五个重复的功能（计划、生产、发运、退货、采购）所组成。同时Enable支持每一个供应链功能，支持所有供应链业务流程的功能。

SCOR Model是一套主张透过五项流程观点、绩效评估指标建立与提供业界最佳实务来协助企业建立本身供应链架构的工具。以由上而下（Top - Down）的方式逐步推展供应链架构，并且互有联结。以五大流程为主干，描述每个作业流程应进行之供应链分析，而每个作业流程会提供相对应的参考绩效指标，也会有业界最佳实务（Best Practice）描述该作业流程目前在业界中较好的管理手法或是系统工具。

SCOR模型包括五个供应链基本流程：规划（Plan）、采购（Source）、制造（Make）、配送（Deliver）和退货（Return）。其揭示了供应链运作中各组成要素之范围和参考作业，并协助使用者由上往下推演出各层级作业之绩效评估指标。五个基本功能模组的描述如下：

规划。连接供应链的功能作业与营运目标，主要包括需求/供给规划（Demand/Supply Planning）与基础建设规划（Infrastructure）两项管理活动。为对其后的采购流程、制造流程与配送流程进行规划与控制，需求/供给规划活动包含了评估企业整体产能与资源、总体需求规划以及针对产品与配销管道，进行存货规划、配送规划、制造规划、物料及产能的规划。基础建设规划的管理活动则包含了自制或外包决策、供应链架构设计、长期产能与资源规划、企业规划、产品生命周期的决定、新旧产品线规划与产品线的管理等。

采购。此模组有采购基础建设与采购作业管理两项管理活动，其目的是描述一般的采购作业与采购管理流程。采购基础建设的管理包含了供应商评估、采购运输管理、采购品质管理、采购合约管理、付款条件管理、采购零组件的规格制定；采购作业包含了寻找供应商、收料、进料品检、拒收与发料作业。

制造。此模组具有制造基础建设与制造作业管理的两项管理活动，目的是描述制造生产作业与生产的管理流程。制造作业管理包含了领料、产品制造、产品测试与包装出货等。制造基础建设的管理包含了工程变更、生产状况掌握、生产品质管理、现场排程制定、短期产能规划与现场设备管理等。

配送。本模组包含订单管理、仓储管理、运输管理与配送基础建设的管理等四项活动，其目的是描述销售与配送的一般作业与管理流程。订单管理作业包含了接单、报价、顾客资料维护、订单分配、产品价格资料维护、应收账款维护、授信与开立发票等流程。仓储管理作业包含了拣料、按包装明细将产品包装入柜、确认交货地点与运送货物等流程。运输管理作业包含产品运输方式安排、进出口管理、货品安装适宜规划、进行安装与产品试行（例如，销售大型机器给顾客，须先帮忙安装完毕，然后进行试车）。配送基础建设的管理包括配送通路的决定与设计、配送过程中的存货管理、配送品质的掌握与销售的管理政策。

退货。以退回之货品的属性分，包括：不良品、间接物料（MRO）、过剩成品。以退货作业牵涉的对象层面分，包括：顾客面作业、供应商面作业。退货的回应方式包括：核可作业、退货排程、退换作业、销毁作业。

第二节 SCOR 模型的三个层次输入和输出

SCOR 模型有三个层次，每个层次都是输入和输出。

1. **第一层**

绩效衡量指标，反映供应链性能特征，高层绩效测量可能涵盖了多个不同层次的流程。

衡量供应链的表现与理解其运作都是一样必要的；衡量工作必须结合企业

的目标；衡量工作要有可重复性；衡量工作必须能对更有效地管理供应链提出见解；衡量一定要适于所评测的流程活动。

KPI考核包括：

外部：

●供应链的可靠性；

●供应链的反应速度；

●供应链的柔性。

内部：

●供应链成本；

●资金。

供应链绩效指标与SCOR水平指标

绩效指标	绩效指标的定义	水平指标
供应链供应可靠性	正确的产品，在正确的地点和正确的时间，有正确的存储、包装以及正确的数量、正确的文件发给正确的客户	交货绩效
		可供货率
		完善订单完成率
供应链的反应速度	反应给客户	完成订单的提前期
供应链的柔性	应对市场多变的能力	供应链的反应时间
		生产线的柔性
供应链成本	供应链运作的成本	销售成本
		供应链管理的总成本
		附加价值的劳动生产率
		保修/退货的处理成本
供应链资产管理效率	一个组织的应对需求的全部资产等	现金—至—现金的周期时间
		所需库存的天数
		资金周转率

我们看到了很多核心指标也列出了，例如DOS（DAY OF SUPPLY）、ITO（总库存周转天数或周转率）。不过我们需要灵活运作，不能盲目照搬，KPI的

设计要基于企业的具体情况再去设计。世界发生了变化，SCOR 的 KPI 考核指标也需要基于市场而改变也是必然。

当今世界，以客户、以市场为中心。例如在对客户需求的相应速度和交付能力的考核中，H 公司就值得学习。

很多著名企业都重点放在对“需求的满足率”。

关于供应链成本对比如下：

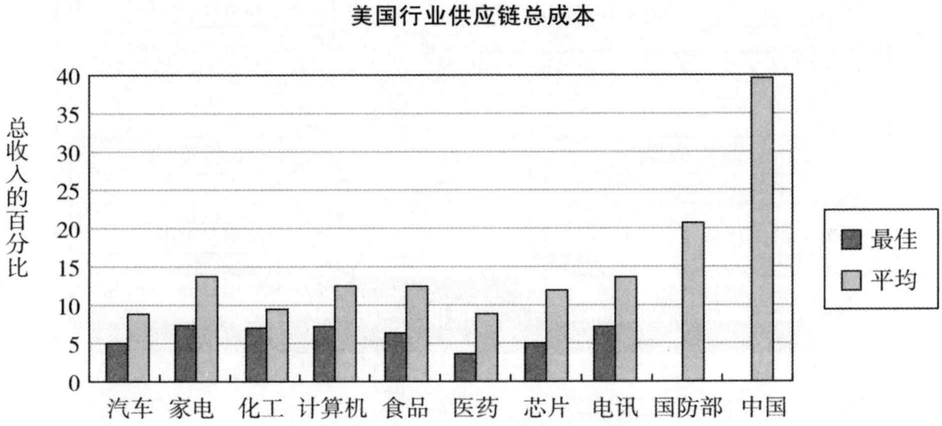

2. **第二层**

配置层，在第二层配置层中，由 26 种核心流程类型组成。企业可选用该层中定义的标准流程单元构建他们的供应链。每一种产品或产品型号都可以有自己的供应链。每一个 SCOR 流程可分三种流程元素进行详细描述：计划元素：调整预期的资源以满足预期需求量。计划流程要达到总需求平衡以及覆盖整个的规划周期。定期编制计划流程能有利于供应链的反应时间。计划流程同时综合模型中的部分及企业。执行元素：由于计划或实际的需求引起产品形式变化，需要执行的流程包括：进度和先后顺序的排定、原材料及服务的转变及产品搬运。支持元素：计划和执行过程所依赖的信息和内外联系的准备、维护和管理。

多种计划策略或制造策略是配置的根本，这个在 PMC 章节会重点讲述。

多种制造策略包括四种计划策略，在 SCOR 中提到了 3 种，在采购中也是基于制造去同步实施采购。

S&OP2 的创新在此时可以将 SCOR 有效统一起来了，S&OP 的约束模型中同 SCOR 有殊途同归，不过 S&OP2 更有效、更直观。

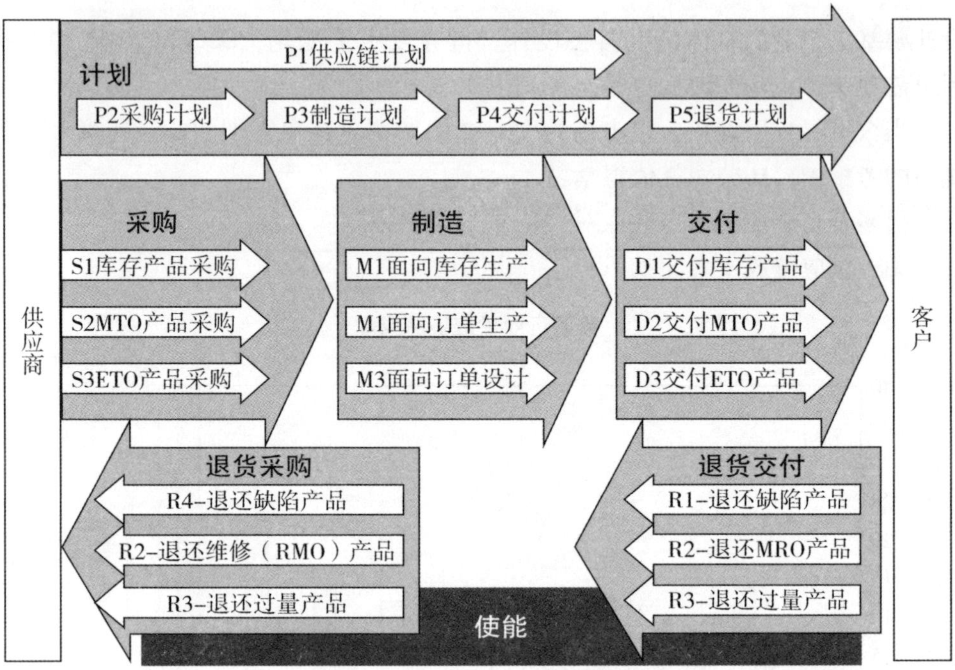

SCOR 模型简介—第二层

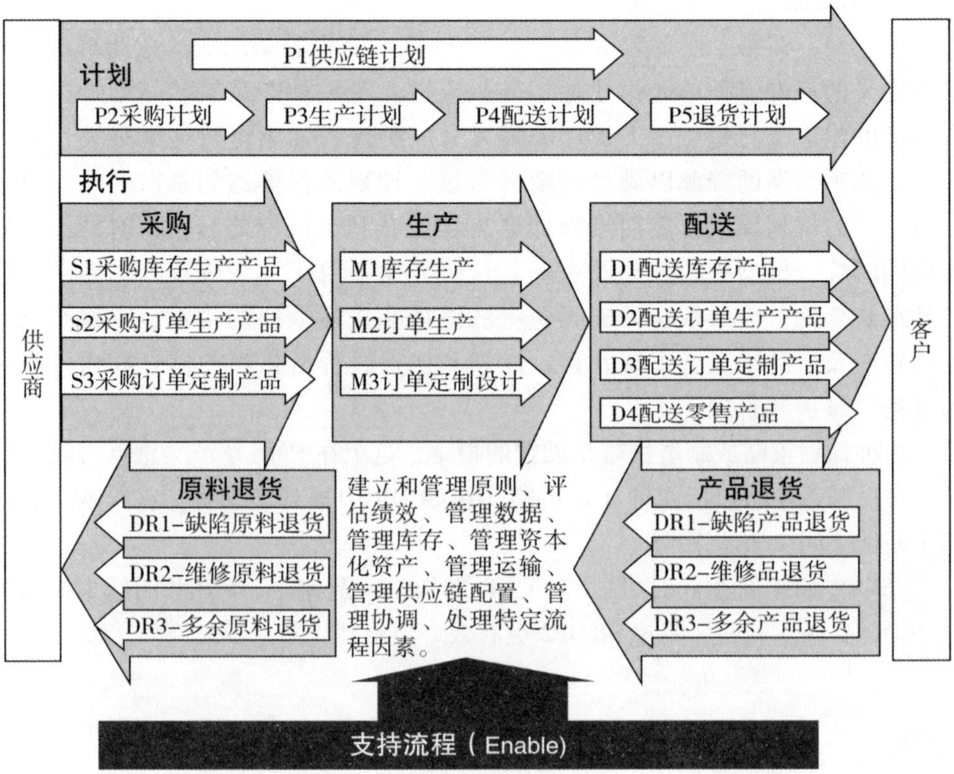

3. **第三层**

流程元素层，流程流、输入和输出、输入的采购、输出目的地。

SCOR 模型建立在五个不同的管理流程之上：

（1）计划（Plan）；

（2）采购（Source）；

（3）生产（Make）；

（4）发运（Deliver）；

（5）退货（Return）。

在这个模型中，需要领悟一些高度集成的意思，PLAN 是代表统筹全局的角色，采购是集成的采购（集成的采购认证），生产也是集成的生产（包括品质、工程、制造中心）。

第三节　SCOR 模型的总表达

国内有些顾问将这些 SCOR 英文图表转成中文如下：

SCOR 模型简介——第一层

- SCOR（Supply－Chain Operatiors Reference－nodel）是由国际供应链协会（Supply－Chain Council）开发支持，于 1996 年年底发布了供应链运作参考模型（SCOR），目前是 9.0 版本。
- SCOR 结构体系目前已成为一个公认的国际标准，适合于不同工业领域的供应链运作参考模型，为企业供应链结构的构建提供了良好的指导作用。

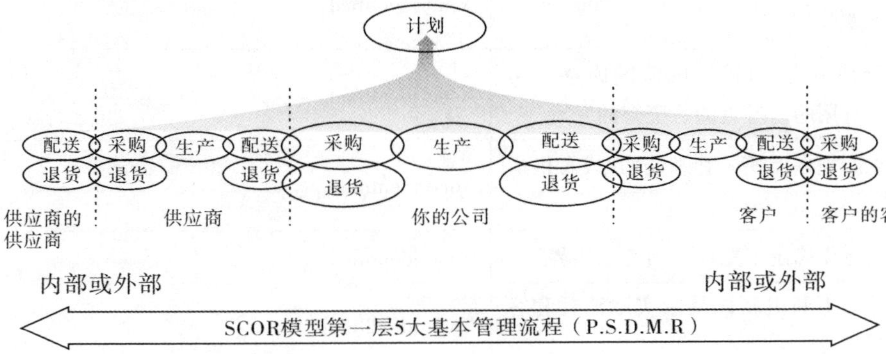

SCOR 模型简介——第三层、第四层

第一层	5 个管理过程构成 SCOR 模型的组织架构，为了表述方便，每个管理过程都用对应的编码表示
第二层	26 个核心流程，每个核心流程用一个编码表示，这个编码的主要内容可以用一个表格来展示，表格里包括绩效指标和最佳实践 2 项
第三层	26 个核心流程再一次细分为 177 个流程元素，每个元素可用绩效指标、最佳实践、输入、输出 4 项来描述
第四层	实施层（Activities），具体到不同公司的不同操作，这部分不由 SCOR 模型进行定义

SCOR 模型简介——第三层流程元素

流程因素：确定、排序和汇总产品需求	流程因素编码：F2. 1
流程分类定义	
该流程从整体上考虑供应链中产品需求或者服务需求的来源的确认、安排先后等	
测量指标	
确定、排序、汇总产品需求 3 个活动所花的成本	与确定、评估、收集配送需求有关的费用总和
预测精确性	预测精确性适合于产品/市场中的家庭/分销渠道这些测量单位。普通的计算是预测总重—总的变化/总的现货以确定百分误差
最佳实践	
产能、供应限制与计划周期内的需求之间的平衡	None identified
为了行动适当，归类 100% 的库存（活跃的、有用的、过重的、废弃的）	None identified
主要生产规划反映了管理能力/或者供应限制	None identified
销售和运作确定了短期灵活性的边界	None identified
需求计划不断更新以反应实际消耗和客户预测信息	None identified

输入	
EP7 中的原料账单	原料账单是所有生产产品中所需的材料的一个结构清单，无论采购与否
P4. 4 中的配送计划	特定时间内的行动方针，代表整个供应链资源中的项目资金能满足供应链需求
EP7 中的材料主文档	每个产品特定细节的记录，定义了系统参数，更有效的计划和执行 ERP 的使用
D3. 3 中的指令信号	存货准备/某个特定订单的计划能力和配送日期
D2. 3 中的指令信号	存货准备/某个特定订单的计划能力和配送日期
EP3 中的规划数据	在最高总额和最低库存单位规划水平中，规划数据对于供应链和需求之间平衡的计划是必要的。
EP7 中的产品路径	关键元素：一系列恰当的操作、工作中心确认、课程、运行时间、批量和设置。
P3. 4 中的产品计划	主生产计划用来把产能分配给资源，规划有限的制造行动。生产计划包括产能。
P5. 4 中的原料退货需求	产品或者服务供应链前退货时产生的所有需求的来源
P1. 4 中的供应链计划	特定时间内的行动方针，代表整个供应链资源中的项目资金能满足供应链需求
输出	
P2. 3 中的产品需求	供应链内所有的产品或者服务的需求来源

SCOR 模型构建

运作参考模型业务流程重组、标杆设定及最佳实际分析结合在一个完整的模型中。

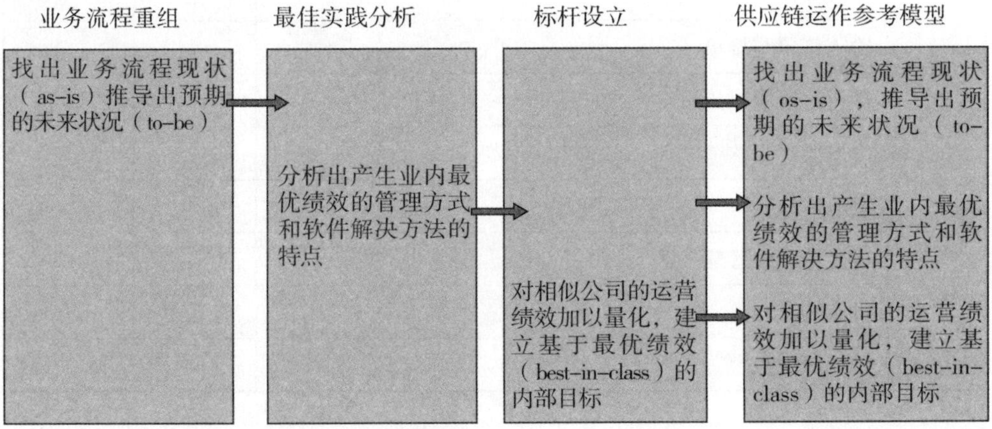

●SCOR 提供了一种改进与评价供应链的模式。

●SCOR 的特点：

（1）五个业务流程类型。

（2）绩效指标。

（3）最佳实践与标杆。

（4）图视分析法。

供应链成熟程度评估

		阶段 1	阶段 2	阶段 3	阶段 4
规范	战略				
	需求计划				
	供应计划				
	需求与供应匹配				
来源	战略				
	商品与流程管理				
	供应商开发与管理				
	组织与设施				
制造	生产战略				
	生产计划				
	物料出库，运动与跟踪				
	生产过程控制				
传递	ENABLE				
	输入订单与排单				
	储仓，运输与传送				
	出发票，收款				
总体	供应链战略				
	供应链绩效管理				
	供应链流程				
	供应链组织				

同时分解如下：

供应链成熟程度模型

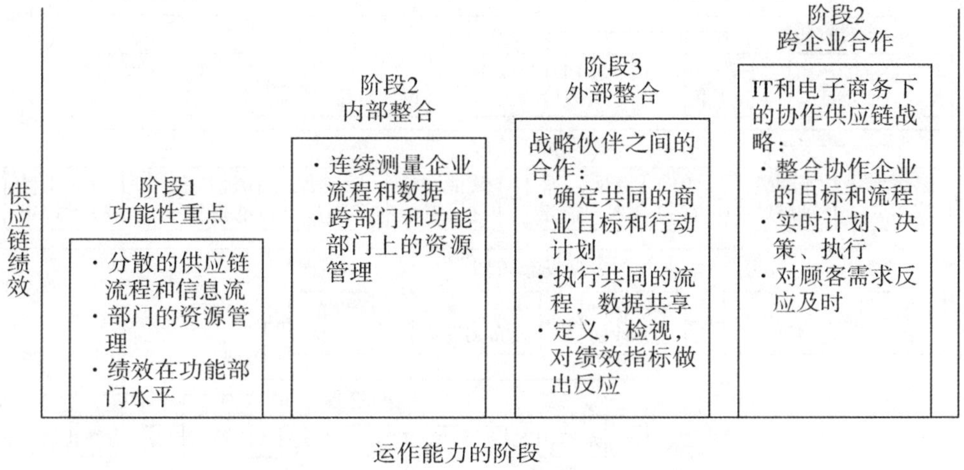

第四节　ISC（集成供应链）案例分析

目前 H 公司等企业对 SCOR 模型有很多创新，同时效果明显。国内很多通信企业都纷纷推行 SCOR 模型。

在很多零售行业，SCOR 模型也非常有意义，通过“计划”来主导推动达到整个供应链的闭环推进。因为在服装行业，零售行业，通常计划的功能不是很弱。他们必须基于终端的变化，用拉动式的计划模式，公司内部使用 SCOR 模型快速达到补货目的。如果产品结构复杂和种类繁多，可以配合多种制造策略、POSTPHONE（延迟制造）的模式、DRP、BI 就可以达到一个完整的供应链模型。不断优化内部对该模型的理解就可以取得巨大的效果。

很多企业对制造策略没有很好的领悟，导致看似简单的制造策略浮于形式。彻底了解 BOM 结构和过去未来的预测和产品通用性，规划好制造策略不断评估是会有巨大的效果。同时配合精益生产。一定会出现一个快速交付，总库存最优，总库存周转率非常好。呆料、死料受控的局面。

在 IPD、ISC、IFC 看到：

IPD开发流程

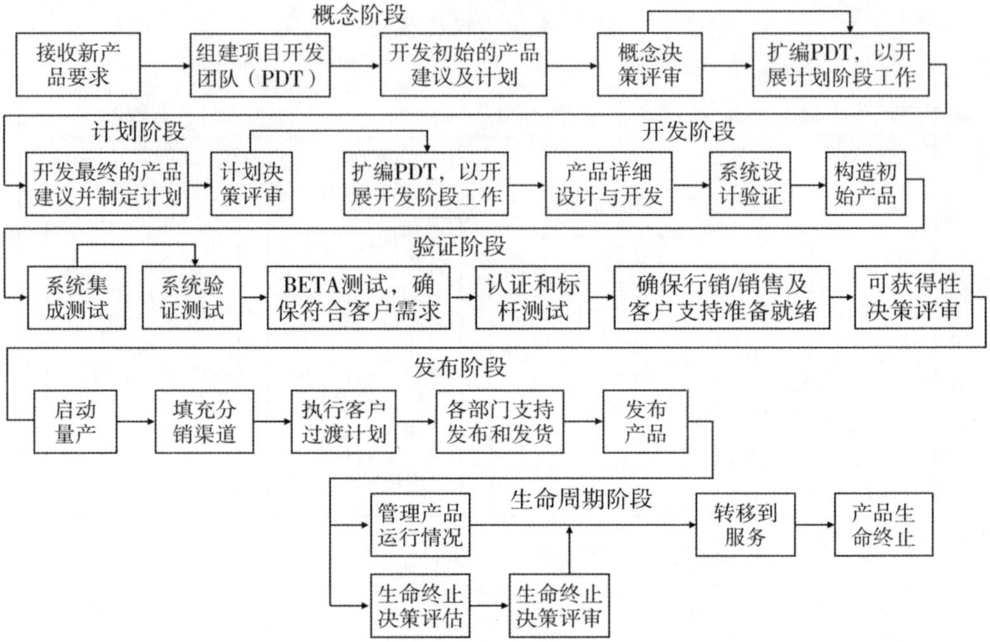

IPD 的核心是流程重整和产品重整两个方面，流程重整关注与重整产品开发流程，产品重整关注与异步开发和共用基础模块的重用。好比，一个地区运输系统，目标（多快好省地运客运货），重整（区域公路网络—流程，客货运输车队—产品）

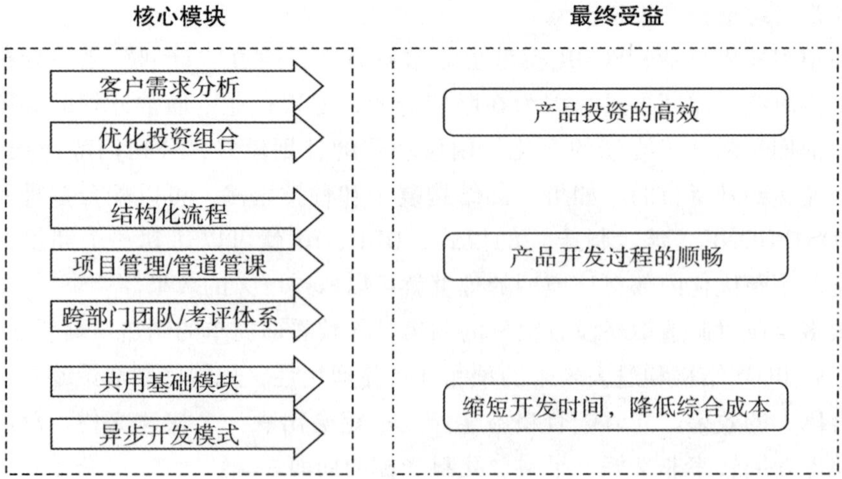

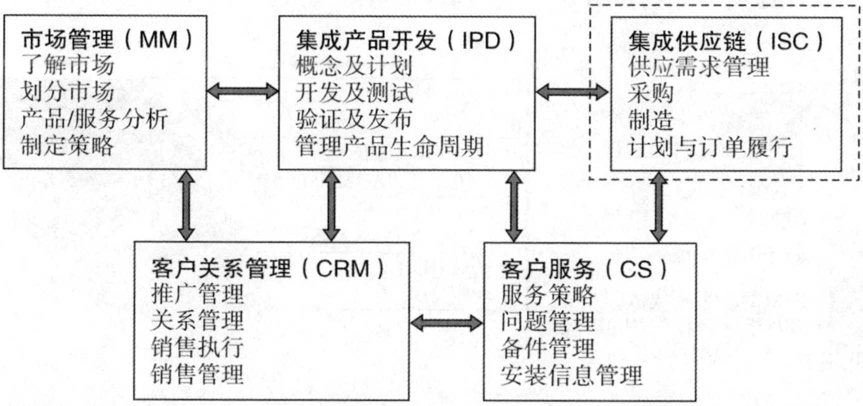

企业是什么？企业就是端到端的流程，从市场来（信息），到市场去（产品）流程作为企业的命脉，只有脉络通畅，人注以、物流、资金流、信息流才能高效地在这个管道体系中运转。

H 公司通过 ISC 将 SCOR 集成在供应链中。做到端到端的大供应链体系。

H 公司供应链的发展和组织结构如下：

ISC 简介　　　　　　　　流程框架图

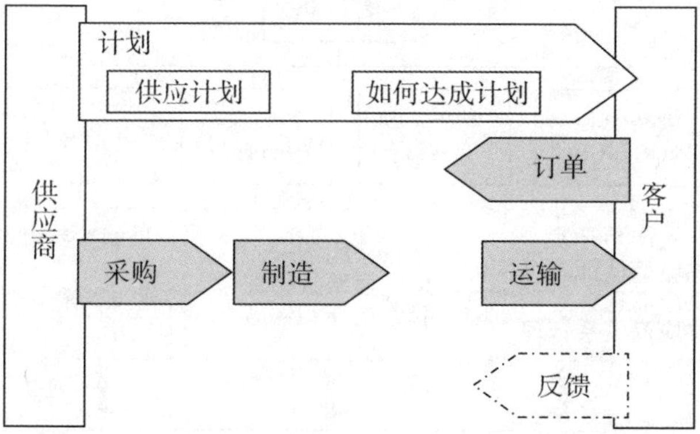

从流程图可以看出，计划贯穿于整个交付过程，是端到端交付体系的纽带和控制中心。

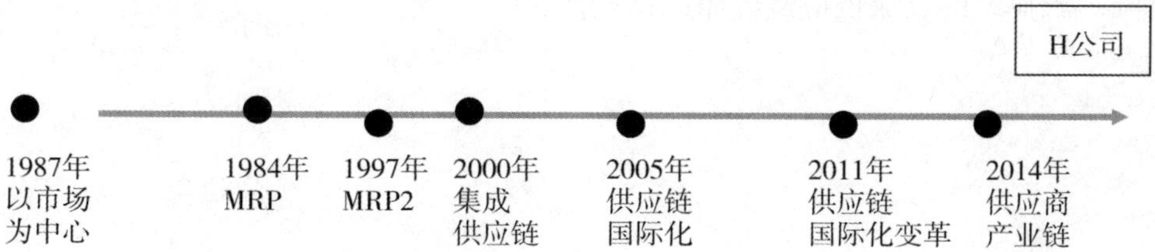

对客户提供“贴身服务”，H 公司供应链的发展路程。

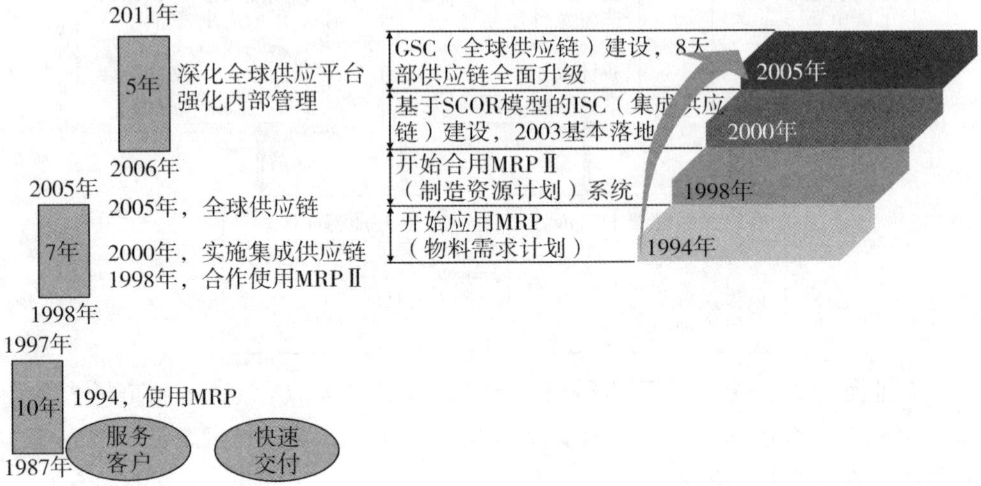

H 公司的采购管理委员会结构如下：

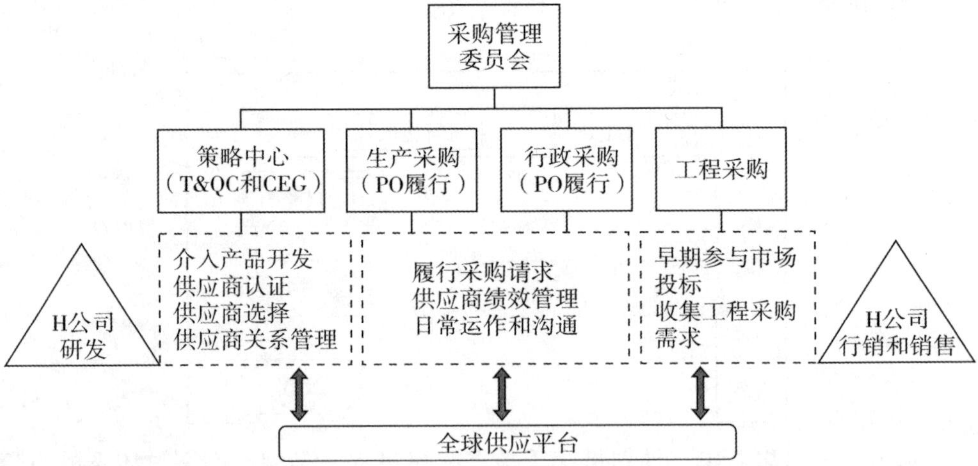

一家典型的集成供应链的组织结构图：

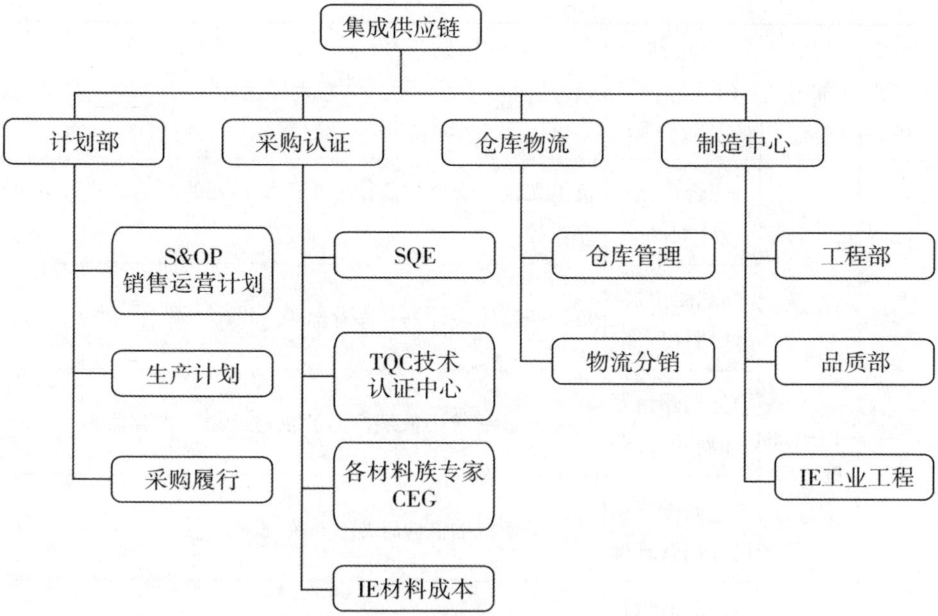

另一家集成供应链的组织结构图和岗位要求如下：

一级部门（副总裁）	二级部门（总监）	三级部门（经理、主任）	职责描述
供应链管理部	运作支持部	流程管理办公室	负责整个供应链的流程优化、梳理
		平台管理部	负责 KPI 设置、IT 需求开发接口、供应链业务稽查
	采购管理部	CEG 采购专家团	负责原材料、制造外包、软件外包、行政等业务的供应商开发和商务谈判
		采购业务部	负责厂内原材料需求的采购工作和外协厂的升级物料处理
	综合计划部	MRP 排产管理部	负责 MRP 排产计划的整体运作（从参数设置、需求收集、例行 MRP 计划运行、制造计划和采购计划的输出等）
		整体计划监控管理部	负责整体供应计划的审视、S&OP 组织评审、计划管理平台（数据收集、统计等）
	网络产品供应链管理部	外协厂管理部	负责对 OEM、ODM、送料加工厂的认证/业务管理/绩效考核
		维修管理部	负责备件、原件、环境等的维修规划和管理

（续表）

一级部门（副总裁）	二级部门（总监）	三级部门（经理、主任）	职责描述
供应链管理部	网络产品供应链管理部	综合产品计划部	负责无线、安全、监控等小产品系列的产品供应计划、库存监控
		高端路由器计划管理部	负责产品供应计划、库存监控
		中低端路由器计划管理部	负责 Router 等中低端产品的供应计划、库存监控
		中、高端交换机计划管理部	负责交换机的供应计划、库存监控
		低端交换机计划管理部	负责以下交换机的供应计划、库存监控
		SOHO 产品计划管理部	负责 ODM 产品的供应计划、库存监控
	中国区供应链	市场计划	按 BU 收集、分析、传递预测
		统筹管理部	按 BU 来安排供货计划、资源调配和合同履行
		合同管理处	负责合同成套管理，配合统筹完成合同的履行
		市场接口处	负责市场退货、市场投诉等的接口
	质量管理部	QC 管理部	负责公司内部试制生产的业料检验和外协厂产品的进收货检验
		QE 管理部	负责各个制造环节（包括内部试制和外协制造厂）质量的规划、监控、持续改进等
		QA 管理部	负责产品质量规划、监控、持续改进等
		质量综合管理部	负责质量体系平台建设、维护、持续优化

（续表）

一级部门（副总裁）	二级部门（总监）	三级部门（经理、主任）	职责描述
供应链管理部	制造工程部	TQC 技术认证管理部	负责材料类供应商的技术认证、品质管控
		产品失效分析管理部	负责量产产品的失效分析和改进
		NPI 新产品管理部	负责新产品的导入规划、监控管理
		量产工艺支撑管理部	负责工艺平台建设（包括内部和外协厂）、IE 规划、各项工艺规范的制定优化、加工测试策略的制定和改进等
	物流管理部	平台物流部	负责物料、产品的收货，内部仓储空间的规划、管理，物流外包商的管理
		进出口管理部	负责公司物料、产品、设备、环境等的进出口业务
		货务部	负责按客户订单进行的备货、理货、发货等业务

看来集成供应链可以基于企业的实际来灵活布局的。

（1）流程的集成。ISC 的流程集成在有些公司叫所谓的 E2E，end to end，也就是端到端，从接单、需求管理到最终出货给客户，甚至是管到客户的客户。

（2）组织集成。组织的集成是建立在流程集成的基础上的，这个很容易理解，既然供应链管理的流程是集成的，那么，组织结构也必须是集成的。

（3）信息流的集成。这是 ISC 存在的基础，从客户的客户到供应商的供应商，各个节点的信息流都要集成，而不是各自为政，成为节点信息孤岛。

（4）绩效考核集成。ISC 认为，不能孤立地考核供应链的 KPI，而应该从集成的观点去衡量，如库存周转率，很多公司分段考核原材料、半成品、成品各自的周转情况，这是没有意义的，应该考核整体周转情况。

分多阶段：

阶段 1：基础建设。

阶段 2：职能集成。

阶段 3：内部供应链集成。

阶段 4：外部供应链集成。

阶段 5：集成化供应链动态联盟（供应链管理的发展趋势）。

第十二章　MRP 的核心逻辑

第一节　MRP 的介绍和精髓

MRP（Material Requirement Planning 物料需求计划）是被设计并用于制造业库存管理信息处理的系统，它解决了如何实现制造业库存管理目标——在正确的时间按正确的数量得到所需的物料这一难题。MRP 是当今众所周知的 ERP 的雏形，我们这里探讨的是优化后的 MRP 闭环。

MRP 起初出现在美国，美国生产管理与计算机应用专家 Oliver W. Wight 和 George W. Plosh 首先提出了物料需求计划，IBM 公司则首先在计算机上实现了 MRP 处理，并由美国生产与库存管理协会倡导而发展起来。

ERP 的发展过程，虽然经历了订货点法、MRP、闭环 MRP、MRPII、ERP 五个阶段，但 MRP 的方法依然是其核心和基础。MRP 的基本功能是实现物料信息的集成，保证及时供应物料，降低库存，提高生产效率。物料需求信息由以下四个要素组成：①需要什么；②何时需要；③需要多少；④何时订货。

闭环的 MRP 系统：

MRP 的输入，实际上有三个 MPS、库存、BOM。实际上很多公司没有做 MPS，有需求和订单输入到 ERP 也可以跑 MRP。所以 MPS 实际上讲需求会好，但 MPS 强调需求更科学和严谨。在三个之外，APICS 加了一个计划的要素。包括制造策略和计划策略（4 种）：

MRP 通用计算公式：

净需求 = 毛需求 + 已分配量 + 安全库存 - 计划在途 - 实际在途 - 可用库存

第二节 独立需求和相关需求

1. 独立需求

(1) 当对某项物料的需求与对其他物料的需求无关时，则称这种需求为独立需求。例如对成品或维修件的需求就是独立需求。

(2) 独立需求是指需求量和需求时间由企业外部的需求来决定。例如，客户订购的产品、科研试制需要的样品、售后维修需要的备品备件等。

物料的需求不依赖于其他物料的存在：成品不难理解，作为企业的最终产品，在物料清单的最上层，他是企业要销售的物品。

维修件，是指某一个机械的维修零件，它相对其他物品来说是一个独立需求，因为是更换其他零件，并不与其他物料发生关系，也不产生相互约束的关系。

(3) 毛需求是为了完成某成品所需求的总的数量。

2. 相关需求

当对一项物料的需求与对其他物料项目或最终产品的需求有关时，称为非独立需求。这些需求是计算出来的而不是预测的，对于具体的物料项目，有时可能既有独立需求又有非独立需求。

相关需求是指根据物料之间的结构组成关系由独立需求的物料所产生的需求，例如，半成品、零部件、原材料等的需求。

相关需求是指一个物品的存在要依赖于其他物品的存在，其他物品反过来是构成的基础。

独立需求和相关需求，是物料的计划属性，不是物料的物品属性，主要是针对计划来说的，计划的内容决定了当前物料是独立需求还是相关需求。

第三节 MRP 的净改变和全重排方法

跑 MRP 有两种方式：净改变和全重排方法，在 MRP 的方法中设定就可以了。

MRP 全重排、MRP 净改变：

（1）MRP 全重排是在独立需求或 MPS 计划调整的情况下操作的。

（2）MRP 净改变是在 MRP 计划订单发生调整（指手工修改）情况下，需要局部重新运算，这样可节省运算时间。

（3）MRP 重新运算（全重排、净改变），都会删除“计划”状态的 MRP 计划订单，并重新生成 MRP 计划订单，原因是“计划”状态的 MRP 计划订单表示该订单可随时变更。

（4）第一种方式从数据处理的角度看，效率比较高。但由于每次更新要间隔一定周期，通常至少也要一周，所以不能随时反映出系统的变化。第二种方式可以对系统进行频繁的，甚至是连续的更新，但从数据处理的角度看，效率不高。

以上两种方式的主要输出是一样的，因为不论以何种形式执行 MRP 系统，对同一个问题只能有一个正确的答案。两种方式的输入也基本上是相同的，只是在物料库存状态的维护上有些不同。两种方式最主要的不同之处在于计划更新的频繁程度以及引起计划更新的原因。第一种方式中的计划更新是由主生产计划的变化引起的；第二种方式中的计划更新则是由库存事务处理引起的。

从理论上讲，任何一个标准的 MRP 系统都只能是以上两种形式中的一种，但在实际应用中却很难分出两种形式的界限，一个全重排式系统可能会渗入一些净变化系统的特点，反之亦然。实际上，一般 MRPⅡ软件系统都提供两种运行方式可供选择。

这里所讨论的是全重排式系统和净改变化系统的标准形式。

MRP 系统的传统做法是建立在计划日程全面重排的想法之上的，根据这种做法，系统要将整个主生产计划进行分解，求出每一项物料按时间分段的需求数据。在使用全重排方法时，主生产计划中所列的每一个最终项目的需求都要加以分解，每一个 BOM 文件都要被访问到，每一个库存状态记录都要经过重新处理，系统输出大量的报告。

在全重排式 MRP 系统中，由于主生产计划是定期重建的，所以每次所有的需求分解都是通过一次批处理作业完成的，在每次批处理作业中每项物料的毛需求量都要重新加以计算，每一项计划下达订单的日程也要重新安排。由于采用批处理方式，这种作业也就只能按一定时间间隔定期进行。在两次批处理之间发生的所有变化，如主生产计划的变化，产品结构的变化，以及计划因素的变化等等，都要累计起来，等到下一次批处理作业中一起处理，重排计划的时间间隔，常要从经济上考虑其合理性。

就制造业已安装的 MRP 系统来说，全面重排的时间间隔通常为一到两周，又由于全面重排计划的数据处理量很大；所以计划重排结果报告的生成常有时间延迟，这就使得系统反映的状态总是在某种程度上滞后于现实状态。

在具体情况下，这个缺点的严重程度取决于 MRP 系统的作业环境。

在一个动态的生产环境中，生产状态处于连续的变化之中，在这种情况下，主生产计划经常更改，客户需求时时波动，订货每天都可能发生变化，常有紧急维修的订货，也有报废的情况发生。产品的设计不断更新———所有这些都意味着每项物料的需求数量和需求时间也要随之迅速改变。在这类生产环境中，要求系统有迅速适应变化的能力。而全重排式 MRP 系统至多也只能每周重排一次计划。所以这类系统不能适合生产作业的节奏，因为相对来说，它的反应是太慢了。在比较稳定的生产环境中，仅就物料需求而论，全重排式 MRP 系统或许能满足需求。然而 MRP 并不只局限于库存管理，它还要确保已下达订单的到货期符合实际需求。已下达订单的到货期是正确制定车间作业任务优先级和作业顺序的基础。因此保证订单的完成期能随时更断，使它总能符合当前情况，这是非常重要的。然而，一个以周（甚至更长时间）为周期重排计划的 MRP 系统，显然不能使订单的完成期时时处于与当前情况相符的状态。

由以上讨论可以看出，在 MRP 系统的使用中，重排计划的时间间隔是一个重要问题，也是系统设计的一个重要参数。要想以小于一周的时间间隔来运行全重排式系统是不切实际的。为了能以更小的时间间隔重排计划，必须寻找一种新的方法，这种方法既考虑到数据处理的经济性（重排计划的范围、时间区段和输出数据量），又能避免批处理作业中时间滞后的弊端。于是，净改变式 MRP 系统便应运而生。在运行 MRP 系统时，需求分解是最基本的作业。它既不能省略，又无捷径可走，仅可以将分解的工作分散进行。净改变式就是从这一点出发，采用频繁地进行局部分解的作业方式，取代以较长时间间隔进行全面分解的作业方式。局部分解是使净改变式系统具有实用价值的关键，因为局部分解缩小了每次作业需求计划运算的范围，从而可以提高重排计划的频率。由于分解只是局部的，自然作为输出结果的数据也就少了。在净改变式 MRP 系统中，所谓局部分解是从以下两种意义上说的：①每次运行系统时，都只需要分解主生产计划中的一部分内容；②由库存事务处理引起的分解只局限在该事务处理所直接涉及的物料项目及其下属层次上的项目。从净改变的角度看，主生产计划是一个连续存在的计划，而不是一份一份间断产生的计划。主生产计划在任何时候都可以通过增加或减去各种需求量的净改变量而不断得到更新。定期发布的新计划也是以同样的方式处理，事实上是一种计划更新的特殊形式。

主生产计划好像是中国古代书画的卷轴，随着时间的推移而一点点展开。展开的这段形成计划期，在计划期内，主生产计划的每一个时间单元上都含有具体的数据。卷轴是向未来无限延伸的。在计划期之外的时间单元上没有数据。随着时间的推移，新的时间单元进入计划期，于是，在这些时间单元上便填上了确定的数据（下达新计划）。

第四节 MRP 的倒推逻辑

MRP 建议每晚最少跑一次（Net change 净需求），这样晚上跑 MRP 的时候，就不会有作业者 ACCESS 对系统的影响。

MRP 核心是倒推的逻辑（基于销售订单承诺的交付日期，WO 的完工日期）。考虑总生产周期（有设置各工序的生产周期，如果多个工序分开，会逐步分层展开要求 MRP 的 WO），如果承诺交货期 29 日，生产周期是 7 日，那开始生产日期是 22 日，考虑物料检验时间（在 ITEM MASTER 要设置），如果是 1 天，那必须要求在 21 日到料仓库。所有的倒推时间就是从 WO 的开始生产日期开始。基于各材料的采购周期，最终 MRP 的结果要求每天必须要下采购单 PO 给供应商。

INTERVAL DAY（时间间隔），如果订单非常繁杂和细小，导致每天都有来料，考虑成本，INTERVAL DAY（时间间隔）会将一定时间的 MRP 的需求 PLANNED PR 合并为一个 PR，这个 INTERVAL DAY 就是间隔周期（包括 Planned WO）。

基于 MOQ、MPQ 在 ERP 的设定和基于预测来对冲时间栅栏，一般公司是 30～60 天，这样预测可以充分对冲订单的需求，减少误差。

通常 ORACLE 和 SAP 的 MRP 的输出格式。需要再基于企业的实际情况做出修改，增加一些栏位和一些对计划有价值的栏位。

当今世界，很多企业都没有很长的销售订单，所以预测的模式就是主流模式，很多企业都是在 ERP 系统中导入按月的预测需求。一部分企业可以导入按周的预测需求。无论周和月的预测需求，都是不准确的，因为客户的需求是随时多变的，周跨度和月跨度的预测需求导致 MRP 跑出的结果时间间隔是大区域的。所以这些采购单下给供应商，要求的交货期是不准确的，需要经常修改交期，对于供应商的考核也很困难。基于此类情况，一部分企业，也通过分享预测的方式传递给供应商，做三方协同。

一部分强势供应商，对于预测不会做任何动作（采购和生产），所以必须要求客户下正式订单才准备生产、采购、安全库存。NCNR 一些 IC 和关键材料的供应商提出不能取消和更改交货期，没有任何的协同。

所以整个行业，必须一起做三方或多方协同，才能实现整个链条上的健康发展。

第五节　MRP 的输入和输出

Inputs to MRP（MRP 输入）

The Material Requirements Plan（MRP）gets its inputs from the following MRP 物料需求计划的输入，包括 4 个因素或 3 个因素。通常第四个不是最核心的，一般就称三大输入。

●Master Production Schedule（MPS）主计划；

●Inventory Status 库存；

●Bill of Material（BOM）物料清单。

●Planning Factors 计划因素。

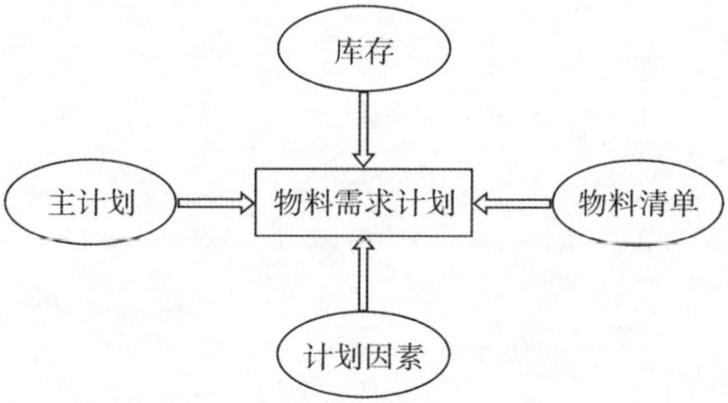

MRP 的输出：

实际最后一项是 MRP 的例外信息（RESCHEDULE/Cancel）（修改或取消）。

在跑 MRP 前要回答需要处理什么问题，需要哪些输入信息来支持 MRP 的输出。

处理的问题：

（1）生产什么？生产多少？

（2）要用到什么？

(3) 已具备什么？

(4) 还缺什么？何时需要？

所需的信息MRP的输入：

(1) 切实可行的主生产计划（MPS）。

(2) 准确的物料清单（BOM）。

(3) 准确的物料库存数据。

(4) MRP的计算结果（生产计划和采购计划）。

第十三章　CAS 复杂自适应系统

第一节　CAS 复杂自适应系统的介绍

复杂科学不仅是系统科学研究的前沿，也是整个大科学研究的前沿，是 21 世纪的科学。在复杂科学性的指导下，完美的、均衡的世界已经不存在，取而代之的是复杂性的增长和混沌边沿的繁荣。自上而下的分解分析方法已经不是主流，复杂科学提供了一种自下而上的自然涌现方法，简单的数学推理方法已经不能很好地解决庞大的非线性面临的问题，复杂性科学开始运用计算机模拟来分析科学对象。

1984 年，三位诺贝尔获得者在美国成立一个研究所 SFI，先后运用自组织、混沌、复杂自适应系统这些概念来研究复杂性。计算机技术的仿真，CAS 涉及的范围很广，包括自然、工程、生物、经济、管理、政治、社会等各个方面。

●复杂适应系统（CAS）理论的提出。

霍兰 J（Holland John）于 1994 年提出复杂适应系统（CAS）理论，迅速引起学界关注，被尝试用于观察和研究各种不同领域的复杂系统，成为当代系统科学引人注目的一个热点。

复杂适应系统（Complex Adaptive systems，简称 CAS），也称复杂性科学（Complexity science），霍兰认为，作为系统组成部分的要素是具有适应能力的个体或主体，而且主体的这一适应性造就了系统的巨大的复杂性，或者说，系统的整体性主要来源于系统内个体间的主动的适应性，是在要素间的相互适应和制约的自组织中呈现。显然，系统整体与要素之间的关系绝非简单的线性因果或主次关系。

在复杂适应系统中，所有个体都处于一个共同的大环境中，但各自又根据它周围的局部小环境，并行和独立地进行适应性学习和演化。在环境中演化着的个体为了生存的需要，不断地调整自己的行为，修改自身的规则，以求更好地适应环境。大量适应性个体在动态的环境中以一种约束的形式对个体的行为产生约束和影响，如此反复，个体和环境处于一种永不停止的相互作用、相互影响、相互进化的过程中，个体的变化成为整个系统的变化基础。

CAS 理论最核心的精髓是主体同个体之间的交互影响和作用，不断地学习和累积经验，让主体和个体都具有适应性和自我进化，霍兰适应性造就复杂性。霍兰通过遗传算法处理复杂适应系统，让随机变化成为通过学习和固化进行进化，让系统具有强大的整体自适应能力，是从下而上的非线性的特征。

主体和个体之间的博弈学习理论非常重要，是个体与共享机制相互转化的理论基础。另外在多层次决策机制中，如果个体机制不能完全转化为共享机制？如何有效进行在供应链管理复杂自适应系统中合法系统同影子系统的相互作用？最终主体基于博弈法会做出最优决策。整个系统是利益最大化，供应链系统效益下降来源于联盟成员的非理性决策。

主体和个体之间是合作和竞争关系，在多级和多资源交互作用下供应链节点企业的关系在博弈法则和博弈策略形成的博弈模型中有第一、第二和第三版本，在三层/回声模型中为供应链管理者提供仿真预测技术具有可行性，计算机模型可以被用于仿真供应链管理系统中的主体运作方式。

的确，在复杂适应系统中主体和个体追求利益的最大化，如果每个个体在与环境，其他个体以及自身进行交互作用时，不断调整自身的行为规则，使之不断进化，一直按照这种职能学习方式进行行为准则的优化，该系统将不断趋于稳定和成熟，这就是 CAS 最精髓的结论。

单独一个个体的运动轨迹是混沌的，混沌是非线性表现。也是供应链需要达到的终极效果，联盟的稳定和成熟，系统的利益最大化。

可以看出蚂蚁的聚集就是一个典型的复杂自适应系统。蚂蚁的蜂巢是一个熟悉的例子，单个蚂蚁的行为很墨守成规，环境变化之后就只有死路一条，但蚂蚁的聚集，蚂蚁蜂巢的适应性极强，可以在各种恶劣环境下生存很长一段时间，蚂蚁的蜂巢越大，系统也越稳定、可靠、成熟。这是个非常奇妙的自然现象，也是对 CAS 最精妙的解释。

另外一个例子，人的智能分为七类：语音能力、逻辑能力、视觉能力/空间感、音乐感、形体姿态调节、人际交往能力、内省能力。人之所以具有如此丰富和复杂的智能表现，是因为来源于人类大脑的复杂性。大脑中枢神经系统中约含有 1000 亿个神经元，在大脑皮层中就有 140 亿个。这些神经元之间具有高度复杂的相互联系，正是大脑的这种复杂性，为智能复杂表现提供了生物基础。

每个神经元之间同周围的神经元直接的相互联系，并不存在对所有其他神经元的统一控制，若干个神经元的相互共同作用形成大脑的其中一个功能区。大脑各个区域各司其职，协同作用，最终形成智能。这些都是复杂自适应系统的表现，复杂自适应系统的一个重要表现是涌现，所谓涌现是指复杂系统的多个要素组成系统后，出现了系统组成前的单个要素所不具有的性质，这个性质并不存在于单个要素中，而是系统在低层次构成高层次时才表现出来，成为涌现。对于人类神经元而言，智能就是涌现现象。

复杂系统具有普遍性。例如生命体、智能、智力、经济、股市、人际关系网、互联网、全球电信网、全球航运线路。

这就是 CAS 复杂适应系统要解决的问题和研究的问题。

全球经济一体化是近 10 年来加速融合的一个最高速阶段，特别是 2014 年，2015 年。企业面临巨大的机遇，也伴随无限的机遇。但竞争惨烈，自然法则在当今是如此的残酷，要求供应链缩短交货期，降低成本，提高最具核心竞争力的产品来满足动态和善变的消费者。企业经营环境在当下是恶劣的，面对资金压力，面对订单压力，面对研发技术压力，面对供应链压力，面对人才压力，面对信息技术压力等。要在竞争中解决生存问题，必须与其他企业建立战略上的合作关系，所以倒立金字塔的供应链管理模型是很迫切的。在紧密的战略伙伴关系下实行优势互补，发挥各自企业的核心能力，在一种跨企业的集成管理模式下（更广义的集成供应链），把各个企业协调起来。只有这样，企业在新的环境下才有机会生存下去。

如果从集成的角度定义供应链，供应链就是广义的网链。供应链从供应商到最终客户，每一个企业就是一个节点，节点间的所有企业就是一种供应关系，也是一条价值和增值链，各节点企业围绕核心企业的网链结构组织。

供应链管理就是对供应链中的信息流、物流、资金流进行设计、规划和控制，从而增加整个供应链的竞争力，提高各成员的效益和效率，但信息不对称是常见的现象。

适度的资源共享对供应链系统资源优势整合具有重要作用。

最终系统具有高度统一的共同体特征，这个就是供应链所需要的。广义供应链的特点同 CAS 类似，供应面临的问题就是 CAS 要解决的问题，也是很多学科要解决和研究的问题，目前 CAS 复杂适应系统的研究还在起步阶段，但军事领域和仿真领域已大量运用了。

从历史来看，供应链建模从简单到复杂，但都集中在算法研究，成果都不多见，都基本建立在简单的线性基础上的合作关系。从客观上看，当前企业所在网链中，一定有一个最核心的企业，供应关系的各节点企业和核心企业是相互依赖。如何让核心企业越来越强大，各节点企业越来越强大。就需要核心企业和各节点企业之间，各节点企业之间都需要具有共同的目标才能让这个网链具有更稳定，更健康的发展。近代科学之所以遇到很多困难，重要原因之一是把自己局限在线性关系的狭窄范围内，从而无法描述和理解丰富多彩的变化和发展，个体和个体之间不是简单，被动的。是反复交互作用的。以往的历史会留下痕迹，以往经验会影响未来的行为，在这样的情况下，线性和简单的直线式因果链就不复存在了。

当今和未来对供应链提出这些新的要求，就是需要广义的供应链网链具有一个整体的自适应能力和模型，这个就是CAS复杂自适应系统研究的课题和方向。当今世界，在供应链领域有很大必要去研究CAS，能否实施还需要漫长的时间，需要软件技术变革和联盟的水到渠成。

长期以来，对供应链资源流的研究主要局限于一般系统的研究，主要采用还原论的方法对系统进行分析，获得一些比较准确的结论。然而，还原论本身是一种自上而下的研究过程，因此存在一些难以避免的弊端，在系统分析时，如果上一级的系统分解出现一些漏洞或出现重复，那么最终的结论必然存在一些问题，子系统一般是按照线性相加的思想进行分解的，并没有考虑系统之间的交互影响，因此遗漏许多深层次上的本质特征，因为供应链的各企业具有非线性特质。

在整个供应链的庞大、完整网链中（从供应商的供应商到最终客户的整个网链，各个企业是各节点，是个体，核心企业是主体），最核心的企业就是适应性主体，各供应的企业就是各自的子系统和个体，个体和主体之间，个体和个体之间具有复杂的、动态的、面向用户需求的、交叉性的非线性特征（不是简单的线性特征）。如何保证供应链上的企业间协调运作，即企业从自身利益的角度出发促使相关企业加强合作与交流，分享成本与需求等方面的信息，消除信息不对称，并通过在企业间进行收入再分配削弱“双边际化”效应，引导各企业按照系统最优的决策行事，从而使系统达到最优，同时保证各成员利益最大化（至少得到改进）。

基于这个想法，国内和国际很多机构和专家都做了大量的研究和实践，但在这些研究中存在不足，也代表了当今的实际情况：

●供应链管理系统的复杂性原因没有得到统一的认识。

●供应链的协同化程度（供应链结构模式）与供应链复杂性是一个相互制约的关系，但所有研究都把协同化程度作为外在变量建立数学模型，使得研究结果失真。

●缺乏对取消被研究规定的假设条件下的多产品，多阶段，多企业，多重联系的更符合实际情况的网状供应链系统中各种内部模型的研究。

●缺乏对由于供应链成员非理性行为引起系统紊乱时转换机制的研究。

●缺乏对供应链管理复杂系统的预测与控制技术的研究。

它的基本思想是：系统中的个体（元素）被称为主体，主体是具有自身目的性与主动性，有活力和适应性的个体。主体可以在持续不断地与环境以及其他主体的交互作用中“学习”和“积累经验”，并且根据学到的“经验”改变自身的结构和行为方式，正是这种主动性及主体与环境的、其他主体的相互作用，不断改变着它们自身，同时也改变着环境，才是系统发展和进化的基本动因。整个系统的演变或进化，包括新层次的产生、分化和多样性的出现，新的聚合而成的、更大的主体的出现等，都是在这个基础上派生出来的。CAS理论的基本思想认为CAS的复杂性起源于其中的个体的适应性。

一如人类的大脑神经元构成智能和蚂蚁蜂巢的涌现现象。

如果整个供应链整个网链（从供应商的供应商到最终客户），具有人类智能一样的涌现表现就是研究者的终极目标。那时候机器人智能就可以处理供应链的复杂自适应了，这也是科学界要解决的问题之一。

第二节 CAS的模块介绍

无论如何，我们要了解CAS复杂适应系统的基本运作原理和模块和逻辑。

复杂适应系统的一个重要的概念是适应性主体的概念。CAS无例外地皆由大量具有主动性的元素组成。这些元素在形式上和性能上各不相同，但它们具有一些共同的特征，即具有主动适应环境和其他元素的变化而调整自己的行为，能够进行“学习”和“积累经验”。这些元素就叫做适应性主体。

适应性主体和CAS理论涉及到7个基本点，它们包括4个特性和3个机制。

（1）聚集：主要用于个体通过“粘合”形成较大的多个体的聚集体。由于个体具有聚集的特性，它们可以在一定条件下，在双方彼此接受时，组成一个新的个体——聚集体，在系统中像一个单独的个体那样行动。

（2）非线性：指个体以及它们的属性在发生变化时，并非遵从简单的线性关系。特别是在与系统的反复交互作用中，这一点更为明显。

（3）流：在个体与环境之间存在物质流、能量流和信息流，这些流的渠道是否通畅、周转迅速到什么程度，都直接影响系统的演化过程。

（4）多样性：在适应过程中，由于种种原因，个体之间的差别会发展与扩大，最终形成分化，这是CAS的一个显著特点。

（5）标识：为了相互识别和选择，个体的标识在个体与环境的相互作用中是非常重要的，因而无论在建模中，还是实际系统中，标识的功能与效率是必须认真考虑的因素。

（6）内部模型：在CAS中不同层次的个体都有预期未来的能力，每个个体都是有复杂的内部机制的。对于整个系统来说，这就统称为内部模型。

（7）积木块：复杂系统常常是相对简单的一些部分通过改变组合方式而形成的。因此，事实上的复杂性往往不在于块的多少和大小，而在于原有构筑块的重新组合。

复杂适应系统不同于一般复杂系统的特点，也是它吸引大量研究者进行研究的原因是：

（1）系统具有明显的层次性：各层之间界线分明。

（2）层与层间具有相对的独立性：层与层之间的直接关联作用少，各层的个体主要是与同一层次的个体进行交互。

（3）个体具有智能性、适应性、主动性：系统中的个体可以自动调整自身的状态、参数以适应环境，或与其他个体进行合作或竞争，争取最大的生存机会或利益，这种自发的协作和竞争正是自然界生物"适者生存、不适者淘汰"的根源。这同时也反映出CAS是一个基于个体的、不断演化发展的演化系统，在这个演化过程中，个体的性能参数在变，个体的功能、属性在变，整个系统的功能、结构也产生了相应的变化。

（4）个体具有并发性：系统中的个体并行地对环境中的各种刺激做出反应，进行演化。

（5）在复杂适应系统的模型里还可引进随机因素的作用，使它具有更强的描述和表达能力。

以上这些特点使得CAS具有了许多与其他系统不同的功能和特点。

与复杂适应系统思考问题的独特思路相对应，复杂适应系统研究问题的方法与传统的方法也有不同之处。复杂适应系统建模方法的核心是通过在局部细节模型与全局模型（整体行为、突现现象）间的循环反馈和校正，来研究局部细节变化如何突现出整体的全局行为。它体现了一种自底向上的建模思想，与传统的从系统分析与描述、建立系统的数学模型、建立系统仿真模型到模型的验证、确认这样一种从顶向下的建模思路是不同的。

第三节　复杂适应系统方法与传统方法

项目	传统方法	复杂适应系统方法
运行结果	确定性的（一种未来）	随机的（多种未来）
设计方法	分配式的（自顶向下）	集成式的（自底向上）
模型组成	基于方程的方式	适应性 agent
解释能力	模型不具备解释性	模型具备解释性
模型参数	少量参数	大量参数
主要手段	负反馈	正反馈
主要思路	预测、控制	适应
复杂原因	结构的复杂性	适应性造就复杂性
环境特点	环境是固定的	环境是演化的
与环境的关系	被动对环境做出反应	主动从环境中学习

根据 CAS 理论，食品安全供应链中各种功能单元，如食品原料供应商（农户）、食品生产商、食品物流企业、食品销售商、消费者对食品原材料或食品的管理和生产、计划、采购、销售以及运输、配送、销售等均看成是独立自主的 Agent，把供应网络中的企业的交互合作、共同完成任务的各种活动描述为多 Agent 系统，其中每一个 Agent 都具有一定的功能，并可与其他 Agent 进行协作。

复杂性和具体性、特殊性沿同一方向延伸。唯其具体，所以复杂。人们都承认生命现象复杂。然而，生命现象只在一定历史时期、一定温度范围内出现在这个小小地球上的特定深度和高度以内。迄今为止，还没有在其他天体上发现存在类似生命活动的确切证据。即使将来有所发现，也不会像星体、星系、星际物质、可测能量和暗能量那样普遍存在。各态历经、定态稳恒，是物理学描述自然现象时常用的近似，而生物进化可以说是各态历经的破缺。地球上的生命进化是人们能够研究的唯一的进化样本。只有通过具体研究，才能揭示和认识生命现象的复杂性。其实，形式逻辑学中的概念外延与内涵的反比定律早就告诉我们，外延无穷大的范畴，其内涵为零。用抽象概念堆砌而成的“复杂性理论”，科学含量甚微。研究各种具体的复杂系统，可以发现它们显现出许多普适性质。具体系统研究得多了，也可能发现新的普适概念。

许多从大量具体研究中提炼出来的普适概念和规律，例如标度不变性、分形和分维、无标度网络、幂次律，等等，都有其适用范围。在普适规律“指导”下的研究工作，首先要解决的重要问题就是阐明它们的适用范围。分析对于普适规律的偏离，有时反而会带来更有益的知识。普遍性的规律往往是对无限时空外推的结果，而具体的被研究的对象则总是有限的。

第四节 CAS 的世界观

运动与变化是世界的根本属性，因而认识世界的本质就是把握运动与变化的规律。

关于世界的知识有静态和动态的区分，那些静态的部分只需要在百科全书里去查找即可。关于世界的静态的知识基本上是不重要的，相关的概念是均衡，平衡，决定论，因果关系，确定性，逻辑，等等，这些知识对于我们对未来的认知不提供任何信息。

如此评价静态知识并非意味动态的知识能对未来提供特别有用的信息，如是，所谓动态的知识也就变成静态的知识了。事实上，无论何种知识都无法对未来给予确定性的判断，也就是无法消除对未来的不确定性，我们能给出的最好的知识也只能是概率性质的。我们确知的是世界是变化和运动的，世界会变得怎么样我们最多只能给出概率性的判断。

因而，我们需要关心的是关于运动与变化的知识，这类知识本身和运动一样具有内在的本质的不确定性。

变动源于对称性破缺，以对称性破缺展开的变化通常（也许总是）不可逆的，因而具有非线性，非决定论，非均衡的性质。对运动的把握集中于两个概念—秩序与混沌，世界的变化是秩序与混沌交错的序列。

无就是完全对称性的状态，有是对称性破缺的状态，是对对称性的选择的结果，而且很可能这是一个不可逆过程（无和对称性）。无、空作为道教和佛教的重要概念的意义也在于此，由于这种变化的不可逆的性质，一旦我们（的思想）已经进入了有（执）的状态，就难以回头，必须经过艰难的修炼才能使我们的精神回归原点以求认识世界的本来面目。

必须以整体论的思想认识变化。除非割裂地观察个别事物，我们面对的主要是整体的系统问题，此时我们必须以 CAS 的观点理解和把握事物的变化，就事物的整体表现（而非机制），最重要的需要把握的概念就是混沌与秩序。

秩序源于系统在远离平衡态的混沌边缘的涌现。

系统的演化并非总是无规律的，演进的历史存在分叉，系统从一个分叉点到下一个分叉点之间的变化是确定和决定论的，不确定性发生在分叉处对路径的选择上，系统选择了哪一个分叉是一个历史事件，必须在事后才能确认，而无法在事前预测。

系统从混沌状态中涌现秩序的过程是一个自组织过程，这是一个抵抗熵增的过程，依赖能量和低熵的注入。反之，当能量和低熵停止流入，系统的秩序则瓦解，这是一个自然的过程。自组织过程的一个基本特征是远离平衡（均衡）态，系统远离平衡态显然需要注入额外的能量。

自组织和秩序是系统作为整体描述的概念，对于构成系统的单元变量之间的关系存在非线性关系或线性关系，仅存在线性关系的系统只能停留在平衡态而无法进化，这种系统并不能构成 CAS，不是我们需要关注的事情。非线性关系的存在导致变量之间存在相互激励，自我加强的变化特征。系统一旦进入这种状态，存在一定的定性的可预测性，我们知道系统将至少向特定方向维持一定时间的变化，而至于是多长时间，最终到达状态是无法预知的。但这些变量之中几乎总是存在某个极限，当某个变量率先达到极限，自我加强的过程则无法持续，系统停止进化，或者陷入混沌，或者干脆是（结构）瓦解崩溃。

供应链 Agent 确定的各 Agent 的竞争—合作机制及所实施的运行策略进行定性分析。建立了供应链复杂自适应系统 Agent 融交配能力、交配速度和交配时间为一体的三层—回声模型，在对各种资源进行详细定义、确定各个资源的价值量、进行 DNA 编码的基础上，采用 Swarm 平台对该系统建立与之相对应的仿真模型，并进行模拟仿真，得到供应链复杂自适应系统资源流复杂性涌现的结论，为供应链系统资源结构调整与优化提供科学依据。

研究供应链复杂适应系统中各个 Agent 携带资源及进行交互作用之后的系统资源变化规律，准确描绘供应链各个 Agent 所携带的各种不同资源之间的隐含的非线性相关关系或影响关系，从而对供应链资源的精确规划或结构性调整提供比较深刻的决策支持。通过正确的资源结构性调整，可以优化供应链的资源，减少资源浪费现象，从而真正提高资源的效用，增强供应链的综合竞争能力。

第五节 CAS 在供应链系统的案例和前景

所以供应链的复杂自适应系统正好在多企业博弈的过程中，我们可以通过运筹法则和博弈法则，影子法则等来建立共赢的多方合作和自适应的供应链规则。才有利益最大化的效果。

复杂自适应系统的多企业节点的供应链仿真模型。可自动进化。真正的多方协同。一大巨大的突破！近 100 年来，科学界都是用线性来分析问题。这些都是弊端。只有非线性才能分析目前多变的外部环境和进行仿真出自我进化。复杂自适应系统的多企业节点的供应链仿真模型，可自动进化，真正的多方协同。

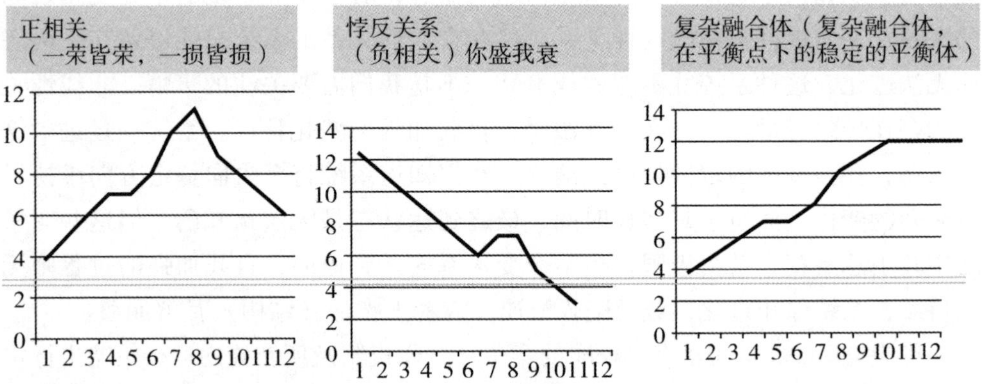

秩序源于系统在远离平衡态的混沌边缘的涌现。运筹法则和博弈法则对于多个企业下的信息的交互和决策的做出，单个企业的付出整个系统的总利益是一致的情况下，各方的利益才最大化。此时规则就在混沌中建立了。

一个企业可以逐步走复杂自适应的道路如下：

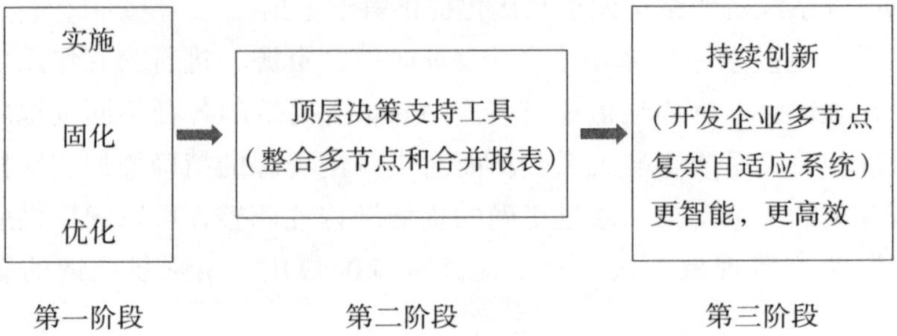

●第一步：将第一阶段的成果整合到 IT 中。(能监控和利用 ERP 中的即时数据来实施快速的交付。

●第二步：建立多企业节点下的自适应供应链的仿真模型。让模型在进化法则下可以自己决策和推荐建议的行动。

(通过博弈法则和合法系统和影子系统，可自动进化和自我判断)。

●原理：类似于蜂巢，内部各自独立的蜜蜂单元，相互适应。对于外部是个非常强大的融合体。单个蚂蚁的聚集行为很墨守成规，环境发生变化之后就只有死路一条，但蚂蚁的聚集—蜂巢的适应力极强，可以在各种恶劣环境下生存。

●建立多企业节点下的供应链完整仿真模型。开放节点，动态的博弈模型。

●将第一阶段的各节点（代理和门店和加盟商）的供应链设计到一个动态模型（赋予交互接口和博弈法则)。

第十四章　解决服装行业供应链的利器

第一节　服装行业的现状和模式

当下服装和鞋业行业供应链面临巨大的挑战，361°、安踏、李宁、九牧王等企业，服装行业的销售模式是品牌公司开订货会，代理在订货会上下订单。提前半年，品牌公司买材料，准备生产，交付。这个批发模式在奥运会后的几年都非常好，经过 10 年的发展。同质化等导致库存巨大，终端的消费者的需求快速做出调整。服装行业在近 10 年才起步发展，相比电子行业领域和其他领域是一个新兴的领域，所以供应链在这个服装领域是一个很薄弱的部门，同时也受企业的最高负责人的思维和想法的影响，这个领域一直习惯于大批量生产，同时生产周期和采购周期都非常长，通常一个新产品的总交付周期，从品牌规划，商品企划，研发，一选会到二选会，从订货会开始再到交付到代理，要 6～9 个月，都是提前半年下订单的。但消费者的变化是每天的，这些终端的变化无法及时调整，就会造成巨大的库存压力。代理和门店是压力的承受者，品牌公司是批发模式，所以品牌公司没有库存压力，但整个链条是不健康的，也是恶性循环的。最终累积的库存会导致新一季的产品订货量不够。

有报道，42 家服装企业存货达 483 亿元足够在市面卖三年。

191 亿元！“双十一”的成交额至今令人津津乐道，服装企业成了这场购物狂欢中最大的赢家。那一天，天猫三个销售额过亿元的品牌有两家是服装企业。不过，服装业内人士并不会为此欢呼。即使把这 191 亿元的功劳都送给“衣服”们，也不能把国内服装业从高库存的浓重阴影下拯救出来。

要命的高库存，写在财报中，堆在仓库里，喧哗在铺天盖地的促销牌中。数据显示，今年上半年，李宁、安踏、361°、匹克等 42 家上市服装企业存货总量高达 483 亿元。

怎么办？打折促销、加大电商渠道投放、渠道下沉转投二三线城市……服装企业纷纷寻找出路。不过，效果却不容乐观，“现在需求量下降了，怎么做促销也不管用。”独立鞋服评论人马岗如此表示。

1. 财报里的“库存”

上半年 42 家上市服装企业存货总量高达 483 亿元。

翻看上市服装企业的财报会发现，服装业哀鸿遍野，高库存与低利润如影相随。

2015 年上半年，李宁、安踏、361°、匹克等 42 家上市服装企业存货总量高达 483 亿元。其中存货最多的是雅戈尔，后面还跟着红豆股份、美邦服饰、森马服饰以及李宁，存货量低于 1 亿元的只有 4 家。

第三季度更糟，2015 年三季度发布业绩报告的服装家纺企业存货额环比普遍增加，如红豆股份、际华集团存货金额分别达 39.78 亿元、34.81 亿元，较中期规模再度增大。由于第三季度销售持续放缓，服装企业的库存雪球越滚越大。“如果现在中国所有的服装企业都停产，中国人也不用担心没有衣服穿”，业内人士统计，现在各企业所有的库存加起来够在市面上卖 3 年。

2. 现实中的仓库

“很多企业的仓库里还堆着三四年前生产的产品，其中运动品牌最为明显”，在服装行业摸爬滚打了 10 多年的服装业内人士胡海东告诉记者，越来越多的人都在寻找新的出路，“我以前的同事曾经代理鸿星尔克，不过他现在去做一个童装的代理去了。”

在胡海东看来，服装业高库存是多年问题积累的集中爆发，“每年库存都在增长，压到一定程度，积累的泡沫集中释放了。”

“服装行业最不值钱的就是库存”，在业内流行着这样一句话。对服装业来说，高库存不仅会让企业的资金周转率下降，在目前储存和运输成本持续上涨的背景下，对企业意味着要付出额外的成本，“货在仓库里放着，你去整理货品也是要成本的”，胡海东告诉记者，最关键的是，存货时间越长，价值就越小。

高库存危机加重的另一佐证是，专门消化库存公司的活跃。“其实这些清库存公司就是专门接收尾单的公司”，独立鞋服评论专家马岗告诉记者，2015 年这种清库存公司比往年任何时候都活跃。

3. 高库存的秘密

“该开的店没开，甚至关了，前几年的货只得堆在仓库里”。

在马岗看来，服装行业库存危机集中爆发有两个背景。“以前行业处于比较快的发展期，对行业增长速度预计比较乐观；最重要的是，现在整个零售大环境都不好，消费者的消费意愿降低，没有以前那么敢花钱。”

胡海东也表示，库存问题其实一直都存在，只不过被旺盛的销售给掩盖了。可是到了现在，销售下滑，库存加大，企业同时还面临着资金链的压力。“尤其是银行的银根收紧后，企业的渠道扩张受到了限制，库存压力就开始集中显现了。”业内人士对此表示。

“这要放在以前，虽然库存在增长，但新店也一直在开，反正都能把库存处理掉。比如去年留下来的货，到今年就可以消化一部分。可到了今年，问题来了，该开的店没有开，甚至关了，对企业来说，就是负增长了，前几年的货只得堆在仓库里，甚至今年的新货也马上面临库存的问题。”胡海东对记者表示。

高库存阴影挥之不去的另一大因素是服装行业普遍采用的分销模式，“大部分服装企业采用的分销模式中间环节太多了，从企业到一、二级经销商，再到零售商，环节越多，库存量就越大。”马岗说。

产量在上升，销量却在下降，随着服装行业增速放缓，服装企业正不断面临着高库存侵袭。而时尚演变的周期越来越短，市场不允许品牌太长时间地徘徊在弯路上寻找方向，美邦们需要尽快上路。

“你相信他们说的是事实？真是晕倒！好好看看我们2011年年报和2012年一季度报吧！”美邦服饰（002269. SZ）董事长周成建大为光火，从去年年底开始，他就因美特斯邦威身陷高库存危机的猜测，而受到各方质疑。尽管近期业绩快报显示，美邦服饰的存货周转率正逐季改善，舆论仍然围绕其库存话题不依不饶。正在巴黎考察的周成建听闻“库存”两字当即挂了电话，短信发来文前这句话。

4. 库存问题凸显

库存压力是服装行业的普遍问题，事实上，国内多个休闲服饰品牌都在2011年陷入库存困境。据凡客诚品递交的上市文件显示，凡客预计从2014年7月至2015年6月将亏损10亿元人民币，并有高达14.45亿元的库存。同期谋求上市的海澜之家，截至2011年12月31日，其存货总额为38.71亿元，占资产总额比高达56.94%。除此之外，森马（002563. SZ）、七匹狼（002029. SZ）、九牧王（601566. SH）等企业，截至2011年三季度的公司存货余额较年初增幅分别为37.36%、78.43%、52.69%。

不难理解周成建的郁闷。面临高库存这个普遍问题，美邦也不例外。2010年一季度，美邦的存货仅有7亿元；到2011年一季度，美邦的季末存货就达到了31.6亿元，上升幅度超过300%。

根据中金报告，美邦2012年春夏新款库存约为2.5亿元，2011年秋冬款库存为7亿元，2011年春夏款库存为8亿～9亿元，2010年秋冬款库存为5亿～6亿元，其余为更早款。根据业界常规，2012年春夏新款以及2011年秋冬款为正常运营库存，但其余的超过15亿元的货物皆为过季商品，也就是说，这些滞留的库存每天都在贬值。

尽管美邦方面没有人出面回应，但是存货滞留仓库的情况真实发生了。

5. 博弈产销平衡

有多年经验的女装生产商张翼，2015年春节期间接到一朋友从广东打来的电话，称其厂里有6000多件男式服装，能否帮忙处理。朋友说，尽管接这批单时收取了30%的定金，然而2014年10月加工完后，销售商迟迟未来提货。“一旦过了冬装销售期，这些服装只能积压在仓库成为存货”，朋友说，“这张订单来自美邦。”

“供应商通常只有被催赶工期的份，很少有销售商砸了定金，最后还放几十万元货在这里。”张翼觉得奇怪，在他多年的从业经历中，不常出现这样的事情。鉴于衣服并没有质量差错，张翼判断原因在于销售商自身，可能是资金出现问题，也可能是销售出现问题。“提货时要付清剩下的货款，还有销售成本等诸多费用，如果他都知道卖不出去，就干脆不要了。”

美邦服饰曾对自己库存的问题做过解释，认为有三个原因导致其库存积压：一是销售规模扩大，款式设计丰富；二是2010年入冬较晚，冬装销售周期延后；三是为应对年初用工荒给供应链带来的冲击，而安排了2011年货品入库。

“产销平衡是很微妙的瞬间，生产计划，设计品类，店铺面积甚至店员的销售话术都会产生影响。对于生产多少量才能正好满足店面的销售状况，大多数生产商是盲目的，做到精准很难。”一位不愿具名的业内人士说。

6. 扩张模式下的繁荣

此次服装行业中蔓延的库存梦魇，美邦受到的关注度远超同类品牌，不仅由于其上市公司的背景，更在于这个出身于温州街头的服装企业一次又一次“不走寻常路”。

服装行业流行的轻资产模式即是美邦首创——将与生产相关的重资产业务外包给各类加工企业，同时加工完的服装交给各地的经营渠道销售，公司则集中精力于原料采购、产品设计和品牌企划。创业初期，周成建受资金限制，“万般无奈”先后与广东、江苏及浙江各地的数十家服装加工厂建立供应商合作关系。17年后，这3个地方逐渐成为美邦的生产基地。而出于物流便捷的角度考虑，美邦仓库全国分开，采取分散型存放货品。

在服装行业跑马圈地的阶段，渠道扩张速度决定了企业的收入增长，周成建当然明白这个道理。他采取了加盟为主，直营为辅的运作模式，加盟店要使用美特斯邦威公司的商标、商号、服务方式等，并向公司交纳 50 万～300 万元不等的特许费（订货折扣率相应不同），最终销售收入的 25% 归加盟商。以这种模式来实现销售渠道的扩张，效果立竿见影，美邦专卖店初期每年以新增 50 家的速度发展。至 2008 年上市之前，它在全国拥有直营店和加盟店共计 2211 家，其中加盟店 1927 家，占 87%，直营店 284 家。

根据美邦服饰上市时的发展目标，其计划在人口 100 万及以上的城市采取购买和租赁的方式新建店铺 68 家，其中直营店 31 家、加盟店 37 家。然而上市后短短 8 个月内，美邦已将浙江、福建、上海等省市的 39 处商业地产收入囊中，超过目标一半以上。

与开店速度相对应的，美邦供应商压货的力度闻名业内。上市后多数加盟商与美邦签订的三年经营合同中，有一条每年 25% 业绩增长的硬性规定。并且美邦方面声明，加盟商如不签，就取消特许经营权。“每个季度都有订货指标，远远超出门店所能消化的程度。如果少订点，就会被告知要移交代理权。”前美邦加盟商丁先生说。

由于服装订货存在时间提前量，货品一旦生产结束即被运往各家门店，如此高流转下，包括美邦在内的多家服饰企在 2008—2009 年，库存状况空前喜人。

7. 高速奔跑“后遗症”

然而，初期优势明显的经销商特许经营模式，到了一定规模就会出现信息反馈不畅、终端控制乏力等诸多问题。“2010 年之后，服装行业整体的销售情况没有预期增长得那么多，门店经销商撑不住，问题就暴露出来了。”上述业内人士说。

当大量加盟商开始到总部要求提高订货折扣时，周成建首次意识到如果任由加盟商的力量壮大，公司可能陷入被其“绑架”的局面，因此他不惜以高出加盟店 5 倍的成本开直营店，加强对销售渠道的控制权。

周成建不曾料到的是，加盟店与直营店之间也随之开始出现裂缝。“公司允许我店里的部分过季衣服 8 折出售，但过两个路口的直营店却打着 5 折 6 折的牌子，我怎么卖得出去?”美邦加盟商怨声载道，“到后来全力上阵，利润也只有 5%～6%，只好尽快转店。”有资料显示，美邦销售团队分为直营店和加盟店两部分，直营店的销售会考核业绩和单店盈利，但负责加盟商的销售却只顾业绩指标。

直营与代理的冲突并不能概括问题的全部，决定服装品质的两大核心——

设计、面料，美邦也屡遭人诟病。名为“FF”的前美邦设计师说，他难以理解公司选取设计图的标准，领导前一天定下了10份样图，仅仅过了一个晚上，该领导就表示其中8份都要重新画过。“类似情况发生多了，有想法的设计师当然留不住，导致衣服图案品质不稳定。”

至于面料方面发生的状况，有关美邦衣服易缩水变形的抱怨，在各大网络论坛随处可见。“生产在外的轻资产模式也有弊端，产业链的生产环节不在自己掌握之中，也就很难平衡设计与品质、销售与库存的关系，这边销售遇阻，那边供应商还在加班。”上述业内人士评论道。

8. **内外受挫**

眼下的国内服装企业内外受敌。一方面是企业内部暗流涌动，另一方面是面临外部激烈竞争。2009年后，ZARA、H&M、优衣库等国际著名快时尚巨头加速进入中国市场。这些快时尚品牌动辄1000平方米以上的直营店，除了彰显瓜分蛋糕的信心，也引得美邦们羡慕：以ZARA为例，其每年生产服装款式超万件，每周供货两次；从识别流行趋势到将新款时装摆到店里，仅需15～30天。更为重要的是，由于产品销路反馈及时，周转快，库存低。

事实上，周成建早有出手。美邦服饰2008年推出的副品牌“Me&City”，即在紧追ZARA与H&M的步伐，据了解，“Me&City”品牌从工厂生产到门店上架最快只要20～30天时间；50～60人的设计团队，设计人员来自中国台湾地区、韩国和日本。就在美邦为“Me&City”大张旗鼓地投入时，2010年第一季度财报显示，公司净利润同比大幅下挫90%。2009年全年，美邦的销售收入为48亿元，而“Me&City”仅为3.5亿元，处于亏损状态。

接近美邦的人士透露，2010年开始，“Me&City”开店的时间有所放缓，有些产品因此错过了最好的销售时间，导致存货比例较高。

美邦遭遇的最后一记重创来自外界环境。“近两年气候无常，冬装上市时不冷，春装上市时不暖；再加上总体经济形势不明的情况下，消费者购买欲下降。多数服装企业零售增幅远远低于预期，甚至下降。”中国服装协会秘书长王茁说，“如此，较高增长预期的货品准备必然造成库存上升。”

各种原因综合起来，美邦的前景不禁令人担忧。“时尚演变的周期越来越短，市场不允许品牌太长时间地徘徊在弯路上寻找方向，‘美邦们’需要尽快上路。”业内资深人士说。

第二节　左右圈理论

目前国内服装和鞋业的供应链，是大期货模式（通过订货会批发的模式给代理，由代理再建自己的门店和加盟的方式销售货品）。

这种大期货模式在市场良好的情况下，的确通过规模生产和采购可以达到降低成本的效果。但随着消费者越来越理性，对产品的要求越来越多样化。

品牌商必须基于忠于消费者的变化做出快速的调整和满足。一个经典的案例分析认为：左右圈理论：将“左圈”视为“我”（公司或个人）要满足的群众，“右圈”代表“我”的能力，“右圈”需要满足“左圈”的需求。手机巨头诺基亚当前的困境也为这一理论做出了生动的注解：当手机行业的触摸屏技术和Android系统成为大势所趋之时，诺基亚却花费很多资源不断优化工业设计和提高产品质量，它没有找到左圈的需要并跟随“左圈”的生活方式而变。由于太过“右圈”主导，当iPhone出现时，诺基亚的“左圈”便离它而去。

这个例子同时也说明另外两点：竞争对手的行为，以及经济和市场环境的变化都会影响到企业的“左圈”；企业制定策略不应只从自身优势出发，而应充分考虑自身优势与顾客的配合点，否则便会无效。

诺基亚由于忽略了“左圈”的需求，也没有考虑到竞争对手及市场环境的变化，在激烈的市场竞争中，它只能像一个押错了宝的赌徒，眼睁睁地看着对手将自己的筹码一点点拿走。

可以看出提高自身的实力和核心竞争力去满足客户的需求是如此的重要。

第三节　ZARA模式

所以相对于其他行业，服装行业的利润率还是很可观的。这个行业在中国快速发展也在中国奥运会开始的。所以未来的10年市场的惨烈竞争会导致一轮新的洗牌。

服装巨头NIKA和ZARA都是将聚焦满足客户需求和做出快速的反应放在第一位。耐克从以品牌创新为支撑的产品驱动型商业模式，逐步转变为以消费者为中心的组织形式，通过对关键细分市场的全球品类管理，实现有效益的快速增长。Charlie Denson 认为，这是一个消费者掌握权力的时代，任何一个公司都必须转向以消费者为中心。

ZARA 总交付周期在 10 天内的快速反应就是典型的拉动式的战略模式。

中国服装企业还是典型的 PUSH 推动的计划模式和大期货模式。这一点同发展 30 多年的电子行业非常类似。中国的电子企业（家电和汽车和手机），特别是手机。在最初的生产模式都是 PUSH 的计划模式，生产成成品再去市场卖。这是无法抗衡市场同质竞争导致的快速的跌价现实。所以手机改为基于市场的库存再调整生产的 PULL/ON DEMAND DRIVING 的模式。将 POSTPHONE 结合在一起。

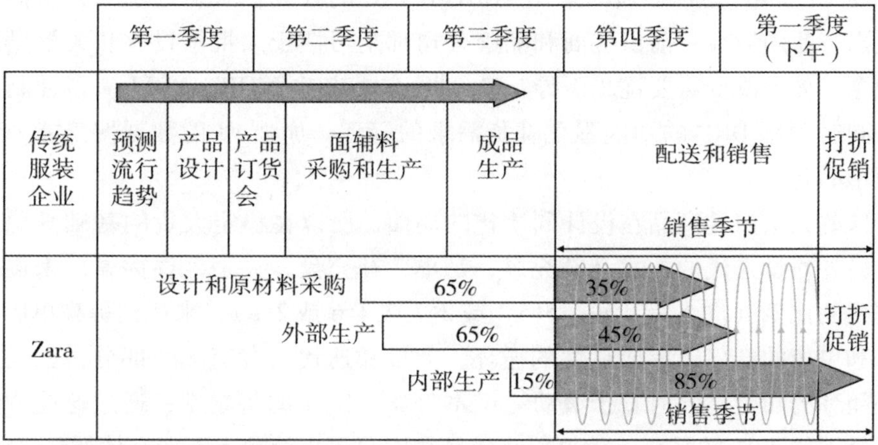

相信在目前同电子行业相比，稍高的利润率，决定这个行业不是立即彻底进行变革。这也是行业发展的渐进的过程，相信未来的 5～10 年是服装行业彻底洗牌的过程，随着利润率的下滑，精细生产和管理成为必然。这些品牌服装公司，毛利润率在 30%～40% 之间。净利润在 10% 左右。手机和电脑等毛利润率在 5%～8%。净利润在平衡的边沿。美国制造业属于高科技股的毛利润也在 30%～40%，一般都在 20%～30%、中国品牌电子制造行业几大巨头的毛利润率也都在 10%～30%，净利润在 5%～15%，很多 OEM 和 ODM 企业都在亏本。

第四节　SCOR + PULL + 制造策略 + DRP + 迭代

对于服装行业，有两种出路：

第一种：如果还继续走大期货模式（批发模式），供应链必须走强化二端（终端，供应商），通过拉动式，投入第一批到市场（ZARA 是 20% 左右，国内的企业可以基于售罄率，目前国内的企业当季的售罄率是 28%～30%，接着的一季是 30%～35%，滚动一年是 75%～80%），滚动 1～2 周补货。同时生产线和外发工厂和供应商必须都采用 POSTPHONE 的计划模式。逐步三方协同，共同走出行业困境。目前供应商和品牌公司都是习惯于大批量投放和大批量制造的观念，如果改变需要逐步引导。整个模式是基于 SCOR + PULL + 多种制造策略，同时利用 DRP 的功能强化补货需求的管理，加强 BI 的数据搜集能力和决策模型的建立。

这些无法扭转商品在设计同质化的局面，所以在稳定大货的基础盘稳步交付。另外通过迭代的方式（补充款，翻单，补充盘，买手，现货等）来逐步加大迭代的比例（同大货比较，5:5，或 3:7 或 4:6 或 2:8），来达到提高单店的售罄率和单店的产值，形成良性的循环。大货和迭代，有交叉的部分，就是买手内外闭环的功劳。同时基于滚动一年才 75%～80% 的售罄率，通过这些方法来弥补余下的 20% 的呆死，就可以将成品总库存逐步消除。走向良性循环。

代理的总订单量下面的优化产品结构，是否是一个品牌和代理之间的利益分配问题。

第二种：从期货模式逐步走自营门店模式，大期货模式的好处是品牌公司不承担终端的库存压力，代理也同步将库存压力转嫁给门店，有些代理有自己的门店也会承担部分的压力，没有门店的代理，压力都在加盟商和他们的门店。所以代理、门店和加盟商之间将品牌公司同终端隔开，导致品牌公司在代理利益关系中无法直接管理门店，无法接近消费者。所以如果在后续 5 年市场环境恶化的情况下，代理不走批发模式，如果品牌公司自己建立门店，就要采取 PULL 拉动式模式，通过 SCOR + PULL + 制造策略 + POSTPHONE 混合模式，基于终端门店的变化，快速的调整和快速的交付。同之前不同的是，这个模式更直观地控制终端，要求有更强的快速反应能力和协同能力。同时可以控制采购订单和生产任务的安排，灵活地扩大买手和补充盘的比例。

第五节　服装行业的全工作流程和案例分析

服装行业的整个流程分为：

（1）战略与年度经营计划 AOP（3～5 年的战略规划与年度经营计划）。

（2）品牌规划期（滚动更新品牌定位和品牌规划，生意拆解）。

（3）规划和研发期（跨季的科技流行和资源研究与规划，设计主题，色彩规划）。

（4）商品企划期（单季商品企划案，服装企划案，款式方向提案，VLP 分解表，产品分策划案，面辅料规划，制作标准色卡）。

（5）设计开发期（单季商品图稿设计，单色样的开发制作，材料开发。图稿设计，成本）。

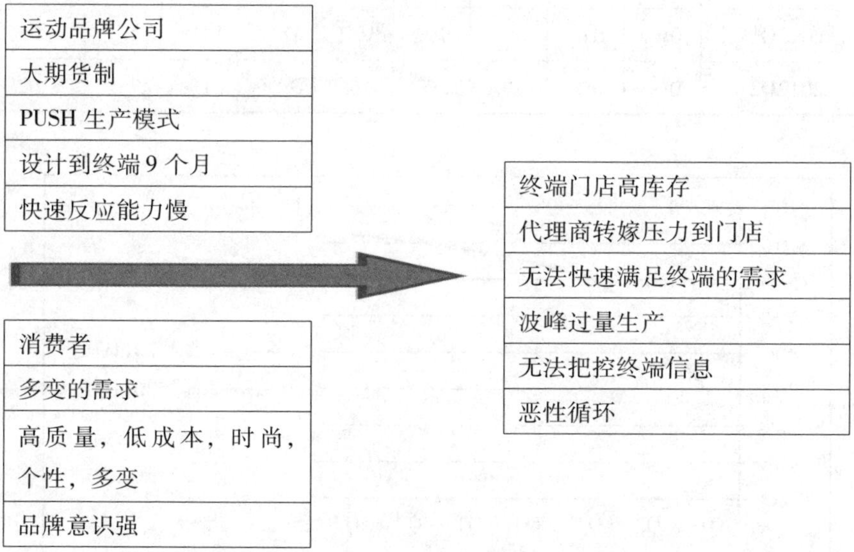

（6）一选会（单色样，样品成列，产品培训，风险评估，可量产评估。

（7）二选会（齐色样，组织客户参加二选会，客户预备下单，销样制作，指定现货计划，部分材料准备）。

（8）订货会（客户下单，商品发布会）。

售罄率		2011				2012				Total
		Q1	Q2	Q3	Q4	Q1	Q2	Q3	Q4	
服装	2011Q1	20%	25%	20%	5%	3%	2%	2%		77%
	2011Q2	0%	28%	35%	1%	1%	7%	6%		77%
	2011Q3	0%	0%	18%	27%	16%	4%	4%		69%
	2011Q4	0%	0%	0%	28%	36%	1%	2%		67%
	2012Q1	0%	0%	0%	3%	25%	19%	12%		59%
	2012Q2	0%	0%	0%	0%	0%	24%	34%		57%
鞋类	2011Q1	28%	18%	16%	6%	4%	2%	3%		77%
	2011Q2	0%	27%	34%	6%	5%	6%	4%		81%
	2011Q3	0%	0%	19%	30%	19%	5%	6%		78%
	2011Q4	0%	0%	0%	26%	36%	4%	7%		74%
	2012Q1	0%	0%	0%	3%	32%	18%	14%		67%
	2012Q2	0%	0%	0%	0%	1%	30%	31%		62%

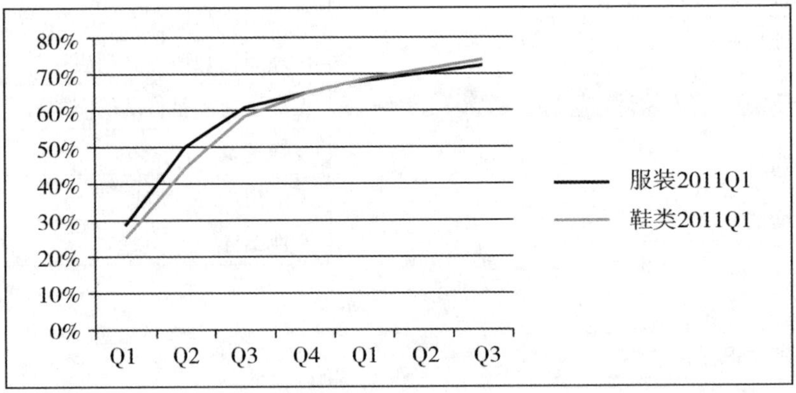

单位：天	
设计	5 天
采购	5～7 天
生产	1～3 天
物流	1～3 天
总共	15 天

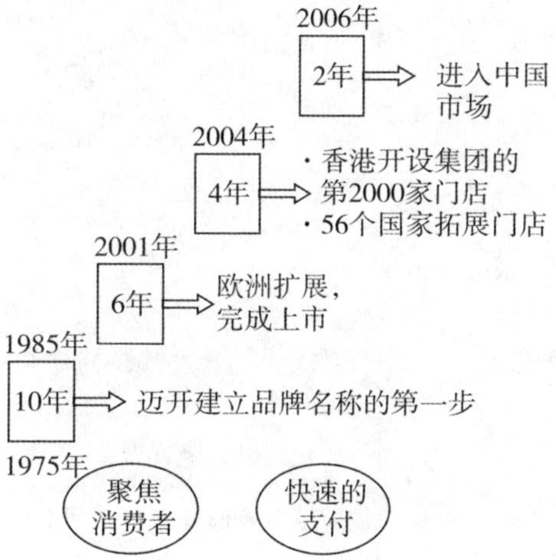

- 前端材料和生产在内部高度垂直自动化生产线的整合。以各供应商以卫星城聚集
- 后端缝制工序全部外包
- 约 40% 的面料供应来自内部。其中有 50% 的布料是未染色的
- 产品包装检查完毕后，将通过长约 20 千米的地下传送带运送到配送中心到全球
- 有约 35% 的产品设计和原材料采购、40%～50% 的外包生产、85% 的内部生产都是在销售季节开始之后进行的
- 需求拉动式生产模式。以顾客为焦点
- 设计端的高度整合（色彩的规划（通用性）
- 设计聚焦快速复制全球的时装潮流
- 自有物流，同时"掌握最后 1 千米"的配送管理
- 高度集成的 IT 技术
- 门店经理决定订什么货
- 当季售罄率 75% 左右！每年 2 个时间段集中

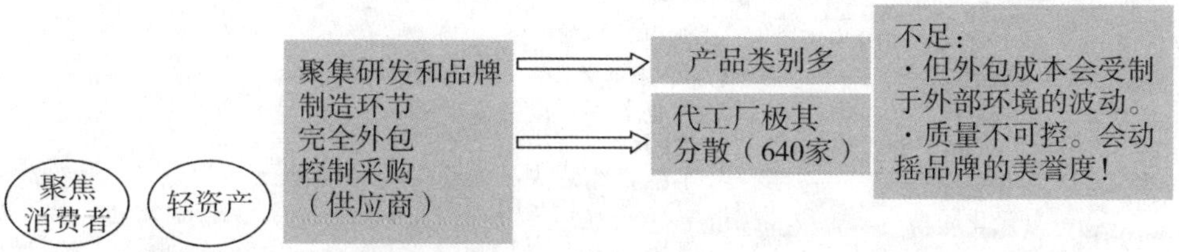

从以品牌创新为支撑的产品驱动型商业模式，逐步转变以消费者为中心的组织形式，通过对关键细分市场的全球品类管理，实现有效益的快速增长。这是一个消费者掌握权力的时代，任何一个公司都必须转向以消费者为中心。

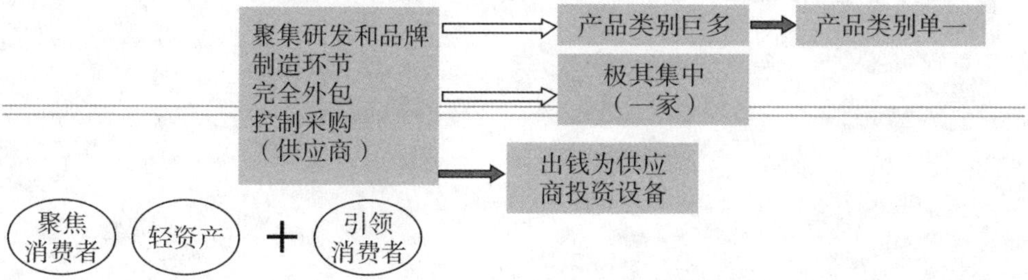

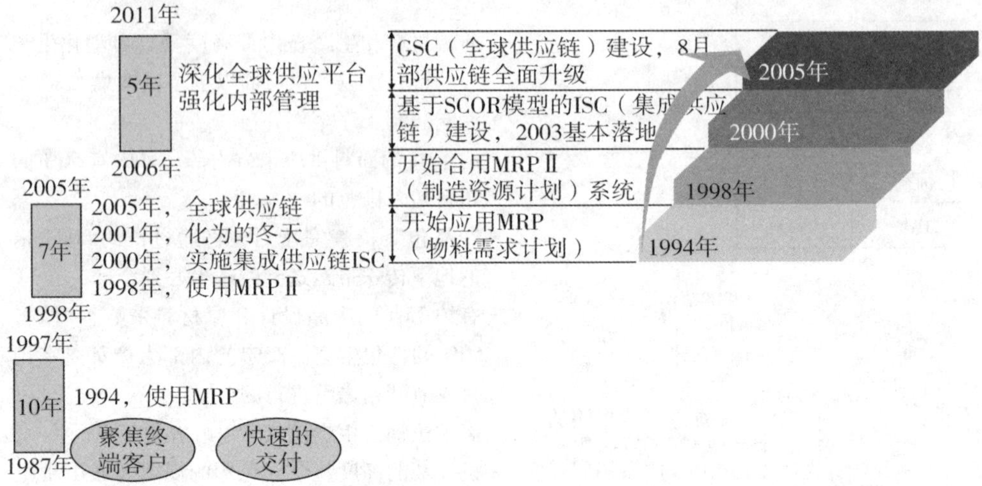
2011年
5年
深化全球供应平台
强化内部管理
2006年
2005年
7年
2005年，全球供应链
2001年，化为的冬天
2000年，实施集成供应链ISC
1998年，使用MRP Ⅱ
1998年
1997年
10年
1994，使用MRP
聚焦终端客户
快速的交付
1987年
GSC（全球供应链）建设，8月
部供应链全面升级
基于SCOR模型的ISC（集成供应
链）建设，2003基本落地
开始合用MRP Ⅱ
（制造资源计划）系统
开始应用MRP
（物料需求计划）
2005年
2000年
1998年
1994年

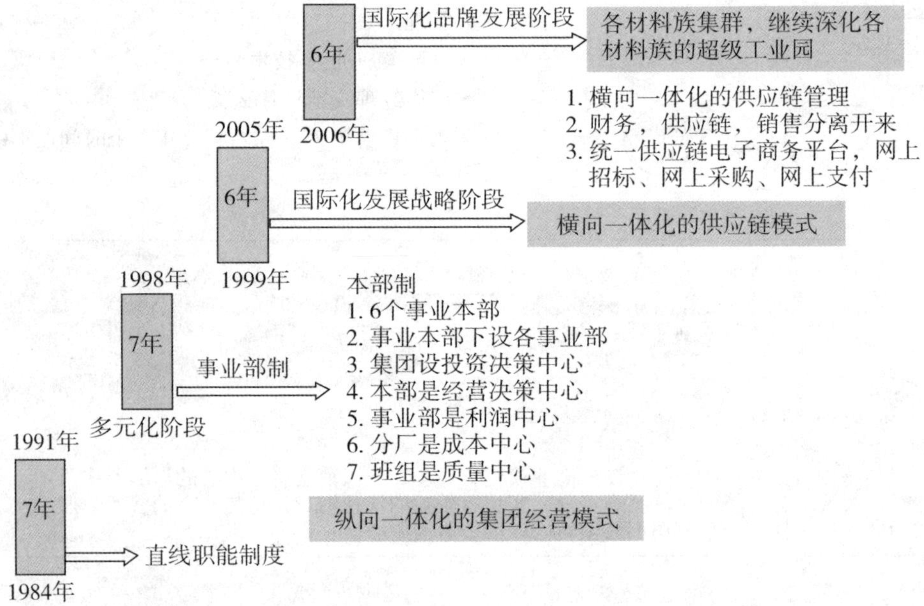
6年
2006年
国际化品牌发展阶段
各材料族集群，继续深化各材料族的超级工业园
1. 横向一体化的供应链管理
2. 财务，供应链，销售分离开来
3. 统一供应链电子商务平台，网上招标、网上采购、网上支付
2005年
6年
1999年
国际化发展战略阶段
横向一体化的供应链模式
1998年
7年
事业部制
多元化阶段
本部制
1. 6个事业本部
2. 事业本部下设各事业部
3. 集团设投资决策中心
4. 本部是经营决策中心
5. 事业部是利润中心
6. 分厂是成本中心
7. 班组是质量中心
纵向一体化的集团经营模式
1991年
7年
直线职能制度
1984年

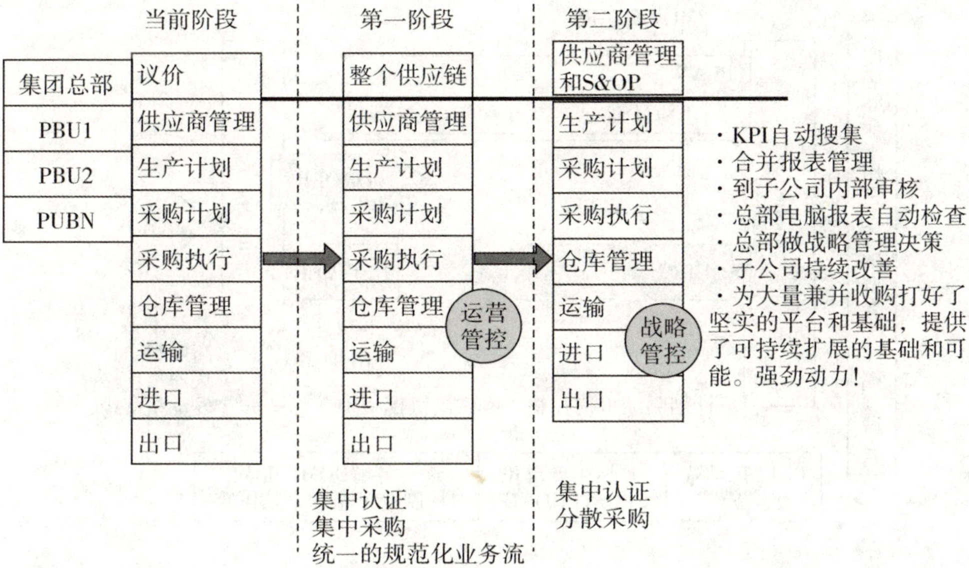
当前阶段
第一阶段
第二阶段
集团总部
PBU1
PBU2
PUBN
议价
供应商管理
生产计划
采购计划
采购执行
仓库管理
运输
进口
出口
整个供应链
供应商管理
生产计划
采购计划
采购执行
仓库管理
运输
进口
出口
运营管控
供应商管理和S&OP
生产计划
采购计划
采购执行
仓库管理
运输
进口
出口
战略管控
·KPI自动搜集
·合并报表管理
·到子公司内部审核
·总部电脑报表自动检查
·总部做战略管理决策
·子公司持续改善
·为大量兼并收购打好了坚实的平台和基础，提供了可持续扩展的基础和可能。强劲动力！
集中认证
集中采购
统一的规范化业务流
集中认证
分散采购

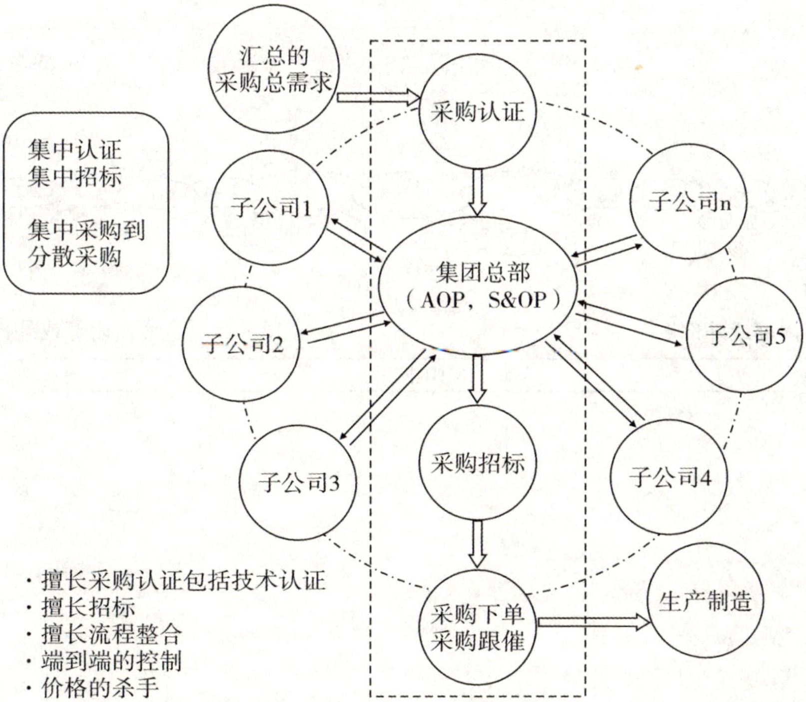
汇总的采购总需求
采购认证
集中认证
集中招标
集中采购到分散采购
子公司1
子公司n
集团总部（AOP，S&OP）
子公司2
子公司5
子公司3
采购招标
子公司4
·擅长采购认证包括技术认证
·擅长招标
·擅长流程整合
·端到端的控制
·价格的杀手
采购下单
采购跟催
生产制造

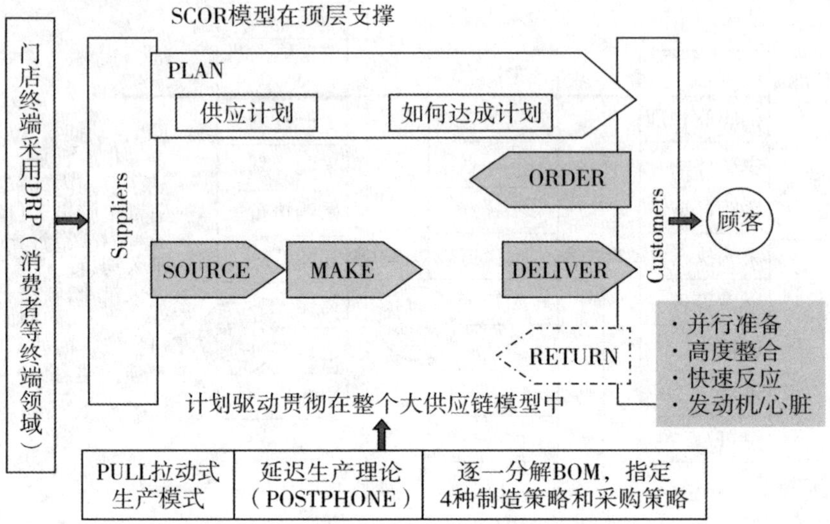
SCOR模型在顶层支撑
门店终端采用DRP（消费者等终端领域）
Suppliers
PLAN
供应计划
如何达成计划
ORDER
SOURCE
MAKE
DELIVER
RETURN
Customers
顾客
· 并行准备
· 高度整合
· 快速反应
· 发动机/心脏
计划驱动贯彻在整个大供应链模型中
PULL拉动式生产模式
延迟生产理论（POSTPHONE）
逐一分解BOM，指定4种制造策略和采购策略

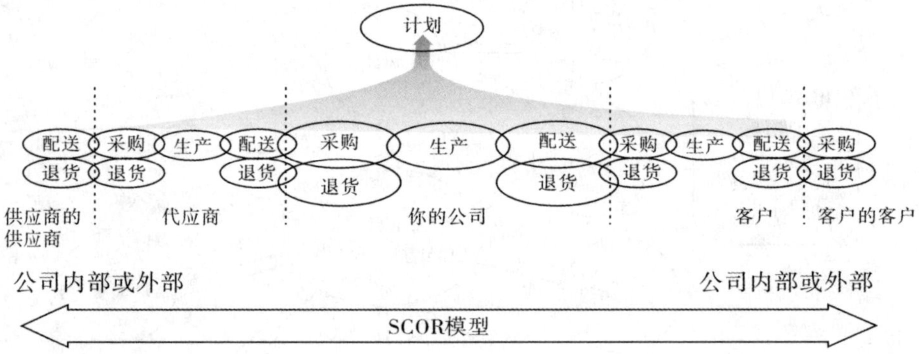
计划
配送
退货
采购
退货
生产
配送
退货
采购
退货
生产
配送
退货
采购
退货
生产
配送
退货
采购
退货
供应商的供应商
代应商
你的公司
客户
客户的客户
公司内部或外部
公司内部或外部
SCOR模型

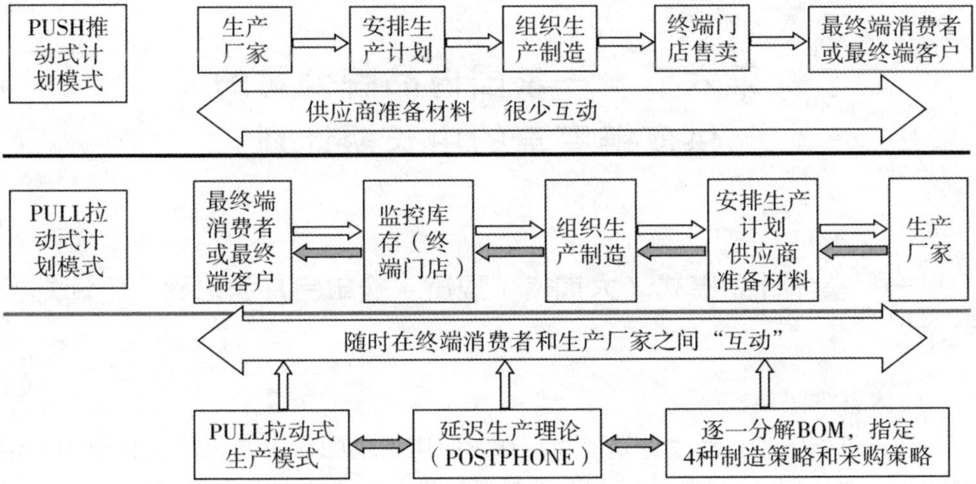

售罄率（每月）

大类	年份	2011年												2012年									
	月份	1月	2月	3月	4月	5月	6月	7月	8月	9月	10月	11月	12月	1月	2月	3月	4月	5月	6月	7月	8月	9月	累计
服装	2011Q1	5%	8%	15%	15%	5%	2%	2%	4%	5%	3%	1%	1%	1%	1%	1%	1%	0.4%	0.3%	0.2%	1%	1%	72.7%
	2011Q2				5%	10%	11%	15%	15%	5%	1%	0.1%	0.1%	0.1%	0.1%	0.4%	2%	3%	2%	2%	3%	1%	74.9%
	2011Q3								4%	11%	14%	7%	6%	9%	3%	4%	3%	1%	0.3%	0.4%	1%	2%	65.9%
	2011Q4										1%	7%	17%	29%	5%	3%	1%	0.2%	0.1%	0.1%	1%	1%	64.0%
	2012Q1												1%	4%	5%	11%	13%	4%	2%	2%	5%	5%	51.85%
	2012Q2																4%	9%	10%	14%	15%	5%	57.4%
鞋类	2011Q1	9%	7%	9%	9%	5%	3%	5%	7%	4%	3%	2%	1%	2%	1%	1%	1%	1%	1%	1%	1%	1%	73.9%
	2011Q2				5%	10%	10%	13%	14%	6%	3%	2%	1%	2%	1%	2%	3%	2%	1%	1%	1%	1%	79.6%
	2011Q3							1%	5%	10%	12%	9%	9%	12%	3%	3%	3%	1%	1%	1%	2%	2%	75.2%
	2011Q4										2%	7%	14%	27%	6%	4%	2%	1%	1%	1%	3%	3%	70.7%
	2012Q1												1%	13%	7%	10%	10%	5%	3%	3%	6%	4%	63.1%
	2012Q2															1%	6%	10%	10%	11%	14%	6%	58.3%

第六节　一家国内品牌公司的供应链变革的中长期计划

一、整体计划模式（大期货 + 现货 + 翻单合并考虑到一个计划模式中）

整体思路：

（1）终端需求拉动式计划模式：基于门店终端的需求变化（库存数据和销售记录），利用 DRP 功能拉动公司内部的补货（生产安排和材料采购）。（配合在二选会和订货会前后去分解 BOM，设定每个 SKU 的多种制造策略（MTS、ATO、BTO、ETO）和并行采购策略（品牌公司的生产线和供应商）和给出每个 SKU 的补货周期。）基于 BOM 和制造策略分阶段并行采购和生产。

（2）确认首次投放生产线和门店的比例：基于历史售罄率，首次投放期货（大货）总量的 10% 生产完毕交付到门店。在门店售卖中投放另外 5%～8% 到产线继续生产。

（3）分阶段快速补货：等鞋子和服装市场门店反馈最先投放的 10% 实际售卖率和售卖数据通过 IT（门店输入到 POS 系统）传递到 ERP 中。计划部每周滚动安排后续二周的终端的合并需求（由代理商提供未来二周的需求，会对照终端实际 POS 中门店售卖的合并记录和库存数据，鉴别真实度或水分）。

（4）调拨：门店之间调拨也成为可能。

（5）剩余期货（大货）总量的 20%，代理可自由修改。

（6）代理和品牌公司和门店可以做到双赢！提高售罄率和快速反应！

具体措施：

1. 第一阶段

准备阶段（2～4 个季度）；生产计划部统筹整个交付周期，对最终的交付负责；培训（内部和外部）；并行优化各关键节点的总时间周期。

（1）采购周期：

内部的采购人员：

●基于二选会前后逐一每个 SKU 的 BOM，基于通用性和风险性，确认并行的采购策略，指导及时下采购单到供应商（要求供应商并行准备）。

●需要培训主要供应商，关于我们将要实施的运作模式。

●梳理和确认未来合作的战略供应商 AVL（按各材料簇）。

●主要供应商要求有专门的接口人员，配合 * 的采购。

●分解 BOM 和分阶段准备（原材料级和半成品和成品）。

●在订货会后，再分解 BOM 和重新审视制造策略和采购策略。

供应商处：

●供应商处成立小组负责这次的采购运作模式改变。

●专人跟催品牌公司产品的进度和结合平台去及时输入信息。

●培训在延迟制造下的供应商的准备的材料和半成品等。

●书面承诺新模式下的采购周期和采购策略等。

●签订 VMI 和 JIT 协议。

（2）生产周期：

●通过 IE 优化目前的生产周期和并行生产的工序和适合小批量多品种的模式下如何快速转换生产线。

●在二选会前后，分析 SKU 和 BOM 结构和材料特性和公司的战略，设定多种制造策略和采购策略。特别是二选会后，可以基于三位一体和必定款等，和 BOM 特性，逐一分解每个 SKU 的 BOM 到最低层（原材料），释放采购订单到供应商和安排生产的前期制造（用延迟制造方法）。

●在订货会后，再分解 BOM 和重新审视制造策略和采购策略。

●供应商也基于品牌公司培训的思路去实施多种制造策略和采购策略落实材料和半成品和成品。

（3）物流分销时间：

●寻找第三方物流的战略合作伙伴进行全国分销（分销成本不能太高于目前的铁路运输，同时总物流运输时间限定到 5 天内到终端门店）。

●同营销系统和代理沟通，基于新计划模式下的总物流时间从目前的 15 天到 5 天（品牌公司到代理到门店或到门店）。

●物流信息在 ERP 或 IT 系统中的即时可追溯性，库存和数据可视。

优化 BOM 的准确性：

●负责人：商品系统和开发设计部。

●严格二选会和订货会的 BOM 输出。包括推动价格和损耗率和材质和图纸等能指导采购执行和制造策略的并行实施的可能性。

优化终端 IT 的 POS 系统对售卖信息的即时录入和即时 SKU 库存的准确性：

●IT 设置 POS 系统如何即时获取终端的数据（来即时取得终端的销售记录

数据和合并汇总到总部。取消终端可以自己修改销售记录的行为。取消代理审核销售记录的行为。

●增加人员去接收全国门店和代理要修改销售记录的请求，鉴别后快速批核，要设计到IT的POS的电子审批流程中，走电子审批处理。同时保留了审批和修改销售记录的数据。

●利用BI功能搜集终端的售卖记录实施DRP功能拉动内部的滚动二周的计划性。

●前期阶段需要代理和门店填写滚动后续二周的需求。会对照实际售卖记录和当前的即时合并库存来鉴别水分。

●设计和谈判可自由门店调拨的技术上的可能。

优化MRP和DRP的输入和输出：

●优化ITEM MASTER和TIME FENCE和大期货总量和滚动需求的输入，确保最终MRP的输出能指导生产制造和采购策略的实施。

●通过DRP来拉动内部生产计划。

销售和代理和门店确认滚动二周的需求，每半个月确定后续二周的滚动需求。(通过销售同代理沟通，开发外挂系统去接口输入)

2. **第二阶段**

(1) 试运行阶段（一个季度)。

(2) 设定ERP中的各数据周期：将下面优化后的周期输入到ERP（采购件和制造件)，指导ERP输出。

●采购周期。

●生产周期。

●物流分销总时间。

(3) 将确认后的制造策略设定在ERP中。

(4) 调试DRP和MRP的功能。

(5) 培训（内部和外部)。

3. **第三阶段**

●正式实施（一个季度)。

●开发关键合并报表指导决策和持续改进和创新。

●再做PDCA优化之前的各节点和模式的再优化。

需要相关支持的资源：

将生产管理部和供应商管理部（采购执行和供应商开发）并入到运营中心。为精确计划调度和可控的交付，和优化各时间节点提供必要的保障和确保项目成功的必备条件。

需要大力强化 IE 的功能，将 IT 并入到运营中心。

●通过 VSM 价值流程图优化目前的产线布局，提高产线效率和一定程度控制下的自动化。最终提高产线总生产周期和多种制造策略的实施。

●同时指导和辅导供应商逐步提升整体能力。

输出的效果：

●第一阶段：大期货的总交付周期为 15 天（采购 + 生产 + 物流 + 门店），总库存周转率提升，总库存金额大幅降低。呆料和死料也大幅降低。

●第二阶段：大期货的总交付周期为 10 天（采购 + 生产 + 物流 + 门店），总库存周转率提升，总库存金额大幅降低。呆料和死料也大幅降低。

●第三阶段：大期货的总交付周期为 7 天（采购 + 生产 + 物流 + 门店），总库存周转率，总库存金额，呆料和死料在受控中。

二、考虑到公司的具体情况，初步开始实施的部分

1．整体思路

●按目前的大期货的规则，出完 80%。同时基于门店终端的库存状况和实际售出状况，可适当重点加速补货（每天 POS 需要自动汇总）。确保脱销的产品能有预知性，在脱销前早做生产准备。

●留作 20% 在门店当季上市的 20 ～ 30 天内（鞋子）30 ～ 45 天（服装）可以容许代理和门店自由修改。同时基于监控中的终端合并库存，实施门店之间或代理之间的调拨。20 天交付！

2．具体措施

●物流时间的优化：直接货运到加盟或大客户。减少中间周转的时间。

●生产周期和采购周期的优化（二选会前后，分解 BOM 到最底层，确认多种制造策略和采购策略）。

●终端数据的搜集（通过协调和沟通，确保终端数据的准备性到 95% ～ 100%，为后续的拉动式模式做最重要的前期准备）。

●为了提高大期货的 80% 的整体的交付快速交付能力，我们需要落实二选会前后的制造策略和采购策略。

3．需要相关支持的资源

（1）将生产管理部和供应商管理部（采购执行和供应商开发）并入到运营中心。为精确计划调度和可控的交付，和优化各时间节点提供必要的保障和确保项目成功的必备条件。

（2）需要大力强化 IE 的功能，将 IT 并入到运营中心。

●通过 VSM 价值流程图优化目前的产线布局，提高产线效率和一定度控制下的自动化。最终提高产线总生产周期和多种制造策略的实施。

●同时指导和辅导供应商逐步提升整体能力。

4. **输出的效果**

●大期货的 20% 的总量下，总交付周期为 15 天。

●希望能提高 10% ～ 15% 的售罄率（当前一年周期内的售罄率是 75% 左右），这样售罄率期望达到 85% ～ 90%，减轻终端的库存压力，同时可减少终端的现货和翻单的压力。

第十五章　供应链关联的财务标准成本管理

第一节　供应链在财务的角色认知

作为供应链人才和管理者必须要懂财务，因为集成供应链下毛利润直接同供应链正相关。供应链的很多指标 KPI 例如总库存周转率和总库存金额，DOS 和 PPV 采购成本降低等都来自于财务输出。所以供应链人才有必要学习财务基本的标准成本管理知识。

财务对于供应链管理非常重要，很多方面供应链要同财务一起协同。

第一，销售收入的确认，PROVISION（财务计提）的确认，总库存确认，BOM 发料和 PPV（采购成本）的 VARIANCE（财务差异）一起消除都密切相关，一切实际发生的记录同标准的 ERP 或标准的财务数据的差异（正差异或负差异），现在供应链角色也逐步转变为上升到公司经营层面去考虑公司的宏观。很多供应链管理者很少去参与财务的销售收入的确认和 PROVISION（计提）的确认。在我们统计总库存周转率时，我们必须要统计销售收入和销售成本和 PROVISION（计提）的规则。确保上市公司在对外公布总库存的时候，同我们供应链的 number 一致。所以 COGS 和总销售成本不是实际每月和每季度的销售收入和销售成本。需要基于每个订单和每个客户的付款条款，逐步得到我们和财务一致的季度和月份的销售收入总金额和销售成本的总金额。

第二，同我们供应商也一样，我们的材料库存同供应商之间的付款条款也密切相关，美国上市公司对这些有很多的审核，如果材料的付款条件是 FOB，那么供应商在装船的时候就算我们的材料库存了。

第三，关联交易，同一个公司，多个分公司之间的关联交易，IPO，ISO 内部订单，这些内部订单一旦发货，就自动计算接收方的库存，无论接收方是否收到货是否还在途。

第四，供应链的发展道路中，有一个发展是 OPERATION 运营管理，所以他必须对财务的指标非常了解，GROSS MARGIN 等。哪些是影响 GROSS MARGIN 毛利率的条件。

第二节　财务简明利润表

在简明利润表中，有如下的几大点：

●营业收入。

●标准毛利。

●实际毛利。

●营业利润。

●利润总额。

●净利润。

毛利润由三个方面决定：

（1）直接材料，采购的降价和各种产线的 VARIANCE，正负都影响（多发料或少发料都影响，材料价格降低和升高都影响）。

（2）直接人工：DL 工人工资。

（3）制造费用（MOH 与制造系统相关的管理人员的工资（整个运营系统的管理者的工资统称 MOH（制造管理者，供应链，品质，工程，后勤等和消费类），不包括研发和销售和客户服务等）。

所以一个公司的利润率同整个运营系统关系巨大。唯一的接口需要推动研发开发新产品，推动销售按时上市等，确保直接材料的成本在新产品的影响下得到 ON SCHEDULE 的实现。应该同 AOP 和 S&OP 匹配。很多公司无法做到匹配，匹配度多少取决于一个公司的管理能力。所以对收入和利润的预测能力是一个公司管理能力的综合体现。

第三节 影响财务利润率的各要素解读

1. **标准成本的定义**

●按标准成本制定所依据的生产、工艺技术水平和经营管理水平分为理想标准成本和正常标准成本。

●正常标准成本是指在正常效率水平的条件下，根据此后一定时期内一般应该发生的生产要素消耗量、预计价格和预计产能利用程度制定出来的成本标准。标准成本排除了各种偶然性和意外情况，考虑了在目前技术和生产工艺水平下难于避免的损失，并考虑标准成本适用期间内改进和改善的影响效果。它代表正常情况下各生产要素的消耗水平，经努力可以达到的成本。

●标准成本仅用于财务核算存货及销售成本，也可用于评价业绩的尺度和分析控制的标准。但是标准成本不是实际成本，不能作为实际业务运作的唯一参考标准。

●我们应注意成本的保密工作。

(1) 标准成本的制定——标准材料成本。

●BOM。由 ERP 导入，R&D 负责维护。

●材料价格。由 SCM 供应商管理部提供。

新品号建立时必须由 SCM 在 ERP 中提供价格，成本会计录入 Oracle 后方可使用。

●Yield。由 IE 提供。

●材料委托加工费。由 SCM 提供，数据管理小组录入到 Oracle 的 routing 值中。

(2) 标准成本的制定——标准直接人工。

●标准直接人工 = ∑每一阶的标准工时 × 标准人工费率

●标准工时：由 IE 提供，DM 数据管理小组录入 Oracle。

新品号建立时，IE 必须提供所有 Make 件的工时并由 DM 录入系统，否则品号不能生效。

●标准人工费率（Labor Rate）：由财务直接录入系统。

直接工人小时工资 + 社保 + 保险 + 工会费 + 加班费 + 包餐 + 技师津贴 + 新

员工培训。

(3) 标准成本的制定——标准制造费用。

●标准制造费用=∑每一阶的标准工时×标准制造费用费率。

●标准工时：与标准人工工时相同。

●制造费用分类，直接和间接。

辅助制造费用：

制造厂及各生产部，计划供应部，物流管理部，品质工程部，制造工程部以及部分物业管理部分摊的费用。

工资（社保，保险，工会费，职教费……）（不包括直接人工）。

物料消耗，折旧费，水电费，办公费，差旅费，中介服务费，鉴定检测费，运费，报关费。

(4) Oracle——Cost Type.

●Pending Cost。

可根据需要随时卷算，卷算后为根据最新的BOM/Yield/Routing等计算的产品成本。

●Simulation Cost。

材料成本为SCM提供的最新quotation price，其他与Pending Cost相同。

●Frozen Cost。

在批量更新时，由Pending Cost复制得来，其他时间保持不变，为财务核算成本与销售成本的标准成本数据。

(5) 差异分析——差异的构成。

●材料差异：

PPV 材料采购价格-标准材料成本。

Usage 工单实际损耗-标准损耗÷BOM与工单差异。

OSP 实际委外价格-标准委外价格。

Revaluation 标准成本更新产生的存货差异。

●直接人工差异（Paid - Earned)。

实际支付直接人工-实际工单产出×单位标准人工成本。

●制造费用差异（Paid - Earned)。

材料差异产生的原因：

●采购价与标准成本不一致。

●BOM已经变更。

●工单实际消耗的材料与BOM不一致。

（1）替代料。

（2）返修。

（3）BOM 不准确或不正确。

●工单实际 yield 与设定的标准 yield 不一致。

●OSP 实际委外价格与标准不一致。

人工差异产生的原因：

●实际产出数量与预测的差异。

●效率的差异。

●实际支付人工与标准制定的差异。

制造费用差异产生的原因：

●实际费用与预测费用的差异。

●实际产量与预测产量的差异。

●核算中存在的问题造成差异的不准确。

（1）设备折旧费（例如入账不及时，没有准确地归集到对应的生产线……）。

（2）实际辅料消耗不准确（异常领料……）。

（3）工单未及时入库。

（4）PR 账号错误。

（5）费用未及时报账。

（6）分摊比例不准确。

另外这里需要重点介绍一下 ROLL COST（卷算成本），也就是更新成本。财务一般需要定期基于市场的材料价值和采购最新的材料采购价格来更新系统中的库存（材料或半成品或成品）的价值，体现财务对库存资金的稳健性。一般 ROLL COST 需要研发，产品线，IE 和供应链，IT，财务一起采取协同的方法半年更新一次。每次 ROLL COST 之后，总库存会降低，因为采购价格降低，库存的跌价和计提也一定程度上降低了库存金额，也体现的公司的资金和市场的资金的一致性的特点。很多台湾公司将 E&O 的计提定为 1 ～ 3 个月，是非常严谨的，但也有好处，台湾公司的供应链模式，基本上都是基于大量预测来制订计划，一般一周的计划不会轻易修改。所以虽 3 个月没有使用的库存就开始计提，导致了库存和资金的损失，这时候部分影响了公司的利润率的降低。但如果有需求可以是用这些已经作为要计提的库存，就可以增加了收入的部分，也增加了公司的利润率。台湾公司需要在新的形式下，基于市场的动态的需求做快速的动态的日计划调整。还有在 IT 方面的优化配合动态的拉动的计划模式。

一般的情况下，COST ROLL 同 AOP 和 FOP 一起更新的，AOP 和 FOP 一般是半年更新一次，或修正一次，这时候 COST ROLL 也一起做更新，确保 AOP，FOP 的数据更科学和接近现实。

对于 COST ROLL，需要一些部门一起参与，产品线 PLM（负责 AOP，FOP 的更新），采购（更新采购成本包括外协），ME（更新 YIELD 损耗率），IE（标准工时 S/T），各部门（更新 CapEx & OpEx Budget 设备和运营费用预算，这个是 AOP，FOP 需要更新的）在 ORACLE 中有三种成本类型。

●Pending Cost。

可根据需要随时卷算，卷算后为根据最新的 BOM/Yield/Routing 等计算的产品成本。

●Simulation Cost。

材料成本为 SCM 提供的最新 quotation price，其他与 Pending Cost 相同。

●Frozen Cost。

在批量更新时，由 Pending Cost 复制得来，其他时间保持不变，为财务核算成本与销售成本的标准成本数据。

另外很多公司想财务对各产品，包括 P/N 的成本有非常精确的体现，所以关于 MOH（管理人员的成本，除营销，研发外的同制造直接相关的管理人员）体现在各产品线或 P/N 上，就需要将属于 MOH 的每一个管理人员的日常花费的时间和精力体现到每一个产品线上。例如 PMC 部门有 5 个人，包括经理。他们的精力分配如下。

生产线	Alex	Kitty	shelly	vivian	rason	平均
Line1	12%	11%	11%	13%	14%	12%
line2	3%	3%	3%	3%	3%	3%
Line3	2%	2%	2%	2%	1%	2%
Line4	2%	2%	2%	2%	1%	2%
Line5	4%	4%	4%	4%	4%	4%
Line6	4%	4%	4%	4%	4%	4%
Line7	5%	5%	5%	5%	5%	5%
Line8	6%	6%	6%	6%	6%	6%
Line9	7%	7%	7%	7%	7%	7%

（续表）

生产线	Alex	Kitty	shelly	vivian	rason	平均
Line10	7%	7%	7%	7%	7%	7%
Line11	7%	7%	7%	7%	7%	7%
Line12	7%	7%	7%	7%	7%	7%
Line13	7%	13%	7%	7%	7%	8%
Line14	7%	2%	8%	7%	7%	6%
Line15	12%	12%	12%	9%	12%	11%
Line16	5%	5%	5%	5%	5%	5%
Line17	1%	1%	1%	1%	1%	1%
Line18	2%	2%	2%	4%	2%	2%
Total	100%	100%	100%	100%	100%	100%

另外总库存的库存确认，利润率确认，总库存周转率，E&O 和计提的确认都需要同财务数据保持一致，这个在之前的章节也提到过，这里就不再重复了。

学习了标准成本管理，我们就知道了，财务的毛利润的管理和控制，在集成供应链下，影响毛利润有三大部分：

①差异（材料和 BOM）：这个需要采购控制采购成本的降低，BOM 发料也需要纳入管控，这二个都会导致差异的正负；②直接人工，这个是需要提高生产效率（标准工时需要纳入管控）；③制造费用（包括二点，一点是 MOH 管理人员的工资，另一点是消费类的成本 - 没有纳入 BOM 的材料和费用），这三大点就是构成毛利润的核心要点。需要从最底层的每一个细节去控制和管理，最终将成果体现到财务的报表上。

第十六章　跨境电商

在世界500强和欧美上市公司和国内大型企业呆过，普遍的现象就是在改革开放的30年，应该是最近的10年出现了一批国际化的供应链人才和少量的供应链精英。但这一部分人在当前中国制造业经济低迷，大量的外资企业外迁到国外。当下的制造业在未来5年会死掉巨大的一批企业，存活下来的企业是真正有核心竞争力和创新能力的技术型的企业。这些制造业的供应链人才对电子商务和跨境电商非常缺乏了解。一般电子商务的网络公司不会聘用这些制造业的供应链人才，因为他们不懂电商。所以应该是电子商务领域的供应链人才或采购人才都是自己摸索供应链专业知识和采购专业知识。这导致了制造业的供应链人才不懂电商，电商的人才不懂供应链。这是个当前非常尴尬的局面。会延续未来5年或更长。制造业的供应链人才会有很多人会失业转型。因为中国的制造业在转型，转型中企业关闭潮会导致人才多余，企业在其中可供选择的供应链人才会更多，企业会更挑剔，人才会更难找到工作。

所以制造业的供应链人才真的需要学习电子商务，特别是跨境电商。无论从个人以后创业还是后续转型到电商供应链都是一个选择。本章节就是重点讲讲如何了解跨境电商，重点是亚马逊美国的运作技巧和心得和案例。

这张图片相信大家印象十分深刻，也成为中国2014年的一个符号，一件标

志性的事件。阿里巴巴集团（NYSE：BABA）2014 年 9 月 19 日正式在纽约股票交易所挂牌交易。首日大幅上涨 38.07% 收于 93.89 美元，市值为 2314 亿美元，超越 Facebook 成为仅次于 Google 的第二大互联网公司。马云当时成为亚洲首富，也曾一度超越香港李嘉诚。从 1999 年阿里巴巴公司成立，到它成为电子商务巨鳄，只花了 15 年时间。从一个英语教师到华人首富，也只用了 15 年时间，这是电子商务的魔力，这是互联网的魔力。

对于国内的电子商务大家再熟悉不过，那么对于跨境电商我们可能就不是那么熟悉了，在这里就跟大家聊聊“跨境电商”。

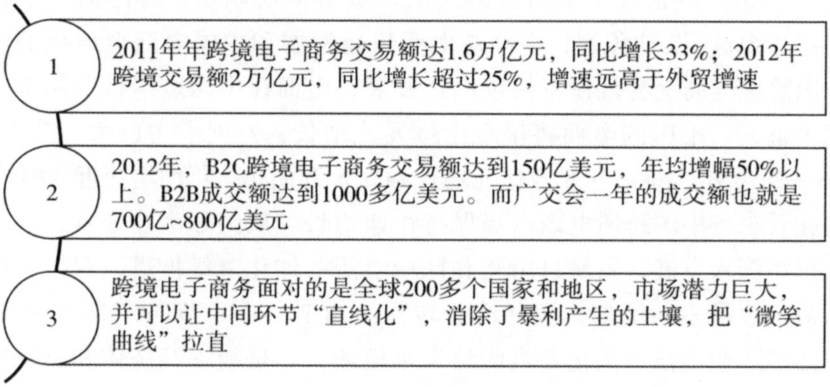

跨境电商创造了外贸新的增长点

跨境电商快速发展，并形成了颠覆传统国际贸易格局的力量，本质上是因为电商模式的交易成本优势。开放式跨境电商平台存在的前提是海量的市场空间，我国每年的出口贸易规模在十万亿元人民币级别，海量的市场需求为跨境贸易电商带来了巨大的发展空间。

第一节　什么是跨境电子商务

跨境电子商务是指分属不同关境的交易主体，通过电子商务平台达成交易、进行支付结算，并通过跨境物流送达商品、完成交易的一种国际商业活动。

通俗地讲就是通过互联网为媒介，把商品卖到不同的地区和国家，因为世界各地的资源，技术，劳动力的差异性再加上经济全球化的大趋势大背景跨境电子商务应运而生。

一、跨境电商的类别

跨境电商基于互联网，它一定跟传统的电子商务模式密不可分，我们熟知的阿里巴巴—B2B、京东—B2C、淘宝—C2C。当下比较活跃的跨境电商平台如亚马逊、Ebay、速卖通，国内的一些自营跨境平台有 DX，兰亭集势。

二、跨境电商的现状

艾瑞统计数据显示，2012 年中国跨境电商进出口交易额为 2.3 万亿元，同比增长 32.0%，但相较于中国整体进出口贸易市场规模，占比仍处于较低水平，仅占 9.6%。艾瑞预测，在全球电商快速发展和中国电商全球化的大趋势下，中国跨境电商交易规模将持续高速发展，电商在中国进出口贸易中的比重将会越来越大。中国的电商将呈现出爆发式增长，发展潜力巨大。艾瑞预测，从 2008—2016 年，将从 0.8 万亿元增长到 6.5 万亿元，年均增速近 30%。

由此看来，中国跨境电商市场保持快速增长。从国际市场来看，一是经济全球化仍将深入发展，贸易自由化和区域经济一体化继续推进，双边和区域自由贸易协定数量不断增加，国际产业转移从加工制造环节向产业链两端延伸，为中国延伸产业链条、优化要素配路带来机遇；二是新兴经济体和发展中国家工业化、城镇化进程加快，经济有望保持较快发展，为中国开拓市场提供新的支撑；三是科技创新孕育新兴产业，加快产业升级，促进国际分工深化，推动产业内贸易发展，扩大国际贸易空间。

既然从宏观上讲跨境电商有如此大的市场规模，作为中小企业，作为微观个人如何参与其中，如何从巨大的蛋糕中分一杯羹。笔者建议可以从速卖通、ebay、亚马逊入手，它们的进入门槛都不高，尤其是速卖通和 ebay，在这里重点给大家讲一讲美国亚马逊的基本操作。

第二节　美国亚马逊

一、美国亚马逊账号注册

Amazon 分个为人账号和专业账号两种。个人账号比较简单，首先这个主要是给美国人用的，而且每个月的订单数量不能超过一定数量（大概 40 ～ 50），否则 amazon 就会让你提供税号。重点说下专业账号，中国卖家要注册专业账号有两种方式，一是通过注册美国公司，以美国公司的名义来申请注册账号，以美国公司的名义来销售产品。当然这个同时也解决了收款账户的问题，这种方式比较适合比较专业团队操作，资金，运营实力较强的公司。另一种是通过 Amazon 全球开店项目注册，全球开店是 Amazon 为了方便国际卖家加入而推出的一个项目，中国卖家如果有大陆公司，通过全球开店项目也是可以成功登录 Amazon 的。个人申请需要提供双币支付功的信用卡（如 VISA，MasterCard）来申请，公司申请需要提供营业执照相关信息。

二、美国亚马逊的基础运营

（1）图片：老外有句话，原话想不起来了，意思就是一张图顶一千个字，说明了图片的重要性（像素要求 1000×1000，最好用白底）。一张主图八张辅图要好好利用，主图必须要用能放大的，8 张辅图要好好利用，把产品里里外外展示清楚。有模特图的最好也放个一到两张。尽量不要抄图（copy），因为图片都是有版权的，也会被投诉的，若是被投诉了后果也比较严重。若真要抄，那也要稍微用点时间把图片好好修修改改，不要一模一样。

（2）品类：搞清楚自己产品是哪个品类非常重要，亚马逊的分类做得非常详细，想到的想不到的，都一定有属于它的类别。上传完产品之后可以去搜索一下自己的产品，看看产品都在哪些类别里面，放错了类别的要赶紧修改，否则目标客户根本就看不到你的产品，如果在正的类别里面看不到自己的产品那就没有销售机会了。

（3）标题：说两种类型的标题，一种是长得让你眼花缭乱，甚至看标题都看不清楚是什么产品。另一种是简捷精悍，一目了然的。长的标题一般都堆着山一样的关键词。首先说，搜索排名里这两种类型的标题都存在。其实已经说明了一点，标题的长短并不是影响排名的主要因素，个人觉得这个不是研究的重心，把产品名字写清楚了就可以了，亚马逊也建议不要堆砌关键词，不管你们信不信，反正我信了。

（4）Bullet points：这个位置算得上页面上的黄金地段了，一字千金的位置。简洁易懂地把自己的产品特色写清楚，五条都用上。不要写废话，这么贵的位置写废话上去就好比是在应该建写字楼的位置盖了一个自行车存车处。

（5）Improve listing quality：还有很多可以优化的东西我这归结为提升 listing 的质量，上传产品的时候大家都会看到，有些信息是必须填的，有些信息写的是 preferred，还有些信息写的是 optional。其实亚马逊已经在告诉你产品信息的重要程度了，但是绝不是不重要的信息就不用填，只要能确定的信息建议都填上，因为亚马逊的分类搜索很多都是以这里面的信息作为依据的，比如size map，这就是一个分类选项，在目标客户搜索的时候，size的所有选项就会出现，客户会根据自己的需要去选其中的一个size。所以写和不写绝对是不一样的。

三、发货

产品上传完后就会产生销售，产品销售，这里有两种发货的方式，一种是自己从中国发货，一般通过EUB或者其他的快递方式，另外一种是FBA。自己从中国发货比较容易理解，当客户下订单后我们从中国把产品按照客户的地址寄出去，大概半个客户就会收到。这样不会积压太多的库存。但时效无法控制。另外一种是FBA，它是亚马逊比较有特色的一种物流方式，是由卖家先把要销售的产品运到亚马逊仓库，当客户下了订单，亚马逊负责派送，这种方式本人也是非常推荐的一种物流方式。简单地说几点做FBA的好处：

（1）用了FBA之后，产品的关键词搜索权重会加大，Amazon的系统会自然将你产品的排名靠前。别问为什么，这个是亚马逊的系统计算的，FBA是Amazon服务的非常重要的一个产品，你加入了FBA，亚马逊的系统自然就会把你的产品放在前面，当然这个是和不做FBA的人相比。

（2）用了FBA之后，产品下面会出现一个Prime标志，Prime是亚马逊的另一个非常有竞争力的产品。只要每年交几十美元的费用给Amazon，你就是Amazon的Prime会员了。可以享受到Amazon的一系列服务，其中之一就是可以全年包邮，但是只是Amazon配送的商品。所以说你加入了FBA之后，这些Prime会员就是你的潜在客户了，否则这些人就不会选你的商品。另外说一点，这些Prime会员是非常喜欢Amazon的服务，也是经常在Amazon购物的，试想一下，如果你在Amazon上享受全年包邮，你还会去别的平台购物吗？

（3）极大地提升用户体验。这个很好理解，没人愿意网上买个东西等上半个月甚至一个月才收到货。单纯这一点，就足够吸引人加入FBA，大家肯定关心到底FBA能增加多少销量，同样的产品，同样的listing，FBA的销量至少比非FBA的增长30%～40%。

四、打造精品

亚马逊是一个重产品、轻店铺的平台，运营亚马逊店铺要学会删繁就简，轻装上阵，“少做产品，做精产品”是亚马逊成功卖家分享给大家的八字箴言。

围绕做精产品，应该先做好产品，再引流量。

五、弱化店铺，关键在爆款

亚马逊是重产品的平台，通过这个平台，卖家用心做好品牌，做好营销，生意就会好起来，它不适合通过不断上货来获得订单，适合做精。

亚马逊区别于其他外贸平台的一个最大特点是“重产品，轻店铺”。速卖通和其他外贸零售平台的做法在其看来就是大量铺货。

很多亚马逊优秀卖家整个店铺居然只有几十款产品，只有 10 个左右的产品，但是每个月的好评率居然高达上百。要知道亚马逊的留评率是非常非常低的，这就更加验证了要做好亚马逊这个平台就必须做“精品”，必须控制单品数量，中小卖家根本没精力在那么多产品上面面俱到。

“少做产品，做精产品”的策略在库存上更利于管理，不像做速卖通、eBay，库存不方便管理，因为总是这个产品今天出几个单又要订货，过了几天另外一个产品缺货了又要联系供应商拿货，非常麻烦。

做亚马逊就非常轻松，一二十个产品，可以直接联系工厂订货，一次都是几百上千个起订，这就不会发生那种客户下单了但是没货发的尴尬情况。

因为做精产品，订单处理的速度和质量上也有了很大的提升，从客服和售后来说，因为产品太多，以往销售可能都不知道一些产品是什么，干嘛用的，对产品非常不了解。但是，现在销售都非常懂产品，因为全公司就做一二十款产品，天天接触，客户如果发站内信询问产品使用或者兼容性，销售和客服都能够给出专业的解答。

在物流方面，全部选择 FBA，在上面部分阐述过他的优势。

（1）选热销品，保护注册商标。

建议一开始就只选择 10 ～ 15 款产品来操作，这些产品都是可以通过调查在亚马逊上比较畅销的，在 top seller 排行榜上都是排名比较好的产品。而且，产品的生命周期不能太短（就算周期过短也最好要有这个产品的替代品或者升级版本的产品）。如果产品生命周期过短，说不定我们之前付出的那些精力和时间刚把这个产品推火，产品本身就被市场淘汰了，这也很不划算。

做了一段时间后，产品销量慢慢上升，但是亚马逊有一个“跟卖”机制，就是别的卖家看到这个产品好卖，只要对方也有一模一样的产品，对方就可以在这个产品的 listing 上跟卖，共享这个 listing 的流量。

遇到这样的情况，卖家最好先注册一个商标把产品保护起来。跟卖功能是因为亚马逊需要让平台更加简洁，客户能更加清晰找到自己想要的产品而设定的。新卖家跟卖来单可能很快，但也会因为跟卖导致利润下跌，很快进入恶性竞争。卖家跟卖的时候一定要防止侵权，一旦侵权，轻则警告，重则封店。

（2）注重客户体验，某些差评可移除。

亚马逊非常注重客户体验，卖家不遵守规则、延迟发货、产品侵权、差评、客服时效等行为都会被扣分，处罚的话，轻则警告，重则封店。因此卖家一定要引起重视，维护好账号的信誉。

如果卖家遇到符合以下情况的差评，是可以向平台申请移除的：首先，评价中包含淫秽和猥亵的词语。评价中包含了卖家私人信息，如邮箱、电话号码、全名，不是全名也可能申诉成功，创蓝团队有过成功的经验；其次，全部的Feedback只针对产品，没有提到卖家的服务，如“这把户外小刀不是很锋利”，这类情况有些可以申述成功，有些不能，但如果差评涉及卖家服务就不可能移除，如“派送太慢了，而且收到货的时候发现小刀不是很锋利”。

由FBA引起的物流问题，亚马逊不会帮卖家将差评移除，但是会帮卖家将差评划掉，然后写一行字：This item was fulfilled by Amazon，and we take responsibility for this fulfillment experience。

注意，买家留差评后60天内，买家都可以申请移除差评，卖家向亚马逊申请移除差评成功以后，亚马逊会邮件通知双方，买家有权利再一次留评，为了避免激怒客户，建议过几天再去申请差评移除。

在和留差评的卖家沟通时，卖家要主动点，争取和买家达成一致协议，让其将差评移除。但有的客户会威胁说，不怎样怎样就给差评，对此，建议卖家把这样的话直接截图交给亚马逊处理。如果卖家向客户提供一些好处让客户消除差评，这种做法被亚马逊查到了会对账户有影响，情节严重的话会导致账户被移除销售权限。这时，建议卖家该写封邮件给亚马逊，承认错误，邮件语气要诚恳，要做保证，让亚马逊觉得你不容易，让亚马逊相信你会改正，一般来说亚马逊会给你一次机会，恢复账号的销售权限。

移除差评的方法：第一步，点击Contact Seller Support；第二步，找到Order栏，选择Customer Feedback Problem；第三步，按照要求提交申请内容，并提交。

（3）请外国人帮写产品描述。

一个订单的生成是由两个问题决定的：一是怎么让产品被买家看到？二是买家看到产品后为什么一定要从你家购买而不是其他家。这两个问题解决了，订单就自然来了。

针对第一个问题，卖家需要考虑的问题很多，比如亚马逊平台的搜索权重，产品的市场需求量是否足够大，站内促销活动，站外推广等。首先解决产品质量，然后再通过一些推广方法让客户看到产品。

推广上，前期建议给产品做 PPC 点击付费，通过站内促销活动以及跟卖一些不侵权的产品来达到引流效果。另发邮件提醒客户留好评，打电话给留过好评的买家再写 Product Review，发样品给专业人士写产品测评等，也是不错的推广方式。

针对第二个问题，客户通过以上各种方式，如果已经进入到了产品的页面，最直观的就是标题，图片，详细描述。注重细节，将这些东西做到极致。

一般亚马逊卖家在产品编辑上就是图片、标题和文字描述，只有高级卖家才能插入图片描述。至于推广上，主要还是站内和站外营销，站内营销包括 PPC 点击付费、产品促销等。

以上就是亚马逊（美国站）的一些基本操作情况，作为跨境电商的代表平台，它有非常多的运营方式和技巧需要中国卖家去学习，去钻研，结合物流平台，整合供应商资源。强大的供应链系统服务于跨境电商一定会使跨境电商如虎添翼！

六、典型问题：如何防止关联账号

回答：什么是关联，关联是指亚马逊通过技术手段获取卖家相关信息，通过匹配关联因素，判断多个账号是否属于同一卖家。关联的后果，同站点，关联且产品交叉，一般会被强制下架新账号的全部 listing。同站点，几个账号关联，账号表现都不错，卖的品类都不一样，有可能全部存活！任何站点，关联已被关闭的账号，一定被关闭，关闭时间不确定。

关联的因素，软件方面：

（1）IP 地址非专线宽带都是动态 IP，重启路由器可切换 IP，但是即使不重启，你的网络，每天，甚至每几小时的外网 IP 都不同，可以用 www. ip138. com 查询。所以，这样问题就来了：隔壁办公室的亚马逊账号死了，我的会死吗？答案是如果仅仅这个因素关联了，是不会被封账号的，因为亚马逊的关联技术是根据多个因素来判断的。

（2）浏览器指纹，亚马逊可以通过 JS 搜集有关你浏览器的无害数据，如插件、系统字体、操作系统版本、打字方式、打字速度等。这些数据单个来说，不能识别你，但是这些数据合在一起，就是一个数字指纹，可以判断是不是同一个人操作，就如同我们可以通过一个指纹找到一个人。围绕着浏览器说两个小案例：案例 1，有两个账号，这两个账号的硬件和网络都是独立的。但是 A

账号和B账号所在的电脑都用过同一套程序去抓取亚马逊的页面数据。最后两个账号关联。案例2，客服回复模板，曾经都是相同的，没有关联，但是为了安全起见，后来我们都修改了不同的模板，想通过这个案例说明：尽量做到通过浏览器传输给亚马逊的数据都是不一样的。

（3）cookies，cookie是当你浏览某网站时，web服务器置于硬盘上的一个简单的文本文件，它可以记录你的用户ID、密码、浏览过的网页、停留的时间等信息。例子：你经常浏览色情网站，亚马逊想要做的话，是可以做到向你推荐成人用品，这个就是cookie的作用。我们公司运用cookies的案例：用A账号的cookie去B账号的vpn服务器运行某程序，且B账号的cookie也是在它的vpn服务器运行过的该程序，发现这情况的当晚，我们更换B账号的vpn服务器，但是，竟然没有死，所以，这里再次验证了，关联是多因素决定的，如果某一个因素关联了，亚马逊再不是很肯定的情况下，也不会去警告你。

（4）邮件图片或flash，邮件中，如果加载图片或flash对象，是可以读取你的IP地址，关键是这些图片或flash，有时候小到你注意不到。针对这个问题，有两个对策：a. 使用gmail的禁用邮件加载功能。b. 只看email的标题，如果要看详细内容，去亚马逊后台看。

（5）账户信息，姓名、邮箱（要无规则）、地址（退货）、电话号码、信用卡、密码等都不可以相同。

（6）收款账号无论是用美国的银行卡、worldfirst还是p卡，卡号都要不相同，名字可以相同，这些不会发生关联。如果没有这么多收款账号怎么办？三个解决方案：a. 找亲戚朋友开。b. P卡，一般一个身份证申请两张不同卡号的P卡是没有问题的，要开多张，需要联系一下他们的客户经理。c. 现在worldfirst也可以个人注册了，同一个人的worldfirst账号的p卡账号用在不同的亚马逊账号，不发生关联。

（7）将来（或者已经），亚马逊有可能监控的关联资料，纯属个人猜测，以下资料相同的话，也可能是作为关联因素：①域名注册人②品牌注册人③营业执照法人④图片作者、创建时间、修改时间等。

硬件方面：

（1）网卡mac地址是不是相同？查看方法：开始-运行-输入cmd-输入arp -a对策：更换网卡（MAC地址修改器，不建议使用）问题：同一个电脑，之前的网卡对应的账号侵权了，加一张网卡用可以吗？答案：可以，但是要禁用所有其余的网络适配器。

（2）路由器，怎么查看路由器的MAC地址？进入路由器后台，MAC地址克隆处显示的MAC即为路由器MAC，对策：直接使用拨号或更换路由（mac地址克隆，不建议使用）案例：公司在这方面中招一个账号，过程是这样的：A账号在该路由器上注册过，但是没有完全申请成功，后来我们放弃掉A，成功申请B账号，再后来鬼使神差A也成功申请了。我想爆粗口的是，A账号都养了半年了，才封，要封早封啊。

其他经验分享：

（1）图片的链接一样，不关联。

（2）sku建议不要相同，少量不关联。

（3）同一套资料，注册各个国家站点，100%关联的，但是许可的，除非有其中一个账号被封。

（4）同姓名，不同地址，不同手机号码的信用卡注册，不关联。

（5）不同账号，用同一个E邮宝的地址发货，不会关联。

（6）公司订单系统是我们用api开发的，但是没有选择开发者模式，而是一个订单系统对应一个空间，不怕一万，就怕万一。

七、防关联核心

（1）让亚马逊认为多个账号是不同的人在不同的地方操作。

（2）做到“十新”：新邮箱，新电脑，新系统，新浏览器，新路由，新宽带，新手机号，新信用卡，新收款账号和新产品。

（3）关联是根据多个因素判断的，以上单一因素相同，可能不会关联，但是多个疑似因素相同，就比较危险了，尽量减少关联因素。

下面是一个Q VS A的问题：

Q：请教一下，如果多个账号挂的客服邮箱用不同的QQ邮箱，多个QQ邮箱在同一台电脑上由一个客服通过不同的QQ邮箱回邮件，会不会有问题？

答：目前没有问题。但是不建议。邮件中，如果加载图片或flash对象，是可以读取你的IP地址，亚马逊的邮件内也有嵌套代码，只有在几个因素同时作用下才会关联。

Q：请教下，你说是同个人的不同信用卡是不会联的是吗？

答：同人的不同信用卡，要是手机号码和账单地址不同，是不会关联。

Q：一台电脑，多个虚拟机，一条网线，mac是没问题，怎么解决ip？手动分配ip？我是想问，我电脑上装了n个虚拟机，每个虚拟机都改了mac地址，也配了独立ip，但改不了root的mac。

答：一条网线的同一台电脑，远程去访问多个虚拟机，目前是没有问题的。

虚拟机全部独立 IP。你自己的电脑做虚拟机啊？不建议这样做。

Q：同一个人，用另外一个银行的信用卡，新账单地址，新手机号，新邮箱，可不可以再注册一个新的账号。

答：可以。

Q：一个账号同一台电脑，经常去几个不同网络登入，会有问题吗？

答：只要你不同的网络没有其他账号就可以。

Q：问题是本机通过 vpn 去访问云服务器还是可以查到本机的 ip 啊@ tenson。

答：去阿里云架设虚拟机，通过远程方式去操作这台电脑，是查不到你本地的 ip 地址的。

Q：但你在用啊里云，别人也在用，碰上了也会死啊，不过好像有别人用死掉的，买新的给撞到了死鬼，我碰到这样的事了。

答：是的，有这样的可能，但是仅仅是 IP 相同，不能说明问题，要关联，肯定还有其他因素，IP 只是关联的一个因素而已，你里面的系统、浏览器、字体，等等。

Q：字体不关联吧？主要是 mac 地址，cookie 和 flash object。你有做过试验字体确实关联吗？

答：只能说，字体也是其中的一个因素，呵呵。补充：字体库是很大的关联因素。

Q：理论上 am 从底层是应该不能判断关联的吧，比如我们都是中文操作系统默认字体都一样如何查你？

答：你还有其他因素关联吗？

Q：另外可以我有测试过用 p 卡入账，使用和 p 卡不同的名字，也可以入账，就是说 p 卡只核对帐号号码不管持卡人名字？

答：是的。

Q：我有问过 p 卡同一人名下可以最多有 3 个不同卡。

答：那是同一个名字但是人家申请 p 卡时候身份证号码不一样要不然同一个身份证号申请第二张会被拒。

答：Payoneer 提供的美国或欧洲收款账户支持接收多个联盟公司入账（比如多个亚马逊账户或多个 Paypal 账户）；其次，若您是公司，有多个账户的需求，请提前邮件给 china@ payoneer. com 答复：不会吧，我同一个身份开了两张 p 卡。

Q：p 卡也要分开电脑登录？

答：不用。

Q：虚拟机可以单独设 IP？

答：云服务器都有固定 IP 的。

Q：有没有用过 splashtop？

答：splashtop 没用过的，远程我只用 windows 自带的远程桌面。splashtop 安全吗？把远程桌面默认的 3389 端口给改掉，安全系数很高的。

Q：teamviewer 来远程是不是把全部主机放在家里，然后用公司的电脑登录进去操作完一个账号再退出连接第二台主机进行第二个账号的操作，以此类推？

答：是的，teamviewer 和向日葵都用过从服务器中转，问题很多，远程桌面直连安全 + 流畅。

Q：我是用 1m 宽带 + 1g 内存 + win2003 的阿里云 3 个人同时用都不会卡。

答：不打开多个浏览器页面，1G 还勉强最好 2G，同时登录的情况少，基本操作就那几个页面，浏览在本地机器操作就好了。

Q：远程桌面不会暴露自己的 IP 么？

答：不会。

另外还有一些其他卖家的补充知识：

（1）拿到新号后，前 7 天不能用 VPS 或是 VPN 登录，否则新号会触发验证审核。未来不管你是用中国的 IP 或是美国的 IP 都可以进行操作账户，但我们不推荐频繁更换 IP 登录，我们推荐的办法详见节选（我们推荐的配置方案）。

（2）很多人在使用的 VPS 或是 VPN。在特定的情况下这 2 项都被认为是不安全的操作，理论上说亚马逊可以定位几乎所有的 IP 地址段与识别该地址分配的信息并且对这些 IP 的使用情况掌握的一清二楚，你可以使用我们下面推荐的安全组合配置。

（3）新账户第一个月绝对不能跟卖，如果你去跟卖那么你的账户就已经被 AM 列入了另一个风控排查的队列里面，亚马逊不仅仅要监控你一些基本因素还要监控你是否从事网路欺诈（收钱不发单）、品牌侵权（销售品牌产品）等。

（4）我们在亚马逊平台的操作上来看，亚马逊确实不在意你的账户在什么 IP 下登录用的是什么电脑哪怕你一会儿用 VPS 一会儿又用美国 IP 或同时中国 IP 登录，但是这并不意味亚马逊不在意登录的地点与谁在登录，你的每次登录都会被记录在案，如果你的账户因为被投诉或是销售过快或是其他因素导致的人工审核的话，你的这些记录都会被作为 suspended 的因素之一。

（5）什么叫新账户：所有缴交月租时间不满 3 个月的账户都属于新账户，特别是中国卖家会被亚马逊使用加强算法严格监控，所以新号在前 3 个月内务必老老实实，新账户最好购买正品带授权的 UPC 然后上货等自己的产品流量慢慢的起来，如果你觉得这样太慢，那么你就实行多账户养号操作。

（6）关于亚马逊卖家身份解释说明：亚马逊没有公司账号与个人账号之别，只有专业卖家与个人卖家两种，第一种会收取你的月租，第二种是不需要月租的，你任何时间可以随意切换两个角色中的一个，请注意如果你的号是新注册的，如果你注册的专业卖家在一个月免费期没有结束前你可以切换到个人卖家，但是请你一定要注意，此时不会被扣月租，但是你一旦再次调整方案调整到专业卖家则你的账户就要被立即扣费。

（7）关于信用卡扣费问题，亚马逊扣去月租的方式首先是每个月底从平台的费用里扣取，如果你的销售额是零，那么亚马逊会尝试从你的信用卡内扣取，如果信用卡内的余额也不足以扣取的话，那亚马逊会红字显示你的实际欠费数字，然后等到你的平台再次有收入的时候抵扣掉。

（8）请保证你有足够的评价去支持你的订单量，比例为3%～5%，也就是说你出了100个订单，你下个月要累积至少3～5个好评，这样你的店铺就比较安全，不会被亚马逊判断随时有欺诈的风险。

我以前的设备是否还可以用？防止关联你该做些什么？

让我们看下哪些设备是不安全的，如果以下设备曾经出现过在你之前的账户操作里那么这些是必须换新的。

（1）路由器是不安全的设备。

（2）网卡是不安全的设备。

（3）操作系统是不安全的设备。

其他注意：如果你的宽带每次都是拨号上网那么你无需更换你的网络运营商，如果你之前使用的网卡是被集成在电脑主板上内置的网卡，你只需要在CMOS里面将其设置为DISABLE，或是找到我的电脑→设备硬件将该网卡硬件DISABLE既可。

其他未提及的都是可以在改动的情况下重复使用并且被证明是非常安全的。

我们推荐的配置方案：

（1）普通宽带+电脑。

（2）普通宽带+路由器+电脑。

（3）电脑+3G上网卡。

如果你是多账户操作，建议使用手提+3G上网卡，这个是我们一直以来推荐的最佳的方案。如果你购置的是二手手提价格一般在350～700之间3G卡一般每个月流量1～2G足够使用，这个配置与你购买一年的VPS的价格几乎相当，但比VPS优越的地方是如果该手提内操的账户被作SUSPENDED了，那么你可以按照我们上面提到的办法经过改动再一次的利用这个手提来工作而且非常安全。

建议起把你的账户养满3个月后，你也积累了一点好评，绩效满足推荐卖家的标准，那么这个时候你就已经成为了推荐卖家，那么恭喜你的账户已经足够强健。此时你如果上产品具有2～3次的抗投诉能力，这也就意味着你的产品如果侵权了或是被人投诉如果该卖家只是投诉你，他本身没有注册品牌，那么不好意思，这种投诉对你无效，如果是品牌商向亚马逊投诉你产品侵权，那么亚马逊就会发你邮件通知你产品下架或是与对方取得授权备忘，那亚马逊也不会一次关闭你的店铺。账户需要长时间养护才能达到相对稳定的地步。

（1）已经上了listing，但listing被亚马逊判断为非法或侵权被自动blocked。

（2）上了listing，但被亚马逊机器扫描到为风险或是危险产品被亚马逊删除listing。

（3）被亚马逊警告侵权或被客人投诉侵权产品，绩效记录里收到相关邮件的。

（4）新账户拿到后请在15天内请不要改动账户登录名与密码，如果15天以后确认支付后你可以随意更改，如果因为某些原因你的账户后台不能登录，然后你又在15天内更改了所有登录信息，那么我们就无法判断此号是否为我们提供的号，这样我们就不会接受退款。

第三节　关于跨境电商的品牌经营

我很赞同未来品牌电商是走品牌+本地化+全渠道运营/全球分销，一般卖家走好品牌运营就不错了，一个成功的卖家可以在短时间内运作好品牌，这有很多例子。

一个品牌要在境外销售市场的成功落地，需要获悉与进入境外本土主流的销售渠道和主流的传播渠道，这样才能有机会成为境外本土品牌。笔者在广州和义乌采访时获悉，多数做跨境电商的企业在境外除了有海外仓之外，还和境外当地的传统销售渠道和当地最为有名的电商平台合作，取得了一定的品牌传播效力。

但是绝大多数跨境电商企业都属于草根阶层，很难有较多的资源和渠道为品牌在境外市场上的崛起铺路，所以在欧美品牌全球强势的情况下，去专心打造品牌无疑是一次风险极高的豪赌。

近年来，跨境零售越来越多，谷歌工程师阳萌放弃200万美元的年薪回国创办Anker品牌，把网店开上美国的“淘宝”——亚马逊、eBay。不到两年，Anker就“插上翅膀飞过海洋”，赢得美、英、法、德、意等国众多粉丝，每年都能保持3倍的销售业绩，成为全球品牌电商的成功范例。

从华强北走出来的外贸品牌Tenvis，有着给国外知名大企业代工的背景，可是从OEM转型做零售电商，并不是一件简单的事情。Tenvis创始人李小有通过以相当于松下同类产品价格20%的低价策略进入日本市场，由于技术过硬，很快取得了市场的认可。

几个月之后，各大平台全部上了Tenvis品牌的产品，在国际上打响了品牌名声，议价权就把握在了手中，利润自然而然也就有了。

还有很多企业都在坚守着海外创牌的梦想，它们坚信只有创牌才是出路。

品牌的海外突围，多年来，俄罗斯市场已经成为中国跨境贸易的主战场，中国销往俄罗斯的产品也是越来越多，在俄罗斯见到最多的是中国生产的3C产品，特别是H公司等通信商的产品，另一个就是中国生产的汽车，尤其是奇瑞和比亚迪，另外的就是生活用品。

俄罗斯6000万互联网用户和1500万在线购物用户以及移动设备在选购和支付上的黏性，给这个地区的电子商务带来了较好的发展条件。

虽然有持续不断地往俄罗斯运送货物，在俄罗斯缺少品牌商，尤其是3C产品之外的行业非常少。这个时候想打入这个市场，进入亚马逊是一个捷径，而自建网站平台也是可取的。

对一个品牌来讲，如果想进入俄罗斯市场选择自建电商平台是一个捷径。是否建立B2C网站要看企业进入这个市场的决心，以及赢得这个市场的预期。品牌企业除了要去了解这个海外市场的情况外，还要对自身产品体系进行审视，只有做出适合这个市场的产品才能再去选择渠道。

在跨境电商领域流行一个词，那就是“海外突围”。这里的突围是说，突然进入“敌后”面对多年来盘踞在当地品牌的包围，要想占有一席之地，就必须做出突围的决策。

当下的品牌战略与20世纪末完全不同，任何假货和次品问题都会给品牌的起步造成阻碍，所以不管品牌在当地是不是有知名度，都需要用高质产品来保护品牌的美誉度。

在还没有做跨境电商的企业眼里，会多国语言的学生成了香饽饽，其实在销售过程中这些并不重要。

可能有些公司最开始的时候所有的员工都会讲俄文，整个营销团队的俄语水平都很高，但是客服和顾客交流的时候发现，连一只袜子的事情都讨论不清楚，再加上物流、支付以及质量、颜色等问题，搞得很忙，下单率却很低。后来发现仅仅俄语水平好还不够，因为文化的差异让双方沟通产生障碍。

后来，有些公司将营销和客服部门全部放在俄罗斯，并且招聘的人员也都是俄罗斯人，这样一来，交流也通畅了。

最开始有些企业做 B2C 平台，平台上销售的产品主要是针对俄罗斯居民的民用产品，有一些产品虽然在国内有严格的标准，但是到了俄罗斯却因为一些因素而无法通关，比如液体容量的限制，粉末类的东西过关特别麻烦，这些产品主要集中在化妆品上，还有一些食品的通关也很艰难。

在境外做品牌需要关注目的地国家的法律、海关要求，还有知识产权保护等方面的信息，只有这样品牌才能走得更远。

一些国家有明确的法律规定，而中国的一些厂家生产的产品却没有符合这些要求，由于不知道或不了解相关信息而造成了巨额损失，他在英国就遇到过此类事件。特别是知识产权方面，你发现一个有创意的东西，可能早已经被人家申请了专利，一旦生产销售，就会牵扯许多纠纷。

所以做跨境电商一定要在创意、研发、设计等环节上有自主权，并且还要懂得规避一些法律风险。中国的大型电商平台天猫和京东都有对外销售的渠道，所以在这个方面都比较重视。

品牌经营是跨境电商的核心，也是保持利润率的一个法宝，“如果能迅速采用新技术激励中小企业发展，将前景无限。”阿里巴巴集团董事局主席马云表示，未来世界经济将向小而美的方向发展，企业的跨境贸易不再是价格与规模的比拼，而是价值与特色的比拼。也是品牌的比拼。

亚马逊美国从 2015 年开始的几年要做什么：

据亚马逊高级招商经理佟周介绍，亚马逊在 2015 年开始将开放更多品类和提供更多的服务。同时华南区的招商团队由 20 个增加到 50 个以上，同时将更加注重本土团队的开发和大客户管理。在市场开拓方面，亚马逊将立足美国，放眼全球，比如欧洲、日本和加拿大市场，等等。

据了解，亚马逊在全球有包括中国、德国、日本等 10 个站点开放第三方平台服务，方便卖家触及当地及全球的消费者。除了美国以外，亚马逊将会注重挖掘北美，欧洲和亚洲的新商机。

比如，在日本的电子商务市场不断稳步增长。据悉，日本的电子商务市场是全球第三大市场。对于中国已注册的企业，日本是未来最大的机会你可以看到电子商务市场的稳步增长。

1. 全球开店新机遇——欧洲统一账号

欧洲统一账号，意味着卖家只需要付一个平台的月费，即可使用统一的登录界面管理五个国家（Amazon. co. uk / Amazon. de / Amazon. fr / Amazon. it / Amazon. es）的商品信息，库存和订单。简单来说，在全部五家欧盟平台开店，仅用一个卖家账号、一个库存仓库和每月只交一份会员费。

强大的工具便于同步商品。同时还可以使用便捷的商品刊登工具如 BuildInternational Listings（跨国商品刊登工具）和 Translate Your Products（商品翻译工具）等。

在物流方面，亚马逊将为加入亚马逊物流的国际卖家提供更多的服务，如仓储、分拣、迅捷的国际货运等。85%的卖家表示，加入亚马逊物流后销量有所增长开店平台提供的本地化客户服务。而 European Fulfillment Network 和 Multi – Country Inventory 是欧洲物流的关键词。也即是说：“欧洲统一配送网络”和“欧洲多国库存”。

2. 全球开店新商机：加拿大

亚马逊方面突出了加拿大市场。据了解，加拿大目前有3400百万人口，GDP达1.4万亿美元，人均所得4.15万美元。

亿恩网获悉：Amazon. ca 于2002年上线，到了2014年11月17日，美国新开账户已与加拿大账户打通。加拿大平台增速惊人。以下是一些数据仅供参考。

增速最快：

5.9M 月独立访客（+20% vs. Jan ’13，+700K vs. Oct ‘13）。

每位访客平均流量4.8次（+65% YoY）。

28.3M 访问次数，598K 平均日访客量。

3. 品类扩展：成人用品

目前亚马逊美国站可以开通成人用品品类。据一些卖家提供的资料。卖家想经营成人用品品类需要满足以下条件：

（1）必须是上线超过90天的账户。

（2）账户绩效全绿（所有指标）。

（3）需要单独开一个后台，找我这里申请（可以理解为多账号，但是多的这个账号只能卖成人用品）。

（4）新开的后台除了换一个邮箱，其他的信息都不用换（公司名称、地址、信用卡、银行账户等）。

（5）开通这个品类需要提交3张进货发票，发票要求：90天内，包含你的公司名称和联系方式，包含供应商名称和联系方式。

下面分享一个跨境电商的个人亚马逊美国的卖家经典经验案例，转载于海音汇：

海音汇第7期分享会——《屌丝逆袭之路》
分享者：李纯滨

老李的亚马逊之路

我一开始在华强北开档口，你们的供应商。可能大家都知道，12年平板电脑那个时候很火爆。我的一些客户做亚马逊、ebay，知道了这种渠道，当时什么都不懂，初步了解感觉利润很高，就一头扎进去试水，门外汉不懂规则，结果账号挂掉了。

之后就转战亚马逊，用朋友的亚马逊账号试水，跟卖什么的也不了解，当时都在做一款产品中性的K88（没有品牌），给客户是做logo，就先从关键词着手，分析K88市场，接着就全部挂上去，订单第二天十几个，好兴奋的感觉。卖了一两个星期，基本上一天可以出30～40台，一台利润也有70～80元，虽然量不是很大，但比做档口的时候利润还是要高很多，考虑之后，决定做在线上自己做。

美国站做起来之后，和很多卖家一样，开始试探其他市场，也是用朋友的账号开始做英国站，第二天就有十几单，利润比美国要高2倍，当时也没有去考虑税呀规则什么的，出货第一！不过很快ODR就出了问题：当时物流是就近找的一条中英专线，可惜时效太差，账号也因此挂掉了。

为了解决账号问题，我就去论坛上寻求方法：换网线，换IP，几乎把所有东西全部换掉，解决了收款问题之后，重新注册账号，再次开张，接下来每天实体店面的生意也不做了，两个小弟也专职在为亚马逊发货。做了2～3个月的时间，只剩美国英国各一个账号，每天大概100个单的样子，当时的状况，华强北场地已经不够，就搬到龙华，房租都是5K，场地的面积却从10个平方米变成400平方米。

因为平板的质量，退货差评，美国站英国站陆续出现的问题，ODR飘红，为了解决此问题，找到一个质量过硬的充电器产品，目的简单，用新产品的好评，降低订单的确实率，加大评分的分母，冲量转ODR的趋势，由红转绿。

没有想到无心插柳，充电器越卖越好，在数量和利润两方面都超越了平板电脑，于是就淘汰了平板电脑，增加了一些欧规的充电器，结果变成充电器专业户，搬去龙华之后我和我的搭档发现，在德国法国的当地人卖得很好，算是利润的话，比我们要可观，某个晚上我们就研究量大，无利润的问题，最后我们的解决方法是：直接发北京小包，平邮。运费从 10 几元大幅下降，甚至有时运费可以做到 2 元一票，比国内还便宜。

普通注册账户一般都是有三个月的 review 时期，一旦过了 review 的时间，就有可能在某个产品线拥有 buybox，有一天从几十单到几百单的时候，真的是吓到了，首先打单就是一个问题，我们找到一个 ERP 软件，买打印机，这样就速度快了很多，最高峰的时候几个站点上千单。

常在河边走哪有不湿鞋，平邮投递率差的问题一直都在，差评也很多，到了九月份、十月份，平邮小包出问题的频率增加，最后导致了账号挂掉。账号挂掉的成本是很高的，需要大量的精力、时间、还有金钱的投入，简单讲包括网线、路由器、电脑的网卡地址，等等所有东西都要换掉，总之想尽一切办法，为了避免出现关联。

我们曾经用一些发票，把侵权的东西通过 PS 发票进行申诉回来，不过现在很难行得通了，现在如果账号被移除销售权，通过 PS 出来的东西进行申诉，成功概率是极低的，但不是说完全不可能。

思考和技巧。

很多人都说过，玩亚马逊没有死过几个账号，不算会玩的。在我手里死了 7～8 个账号，最惨的时候只剩下一个。在那几个月的时间，一直在找突破口，花了很多的时间，想要换另外的方式做亚马逊。我的方法，在亚马逊上找好店铺：SKU 不多，产品 review 多、分数高。为了更好地感知，我买这些人的产品，更深的了解人家是怎么做的？做工是什么样的？customer service 是怎么做的？

产品正规化。

包括注册商标，产品选择、图片、描述、review 等。

图片是用国外的网站专业做宣传的人，你自己的商标如果你的效果不符合老外的审美眼光的话，就要找老外设计你的品牌 logo。

标题的话就是在 AM 不停匹配关键词的交际，进行整理。

至于其他几点就看成功的店铺如何操作。还有就是描述里面你要怎么写的话，可以开邮件找亚马逊，他们会给出建议。

会员制：

买了那么多好产品之后，发现很多优秀卖家在 customer service 方面，都在做了同一个事情：会员制。大家都知道，亚马逊客户邮件都是加密的，会员制度的搭建，可以帮你直接获取买家的真实邮件，甚至你很直截了当地发 Email

给客户索要 review 然后返现，当然这个东西被发现时后果很严重的！会员制的另一个好处就是二次销售，比如新产品发布，老顾客会愿意帮你再写一个 review。

搭建会员制度需要注意的几个点：

会员制的搭建，首先需要你的品牌的官方网站，我们也是找的美国人做这些东西，这样才符合当地人的审美观。

AM 上的优秀品牌，如果你注册他们的会员，留下邮箱的话，很快会回复一封 Email，好的卖家都会有跟进的 Email 服务，我们就从邮件的发件地址源头追溯，发现这些卖家都会用邮件服务器，给每一个卖家发送类似的邮件去服务他。而你用中国的网站发出的邮件直接会被屏蔽掉，搭建这样的沟通可以再后期的活动群发等很多地方用得到。

关于流量：

关于流量，我就在谷歌上面找这些品牌，试图从反链找到从那些网站把流量导入进去，发现很多是大牛啊、红人博客啊，发现确实很多有用，分析出流量的来源。

我们研究为什么那些卖家可以卖得那么好，评论为什么做得很快，我们用谷歌找到一些软件，可以找到他的历史价格，虽然不是百分百准确，因为会有其他因素的影响，比如优惠券或者其他营销手段，不过也还是蛮有用的。

我觉得亚马逊玩得最高端的东西就是引流量，最基础最核心的东西就是好的产品，之后就是玩推广和玩排名，亚马逊的算法是很公平的，你的曝光好不好，结合你本来的链接，能不能吸引眼球，购买欲望够不够强大，因为你的转换率不高的话，排名也是下降的。

最后我想说这一路走的也不容易，感谢我的搭档！回想起很辛苦也很快乐！很谢谢 Vincent 给我这个分享的机会希望以后还有更多的精彩贡献给大家！

点评：

老李是一个我认识蛮久的一个 AM 好朋友，可以在短时间从一个档口转换作为一个 AM 的卖家，而且思路特别超前，喜欢把一个点研究的比较细，这点是我蛮佩服的！

第一次跟他聊这些的时候是好几个月前，他跟我分享了他的一些做法，思路。当时跟我公司的操作模式基本一致，特别在推广方面。

现在看到他 FB 又有一种新的玩法，这点也让我学习到不少。FB 上确实是玩法很多，后面我也会再找一个 FB 玩得比较高深的人一起探讨。

附录　关于 APICS 的 CPIM 和 CSCP 的介绍

作为供应链的人才，希望能进行供应链全面的学习包括计划，采购开发等，包括集成供应链下的生产，IE，品质，工程等。

如果你是从事采购开发的人才，你可以先重点学习 CPIM，再学习 CSCP。CPM 侧重于采购供应管理。

如果你是从事 PMC 的人才，你可以先学习 CPIM，后再学习 CSCP。再后学习 CPM。CPIM 侧重于供应链的基础操作层面的全面的学习，CSCP 侧重于系统的搭建等。

美国生产与库存管理协会（American Production and Inventory Control Society，Inc. 简称 APICS）创建于 1957 年，作为一个管理组织，“APICS”已经从 2005 年 1 月 1 日起改名为“APICS 运作管理协会”（APICS The Association for Operations Management）。最初由美国各地 26 个从事生产与库存管理的组织联合组成。一些 MRPII 的创始人和推广人是 APICS 的早期会员或负责人。目前，APICS 已发展成为一个国际性现代管理的权威性协会和教育培训机构，有 270 个分会，72000 余名会员分布在世界上约 30 个国家或地区，大约有 20Doo 家公司企业的员工中有 APICS 会员。

APICS 有自己的出版机构一 APICS Professional Bookstore，出版最新的管理书籍、培训教材和录像带。其中《APICS 词汇（APICS Dictionary)》是一本对现代管理词汇最具权威的工具书；自 1963 年发行第 1 版以来到 2010 年已发行至第 13 版，约有 4000 个条目；《实用制造管理培训系列教材（APICS Applied Manufacturing Education Series，简称 AMES)》包括主生产计划、物料需求计划、能力需求计划、库存管理、生产作业控制、准时制生产等课程，是一份系统、完整的 MRP Ⅱ 教材。每年 10 月，APICS 举行一次国际性年会，交流现代管理思想及实践经验，展示各种管理软件。

为了使接受培训的专业人员的业务知识水平有一个统一的标准，1973 年开始，APICS 实行资格考试。有两类资格证书，即：CPIM（Certified in Production and lnventory Management）及 CFPIM（Certified Fellow in Production and Inventory

Management)：证明取得资格的人士在生产与库存管理理论和实践方面达到规定的标准，具备从事这个领域工作的资格要求。根据 1996 年的考试大纲，考试内容如下：

(1) 库存管理：目标与策略、库存系统、管理方法、分销系统、库存计划与控制。

(2) JIT：JIT 的概念、人力资源的开发与参与、全面质量管理（TQM）、JIT 方法、集成与应用、JIT/TQM 实施特点。

(3) 主计划：预测技术、客户订单与服务、生产规划、主生产计划。

(4) 物料需求计划与能力需求计划：概念、MRP/CRP 数据管理、物料需求计划、能力需求计划。

(5) 生产作业控制：目标与范围、能力控制、优先级控制、提前期管理、供应商关系、报告与评价。

(6) 系统与技术：影响生产与库存管理的战略、影响生产与库存管理的各种选择、生产与库存管理的组合与集成、系统与技术的实施管理、业绩评价。

1997 年开始，将增加第 7 项：供给链管理基础，并把它放在第一位。

APICS 知识体系包括生产和库存管理所有方面，并且被一个专门的委员会定期审核，以当前的发展成果不断补充和更新。APICS 知识体系特别关注生产制造领域，尽管也涉及分销的某些方面。APICS 知识体系从高层计划到车间执行和控制到采购活动，包括 MRPⅡ和 JIT 概念和原则，也涉及质量管理等领域。

APICS 知识体系包括了 ERP 的核心理念和方法。学习 APICS 知识体系，可以以更宽的视野和更高的高度来理解 ERP 的核心逻辑、管理思想和基该方法，从而指导 ERP 的选型、实施和应用改进，帮助 ERP 成功实施。APICS 知识体系是参与 21 世纪制造业竞争的锐利武器。

目前供应链最顶级的证书是 APICS 协会推出的 CPIM 和 CSCP。

CSCP 侧重于顶层的规划和战略，体系和战略的东西多。CPIM 侧重于日常的运作和管理，是详细的供应链的各个方面。

中国一般都是通过上海的一家机构，通过培训和考试需要几万元左右。如果没有这个财力可以通过在淘宝和其他方法搞到教材自己休息也是很好的。都是英文版的。CPIM（Certified in Production and inventory Management）包括 5 个模块如下，目前香港生产力促进局在深圳有课程；培训，价格比较便宜。全部学下来，才 1 万多元。

所以立志供应链发展的各位人才需要学习这些教材，才能与世界同步。才能在未来的职场一起学习供应链的共同语言。笔者需要在这里详细介绍一下

CPIM 和 CSCP 的具体细节。

另外这些书在网上也可以找到电子版，本人有全部的教材和电子版。

如果搞不到，可以到淘宝看看。

如果有经济实力和从长远考虑，还是去报名学习和接受实地的考试拿到证书也很关键。

CSCP 包括 3 个模块。CPIM 包括 5 个模块。

CPIM 包含 5 个模块：

●BSCM 认证教材，供应链管理之核心。

●MPR 认证教材，资源主计划。

●DSP 认证教材，细部排程与计划。

●ECO 认证教材，作业之执行与控制。

●SMR 认证教材，资源的策略管理。

特别要提及的是 APICS 字典非常好。可以看看这些名词解释和应用。

APICS 的核心价值就是 APICS 知识体系。APICS 知识体系是由经验丰富的运营管理从业人员和杰出的学者共同开发的。APICS 知识体系由运营管理领域一整套教育、研究成果和标准构成。职业教育培训、从业资格认证和持续改进终生学习是 APICS 知识体系的三个密切联系的环节。APICS 知识体系包括生产运营，物料管理，供应链管理等领域。目前受到最广泛追求的是其 CPIM—生产及库存管理师认证，和 CSCP—供应链管理师认证。

CSCP 认证拓展了 APICS 在运营领域的知识体系，从企业内部的运营管理延伸到企业外部的供应链。

从制造业到服务业，不论是消费性产品或服务，营利或非营利事业，在当今全球市场竞争激烈的情况下供应链管理对于每个企业组织或机构都越来越重要。CSCP 国际供应链管理的专业资格认证，涵盖了从企业组织的内部作业到整个供应链的所有层面：从供应商到制造企业，一直到最终客户。拥有此方面的专业管理知识可以有效地整合供应链里的各项活动，环节和资源，使整个供应链的价值最大化。

CSCP 包含三个模块：

●供应链管理基础。

●供应链战略、构建与合规。

●供应链实施与运营。

从全球来看，CSCP 一经推出，就受到了高级供应链管理人员和咨询师的追捧。在一年半的时间里，共售出了七千多套 CSCP 学习系统；全球有 4600 人参加 CSCP 认证考试；3300 多人获得 CSCP 认证。

学习 CSCP 知识体系对企业的价值在于：

●从容面对供应链管理领域的挑战和机遇，为企业创建共同的认知，管理语言，流程，和架构。

●使用全球化的标准和通用技术，制定成功的供应链管理战略。

●有效地进行供应商和客户关系管理。

●增加企业核心竞争力和客户的满意度。

学习 CSCP 知识体系对个人的价值在于：

●提升改进，创新全球化供应链管理的能力。

●改善供应链管理战略思想。

●使专业经验和管理知识系统化，学术化。

●获取国际化的职业标准证书，得到相关职业认可。

（1）CPIM 是什么意思？CSCP 是什么意思？

答：CPIM 的意思是 Certified in Production and Inventory Management 生产及库存管理师。

CSCP 的意思是 Certified Supply Chain Professional 供应链专家认证。

（2）CPIM、CSCP 在中国有哪些代理？

答：CPIM、CSCP 考试在中国只有联韬企业管理咨询有限公司独家代理并开办培训。

（3）CPIM、CSCP 在中国哪些地方开考？

答：上海、北京、深圳、香港。

（4）CPIM、CSCP 考试一年有几次？费用如何？

答：CPIM 一年有四次，分别在 3 月、6 月、9 月、12 月。

CSCP 一年有三次，分别在 3 月、6 月、12 月。

CPIM 每个模块考试费 1900 元，每次报名费 830 元（如一次报考两个考试模块，亦只需付一个报名费。）

CSCP 每个模块考试费 6400 元（补考费为 3200 元），考试报名费 980 元。

（5）CPIM、CSCP 每次考试可以考几个模块？

答：CPIM 每次考试都分上、下午场，上午考 BSCM、DSP、ECO 三个模块中任选其一参加考试；下午从 MPR 和 SMR 中任选其一，所以每次最多可参加两个模块的考试。

CSCP 考试在下午，时间为 4 小时。

（6）CPIM、CSCP 每个模块考试多长时间？

答：CPIM每个模块考试时间为3小时，CSCP每个模块考试为4小时。

（7）CPIM、CSCP考试的报考有无时限？最长可延续多久报考完所以模块？

答：APICS没有时限规定。

（8）CPIM、CSCP考试是何种形式？

答：在除美国和加拿大外的所有海外考点都采用笔试，英文考试，均为选择题，没有问答题。

（9）CPIM、CSCP考完后多久知道成绩？

答：大约在4周后APICS会将成绩由联韬以E-MAIL形式寄出。

（10）考完CPIM的五个模块或CSCP的4个模块后就可以拿到相应的证书嘛？

答：是的，每个认证考完所有模块并通过后5周可收到证书。

（11）CPIM、CSCP的通过率高嘛？

答：在中国考试的总通过率大约在70%左右，CPIM、CSCP是有一定难度的。

（12）CPIM、CSCP的每个模块培训费用是多少？多长时间？

答：CPIM每个模块的培训费用为人民币6800元，包括英文原版教材及认证备考软盘一张，培训时间为每个模块4天共30学时。

CSCP考试辅导费用为19980元，包括：4本美国进口原版教材（每模块一本）和一个APICS在线学习账号以及Datachem题库一套，学员并免收考试报名费980元。培训时间为5天共同38学时。

（13）培训后会发给结业证书嘛？

答：会，每个模块培训后由讲师对学员进68行考试，通过后发给结业证书。

（14）目前在哪些城市开设了CPIM、CSCP培训？

答：在上海、北京、深圳均有CPIM培训以及CSCP培训课程安排。

（15）除了APICS推荐的培训教材外，还有哪些参考书籍？

答：培训教材是从APICS原版进口的：Participant Guide系列，分5个模块，共5本。另外还有：

APICS Dictionary

Exam Content Manual

Study Notes

Introduction to Materials Management

Sales and Operation Planning

Sales Forecasting

Master Planningin 21 century

……

（16）如果不参加培训可以购买教材嘛?

答：可以。

CPIM 的一些基本介绍如下：

CPIM 认证教材。

BSCM 认证教材，供应链管理之核心。

MPR 认证教材，资源主计划。

DSP 认证教材，细部排程与计划。

ECO 认证教材，作业之执行与控制。

SMR 认证教材，资源的策略管理。

CPIM 学习笔记：

BSCM 学习笔记，供应链管理之核心。

MPR 学习笔记，资源主计划。

DSP 学习笔记，细部排程与计划。

ECO 学习笔记，作业之执行与控制。

SMR 学习笔记，资源的策略管理。

CPIM 文选：

BSCM 文选，供应链管理之核心。

MPR 文选，资源主计划。

DSP 文选，细部排程与计划。

ECO 文选，作业之执行与控制。

其他 CPIM 参考书：

APICS 字典。

APICS 字典（中文版）。

CPIM 考试大纲。

物料管理入门（第 7 版）。

供应链管理：制造计划与控制体系（第 5 版）。

Datachem CPIM 模拟题光盘。

资源的策略性管理，参考资料汇编。

CPIM 认证课程包括 5 大模块，供应链管理核心，主资源计划，细节排程与计划，作业执行与控制以及资源的策略管理。课程依照 APICS 知识体系，有系统地将企业资源管理（ERM）及供应链管理（SCM）予以整合，并广泛而深入地结合了当今应用的各种理论和实践经验。

五大课程
1. 供应链管理核心
2. 主资源计划
3. 细节排程与计划
4. 作业执行与控制
5. 资源的策略管理

（1）供应链管理之核心。

探讨在整个供应链中管理物料流动的基本定义和概念，使学员对供应链的整体流程有一个全面的认识，包括从内部和外部供应商流入和流出企业本身的全过程。介绍了供应链中从供应商到客户的各个环节的相关活动。课程包括如下章节：

Topics include 内容提要：

供应链管理导论
需求管理
主计划
物料需求计划
产能管理和生产活动控制
集合库存管理
项目库存管理
实体配送和采购
精益/及时化生产与质量体系
约束理论 TOC

（2）主资源计划。

探讨如何确定和评估企业内部和外部的需求、进行需求预测以及如何制订销售及运营计划等流程。重点内容是如何建立切实可行的、与企业战略和目标相一致的并符合可用资源限制的主排程。

Topics include 内容提要：

商业规划程序
需求预测
需求管理与客户服务
配销计划
销售及运营计划流程
主排程流程
管理主计划流程
绩效评估与计划确认

（3）细节排程与计划。

主要探讨物料和产能排程的各种技巧，包括详细地学习物料需求计划（MRP），产能需求计划（CRP）、库存管理的实务，采购及供应商的排程等。

Topics include 内容提要：

库存管理：计划订单
库存管理：客户服务
物料计划流程所需要的信息
物料需求计划的机制：基本内容
使用物料需求计划的输出
细部产能计划流程 - Ⅰ
细部产能计划流程 - Ⅱ
建立供应商关系
供应商关系和采购计划

（4）作业执行与控制。

重点阐述的内容包括：工作订单的优先权和排序、计划的执行、生产进度控制与报告、业绩评估和反馈。课程介绍了在生产排程、生产过程控制、执行质量计划和持续改进计划等方面的技巧。

Topics include 内容提要：

计划，执行，和控制综述
生产计划及作业排序
“推”式系统的授权，执行，和报告
“拉”式系统的授权，执行，和报告
客户—供应商信息的沟通及资源控制
质量和持续改进计划—基本概念
①质量和持续改进计划—推广实施
②质量管理程序
③生产作业的绩效评估

（5）资源的策略管理。

主要探讨正在应用的或正在发展中的管理技术，方法与制造策略和供应链相关领域的关系。课程有三个主要议题：资源和策略规划的整合；构建和整合相应的业务流程以及支持策略规划；以及导入持续性革新。

Topics include 内容提要：

①使资源和策略计划一致
②影响运营结构的抉择
③影响运营基础结构的抉择
④构建和整合运营流程
⑤供应链管理
⑥构建和整合设计与开发、成本管理的流程
⑦项目管理
⑧评估管理
⑨变革管理